"十二五"国家重点图书

40

财政政治学译丛

刘守刚 主编

上海财经大学
公共经济与管理学院

Federal Taxation in America
A History

联邦税史

[美] W. 艾略特·布朗利（W. Elliot Brownlee） 著

彭浪川 崔茂权 译

上海财经大学出版社
SHANGHAI UNIVERSITY OF FINANCE AND ECONOMICS PRESS

上海学术·经济学出版中心

总　序

"财政是国家治理的基础和重要支柱",自古以来财政就是治国理政的重要工具,中国也因此诞生了丰富的古典财政思想。不过,近代以来的财政学发展主要借鉴了来自西方世界的经济学分析框架,侧重于财政的效率功能。不仅如此,在此过程中,引进并译介图书,总体上也是中国人开化风气、发展学术的不二法门。本系列"财政政治学译丛",正是想接续近代以来前辈们"无问西东、择取精华"的这一事业。

在中国学术界,"财政政治学"仍未成为一个广泛使用的名称。不过,这个名称的起源其实并不晚,甚至可以说它与现代财政学科同时诞生。至少在19世纪80年代意大利学者那里,就已经把"财政政治学"作为正式名称使用,并与"财政经济学""财政法学"并列为财政学之下的三大分支学科之一。但随着20世纪经济学成为社会科学皇冠上的明珠,财政经济学的发展也在财政学中一枝独大,而财政政治学及其异名而同质的财政社会学,一度处于沉寂状态。直到20世纪70年代,美国学者奥康纳在他的名著《国家的财政危机》中倡导"财政政治学"后,以财政政治学/财政社会学为旗帜的研究才陆续出现,不断集聚,进而成为推动财政学科发展、影响政治社会运行的积极力量。

当前以财政政治学为旗帜的研究,大致可分为两类:一类是从财政出发,探讨财政制度构建与现实运行对于政治制度发展、国家转型的意义;另一类是从政治制度出发,探索不同政治制度对于财政运行与预算绩效的影响。在"财政政治学译丛"的译著中,《发展中国家的税收与国家构建》是前一类著作的典型,而《财政政治学》则属于后一类著作的典型。除了这两类著作外,举凡有利于财政政治学发展的相关著作,如探讨财政本质与财政学的性质、研究财政制度的政治特征、探索财政发展的历史智慧、揭示财政国家的阶段性等作品,都在这套译丛关注与引进的范围内。

自 2015 年起,在上海财经大学公共政策与治理研究院、公共经济与管理学院支持下,"财政政治学译丛"已经出版了 30 本,引起了学界的广泛关注。自 2023 年 7 月起,我们公共经济与管理学院将独立承担起支持译丛出版工作的任务。

上海财经大学公共经济与管理学院是一个既富有历史积淀,又充满新生活力的多科性学院。其前身财政系始建于 1952 年,是新中国成立后高校中第一批以财政学为专业方向的教学科研单位。经过 70 多年的变迁和发展,财政学科不断壮大,已成为教育部和财政部重点学科,为公共经济学的学科发展和人才培养做出了重要贡献。2001 年,在财政系基础上,整合投资系与设立公共管理系,组建了公共经济与管理学院,从而形成了以应用经济学和公共管理的"双支柱"基本架构,近年来,学院在服务国家重大战略、顶天立地的科学研究和卓越的人才培养等方面均取得了不错的成绩。

我们深信,"财政政治学译丛"的出版,能够成为促进财政学科发展、培养精英管理人才、服务国家现代化的有益力量。

范子英
2023 年 7 月 7 日

序

本杰明·富兰克林(Benjamin Franklin)在1789年时说过:"这个世界上没有什么是永恒的,除了死亡和税收。"我当然同意他这里关于"永恒"的强调,但是他的谚语对税收筹划、税收政策制定和税收历史的理解有些片面。经过良好训练的税务律师可以帮助许多客户避免缴纳财产税,并且将这些财富分毫不差地转移给下一代。富有技巧的政治家和说客可以通过修改税法来影响社会财富分配。而且,尽管重大的国家危机总是会给税收制度带来震撼的转变,这些转变却总是以难以预测的方式发生。在本书的前面两个版本中,我追踪了美利坚合众国历史上的这些转变,并发现美国的税制史不能理解为渐进式的改变,而是一系列相对独立的税收变革,且每一次都是由国家危机引起的。

自从20世纪70年代以来,联邦税制剧烈改革的可能性(即产生一个新税种)一直处于激烈的讨论中。这些讨论实际上也促成了后续一系列重要的税制改革。在这些改革之中最重要的是那些在小布什任职期间实行,并接着被奥巴马政府延续的政策。它们给国家带来了自从第二次世界大战以来最明显的联邦税制的变化。我认为,这些改革已经开启了一个全新的税收和财政体系。这一体系根据本书所即将要讨论的原因,应该被称做"复古自由派"(retro-liberal)。

向"复古自由派"的转型并不是一夜之间就完成的。针对累进税和充满野心的政府的敌意早在第一次世界大战之前就种下了。这次转型的风潮是从20世纪70年代晚期开始的,起初是加利福尼亚州在1978年提出的《13号法案》(Proposition 13)和罗纳德·里根(Ronald Reagan)总统颁布的《1981年经济复苏税收法案》(Economic Recovery Tax Act of 1981)。复古自由派的胜利被"里根革命"拖延了,因为它事实上加重了由两次世界大战和罗斯福新政所带来的个人所得税税负。但是，在20世纪90年代，其他一些强有力的声音开始呼吁取缔累进的个人所得税，而使用国家消费税（national consumption tax）或是固定税（flat tax）来代替。在2001年和2003年，小布什总统签署了大量降低税率的法案，从而开启了复古自由派的大幕。紧接着，在奥巴马在任期间，国会将大部分税率降低变为永久性，从而确认了税收体系的转变。

有两次重大经济挫折促成了新体系的诞生。第一次是20世纪70年代的恶性通胀（the Great Inflation）。第二次持续时间更长，影响更深远：2007至2009年起的经济衰退（the Great Recession）。它的恢复更是令人痛苦的缓慢，尤其是对于中低收入的美国人。70年代的恶性通货膨胀是20世纪以来美国最严重的一次，而这次经济衰退也是自大萧条以来最严重的一次。两次挫折都向美国中产阶级警示了，政府辜负了他们的期望，税收政策似乎加深了这种由经济危机带来的痛苦。美国中产阶级的经济恶化为反对累进税和政府社会福利项目的成功提供了政治沃土。

新的一种带有自己独特税基、税率结构、行政机关和社会目的的税收体系的出现并不令人感到意外。在独立宣言与复古自由派兴起之间，这个国家已经有超过12种不同的税收体系了。

同时，这种新的税收体系带有过去曾经有过的思想种子也一点儿都不令人惊讶。例如，在1775至1789年间形成共和政体时期创立的税收体系就在很大程度上借鉴了英属北美殖民地时期的税收体系经验。又如，在第一次世界大战期间所采用的以个人收入为税基的税收体制受到了长期的政治煽动和立法实验（legislative experimentation）的影响，或者可以追溯到更早的美国革命的共和政体理念（republican ideals）。

关于旧的税收体系中残存下来的元素也并没有什么新的东西。由于危机而产生的税收体系已经给我们国家的税收系统带来了多层的、多样化的税收种类。例如，关税和恶税（sin tax）是南北战争时期出现的，它们都保存至今，并融入20世纪的累进税收体系中。

最后，经济危机是如何帮助产生了新的税收体系也没有什么新鲜的内容。例如，19世纪后期逐渐严重的经济危机为今后的累进税收体系打下了坚实的社会基础和认同。

序

然而,有一些新税收体系的启用是在缺少明确的国家危机和紧急状况时发生的。在早些时候,税收体系的重大变化都伴随着一些政治上、经济上的已经存在的国家危机而来:美国独立战争、18世纪80年代的宪法危机、大萧条和三次大规模的战争。随着本书的第一版越来越被了解和传阅,人们认识到,联邦税收史就是政府通过获取更多新资源来解决国家危机的历史。与之前的体系不同,复古自由派的主旨是缩小政府规模而不是扩大它。

有一点是可以从复古自由派的胜利中学到的,那就是"危机"的含义在很大程度上是旁观者的眼中所看到的。赢得公众对引入复古自由派的支持的政治家、宣传者(publicists)和说客都相信,或者至少讨论过,新财政体系的引入事实上是危机的应对措施,这项危机是正在发生且逐渐恶化的对自由(liberty)的威胁,他们认为自由是20世纪自由主义留下的宝贵遗产。

在写这本书时,我脑海中越来越觉得理解这次复古自由派的发起源头、它在不断变革的财政体制中所占据的位置、它的潜在重要性,以及它今后能否可持续地发挥正面作用是十分重要的。在向复古自由派税收体系的转变过程中,税收体系的发展必须放在一个更大的流动性和公共资源管理的框架内去理解,这一点是非常明确的。正因为此,我已经扩大了政府支出史、赤字和负债史,以及资产史的讨论范围。另外,复古自由派对政府的攻击绝大部分都着眼于第一次世界大战之后建立起来的机构。这说明我们需要更关注18和19世纪发生的危机,这些危机才创造了美国如今财力强大的政府。因此,我将自己的讨论范围延伸至18世纪兴起的共和政体(republican)税收体系以及连接共和政体(republican)税收体系和20世纪税收体系的内战时期的税收体系。最后,我的讨论也延伸并涵盖了第二次世界大战之后的税收体系,特别是20世纪70年代以来的危机时期。

综观全书,我一直在努力寻找美国税收体系历史与当代税收议题之间的联系。在2016年5月,当我关注总统大选时,并没有迫在眉睫的税收体系变化发生。但美国政治的高度不稳定性、社会财富分布问题的日益突出,以及美国中产阶级愈发严重的危机都意味着这与一个世纪以前的政治动荡十分相似。这些相似点都说明了在21世纪早期进行财政体系变革的可能性,以及持续向复古自由派转变时忽视的社区价值复原的可能性。

目 录

第一章 盎格鲁—美利坚体制/001
 英国税收/002
 美国财政自治试验/008
 英国税收与革命危机/012
 美国独立战争/018
 迈向宪法和现代财政制度/023

第二章 创建现代财政制度/028
 汉密尔顿计划/029
 杰斐逊和加勒廷的修订/037
 公共土地与次级政府/044

第三章 内战时期的制度/052
 战争打响/053
 国家建设和新体制/063
 共和党财政政策面临的挑战/069
 所得税与进步主义运动/075

第四章 第一次世界大战时期的税收体制/085
 为战争买单/087
 对民主国家主义的回应/097
 大萧条的冲击/107

第五章　罗斯福体制/114
民主国家主义的回归/115
创建"二战"时期税制/129

第六章　简易财政时期/138
资助利维坦/139
减税与税式支出/151
滞胀和改革/160

第七章　"里根革命"/170
改革契机：胜利与失败/170
寻找改革的新方法/178
1986年税收改革/185

第八章　财政整顿与旧税收体制的复兴/197
进步资本主义与"没有新税"/198
克林顿对抗《与美国签约》/206

第九章　复古自由主义体制的胜利/229
乔治·W.布什与2001年的减税政策/229
税收、战争和权利/236
税收改革停滞与经济衰退/249

第十章　财政瘫痪/256
"大衰退"与财政僵局/256
复古自由主义体制的未来/269

附录/272

史学和书目（后记）/276

译丛主编后记/301

第一章　盎格鲁—美利坚体制

1788年,北美十三州脱离大不列颠统治而赢得独立,正式通过了美利坚合众国宪法,继而创立了联邦和联邦政府。联邦政府拥有向公民征税的权力。联邦和联邦税收,对美国来说是一个新生事物。不过,从17世纪早期开始,十三个殖民地就已经经历过一段由上级政府征税的历史。这个上级政府指的是强大但有时看似又很遥远的英格兰帝国政府和不列颠帝国政府(1707年英格兰与苏格兰合并之后)。

美国独立战争之前在英属北美殖民地发展形成的税收制度,是1642年英国内战危机之后全世界首次出现的现代财政制度的基本组成部分。在英格兰都市圈和殖民地,国王和议会对国内消费和国际贸易的征税都有所扩张,它们(通过第三方)间接征税,并以这些税收为主要收入来源,并依靠这些新的税收收入来扩大长期债务规模。英格兰把来自殖民地的外部税收收入用在弥补管理殖民地政府所需的大部分常规成本方面。然而,这些收入难以保证战争期间英国军队在北美的开支,因此,为了满足战争需求,英国政府经常在英伦诸岛内部征税和举债。

1763年以前,英国在殖民地征收的基本上都是外部税收,征税对象为殖民地与世界其他地区之间的贸易以及各个殖民地之间的贸易。这个税制为英国提供了收入来源,它同时也是英国复杂的、重商主义的贸易制度体系的内容之一。总体来说,1763年以前,外部税收范围较小、影响较轻,尚可为殖民地人民所承受。同时,英国政府允许美洲殖民地相对自由地发展内部的自治体制和各种公共服务的自主筹资机制。然而,在1763年,为了支付大战费用和扩大的"北美帝国"的管理开销,英国加强了对殖民地的征税力度。事实上,这相当于为殖民地设立了新税制——一个更加宏大、更加内部化、更加集中化的税制。但是,新的税制触发了税收认同危机。

1775年,美国独立战争开始冲击殖民制度。1776年,自行宣布独立的各州放弃了英国税制,转而采用了征税能力很弱的替代方案。新的替代方案由大陆会议掌控。1781年,在独立战争接近尾声的时候,根据《邦联条例》,独立的各州改进了税收制度。但是,改进后的税收制度的征税能力也不够强。18世纪90年代早期,新成立的共和国探索建立财政制度,以图能够偿还独立战争债务,并能有效管理公共领地。公共领地既拥有广阔的经济前景,又潜含可能导致痛苦纷争的风险。1788年,宪法获得批准,这是这段历史进程中最重要的里程碑。从独立战争结束到宪法正式得到批准的财政过渡期充满动荡,那时经济也很困难。但是,这个新成立的国家实际上迅速而非常有效地建立起了自己的现代财政制度。其成功的主要原因在于,美国财政领域的领袖们,尤其是财政部部长亚历山大·汉密尔顿和罗伯特·莫里斯,对英国创设的财政制度非常熟悉。他们轻松地改造了英国财政制度以适应美国国情。

英国税收

从1607年到18世纪晚期,在北美洲的英国控制区内,一系列贸易站、渔场和简单的农业社区转变成了一个大型的、复杂的、多样化的经济体,其过程与工业革命差不多。从1640年到1700年,在后来发展成为美利坚合众国的区域,欧洲和非洲移民数量增长了10倍,人口达到了25万左右。到1750年,人口又增加了100万,其增长速度至少是同期西欧人口增长速度的两倍。对自由民来说,在当时可测算的范围内,他们的人均收入每年增长1%~2%,与同期英格兰和威尔士的水平差不多。

英属殖民地移民群体的扩张速度如此引人注目,一部分归因于他们所掌控的自然资源,一部分要归因于殖民地居民与高度商业化的、富庶的伦敦等都市圈中心城市之间互补性贸易的惊人增长。他们提供利用土地、矿产、林木和水资源所生产的产品,换取工业制成品和服务。但是,市场状况本身并不足以解释英国殖民项目所取得的成功。在实现财富和权力的过程中,新大陆移民群体中的积极进取者和不列颠大都市圈的商业活动组织者,都受益于当时英国新兴的财政制度所带来的影响力。英国政府利用其财政力量,通过与其他欧洲帝国及美洲土著社会开展激烈的、常常伴随暴力的竞争,促进殖民人口及资源的扩张。英国政府征税取得收入,并以这些税收为担保而借入资金,从而提高了英国在这场竞争中的实力。这些收入为开展战争、获取和控制更多自然资源、保护和鼓励贸易创造了条件。[1]

1763年以前,英国从美洲征收的大部分税款是由殖民地居民缴纳的,他们基本上都是从事国际贸易的商人和船东。在通过英国港口往来运输货物时,他们主要以支付关税的方式,向英国财政贡献了税收收入。生产这些货物的殖民地人民分担了这些税收负担。17和18世纪,关税结构和港口的关税征管程序比较复杂,而且经常发生变化。因此,没有人准确计算过从北美殖民地进口货物的进口商和经营基地设在美国但从美国和世界其他地区进口货物的商人究竟缴纳了多少关税,更没有人估算过殖民地人民所承担的最终税收负担。

然而,关税对于处于殖民地状态下的美洲大陆的政治经济意义,是显而易见的。殖民贸易蓬勃发展,殖民商人参与贸易,英国政府取得的税收收入随之

---

[1] 被历史学家约翰·布鲁尔(John Brewer)称为"英国财政—军事国家"兴起的现代经典历史出自他的著作 *The Sinews of Power: War, Money and the English State*, 1688—1783(《权力支柱:战争、金钱和英国国家,1688—1783》)(New York: Alfred A. Knopf, 1989)。布鲁尔强调军事职能对提高英国政府征税能力及借贷能力的重要作用。理查德·邦尼(Richard Bonney)、帕特里克·K. 奥布莱恩(Patrick K. O'Brien)、马克·奥姆罗德(Mark Ormrod)等提出了一套在探究现代财政国家意义方面更为通用的模型。如,Richard Bonney, *Economic Systems and State Finance*(《经济系统与国家财政》)(Oxford: Clarendon Press, 1995)以及 Richard Bonney, ed. *The Rise of the Fiscal State in Europe*, c. 1200—1815(《欧洲财政国家的兴起》)(Oxford: Clarendon Press, 1999)。邦尼、奥布莱恩和奥姆罗德提出的模型鼓励了财政史学者们突破约瑟夫·熊彼特提出的税收国家模型,将债务融资纳入其中,从而帮助人们更好地理解成功国家与金融市场之间的重要联系。参见 Joseph Schumpeter, "The Crisis of the Tax State", in *International Economic Papers: Translations Prepared for the International Economic Association*, ed. by Alan T. Peacock et al. (《国际经济论文:为国际经济协会准备的译本》中的"税收国家的危机")(London: Macmillan, 1954)。有关将现代财政国家的概念延伸到中国和日本的经验,参见 Wekai He, *Paths Toward the Modern Fiscal State: England, Japan, and China*(《通向现代财政国家之路——英国、日本与中国》)(Cambridge, MA: Harvard University Press, 2013)。

增加。相应地,这些收入也大大增强了英国以及美洲英属殖民地的财政力量。从17世纪中期到18世纪,英国政府征收到的税收中,包括关税和国内特殊消费税(excise tax)在内的间接税居于主导地位。关税通常占税收收入总额的25%~30%。① 这些收入反过来促进了公共借款的扩张。这些借款用于战争、保护殖民地以及保护殖民地与英国之间的贸易。英国的力量又促进了大陆殖民地的经济发展和繁荣,这样一来,循环的过程就完成了。

由于关税与英国影响力之间的关系清晰明了,大陆殖民地的商人和航运商接受了常规关税,基本没有怨言。英属殖民地的商人们认识到帝国政府(特别是英国海军)在充满危险和竞争的跨大西洋地区所提供的保护的重要性。所以,直到18世纪后期,殖民地商人认为独立并不是一个切实可行的选择,得到西半球最强大的国家的保护应该算是一件幸运的事情。此外,商人们认为,自己是忠诚的英国公民,应该尊重议会日益增长的征税和支出权力。

只要英国政府在核征进出口税收时对殖民地商人和其他英国商人一视同仁,出于对自身利益的考虑,殖民地的商人们就会倾向于接受关税制度。这是重商主义早期发展阶段的实际情况。英国政府制定制度,在英国商人与其他国家商人竞争时维护英国商人的利益,并为盎格鲁—美利坚殖民地的商人提供同样的利益保护。因此,在1651年颁布第一部《航行法案》时,政府定义的英国船只包括其美洲殖民地人民所拥有的船只。英国政府这样做的同时,也在背后提出了两个要求。第一,只有英国船只才能运载英国种植园的出口货物。第二,从欧洲到美洲的货物必须由英国船只或货物原产地国家的船只装运。这种重商主义措施的主要针对目标是荷兰商人和荷兰政府。荷兰商人失去了贸易机会,荷兰政府失去了收入。英国发动了与荷兰的经济竞争。英国制定法案的目标是,削弱或消除荷兰在欧洲与西印度

---

① 有关收入趋势,参见 Richard Bonney, "Revenues", in Bonney, *Economic Systems and State Finance*(《经济系统与国家财政》中的"收入")502—503; Patrick K. O'Brien and Philip A. Hunt, "England, 1485—1815," in Bonney, *The Rise of the Fiscal State in Europe c.* 1200—1815(《欧洲财政国家的兴起》中的"英国 1485—1815"), 61—62; 以及 Martin Daunton, *Trusting Leviathan: The Politics of Taxation in Britain*, 1799—1914(《信任利维坦:英国的税收政治 1799—1914》)(Cambridge: Cambridge University Press, 2001), 33—35。

群岛之间利润丰厚的糖和奴隶贸易中的影响力,压缩荷兰商人在他们位于曼哈顿岛上的新阿姆斯特丹殖民地的商业空间。这是一个纯粹的重商主义战略,这一战略的目的是,以牺牲荷兰的利益为代价扩大包括英属美利坚商人在内的英国商人的机会。

1651年以后不久,正式的军事斗争接踵发生,一直持续到1674年。在旷日持久的荷兰战争中,英国政府颁布了其他措施,以促进英国商人和船主的利益,以及美洲殖民地商人和船主的利益。但与1651年的立法相比,后来的一些措施则给殖民地人民增加了额外的特殊负担,产生的影响也超出了商人阶层。1660年的《航海法案》就是其中的一个例子,它要求原产于殖民地的最有价值的产品(称为"枚举"物品)必须直接运输到英国。这些最有价值的产品包括产于殖民地(主要是西印度群岛,以及从南卡罗来纳到切萨皮克湾的大西洋沿岸殖民地)的糖、烟草、棉花和靛青等。这项法案通过保障殖民地产品的供应,给英国大都市的消费者和商人带来了明显的好处。(大米和糖浆于1704年、毛皮于1724年、松香于1795年,分别被增加到枚举列表中)这项措施限制了殖民地商人的贸易自由。而殖民地商人已经发现把烟草等商品从美洲(对烟草来说,具体是从切萨皮克湾区起运的)直接运往欧洲市场可以赚取更多利润。

1663年,议会要求从欧洲出口到殖民地的所有货物必须首先在英格兰卸船而且要承担关税,这就给殖民地增加了新的财政负担。如果货物接着由英国航运商运到殖民地,关税将被免除。虽然这项规定没有增加殖民地商人的关税,但却使希望把制成品从欧洲大陆直接运输到美洲的那些商人的经营成本增加了。

1673年,英国在其与荷兰竞争时期所创立的重商主义制度中增加了最后一个主要税种。这也给殖民地商人增加了负担。它取消了附有"枚举"方式的法案中的一个重大漏洞。商人利用这个漏洞把"枚举"货物从一个殖民地运到另一个殖民地而不必绕道英国。殖民地的船长——他们中的许多人选择波士顿作为经营地点——遵守法律规定由一个殖民地航行到另一个殖民地,然后把转船的烟草、糖或其他主要产品运到欧洲大陆港口。在这种贸易方式下,伦敦丧失了利润和关税收入。为了弥补这一漏洞,1673年的改革方案要求商人缴纳保证金,以保证他们将把"枚举"货物只运送至英国某些港口。如果他们这样做了,保证金会退还给他们。如果殖民地商人未缴纳保证金,他们必须支付垦殖税(a Plantation Duty)。垦殖税通常等于商人在把"枚举"货物运到英国时所支付的入境税。

英国和荷兰于1674年实现了和平,英国正式接管了繁荣的新阿姆斯特丹港,并将其改名为纽约。英国人成功地取代了荷兰人,成为西半球最强大的商业和军事力量。但是,帝国之间新的竞争也已经开始升温。在与荷兰结成联盟后,英国深深地陷入了与法国(及其盟友西班牙)的竞争之中。竞争的内容包括:加拿大毛皮贸易,与西班牙殖民地的奴隶贸易(荷兰人曾经控制的贸易)的支配权,加勒比地区(英法在此都拥有大量种植园)所产食糖在欧洲和美洲的市场,以及对北美内陆广阔土地的最终控制权。

正如在英荷战争中那样,殖民地商人看到了扩大自身贸易范围和利润的机会,在英法竞争中他们支持英国人。但是,分歧也有所增加。来自马萨诸塞、罗得岛和纽约的商人,雄心勃勃广泛从事各种贸易,这威胁到了英国人在西印度群岛利润可观的糖料种植园中的经济利益。在邻近的法属西印度群岛,种植园主们干劲十足。他们生产的糖与英属西印度群岛生产的糖相比,质量更高、价格更低。而且,与法国人之间的贸易,为基地设在美国的商人提供了更有吸引力的机会。他们谋求向法国人的种植园出口食品、奴隶和马,为北美市场换取食糖和糖浆。在典型的重商主义体制下,议会加强了对美洲商人活动的行政限制。议会于1733年颁布了《糖浆法案》,引入了英国人所盼望的、以英属大陆殖民地进口的法国和西班牙食糖为征税对象的限制性关税。在美国独立战争之前,税收一直是美洲商人的经济负担。然而,一些美洲商人通过走私绕过法案以减轻负担。

历史学家们的共识是,在1733年,即使考虑到英国的重商主义政策,议会对殖民地贸易的集中征税和管制给殖民地经济造成的负担也算是比较温和的,至少1763年以前的情况是这样。《航海法案》轻微地减少了殖民地收入,但是我们既不能说它深深改变了殖民地的经济发展模式,也不能说它显著减少了殖民地人民生产出口商品和开展贸易所获取的回报。①此外,英属殖民地最强大的商业集团明白,作为帝国成员的益处远远超过重商主义制度带来的负担,这一点在为扩张贸易而动员海军力量方面尤为明显。然而,随着与法国的重大冲突的爆发,战争的潜在成本和潜在利益都显著地增加了。

英国、荷兰组成的联盟与法国、西班牙组成的联盟之间的斗争,包括五次战争,分为两个阶段:1689年至1713年之间的两场战争,接着是1739年至1763年之间的三场战争。在所有战争中,英国成功地捍卫和扩大了包括美洲大陆殖民地在内的帝国商业利益空间。但是,除了1755年至1763年英国人与法国人及印第安人之间的战争之外,在每一场战争中,尤其是在陆地战争中,英国的战斗都主要集中在欧洲战场。通过长期战斗,法国在大陆拥有了最强大的军事力量。但战争耗尽了资源,只留下很少的资源可供英国移民利用。当时,为了争夺丰富的土地资源,英国移民在南方与西班牙、在西北与法国及法国强大的美洲土著盟友进行战斗。

确切来说,1748至1755年间,英国和法国处于和平状态,但围绕大陆殖民地问题英法两国之间的紧张局势加剧了。英国人越来越意识到,北美内陆地区有潜力产生生产率高的殖民定居点,殖民地人口迅速增长可以为英国制造商和贸易商提供重要市场。英国人挑战法国对圣劳伦斯河和内陆地区的控制。作为回应,法国人则在密西西比河和俄亥俄河的峡谷中修建堡垒。

在英国人与法国人及印第安人之间的战争(在欧洲被称为"七年战争")的初始阶段,英国向北美动员和输送了大量军队,其规模之大在殖民地历史中是

---

① 有关对贸易扭曲带来的经济影响的开创性估计,参见 Lawrence Harper, "The Effect of the Navigation Acts on the Thirteen Colonies," in *The Era of the American Revolution*(《美国革命时代》中"航行法案对十三个殖民地的影响")ed. by Richard B. Morris (New York: Columbia University Press, 1939), 3—39. 关于保守一些的估计,参见 Robert P. Thomas, "A Quantitative Approach to the Study of the Effects of British Imperial Policy upon Colonial Welfare: Some Preliminary Findings," *Journal of Economic History* ("关于英国帝国政策对殖民福利影响的定量研究:初步发现",载于《经济学历史杂志》)25(January 1965), 615—638, 以及 Peter McClelland, "The Cost to America of British Imperial Policy," *American Economic Review* ("英帝国政策让美国付出的代价",载于《美国经济评论》)59 (May 1969), 370—381。

前所未有的。然而,在接下来的两年,在加拿大边境地区,英国军队在战术更熟练的法国和美洲土著军队面前遭受了重大挫折。首相威廉·皮特采取了应对措施。尽管欧洲大陆也是战火肆虐,他仍然派遣了更多的英国军队前往美国战场。而且,在皮特的领导下,英国政府第一次为殖民地政府征召的部队提供了大量资金。由于在数量上占优势,并且借鉴了美洲土著军队的战术,加上英国海军有效地切断了法军来自法国本土的补给,英国和殖民地联军收复了俄亥俄峡谷、路易斯堡堡垒等失地,并且在 1759 年夺回了魁北克市,借此控制了圣劳伦斯河流域。

1763 年缔结的《巴黎条约》表明,英国希望保留和扩大对北美土地资源的控制,以促进移民社区的积极扩张。英国人第一次把殖民者的领土扩张优先权摆在比传统的重商主义商业政策更重要的位置上。最重要的是,英国占领了法属加拿大几乎全部的领土以及法国在俄亥俄河和密西西比河流域曾经索取过主权的大部分土地,现在这两条河流已经变成英属北美的西部边界。(明显的例外是新奥尔良和路易斯安那,二者被英国转让给它的盟友西班牙。而英国则从西班牙那里取得了佛罗里达的大部分)但是,强大的美洲土著武装仍然控制着英国新获得的土地中的大部分地区。对英裔美国人来说,亟待解决的问题是确定如何开发新征服的领地以及领地上的资源。要做到这一点,需要大量的公共资源——税收和基于税收而产生的额外财政资源,也需要一个高效的政府。

美国财政自治试验

在 1763 年以前的殖民地时期,英国政府保留了对殖民地外贸的征税权和监管权,而让美洲人民主要来控制他们的内部税收。[①] 建立内部征税权的主

---

① 唯一可能的主要例外是免除役税。许多殖民地地主须向王室,或殖民公司,又或是殖民业主支付免役税。免役税带来的收入相当可观,并且类似于税收,因为免役税专用于为英国官员或在殖民地服务的所有者的代表提供资金支持。但地主缴纳的免役税主要作为履行封建制度规定义务的替代,实际上更像租而不是税,因为这时的免役税金额固定,且不交租的唯一惩罚是履行封建制度规定的义务。权威历史文献参见 Beverly W. Bond, *The Quit-Rent System in the American Colonies*(《美国殖民地的免役税制度》)(New Haven: Yale University Press and London: Humphrey Milford and Oxford University Press, 1919)。

要依据是,大部分英属殖民地政府根据皇家特许状、委托状或者国王对皇家总督所下的指令所取得的权力。通常,这些文件取代了国王先前为促进殖民地开发而赋予大领主(地主)和大公司的特许权。① 例如,在1642年,当威廉·伯克利爵士抵达弗吉尼亚担任皇家总督时,国王指令他召集殖民地议会(下议院)。这个命令授权议会"为当地殖民地政府制定尽可能接近于英国法律的当地法律。"尽管皇家指令明确说明"总督可以反对(拥有否决权)"所有事务,但议会的权力应该包括内部征税权。② 后来,当危机导致美国独立战争爆发时,殖民地人民认为议会的立法权是英国公民(来自英国的北美殖民地居民,自认是英国公民——译者注)根据国家的不成文宪法所享有的权利。然而,在1642年以及整个殖民时期,国王和国会认为殖民地人民只享有由皇家特许状和皇家指令所授予的权利。③

实际上,一直到1763年,英国政府在促进北美殖民地的经济社会成功发展方面享有巨大利益,而且这个利益还在不断增长,这促使英国允许殖民地在相当大的程度上自主建立内部税收和财政制度。根据不同的政治组织模式和经济权力分配方式,税率和税种在各个殖民地之间差别很大,甚至在同一殖民地的不同社区之间也是这样。英国的征税传统是多样化的,各殖民地和当地社区有众多的制度可供选择,具体包括:与其他殖民地之间的进出口税收、财产税(对不动产和动产的征税)、人头税(对公民征收的税,与他们的财产、收入或任何经济特征都无关);特殊消费(销售)税;才能税(该税以从事贸易或经营的人的隐性收入为征税对象)。税制结构各式各样,但实际上每一个殖民地都

---

① 宾夕法尼亚殖民地(于1681年)、马里兰殖民地(于1632年)分别依据威廉·宾和巴尔的摩爵士取得的业主殖民特许状设立,罗得岛殖民地和康涅狄格殖民地根据公司殖民特许状设立。

② "Instructions to Sir William Berkeley as Governor of Virginia (1642)," in Merrill Jensen, ed., *English Historical Documents*, *American Colonial Documents to 1776*("对弗吉尼亚州州长威廉·伯克利爵士的指令(1642年)",载于《英国历史文献集,1776年前的美国殖民文献》)(New York:Oxford University Press, 1962), 187. 1639年,弗朗西斯·怀亚特(Sir Francis Wyatt,弗吉尼亚的前任总督,该殖民地的第一位皇家总督)带着召集议会的指令来到这里,但伯克利的指令更加清晰、详尽。Charles M. Andrews, *The Colonial Period of American History*: *The Settlements*(《美国历史上的殖民时期:殖民地》)(New Haven:Yale University Press, 1934), 204—205.

③ Leonard W. Labaree, *Royal Government in America*(《英国皇家政府在美国》)(New Haven:Yale University Press, 1930), 174—175.

采用了所有这些不同的征税模式。①

新英格兰殖民地比其他殖民地更为依赖财产税。通常来说,财产税及其类似税种构成了新英格兰税收制度的核心。绝大部分的新英格兰税收收入来自城镇居民缴纳的税收。在17世纪,这些城镇根据土地的质量或生产能力对土地征税。18世纪,他们扩大了应税财产的定义,将土地改良项目和土地本身同时纳入税基。在改进财产价值定义的同时,他们提高了财产税的评估和征收能力。新英格兰的城镇越来越有能力实现税基多元化。在大的城镇,特别是像波士顿和普罗维登斯这样的港口城市,地方政府开征才能税。才能税是对职业或贸易的征税,是对财产税的补充。当地选出的税务评估人员确定财产或能力的估价;立法机关确定人头税的水平;城镇和州都按照地方对财产的评估征收财产税。人头税的继续延用,部分地造成了新英格兰税制的累退性。但大多数殖民地人民,包括那些耕种相对较小土地的家庭的成员,认为财产税既公平又必要。他们基本上认同他们所缴的税收的用途:为道路、学校、贫困救济、与法国人和美洲土著的战争提供资金。战时开支的增长意味着18世纪的殖民地政府往往比小市镇政府更希望以更快的速度扩大财政规模。然而,尽管财政规模有所增加,新英格兰的人均税收水平仍然大大低于大西洋对岸人民的人均税收水平。

大规模的种植园和奴隶劳动构成了南方殖民地经济活动的核心,南方殖民地的税收制度与新英格兰的税收制度大不相同。南方的政治不那么民主,大地主把他们的经济权力转化为政治权力,使政府规模在和平时期保持在很小的水平。在18世纪60年代以前,那里几乎不存在财产税。为了替代对土地、奴隶等财产的征税,种植园主偏好对"什一税"纳税人征收某种形式的人头

---

① 我们的研究受益于两项高质量殖民地税收调查成果。一是 Alvin Rabushka, *Taxation in Colonial America*(《美国殖民地的税收》)(Princeton: Princeton University Press, 2008),其中的介绍详尽且全面。二是 Robin L. Einhorn, *American Taxation, American Slavery*(《美国税收,美国奴隶制》)(Chicago: University of Chicago, 2006),特别是其中的11—109页。埃因霍恩(Einhorn)的书对后人理解殖民时期发展起来的美国南北方税收制度差异的深远影响具有极高的参考价值。对能力税的最佳概述为"The Income Tax in the American Colonies"这一章,载于 *The Income Tax: A Study of the History, Theory, and Practice of Income Taxation at Home and Abroad*("美国殖民地所得税",载于《所得税:国内外所得税历史、理论及实践研究》)ed. by Edwin R. A. Seligman, Second Edition (New York: Macmillan, 1914), 367—387。

税。"什一税"纳税人包括除女性自由民以外的所有 15 岁以上成年人。其理论假设是,这种形式的人头税覆盖了南方白人眼中的财富来源——来自成人、自由民和包括妇女和儿童在内的奴隶的劳动。① 出于多种原因,种植园主青睐这种方法,而不是期望按照奴隶的现金价值来对奴隶征税。人头税具有累退性,与从价的财产税相比,人头税把更多的税收负担施加给了自由劳工和小农场主。人头税不会导致通过高额税收冲击奴隶制度的结果,而且政府不需要具有有效征管的能力。相反,征收财产税则要求政府具有有效征管的能力。南方殖民地之所以能够继续把人头税控制在较低水平,主要原因在于它们比新英格兰殖民地更多地依赖间接税收入(主要是进出口关税)。总的来说,至少在 18 世纪 60 年代之前,由于种植园主中的精英们对在学校、道路和其他城镇改造方面的支出不太感兴趣,南方的税收和政府支出规模与大西洋沿岸其他两个地区相比更为有限。

"中部"殖民地(纽约、新泽西、宾夕法尼亚和特拉华)的殖民型税制最为多样化,累退性也最低。它们比其他两类殖民地更少地依赖人头税。他们对财产的征税,比新英格兰殖民地轻,但比南方的殖民地重。与南方殖民地一样,中部殖民地比较多地依赖间接税。但与南方相反,中部殖民地的国内特殊消费税在其间接税中占有很大的比重。

为英国人与法国人及印第安人之间的战争筹集资源,对各个殖民地的税收制度来说都是一个考验。在新英格兰,殖民地继续保持以前的征税方式,但他们足够巧妙地处理了税收立法和征管方面的政治问题,大大提高了税收水平。据估计,马萨诸塞州和康涅狄格的人均税收水平接近英国的三分之一。② 与法国人和印第安人的战争结束之后,马萨诸塞州通过税收几乎还清了所有战争债务。

在南部殖民地,弗吉尼亚领导着西部军事战争,但是由于缺乏制度基础,

---

① 有关这些税收在强化性别及种族刻板印象方面的意义,参见 Kathleen M. Brown, *Good Wives, Nasty Wenches, and Anxious Patriarchs: Gender, Race, and Power in Colonial Virginia*(《好妻子、坏女人,焦虑的族长:弗吉尼亚殖民地的性别、种族和权力》)(Chapel Hill: University of North Carolina Press, 1996), 116—128, and Einhorn, *American Taxation, American Slavery*(《美国税收,美国奴隶制》), 37—38。

② Rabushka, *Taxation in Colonial America*(《美国殖民地的税收》), 575—576, 584—585, 622。

不像马萨诸塞这类殖民地那样可以相对轻松地提高税收,所以它面临的财政压力最大。为了偿还借款,弗吉尼亚首先制定了各种各样的特殊关税、临时财产税(包括马车税)和应急性收费,然后又制定了特殊的人头税,提高财产税税率,并提高关税,在1758年把进口奴隶的税率提高到惊人的30%。在与法国人和印第安人开战期间,弗吉尼亚显著提高了本地人均税收水平,但是弗吉尼亚提高后的人均税收水平仍然落后于马萨诸塞和纽约。[①]

战争期间,纽约是中部唯一一个遇到重大财政困难的殖民地。像马萨诸塞和弗吉尼亚一样,纽约在军事方面也做出了重大付出。战时的商业受到干扰,严重影响了该殖民地的间接征税制度。但是,纽约相对复杂的财产税制度,支撑了税率和收入的快速提高。而且,考虑到殖民地的困难程度,英国补偿了纽约在战争期间积累的大约一半的债务。

英国税收与革命危机

从1763年开始,英国政府目标更加明确,它将更多精力转向管理自己在北美大陆扩大了的领地。七年战争的胜利者面临着两个巨大的压力。

第一个压力是对位于阿巴拉契亚山脉以西的内陆地区新获得的大片土地实施统治。法国人被赶走后,各种探险者涌入西部的河谷,激起了美洲土著人的敌意。1763年爆发的庞蒂亚克起义,就是美洲土著人敌意的一次集中体现。此外,积极进取的殖民者激烈争夺对新西部的控制权,这使英国政府在伦敦的决策过程变得更加复杂。在英国殖民代表(包括本杰明·富兰克林)的帮助下,诸如俄亥俄公司和劳埃欧公司这样的土地投机组织和商业辛迪加,希望立即扩充政府和西部定居点。同时,为了像法国人那样集中发展毛皮贸易,贸易公司试图将移民排除在阿巴拉契亚山脉和密西西比地区之外。

英国面临的第二个大压力来自财政方面。它必须偿还在与法国人及印第安人战争期间举借的巨额债务,必须支付当前防区驻军的开支,尤其是在密西

---

① Rabushka,*Taxation in Colonial America*(《美国殖民地的税收》),677—678.

西比、俄亥俄和圣劳伦斯峡谷地区。在英国的历次战争中,"七年战争"的财政开销最大。战争期间,为维持英国在北美的军队的开支、动员美洲殖民地军事力量,英国每年都耗费 30 万到 40 万英镑。到 1763 年,债务已经接近 150 万英镑。政府本来希望通过正常的税收收入来偿还因征调英国军队和殖民地军队而欠下的债务。① 但是,在 1763 年,政府决定,从此时起殖民地人民需要为他们在西部的拓殖承担大部分开支。如果不这样做,英国大都市的居民财产税将会大幅增加,尽管事实上他们的人均财产税已经比殖民地人民高很多倍了。

为了解决西部的问题,通过划定 1763 年"公告线",英国开始从法律上限制向阿巴拉契亚山脉以西移民。对毛皮商人来说,这是一场胜利。但是,这导致毛皮贸易脱离管制并引发恶性竞争,继而引发美洲土著扩大了抗议和袭击行动。1768 年,英国政府改变了政策方向,决定更多地关注为殖民地土地开发者服务的游说者,并重新划定了界线来适应他们的要求。但在 1774 年,英国的土地政策又突然发生了转向。政府通过了《魁北克法》(高压法案之一),将魁北克的边界向南扩展到俄亥俄河。不管政府的意图是什么,这引起了有兴趣向西部移民的沿海殖民者的担忧。他们担忧,魁北克政府会偏袒皮货商,限制移民进入新的地域。对美国独立运动来说更为重要的是,英国西部土地政策的不确定性所产生的累积效应已使殖民地人民对英国殖民统治的可靠性乃至合法性产生了强烈质疑。到了 1774 年,美国独立运动已经蓄势待发。

1763 年,为了筹措殖民地的军事保护费用,英国启动了一项旨在提高美洲税收的计划。这项计划既提高了外贸税收的征收效率,又征收了"国内"税。英国人开始收紧海关制度。他们提高了海关官员在海关征缴收入中的抽成比例。此外,海军获得授权可以扣押涉嫌违反海关规定的货物。在接下来的四年里,议会增加了一系列重大的增税决定。

其中第一项是《1764 年收入法案》,该法案虽然下调了从西印度群岛(非

---

① 有关英国领导人向殖民政府偿还战时动员费用,并承担全部战时债务的决定,参见 Lawrence Henry Gipson,*The Coming of the Revolution*,1763—1776(《美国革命之先声》)(New York: Harper & Brothers, 1954),56。有关殖民地对北美殖民地战争的援助和对议会的补偿的精简汇编文献,参见 Rabushka, *Taxation in Colonial America*(《美国殖民地的税收》),728。

英属部分)进口的糖蜜的关税,但却第一次规定了严格的执法手段。同时,该法令对从南欧进口的酒征税;取消了针对从英国转运到殖民地的欧洲货物的税收返还政策;强化了海关监管,要求装货清单(称作"海关放行证")清楚地描述所有包装的货品;把铁和原木增列进"枚举项目"。为了更加有效地征收关税,英国政府对管理海关起诉案件的海事法院实施了严格控制。海关案件中的被告人在证明自己无罪之前,被推定为有罪。

同样在1764年,英国首相乔治·格伦维尔宣布,他的政府打算在下一年征收"印花税"。"印花税"与议会在1694年首次颁布的一个方案相类似,但那个方案当时只适用于英格兰居民。格伦维尔向殖民地提供备选方案,主张依靠殖民地税收来承担英国在美驻军的维持费用。但是殖民地议会没有接受格伦维尔的提议,所以英国议会继而通过了印花税法案。这项措施对众多的法律和商业文件、报纸、小册子(讨论政治和政治观点的流行工具)、游戏牌和骰子等广泛地征税。格伦维尔希望取得大量的新增收入,同时也希望有机会证明根据英国的不成文宪法,英国议会有权在殖民地征收国内税和关税。

殖民地的抗议接踵而至,并迅速升级。1765年,"自由之子"组织暴民运动,殖民地人民抵制英国货物,二者有效地阻止了法案的实施。由来自九个殖民地的代表参加的"印花税法案代表大会"呼吁废除印花税法案。大会宣布:"除非他们本人表示同意或者经由他们的代表表示同意,没有哪种税收可以强加到他们身上。这一原则对于民族的自由和英国人不容置疑的权利来说,都是同样至关重要、不可分割的。"[1]等到英国议会着手处理美洲人民的诉求时,一位不那么固执的新首相接替了格伦维尔的职位。结果,印花税法案在1766年被废除了。但是,英国议会不接受"印花税法案代表大会"关于英国人权利的表述。英国议会通过了《1766年宣示法案》,它宣称英国议会在任何情况下都拥有"完整的权力去制定具有充分效力及合法性的法律、法规来统治美洲殖民地和美洲人民——大不列颠国王的臣民"。该法案宣布,"在前面所称的任何一个殖民地或垦殖园",否定英国议会权威的"所有决议、投票、命令和诉讼,

---

[1] "The Declarations of the Stamp Act Congress," October 19, 1765, in Jensen, ed., *English Historical Documents*(1765年10月19日"英国议会宣布印花税法案",载于《英国历史文献集》),672.

无论出于什么意图和目的,都是完全没有法律效力的"。①

1767年,议会的权力再次发生转移。新任财政大臣查理斯·汤森德,下决心要在殖民地筹集更多的财政收入并重申英国议会的宪法权力。英国议会强化了其1766年时的立场,通过了查理斯·汤森德法案。他们对殖民地人民征税,殖民地人民在消费从英国进口的纸张、玻璃、铅、颜料和茶叶时需要缴税。这些收入被要求用于维持驻美英军的开支,用于向殖民地的皇家总督和其他英国官员发放薪金。同时,议会授权殖民地的高级法院发放普通搜查令(协查令状),改组海岸事务法庭的管辖区以快速处理上诉案,并在波士顿建立了美洲海关关长委员会以加强海关执法。美洲人民对抗汤森德关税的方式,与其先前对抗印花税法案的方式大体相同。但是,英国政府的立场却比1766年时更坚定。殖民地展开了"不进口"运动,其中包括"自由之女"组织的大幅扩大家纺布生产的活动。随着英国经济的严重衰退,运动迫使英国商人和制造商于1770年说服英国议会取消了除茶税以外的汤森德关税。

汤森德关税的废除反映了英国政府内部达成的共识——不管通过外部税收还是内部税收,在北美殖民地取得大量新税收收入的想法已经完全不切合实际了。对财政部而言,1763年开始实施的税收计划实际上是以失败而告终的。然而,通过保持对茶叶征税,英国议会表达了它在废除印花税法案时所申明的一贯原则。这些原则是,无论臣民是否拥有投票权,英国议会都有权对他们征税;殖民地人员无权选举英国议会议员;内部税收与外部税收之间不存在法律区别,用王室首席法官在废除印花税法案的时候的话来说,"最高权力一退出,政府也就解体了"。议会总结了废止印花税和汤森德关税的理由。议会认为,这两种税收属于权宜之计,其中包含的"很多不便之处会造成严重损害帝国商业利益的后果"。②

虽然英国议会规定了税收减免,但是对英国统治提出最激烈批评的群体,例如"自由之子"组织,很清楚议会继续坚持自己在征税权方面的原则的潜在

---

① "The Declaratory Act," March 18, 1766, in Jensen, ed., *English Historical Documents*(1766年3月18日"宣示法案",载于《英国历史文献集》),696.

② Quotations in Gipson, *The Coming of the Revolution*(引自吉普森(Gipson),载于《美国革命之先声》),114—115.

意义。因此,激进者继续抗议茶税并鼓动不进口其他英国产品。然而,在税收减免政策实施之后,"自由之子"失去了许多反英商人团体的积极支持。

1773年,国会颁布《茶叶法案》,促使"自由之子"和反英商人重新联合起来。它改变了汤森德法案所确立的茶税政策,其目的有二:一是重申英国拥有在不赋予直接代表权的条件下向殖民地征税的权利;二是赋予东印度公司巨额的税收优惠。由于在印度的军事行动开支巨大,东印度公司面临破产的威胁。根据《茶叶法案》,存放在美国仓库的1 700万磅的茶叶享受汤森德关税退税政策。美洲市场对亚洲茶叶需求巨大而且仍在增长,存放于伦敦的、准备运往美洲市场的另外1 000万磅的茶叶,也将根据《茶叶法案》享受汤森德关税退税政策。

这一税收优惠,使那些通过其他渠道(大多是荷兰的非法渠道)进口茶叶的商人处于明显的竞争劣势。纽约、费城、查尔斯敦和波士顿的商人发起正式的抗议。英国议会维护征税特权,以及议会在向本已享受王国政府所授垄断特权的公司提供税收优惠时公然显露出专横腐败,这些都激怒了包括"自由之子"在内的激进团体。

"自由之子"阻止船只卸载东印度公司茶叶,组织集会,并火烧茶叶。在波士顿,马萨诸塞州总督的儿子是获准销售东印度公司茶叶的代理商之一。总督想出了一个巧妙的计划,把茶叶偷偷带进港口。但是,在1773年12月,激进分子挫败了该计划。他们装扮成印度人,在一群波士顿市民的有序保护下,在午夜登上了一艘运茶船,把值一小笔钱的茶叶倒进了港口。戏剧性的"茶党"事件鼓动起其他大大小小港口对茶叶的大规模抵制和破坏活动。殖民地立法机构拒绝赔偿东印度公司的损失。

英国议会在1766年和1770年做出了让步,但在1773年却没有这样做。它的领导层判断,殖民地对议会征税权如此严重的挑战将使议会面临丧失统治帝国的能力和权利的风险。因此,议会投票决定维持茶叶关税,并同时为东印度公司提供税收优惠。它通过了(与魁北克法案一起)被称为"强制法案"的一系列措施,以明确捍卫英国王室在北美洲的征税权和统治能力。《波士顿港口法案》禁止了该港口的商业活动,禁令直到波士顿人民赔偿了东印度公司的茶叶损失才得以解除。《政府法案》扩大了马萨诸塞州皇家总督的权力,限制了城镇会议的权力。在皇室官员因执行公务而可能被地方法庭判死刑时,《司法法案》允许马萨诸塞州皇家总督改变其审判地点。最后,《营房法案》赋予殖民地总督在住宅、其他私有建筑和兵营中安排军队宿营的权力。随着《强制法案》的实施和随后对波士顿的军事占领,英国议会迫使殖民地人民采取了最坏的行动。随之而来的是,第一届大陆会议在9月召开,马萨诸塞州及周边其他殖民地举行集会,以及1775年4月莱克星顿和康科德发生流血事件。

1763年后的税制改革的短期经济影响是轻微的。同样,英国重组美洲内陆地区的努力也收效不大。可以肯定的是,从1764年到独立战争爆发时,伴随着上述改革而出台的税收措施和贸易条例使税收收入稳定地从殖民地流向英国。在这段时间里,对于美洲与西印度群岛及南欧之间的贸易管制使美洲人民付出了最大代价。与西印度群岛及南欧之间的贸易,对许多商人和生产者来说是最有利可图的。但是,由于印花税法案和几乎所有汤森德关税都已废除,税收的流出远不能说是灾难性的,至少比照当时英国的标准来说,美洲的总体税率在独立战争之前一直保持在较低水平。然而,那些在西印度群岛和南欧从事走私和贸易的商人则面临着潜在的经济灾难。如果1763年后的法规被统一执行,大商人阶层将会因为这些法规付出更大的代价,尤其是在波士顿和纽约。因此,事实上,殖民地商人正确地认识到,1763年之后在税收领域发生的政治斗争对他们的利益有很大的影响。

然而,对大西洋沿岸英国定居点的英国人来说,利益攸关之处远远超出了短期商业得失的范围。殖民地人民明白,在海上和北美大陆上正在进行的帝国竞争中,为了取得成功,必须制定连贯而强大的经济政策,并且这些经济政策还必须得到军方的支持。殖民地人民也认识到,大不列颠与他们之间在经济利益方面存在根本性的分歧,尽管这些分歧的形式还不怎么明朗。殖民地人民同时明白,遵守"征得被统治者的同意"的原则是经济事业取得巨大成功的必要条件。这个经济事业,后来被称为民主资本主义。寻求独立的美洲人民已经确信,国王和他的政府抛弃了"同意"原则,违反了不成文的英国宪法。因此,不能依靠英国议会和国王来维护美洲人民的利益。在爱国者看来,英国政府非常专制、反复无常、不可预测。无论是哪种情况,这些殖民地人民都深信,英国的持续统治给美洲人民的长期经济利益造成了巨大的潜在损害。英国当局的权威(包括1776年明确的皇家特权)日益衰微,最终遭受严重动摇。[①] 美国独立战争的经济原因远远超过税收问题的范围;独立战争远不止是税收叛乱。但是,革命者号召"无代表不纳税",并开始考量具有重大经济意义的财政问题和推动革命政治进程的意识形态问题了。

美国独立战争

在美国独立战争中,先前的殖民地向拥有世界上最强大的财政体制、最丰富的战争物质资源和最强大的海陆军事力量的国家发起了挑战。对革命者来说,寻找和调动资源以追求胜利是非常困难的,但他们也有一定的优势。他们不必压倒对手,只要把英国的战争成本推高到足以促使英国人接受独立现实的程度就够了。此外,革命者在本国领土上作战还拥有心理优势和战术优势。此外,足够讽刺的是,在1763年,英国成功击败了法国和西班牙这两个对手。这就在金融和军事两个方面为新的美洲国家创造了两个潜在的盟友。在战败后的十二年里,由于暂时远离战火,法国和西班牙有时间来恢复军事和经济实力。尽管如此,英国仍然是一个可怕的敌人,美国人需要付出巨大的财力才能战胜英国,这笔财力要比他们在大英帝国治下的任何事件中所耗费的财力都要大得多。尽管按照当时的标准,美国人口增长了,人民也更富裕了,但仍有大约三分之一的美国人支持英国,三分之一的人属于骑墙派。在独立战争的大部分时间里,人力和物力的投入都代表着一场巨大的赌博。

在1775年组织召开的第二届大陆会议上,新的美利坚合众国对各种战争资源进行了协调。在召开大陆会议之前,殖民地只是偶尔地合作过,而且合作得并不怎么成功。没有一个州希望建立与英国政府具有同等权力的美国政府,并由其取代英国政府。中央政府的征税权一直是美国独立运动的核心问题。各州保留了征税的权力,国会不得不依靠多种手段来筹措资金,具体手段包括:举债,请求各州自愿贡献税收收入,印钞,以及直接没收充公(最后的

[①] 此为这一解释的现代经典陈述,它从宪法和思想的角度强调了人们对一贯被认可的帝国法律框架的信任危机,出自 Bernard Bailyn, *The Ideological Origins of the American Revolution*(《美国革命的思想意识渊源》)(Cambridge, MA: Harvard University Press, 1967)。

手段)。

　　国会发现举债非常困难,因为它没有能力筹集自己的税收收入而为未来偿债提供可靠的保证。但在战争初期,国会确实在国内销售债券,并设法从法国取得了一系列的秘密贷款。它利用法国贷款作抵押从富有的爱国者手中借到了几乎五倍于抵押价值的借款。这部分富有的爱国者,愿意相信美国将赢得战争并偿付债务这个具有风险性的判断。在1781年美国军队和法国舰队在约克城占据优势之后,战争趋于最终结束之时,美国后来也收到了包括荷兰贷款在内的其他外国贷款。直到那时,外国贷款才开始成为独立战争经费的重要来源。请求各州贡献税收收入的工作也很有挑战性。1777年,国会开始呼吁各州自愿贡献其自身的税收收入。这些正式的请求(称为"征用")包括较高份额的铸币(金银形式的硬通货)支付。国会还告诉各州,在打败英国后,他们将确定各州公平分摊财政负担的方式。但是,各州反应很慢,经常忽视国会的"征用"请求。

　　因此,国会几乎完全依赖发行纸币(主要是"大陆币")这一方式。国会承诺,如果美国赢得独立,它将最终用铸币或铸币等价物来赎回这些"大陆币"。铸币等价物包括从公有领地中划出的土地。战争期间,国会有时向士兵支付土地凭证,士兵在独立战争后可以用土地凭证换取土地。当然,这也是以假定新的国家能够生存下来为前提的。国会早在1775年6月就发行了第一期纸币,到1776年底已经发行了2 500万美元。五年后,国会发行了面值超过2 000亿美元的"大陆币"。①

　　国会和州政府快速印刷货币,意味着货币供应量的增长速度比人们生产商品和提供服务的增长速度快得多,从而抬高了价格,并最终使公众陷入货币注定要贬值的恐慌中。这导致了18世纪70年代晚期和80年代早期持续的恶性通货膨胀,类似的时期在美国历史上仅有两次。② 到了1781年的年中,大陆币已经贬值到低于票面价值1%的境地了。为了缓解通货膨胀,从1780

---

　　① 记录美国独立战争筹资的主要历史文献是 E. James Ferguson, *The Power of the Purse*: *A History of American Public Finance*, 1776—1790(《资金的力量》)(Chapel Hill: University of North Carolina Press, 1961), 1—176。在讨论这一问题时,我大量引用了弗格森(Ferguson)的学术成果。

　　② 另一次恶性通货膨胀发生在南北战争期间,同样是发生在弱联盟中,即南部联盟。

年开始,国会从各州征用税收收入来偿付部分债务。各州回应国会要求贡献了一些力量,但是通货膨胀仍在继续加速。接受大陆币作为薪酬并且没有将其立即花费出去的供应商和士兵们承受了越来越多的独立战争成本。

随着物价飞涨,通过借款和税收取得的收入一直不足,国会转而采取最后一种手段——没收充公。1776年,国会授权乔治·华盛顿将军强制征用货物和服务来补给军队。在战争初期,当军队发现反对独立战争的"亲英派"拥有军队想要没收充公的物资时,军队就会把这些物资没收充公。1777年和1778年的冬天,福吉峡谷缺粮,华盛顿派遣了数百名士兵到宾夕法尼亚农村去没收待屠宰的牲畜。他们给自己找的理由是,如果不没收这些牲畜,当地农民将会把牛和羊卖给驻扎在费城附近用现金付款的英国人。到了1779年,通货膨胀加速,正如历史学家E.詹姆斯·弗格森所写,"战场上的军事行动几乎完全依赖征用充公的手段来提供经费。征用者有时是州政府官员,有时是联邦官员"。1782年,华盛顿的总军需官蒂莫西·皮克林从纽约发出报道:"当我们的军队驻扎在本州及新泽西州时,在所有据点里,我们部门的运作几乎完全依靠劝售和征用来支持。"劝售,实际上就是支付一堆几乎没有价值的大陆币后把物资直接运走。弗格森说:"购买与征用之间的界限是模糊的、没有意义的。"[①]

在整个战争期间,国会希望找到办法争取各州支持新中央政府提高征税能力,但它只能迈出试探性的几步。1777年,国会批准了新国家的第一部宪法——《邦联条例和永久联盟》。直到1781年,各州才正式批准了这部宪法,其最终文本也不外乎是把国会的现有运作方式上升为法律条款。《条例》第8条规定,支持"战争费用和一切其他费用"的税收应按土地的价值(包括建筑物及其改良)按比例分摊给各州,但最后要由各州批准征税总额。与1781年前一样,各州抵制征用。

这些条款没有规定国家层面的税收,例如关税。宾夕法尼亚的罗伯特·莫里斯和纽约的古弗尼尔·莫里斯这两个商业银行家,是管理国会财政事务的领导者。他们自己筹资,扩大游说活动来争取修改《条例》从而允许征收关

[①] 引自 Ferguson, *The Power of the Purse*(《资金的力量》),59,62。

税。早在1781年,国会就批准了通过征收5%的进口关税来偿付公共债务利息和本金的计划。但是,《条例》要求经各州一致批准后才能通过修正案。罗得岛州拒绝批准《条例》,它认为《条例》不能缺少征税权届满条款,也反对由联邦官员征收税款。1783年,国会同意了罗得岛的条件,但后来纽约又改变了主意,收回了对修正案的批准。纽约比任何其他州都更依赖进口关税,新的州政府比前几届政府更为关切农场主的利益,它担心联邦政府可能拿走大部分关税,从而迫使纽约政府采取大幅提高财产税的措施。

因此,在整个独立战争期间,用于战争的所有税收收入都是由各州提供的。各州的征税水平低于英国维持战争的征税水平,但大部分的州在战争动员中提高了自己的财政能力。各州取得成功的原因之一在于,独立战争期间,民主的思潮推进了各州税收改革。这一改革计划将会促进美国税收民主化,强化税收认可度,提升州政府的财政能力。改革者努力促使税收更加公平化。更具体地说,这些改革者专注于摒弃极不受欢迎的人头税,促使税收转嫁到以财产价值来衡量的财富上。改革派接受了把"支付能力"作为税收分摊决定条件的理念。"支付能力"这一概念,要求富人应该超比例地向政府缴税。改革派意识到,当时的富人在住房方面的支出高于穷人。因此,从价征收的、单一税率的财产税,至少是有一些累进性的。一些保守的领导人支持改革,认为改革对提高财政收入和平息社会纷争来说都是必要的。改革运动的成果在新成立的各州之间差异很大,最成功的是新英格兰和大西洋中部各州。在南方,特别是在边远地区,战时危机增强了小农场主的话语权,为动员战争,财产税也需要扩大范围。但大农场主保留了税收政策控制权。他们持续掌权,加上管理不力,导致南方各州财产税的累退性高于北方各州。这场战争并没有带来财政革命,但它确实促进了刚刚独立的各州税收政策的民主化。①

尽管各州在战争期间提高了财政能力,并支付了大部分的民兵开支,但他

---

① 罗伯特·贝克尔(Robert A. Becker)巧妙地介绍了革命时期美国殖民地和美国新独联体在税收及税制改革方面的复杂情况,参见 Robert A. Becker, *Revolution, Reform, and the Politics of American Taxation*, 1763—1783(《革命、改革与美国税收政治(1763—1783)》)(Baton Rouge: Louisiana State University Press, 1980)。罗宾·艾因霍恩(Robin Einhorn)加深了我们对19世纪美国州税改革的理解,特别是马萨诸塞州和弗吉尼亚州。

们并未能够向大陆会议提供实质性的援助，也无法阻止各州债务的激增。1784年，中央政府的债务总额已超过3 900万美元。在1785至1786年间，这一余额的年利息几乎达到200万美元，但政府每年从所有来源取得的收入只有50万美元左右。与此同时，各州欠下的债务至少有1 000万美元，债权人包括：各州民兵组织中的士兵、军官，民兵组织的供应商，向各州提供贷款的个人。

历史学家无法可靠地估算出美国公众为赢得革命所付出的巨大代价。通货膨胀失控，政府以多种方式领导战争，独立战争期间货币供应量飙升促使复杂性日渐增加，没收充公也发挥了重大作用，上述这些因素导致人们无法有效估计战争的总成本以及税收收入、土地权证、借款、通货膨胀和强制征用等方法在战争中所起的相对作用。后两种方法的作用是最难估计的。因此，我们无法了解，美国人民因为接受和储蓄日渐贬值的纸币（面值大概为4亿美元）以及承受强制征用而为独立战争贡献了多少力量。

尽管如此，我们仍然能够得出一些可靠的结论。第一，按照战争成本占国民生产总值的比例来衡量，独立战争很可能是美国历史上代价最大的战争。[①]第二，在美国所有重大战争中，无论是发生在《独立宣言》发布之前还是之后，可以几乎肯定地说，独立战争对通货膨胀和直接没收财产的依赖程度是最严重的。[②]第三，部分地源于前一个结论，支付能力低的人承担了最重的通货膨胀负担，所以独立战争的筹款方式在美国历史上累退性最强。换句话说，是战争使美国普通民众做出了最多的经济牺牲。第四，税收对独立战争经费的贡献小于其对美国其他任何主要战争经费的贡献。第五，战争结束时，国会和各州有巨额债务（前面提到的4 900万美元）未清偿。事实上，与其他战争结束时的状况相比，独立战争债务占国民生产总值和国民收入的比重是最大的。在18世纪70年代，这些债务在塑造新的财政制度的经济和政治环境中起到了关键作用。

---

① 鉴于融资机制的复杂性，加之十三个州均主要集中发展农业，并严重依赖市场外的生产力，因此该测量结果无法做到完全精确。

② 也许值得一提的是，在内战期间，南部联盟还严重依赖通货膨胀和没收来筹措资金，但收效甚微。

迈向宪法和现代财政制度

　　1783年的《巴黎协定》承认了美国战胜英国的事实,确立了十三州的独立地位和它们创立的联邦,并确定了这个新国家的地理边界。但是,按照《邦联条例》构建起来的中央政府和各州,当下面临的实际问题与1763年令英国政府生畏的实际问题相似。就像二十年前的英国一样,这个新成立的国家需要为付出昂贵代价而获胜的战争偿还债务,也需要筹集经费来管理既能带来美好经济前景、又可能引起激烈冲突的公共土地。

　　到1783年,这个新国家处理了许多美国人在1776年认为无法解决的问题,进而在管理公共土地方面取得了一些成绩:把七个州的广泛且有冲突的要求与横跨阿巴拉契亚山脉的西部广袤土地和资源匹配协调起来。英国王室曾经把《海洋宪章》的实施范围扩展到后来发展为这七个州的殖民地,但英国政府没有解决好接下来在主张西部土地所有权过程中发生的大量复杂冲突。

　　从独立战争初期开始,对西部土地不主张所有权的其他六个州,组团支持把西部土地交给新成立的美国中央政府。这些州的代表,包括宾夕法尼亚的罗伯特·莫里斯,认为这样做可以强化联盟和巩固革命事业,提高内地政府的素质和实力;通过出售土地,美国将会得到急需的收入来偿还债务和支付军饷。做土地投机生意的公司在这个问题上保持中立,它们的态度取决于是中央政府还是州政府能够更好地促进它们的利益。当时,弗吉尼亚主张的土地最多,包括肯塔基及俄亥俄河以北的所有领土。但是,纽约、康涅狄格和马萨诸塞州在西北地区提出了挑战,同时,在弗吉尼亚主张所有权的领地上,大量土地已经被以其他州为经营基地的一些实力雄厚的土地公司买走了。1780年,纽约提出放弃其领土主张的想法,向弗吉尼亚施加压力,促使其在土地分配问题上从国家的角度出发采取民族主义立场。随后,弗吉尼亚放弃了领土主张,其他各州也效仿了弗吉尼亚的做法。然而,为了兑现对退役民兵的奖赏,这些州保留了一定的土地。

　　国会还讨论了开发西部资源工作中的另一个重大问题——如何将国家的新公共土地转化成可在市场上交易的土地。这样做的目的是,创造新的收入来源,减少债务和保证联邦的连续性开支,并促进内陆地区经济有序发展。国会在独立战争期间就已开始讨论这一问题,在1783年之后他们研究了殖民地和各州在土地买卖方面的经验。通过这些准备工作,国会于1785年颁布了《土地条例》。它建立了直到20世纪还起作用的规范公共土地处置的制度。该条例要求,在移民定居前进行事前调查和取得所有权,按矩形测定边界,有系统地创建市镇,以"区块"(640英亩)和"城镇"(36个区块)为单位出售土地,分散拍卖销售,在每个城镇保留四个区块用于建设学校,以及每英亩土地最低售价为1美元。

1787年,为了将这个市场纳入共和政治秩序,国会一致通过了《西北法令》。法令的第一部分规定,设立西北地区并将它划分为三至五个领地,并逐渐将各个领地转化为州(最终形成了俄亥俄、印第安纳、伊利诺伊、密歇根和威斯康星五个州)。法令的第二部分确定了把上述领地转化为州的常规程序。在最后阶段,领地将制定宪法,并在与现有各州平等的基础上申请加入联邦。法令的第三部分颁布了适用于领地的权利法案。法案要求禁止奴隶制,法案所包含的关于继承的法律规定有助于大规模地产的形成。

根据《邦联条例》成立的国民政府借助这两项西部法令,在把因战胜英国而取得的领地转变为重要的公共土地方面迈出了重大步伐。通过重构规范内陆地区经济、政治和社会发展的法律框架,联邦政府开始增添强劲的"资产体制"要素,并使该要素成为强大的财政体制不可或缺的组成部分。

国会在创建联邦政府征税权方面收获很小,因此无法用税收收入满足当前支出,无法减少美国独立战争带来的巨额债务,无法为未来国家重大项目借款。为了履行其义务,国会继续要求各州自愿缴款,但它们只完成了国会在1781至1786年间提出的征用配额的大约三分之一。各州的缴款从1784年开始下降,到1787年初几乎消失。各州有影响力的领导人呼吁各州增加对联盟的财政贡献,但是他们遇到了历史学家罗格·H.布朗称之为"施压—抵制—退出"的模式。"这些国会支持者面临着一个非常现实的问题:各州也面临着独立战争带来的债务重负,并且在独立战争中也已经努力征税了。当国会的支持者竭力要求增税时,他们遇到了强大的阻力,在这个过程中有时甚至会激发争取降低而不是增加税收负担的强烈运动。结果,各州的征税努力程度降低,债务不断增加。与此同时,联邦政府的年度预算赤字仍在持续。到1790年初,其债务已增长到约5 300万美元。"①

财政困难影响了国家的经济稳定。大量的纸币严重贬值,债务负担沉重,国会缺少征税权,美国人难以通过他们自己的出口收入来购买欧洲进口商品,上述各种困难的叠加,使得美国铸币(金币和银币)大量外流。铸币外流对于结束战时通货膨胀起到了决定性作用,但它却造成了18世纪80年代晚期严重的通货紧缩(一般物价水平下降)。像所有此类通货紧缩一样,它给公共债务人和私人债务人带来了沉重的负担。这里所说的公共债务人,包括联邦和各州。

农民债务人,尤其是拥挤在贫瘠土地上的新英格兰小农场主,对此反应很强烈。马萨诸塞州政府异常努力地偿还债务,他们的偿债手段是提高财产税,所以通货紧缩对该州农民的影响最为严重。1786年,不满情绪爆发。丹尼尔·赛斯带领近2 000名马萨诸塞西部农民武装叛乱,阻止讨债,抗议增加税收。马萨诸塞州镇压了叛乱,但赛斯和他的支持者们却在1787年选举中赢得了胜利,这帮助他们在马萨诸塞州通过了激进的债务人救济法律。

国会曾试图帮助马萨诸塞州平息叛乱。1786年,国会呼吁各州用税收收入作抵押,帮助国会筹借50万美元以征召1 340名士兵来保护斯普林菲尔德的联邦兵工厂。只有弗吉尼亚做出回应,国会未能取得借款。尽管联邦政府的干预被证明是没有必要的,但马萨诸塞州的债务减免政策以及进一步侵扰财产的潜在威胁使一些有产者受到了惊吓。他们把注意力集中在联邦无力保

---

① 有关1783年《宪法》制定后所处关键时期的税收分析,参见 Ferguson, *The Power of the Purse*, 177—343(《资金的力量》);Roger H. Brown, *Redeeming the Republic: Federalists, Taxation, and the Origins of the Constitution*(《拯救共和国:联邦制、税收及宪法的起源》)(Baltimore: Johns Hopkins University Press, 1993);Edwin J. Perkins, *American Public Finance and Financial Services*, 1700—1815(《美国公共财政与金融服务》)(Columbus: Ohio State University Press, 1994), 137—196;Max M. Edling, *A Revolution in Favor of Government: Origins of the U.S. Constitution and the Making of an American State*(《一场推动政府发展的革命:美国宪法的起源与美国各州的形成》)(Oxford: Oxford University Press, 2003), 149—162;Max M. Edling, *A Hercules in the Cradle: War, Money, and the American State*, 1783—1867(《摇篮中的赫拉克勒斯:战争、金钱和美国, 1783—1867年》)(Chicago: University of Chicago Press, 2014), 17—80;以及 Einhorn, *American Taxation, American Slavery*(《美国税收,美国奴隶制》),111—119。引自布朗(Brown)的部分,参见他的著作 *Redeeming the Republic*(《拯救共和国》),第138页。

护财产免受内乱威胁这一事实上。他们的担心加速了以美国宪法取代《邦联条例》的运动。

随着宪法运动的发展,参与者认识到,与压制债务人的叛乱威胁相比,还有许多更为利益攸关的事情要做。这一运动表明,人们广泛关注一系列经济问题,并且越来越确信,除非有能力取得大量税收收入,否则瘫痪的中央政府无法解决这些问题。

这些问题中最突出的是联邦和各州的战争债务负担。运动的领导人认为,只有国民政府有能力取得大量税收收入,债务负担才有可能降低。他们希望政府缩减债务,从而赢得国际金融市场的信心。这样,资本稀缺的美国才可以为公共和私人项目在国际金融市场上融资。

另一个问题是如何对新国家的内陆地区实施有效控制。一方面,新政府认为至少在理论上根据巴黎条约它拥有占领阿巴拉契亚山脉以西土地的权利,但这遭到了美洲土著居民的否定。在1786至1787年间,移民者与印第安人之间在阿巴拉契亚边境线上的敌对行动,导致联邦的许多领导人认为他们需要强大的军事力量来清除或摧毁强大的部落。另一方面,欧洲国家也在威胁要阻止美国的扩张。英国拒绝从位于加拿大边界(从尚普兰湖到五大湖部分)以南的一系列堡垒撤离。尽管西班牙曾经支持过独立战争,但它还是在1784年对除西班牙之外所有其他国家的内河船只关闭了新奥尔良港,并在两国都有领土主张的地区(最终成为密西西比州和亚拉巴马州的一部分)维护堡垒。与英国或西班牙发生战争的可能性不大,但新国家要围绕领土和贸易利益进行有效谈判却非常需要军事力量。

最后一个问题是,州际竞争妨碍新国家享受贸易扩张的利益。由于这些竞争,以联邦内部贸易为征税对象的各种税收杂乱无章,其常常带有歧视性。牵涉跨州利益的商人和生产者通常认为,通过建设更加强大的中央政府,可以把整个国家建设成为自由贸易区并可以用外部关税取代国内贸易中的各种杂税。这样一来,一些制造商和手工艺人预见到,国家有机会设立全国性关税并将税率设定在能够保护新兴产业的水平上。

最富裕阶层以外的其他群体也开始担心联邦能力不足,他们支持建立更强大的中央政府。许多农场主认识到了政府的价值所在:政府可以积极作为,从而提高国家信用,促进物价稳定,拓展国外市场,确保美国对跨阿巴拉契亚地区西部的控制,保证持有联邦西部土地债条的退伍老兵可以实际取得土地,对贸易征收关税偿付国家债务,依靠新筹集的税收收入来降低财产税负担。①

18世纪80年代晚期,怀有这些担忧的团体逐渐形成民族利益集团。它们意识到美国经济需求的重要性,坚信必须建设强大的全国性政府来满足这些经济需求。1787年,这些利益集团带头召集了费城会议,并在次年通过了美国宪法。不过,他们的民族主义事业远远超出了经济范围。民族主义者认为,建立强大的中央政府将能更好地传达整个国家的公民道德与共和价值。建立强大的国家联盟,将在逻辑上为独立战争画上圆满的句号。而且,新政府将会在财税方面滋养、培育共和国公民的诚信及力量,并将其展示给君主专制的欧洲。②

---

① 有关18世纪80年代经济问题的高质量总结与分析,参见 Cathy Matson, "The Revolution, the Constitution, and the New Nation," in *The Cambridge Economic History of the United States, Volume 1: The Colonial Era*("革命、宪法和新国家",载于《剑桥美国经济史,第一卷:殖民时期》), eds. by Stanley L. Engerman and Robert E. Gallman (Cambridge: Cambridge University Press, 1996), 363—401。

② 对美国立宪运动思想渊源具有里程碑意义的研究,参见 Gordon S. Wood, *The Creation of the American Republic*, 1776—1787《美利坚共和国的缔造》(Chapel Hill: University of North Carolina Press, 1969)。许多反对强政府的美国人与强政府支持者有着共同的经济利益。当然,几乎所有的宪法制定者都是有产者,且倾向于大量持有价值不确定的公共证券。但宪法反对者持有的金融资产惊人地相似。但是,他们往往从更具地方性和区域性的角度考虑,并担心一个更强大的国家政府可能会导致权力滥用。有关宪法制定者所持财产的经典讨论,参见 Charles Beard, *An Economic Interpretation of the Constitution of the United States*《美国宪法的经济观》(New York: Macmillan, 1913),以及 Forest McDonald, *We the People: The Economic Origins of the Constitution*《我们人民——宪法的经济渊源》》(Chicago: University of Chicago Press, 1958)。

第二章　创建现代财政制度

1788年,美国宪法被正式批准。这部宪法创建了联邦税收的基本结构,并确立了对国家各种税收体制产生持久影响的权力和要求。宪法赋予新联邦政府明确而广泛的权力,允许其征收"间接"税——消费者通过中间环节间接支付的商业税收;宪法还赋予新联邦政府借债和独家发行货币的权力。但是宪法限制了征收"直接"税的权力,直接税是直接对个人征收的税收。这一限制对所有联邦税收制度的形式以及联邦政府与各州和地方政府之间的征税分工产生了重大影响。

宪法的制定者只规定了政府框架。开发政府的核心能力,包括政府筹资能力,要由新共和国的领导人来负责。从18世纪90年代开始,这些领导人尝试了许多宪法所允许的税种,但被广泛采用的只有进口税。他们发现,进口税满足了他们大部分的税收需求,同时最大限度地减少了政治分歧。与英国一样,低关税是美国国家财政制度的核心,它直接为国家重要项目提供资金,也为支付国债利息提供资金。这种税收制度一直延续到内战时期,其持续时间之长仅次于第二次世界大战期间创立的税收制度。

新成立的美国政府还有另外两个关键支撑因素,它们都有很深的根源,甚至在今天仍然很重要。它们的共同效果是减少联邦政府的税收需求,这种效果在19世纪最为明显。

一个因素是次级政府(州政府和地方政府)征收重税。它的重要性与美国政治独立运动历史有很大关系。在独立战争之前,美洲殖民地在大英帝国治下自由支配内部财政空间来扩大对财产和内部贸易的征税;新英格兰和中部大西洋殖民地利用这些税收支撑殖民战争,同时提供各种公共服务。1763年之后,英国加强征收国内税。这促使各殖民地进一步捍卫他们自视的财政特权。州政府在独立战争期间支付民兵报酬、在18世纪80年代偿还战争债务,导致国内税的进一步扩张,使各州更加不情愿向中央政府让渡征税权力。各州和地方政府希望,在建立一个拥有可行的财政能力的中央政府后,仍能保持自己的强大财政能力。在北方,州政府希望依靠创收能力强、相对流行的税种来为国内主要项目提供资金支持。在整个19世纪,他们主要依靠财产税和国内外借款来扩大支出。早在19世纪四五十年代,地方政府的财政规模可能就已经比联邦政府的财政规模还要大了。在南部各州,州政府和地方政府对重大支出项目不那么感兴趣,但他们想保留财产税为各州及各地方所独占使用,以防止联邦政府为筹集收入或为废除奴隶制而向奴隶征税。

降低联邦税收负担的第二个因素是辽阔的公共土地。美国政府为其公民代管的大片土地资产,是内战前联邦政府不必通过开征新税或提高现有税种的税率来扩大其财政规模的一个主要原因。美国政府远远不止是经济学家约瑟夫·熊彼特所描述的"税收国家",甚至远不止是用已被财政史学家共同使用的术语所表述的"财政国家"(具有借贷能力)。这两个术语都没有考虑到联邦政府为其拥有者——美国人民——所代管的巨额有形资产。由于其对这些资产的控制,美国发展成为同时具备"资产国家"能力和"财政国家"能力的"金融国家"。由于拥有丰富的有形资产,美国政府的行为在某些方面与早先拥有丰富土地资源的那些国家相似。那些国家的形成,要早于在现代工商业时代产生的税收国家、财政国家。

汉密尔顿计划

美国税收制度的基本结构是在对未来有持续重大影响的紧急状况中产生的。这一紧急状况就是跨越美国宪法制定过程的革命性危机。危机的核心是一场宪法斗争,斗争的目的是确定联邦政府的基本理念:代表理念和同意理念,合宪性和权利,以及主权。当美国人在锻造他们的政府观念时,他们也在与许多实际问题作斗争。其中最紧迫的是如何偿还独立战争债务,以及如何通过赢得国际金融市场的尊重来建立国家信用。在解决既深远又现实的问题的过程中，宪法框架的设计者们构建了财政制度。他们认为新的联邦政府、新的国家需要依靠这一财政制度确保生存和走向繁荣。

《宪法》反映了詹姆斯·麦迪逊、亚历山大·汉密尔顿以及其他主要倡导者的愿望，即向新的中央政府提供强大的征税能力。它要比国民政府根据《联邦条例》所享有的征税能力更为强大。18世纪80年代那场延长的财政危机，使麦迪逊和汉密尔顿确信，新的代议制政府必须掌握更强大的财政力量，以建立一个强大的、实实在在的共和国。[①]

结果，鉴于先前的联邦政府只能敦促各州自愿向联邦财政捐款，宪法赋予了新政府与其主权相称的财政权力。《宪法》第1条第8节表述，国会拥有"设定和征收税收、关税、消费税"的一般权力。此外，第8节还确立了"凭借美利坚合众国的信用举债"和"铸造货币并调节其价值以及调整外国货币价值"的权力。

新的财政权力，特别是征税和铸币的权力，表明了宪法制定者和批准者对新政府的信任。但《宪法》第1条第9节的另一项规定似乎对征税权表示了关切。本条款通过"除非根据人口统计比例，否则不可以征收人头税或其他直接税"的规定，限制了联邦对财产的征税权。

解释宪法制定者的财政意图，核心在于把握上述限制性条款的底层原因。表面上，第1条第9节似乎表达了洛克式自由主义的思路——强调个人主义，颂扬对个人利益和金融利得的追求，对可能阻碍个人追求利益的任何政府举措保持怀疑。实际上，关于18世纪美国一般政治文化的众多证据，进一步地表明美国社会是由追求利润最大化的税收抵制者组成的。然后，像现在一样，所有阶层的许多美国人欺骗，逃税，利用税法漏洞，移民到低税"天堂"，物色并支持致力于减税的政治团体和代表，并支持宪法对税收的限制。在像18世纪80年代通货紧缩那样的经济困难时期，这些税收抵制者变得特别难以控制。

对第1条第9节的解释碰到了困难，事实上，18世纪美国人普遍倾向于

[①] 美国批准宪法运动期间，汉密尔顿在《联邦党人文集》中阐述了其对税收的观点，参见 W. Elliot Brownlee, "Social Philosophy and Tax Regimes in the United States, 1763 to the Present," *Social Philosophy and Policy*（"美国的社会哲学和税收制度，1763年至今"，载于《社会哲学与政策》）23 (Summer 2006), 2—6。

第二章　创建现代财政制度

直接税(尤其是财产税),而不是任何其他形式的税收。几乎在任何地方,财产税都是地方政府可选择的手段。在人们心目中限制联邦政府使用财产税的理由,更多地与联邦政府的适当职能范围有关,更少地与一般意义上的政府的职能范围相关,更少地与税收形式是否适当相关。

人们热衷于在州和地方层面征收财产税,对联邦政府采用财产税感到担忧。为了理解这一现象,我们必须承认独立战争的核心理念远不止于洛克式自由主义对私人权利的强调,核心理念中还包括古典共和主义,或强调公共社会责任的公民人文主义。这些思想集中关注腐败对公共秩序的威胁、重商主义的危险、培养公共美德的必要性。甚至是亚当·斯密这样的创始者,都把古典共和主义的思想与自由主义的思想对立起来。[1]

对公民人文主义的信奉,可能造成要求提高税收的压力,而不是要求将低税收的压力。例如,创建由在法律面前平等的公民组成的、和谐的共和国的理想,要求通过向富人多征税来打破特权。这个理想还包括认为纳税是由慈爱与尊敬凝聚在一起的全体公民的正常义务的理念。这种公共思想进一步发展,强调财富与建立良好政府和公共秩序的责任之间的直接关系。它接受开明的利己主义,并把公民的支付能力作为选择税收模式的标准。在《国富论》所倡导的第一个税收准则中,亚当·斯密宣布:"每个国家的国民,都应该以各自的能力为比例,最大可能地支持政府。"在一个多数财富以不动产形式存在的时代,由于提供了"根据能力纳税"的最大潜能,财产税——特别是从价征收的财产税——开始流行。

与亚当·斯密一样,美国政府也明白,按照单一税率从价征收的财产税具有累进性(见第 21 页)。史密斯很谨慎地推进累进税制,但他写道:"富人应该

---

[1] 有关革命时期近代思想史的有益介绍,参见 Jack P. Greene, ed., *The American Revolution: Its Character and Limits*(《美国独立战争:特点与局限》)(New York: New York University Press, 1987)中的部分篇章。有关对公民人文主义深远影响的重要描述,参见 Dorothy Ross, "The Liberal Tradition Revisited and the Republican Tradition Addressed," in *New Directions in American Intellectual History*("自由主义传统与共和主义传统回顾",载于《美国思想史发展新方向》), eds. by John Higham and Paul K. Conkin (Baltimore: Johns Hopkins University Press, 1979), 116—131。有关亚当·斯密——公民人文主义者,参见 Donald Winch, *Adam Smith's Politics: An Essay in Historiographic Revision*(《亚当·斯密的政治学:史学修订》)(Cambridge: Cambridge University Press, 1978)。

按照比其收入比例更大的比例来承担公共开支,这不能被视为很不合理。"18世纪80年代通货紧缩严重,财产税的发展陷入停滞。不过,甚至保守派精英们也开始认识到财产税在提高财政收入和平息社会纷争方面的潜在作用。税收改革的支持者担心新的国民政府可能会抢占各州和地方政府征收财产税的机会。因此,限制中央政府征收财产税的能力,正是公民人文主义的体现。①

由于体察到英国议会和君主制的腐败,小农场主评估了征税权力带来的风险。对联邦实施直接税收的限制,反映的就是上面的这个认识。他们设法防止新的联邦政府类似地滥用征税权力。他们的结论是,地方控制对于财产税的公平运作是必要的。他们担心联邦政府可能会脱离人民,或者被强大的派系操纵。其后果可能就是滥用财产税。此外,与国家特定产业或部门相关的政策制定者常常担心联邦政府会挑选出他们所在的行业或部门来实施歧视性的财产税。例如,奴隶主担心联邦财产税会为冲击奴隶财产乃至奴隶制度铺平道路。农村地区的代表担心税收可能会把城镇居民利益置于小农场主利益之上。例如,根据土地的面积而不是价值来征收财产税。城市商业群体则有相反的担忧——联邦对财产基于价值征税。

相应地,这样的担心日益积累,引起了人们对党派主义的担心。公民人文主义者詹姆斯·麦迪逊在第十期的《联邦党人》中表达了上述担心。他预测,"多样化的、不平等的财产分配"将成为"党派之争最普遍、最持久的根源"。麦迪逊认为,税收问题比任何其他问题更容易诱导"处于支配地位的党派践踏正义规则"。他认为广泛的共和政体是防止党派纷争的关键。但他认为《宪法》第1条第9节提供了额外的保障。《宪法》第1条第8节规定,"所有关税、捐税和消费税在整个美利坚合众国保持一致"。这一条款,阻止国会特别选出一个特定的州或一些州对其贸易适用高税率,并且反映了麦迪逊和他的《联邦党人》的合著者汉密尔顿的愿望。他俩希望新宪法能够促进全国性市场的开发。

麦迪逊和《宪法》的其他制定者并没有把第1条第9节视为削弱新联邦政府的手段。事实上,他们确信第1条第8款为新政府获取履行承诺所需的经济资源奠定了基础。他们认为,即便受到限制,《宪法》将保证新的联邦政府通

---

① Adam Smith, *An Inquiry into the Nature and Causes of the Wealth of Nations*(《国富论》)(New York: Modern Library, 1937), 777, 794.

过间接税——如关税和消费税——提高税收收入。这些间接税由联邦政府通过商人等媒介间接征收。

事实证明,关税是联邦财政的核心。甚至在国会建立财政部之前,1789年7月4日,乔治·华盛顿总统签署了一项关税法案,该法案将开始为建立财政制度奠定基础。该法案设立了一套复杂的规定,包括进口关税、再出口货物的退税,以及对通过美国船只进口货物的特殊优惠。该法案每年能带来超过100万美元的收入。

这是一个良好的开端。但是,新宪法运动的关键领导人、财政部的第一任部长亚历山大·汉密尔顿,需要做更多的工作来实现他雄心勃勃的财政计划。英国与荷兰这两个成功的政治体创造出先进的财政制度,汉密尔顿的计划无异于设计一个类似的财政制度。汉密尔顿确信,与这两个伟大的国家一样,美国应该拥有一个可以征收大量税收和维持高额国债的体制。①

从1790年1月开始,汉密尔顿在他的"公共信用报告"中透露了他的包括四个要点的计划的细节。② 第一个要点是,要求全面偿还外国政府在独立战争期间向大陆会议提供的贷款。当时,这些贷款本金约为1 000万美元。美国的这些债务中,三分之二的债主是法国,三分之一的债主是荷兰,还有一小

---

① 有关税收与借款在现代财政体制中的作用,参见上文第三段第一句。
② 有关这项计划所有版块的调查,参见 W. Elliot Brownlee, "Hamilton's Economic Policies," in *Dictionary of American History*("汉密尔顿的经济政策",载于《美国历史词典》), ed. by Stanley I. Kutler, Third Edition, Volume 4 (New York: Charles Scribner's Sons, 2003), 87—91。记录亚历山大·汉密尔顿事业历程及其成就的文献很多。近期最具价值的有 Ron Chernow, *Alexander Hamilton*(《亚历山大·汉密尔顿》)(New York: Penguin Press, 2004); Thomas K. McCraw, *The Founders and Finance: How Hamilton, Gallatin, and Other Immigrants Forged a New Economy*(《奠基人与财经:汉密尔顿、加勒廷和其他移民如何打造新经济》)(Cambridge, MA: Harvard University Press, 2012); Richard Sylla, "Shaping the US Financial System, 1690—1913: The Dominant Role of Public Finance," in *The State, the Financial System, and Economic Modernization*("构建美国金融体系,1690—1913年:公共财政的主导作用",载于《国家、金融体系及经济现代化》), eds. by Richard Sylla, Richard Tilly, and Gabriel Tortella (Cambridge: Cambridge University Press, 1999), 249—270;以及 Robert E. Wright, *One Nation under Debt: Hamilton, Jefferson, and the History of What We Owe*(《负债累累的国家:汉密尔顿、杰斐逊,以及我们负债的历史》)(New York: McGraw Hill, 2008)。有关国家早期联邦税收的调查,包括汉密尔顿的税收计划,参见 Henry Carter Adams, *Taxation in the United States, 1789—1816*(《美国税收,1789—1816年》)(Baltimore: Johns Hopkins University Press, 1884)以及 Dall W. Forsythe, *Taxation and Political Change in the Young Nation, 1781—1833*(《年轻国家的税收及政治变革》)(New York: Columbia University Press, 1977)。更广泛的财政调查,参见 Edling, A Hercules in the Cradle(《摇篮中的大力神》), 81—144。

部分的债主是西班牙。此外,应付而未付的利息约为160万美元。汉密尔顿建议联邦政府从税收中支付利息,并在15年内用新借入的足额资金来偿还本金。国会和政府中没有人质疑汉密尔顿的观点——美国有法律上的和道德上的义务来偿还这些债务,而且为了确保美国及其公民在欧洲金融市场的信誉,美国也必须这样做。

第二个要点更具争议性。这是汉密尔顿提出的偿还大约4 240万美元债务的建议,即大陆会议和联邦政府在国内借款所产生的债务。汉密尔顿建议全额偿还债务。他说的"偿还"指的是通过新的联邦长期债券来取代乱作一堆的贷款期限不同、利率不同的票据和债券。他建议联邦政府把这一新债务变成财政状况的常态。在这个项目中,政府将得到中央银行(美国第一银行)的协助。中央银行将由政府创建并拥有。为了证明联邦政府对维持永久债务价值的承诺,汉密尔顿借鉴英国政府管理债务的方法,提议建立一个"偿债基金"。财政部将在新的美国银行设立这一基金,并向它注入邮局的剩余收入和新的欧洲贷款所得。管理委员会将在公共证券价值低于其面值时使用该基金购买公共证券。

汉密尔顿认为,计划的前两个要点将共同发挥作用。他们将创造一个富有的公民阶层,因为他们是新国民政府的长期债权人,他们会忠于它,会对其事务保持积极的兴趣。因此,中央政府将是强大的,将能够资助战争或资助重大国家项目。此外,因为永久债务的债权人可以轻易地将其转换成货币或其他资产,永久债务可以提供资本来满足经济日益扩张的需要。

汉密尔顿政策的第三个要点是,联邦政府接管了州政府在独立战争期间欠下的累计2 500万美元的债务。通过这个"接管"计划,汉密尔顿试图进一步提升国家的金融声誉,提高国家的资本存量,并增强联邦政府的财政实力。这是四个要点中最有争议的一个。国务卿托马斯·杰斐逊和詹姆斯·麦迪逊为接管成本和财政权力的集中感到担忧。然而,三位领导人务实的妥协意愿解决了他们在意识形态和战略方面的挑战性冲突。计划失败将导致联盟瓦解,为应对这一危险,他们同意缩小接管计划的规模,并将首都从纽约迁到弗吉尼亚波托马克河沿岸的一个地点,其间的十年首都暂定在费城。麦迪逊和杰斐逊希望此举能刺激他们州的经济发展,削弱汉密尔顿在联邦政府和纽约、费城金融精英之间努力促进的那种联系,并使政府更多地置于弗吉尼亚领导

第二章　创建现代财政制度

人的影响之下。1790年7月,他们的计划赢得了国会的认可,历史学家后来称之为"1790年的妥协"。

汉密尔顿财政计划的第四个核心要点是大幅扩大税收:开始以消费税形式对蒸馏酒征收国内税、在1789年提高关税。然而,他没有提出直接税——他和宪法所指的人头税和财产税。他担心这些税收会引起民众的强烈抵制,而且他希望通过保证把征收直接税作为各州和地方政府的专属职责来鼓励各州支持他的财政计划。

1790年8月,国会通过了汉密尔顿提出的偿还外国债务、偿还国内债务和承担各州债务的计划。这些债务总额相当于国民生产总值的30%(1790年的数量很难衡量)(见附录,图A.1)。为筹集偿还债务的资金,国会通过了汉密尔顿提高关税的提案,同时要求汉密尔顿提交对蒸馏白酒征税的正式提案。1790年12月,汉密尔顿提交了正式提案,1791年3月,国会几乎未经辩论,就在1791年的《消费税法案》中通过了该提案。汉密尔顿对消费税的兴趣远不及对关税的兴趣,但他希望建立实施宪法赋予的全部征税权的先例。1792年,他向乔治·华盛顿总统解释,威士忌酒税立法是可取的,"在国内收入来源渠道中,国民政府的权威应该予以明示;免得因为不实施权力而造成不良印象——权力将不会得以实施而且不应该被实施"。[①]

1791年12月,作为推进国家工业发展的雄心勃勃的计划的一部分,汉密尔顿建议修改新关税制度。在他向国会所做的最后一个报告——"马萨诸塞报告"中,他宣布,由于对新事业难以成功的担心和对来自欧洲制造商的竞争的担心,美国现代制造业的发展将会很困难。而欧洲制造商已经从他们政府的重商主义政策中获益了。[②] 他提出,开征关税保护新的产业,并对产业发展所需的原材料免征关税。他认为,这样的政策将鼓励美国人投入金钱和精力推进工业技术进步。尽管汉密尔顿推进工业化计划的大部分遭到了否决,但

[①] 汉密尔顿致华盛顿总统,1792年8月18日,*The Papers of Alexander Hamilton*(《亚历山大·汉密尔顿论文集》),ed. by Harold C. Syrett (New York: Columbia University Press, 1967), vol. 12, 236—237。

[②] 亚历山大·汉密尔顿,"Report on Manufactures," quoted in *The Reports of Alexander Hamilton* ("关于制造业的报告",引自《亚历山大·汉密尔顿报告》), ed. by Jacob E. Cooke (New York: Harper & Row, 1964), 140。

035

在1792年3月，国会通过了他提出的关税方案的大部分：增加对包括宾夕法尼亚钢铁在内的制成品的关税，降低原材料关税。即使在1792年实现增长后，关税税率也相对较低，没有实质性地妨碍贸易。1789年至1815年间，关税占联邦税收收入总额的90%左右。

从1789年到1812年战争，关于税收的争论最激烈的是消费税而不是关税。在1791年至1792年间，国会遵循了华盛顿总统和汉密尔顿国务卿的建议，颁布了美国的首个消费税法案，对蒸馏酒征收消费税。在提出建议时，汉密尔顿与华盛顿抱有双重目的：一方面，他们正在为战争危机和国际危机做准备，在这些危机中，贸易可能不足以产生所需的收入。另一方面，他们推广纳税行为，通过纳税行为公开表达共和理想、公民权和对新国家的忠诚。但是，尽管他们怀有崇高的目标，尽管国会以损害朗姆酒生产为代价设定税收鼓励威士忌酒的生产，但消费税仍然导致了1794年的"威士忌酒叛乱"。华盛顿不得不征集15 000人的部队阻止宾夕法尼亚农民的抗议。宾夕法尼亚农民挥舞标语，谴责暴政，深受法国革命鼓舞而宣扬"自由、平等、博爱"的口号。由于不公平地单独挑选特定类别群体的生产者对他们征税，消费税导致了麦迪逊所担心的派别之争。①

在"威士忌酒叛乱"后，汉密尔顿仔细考虑了人们对消费税的明显敌意。联邦党人进一步尝试了消费税，但把它限制在富人阶层所消费的货物和服务范围内。这些消费税包括车辆税和鼻烟税（1794年）和法律事务的印花税。印花税中又包括对遗嘱认证的征税（1797年），这是联邦遗产税发展的肇始。

联邦党人还想行使征收直接税的权力。1798年，根据宪法，为了为一场未经宣战的美法海战筹资，他们对财产征收直接税，并将税收任务以人口为基础分配给各州。这些应税财产包括所有的住宅、土地和大量奴隶。为了平缓对税收分配效应的反应，他们实施了具有累进性的扭曲——要求每个州在提高其收入的同时，对房产按照随其价值增加而提高的税率征税。

除了确立未来税收主动权的先例以外，联邦党人关于消费税或直接税的实验收效不佳。这些措施没能提高多少收入，反而促成了一个强大的由托马

---

① 参见 Thomas P. Slaughter, *The Whiskey Rebellion: Frontier Epilogue to the American Revolution*（《威士忌暴乱：美国独立战争的前奏》）(New York: Oxford University Press, 1986)。

斯·杰斐逊和詹姆斯·麦迪逊领导的反对党的形成,这导致了联邦党人在1798年开始的选举中的政治失败。通过国内税收宣示对新联邦政府的共和义务,其前景越发黯淡。

汉密尔顿的某些经济政策可能会削弱联邦党的未来,但是正如他所计划的那样,财政能力比较强大的联邦政府已经建立起来了。例如,联邦政府筹集了足够的收入来支付公共债务(1793年为280万美元)的利息,为陆军和海军提供军费(1792年超过100万美元),并在1793年实现了联邦预算平衡。在关键的18世纪90年代,税收收入在支付联邦政府的国债利息方面绰绰有余。当时,这些利息支出超过了联邦支出的一半。这个时期的利息支出比例超过任何其他年代,包括19世纪和20世纪的国家重大紧急状态期间。到1795年,由于定期支付利息,财政部能够在荷兰境内发行新的债券,以偿还西班牙和法国的债务。与此同时,汉密尔顿偿还了国内债务,包括州政府的债务。新发行的证券基本按照接近面值的价格流通。国债迅速下降。新的欧洲贷款和蓬勃发展的资本市场,以及充满活力的出口,促成了18世纪90年代引人注目的、持续了十年的经济扩张(债务占迅速增长的国民生产总值的比重持续下降,见附录中的图A.1)。从而,根据汉密尔顿政策所建立的财政体制构成了中央政府制度的重要组成部分。在此制度下,中央政府以创新的方式积极有效地释放了国家经济能量。

杰斐逊和加勒廷的修订

1800年,托马斯·杰斐逊及其共和党(此时的共和党被现代政治学家称为"民主共和党"或"杰斐逊式共和党",以区别于现代的共和党,后来演变为民主党——译者注)在选举中获胜。政治权力出现了重大转变,这表明联邦政府受到的民主性的影响在增强。尽管如此,杰斐逊和他的政党延续了联邦党人的税收制度,继续把关税收入作为联邦财政收入的核心并使其保持在较低水平。不过财政体制构成要素出现了重大转变。他们比联邦党人更憎恶债务。杰斐逊和他的同事们认为汉密尔顿通过债务建立与新政府有紧密联系的金融阶层的做法会助长特权和危及共和体制的腐败。杰斐逊的财政部长阿尔伯特·加勒廷，比汉密尔顿更积极地遏制和减少国家债务。1801年杰斐逊就任总统时，国家债务达到8 300万美元。加勒廷的计划是每年花费720万美元来支付债务的本金和利息，将债务规模减少到3 800万美元（如果杰斐逊在1804年再次当选，总统任期再次届满时）。他预计，如果这项政策能够延续执行，几乎所有的债务可以在1817年底前得以还清。

加勒廷对强势政府的质疑比汉密尔顿有过之而无不及，他比汉密尔顿更加努力地要求联邦项目向国会议员和具有投票权的公众公开。但是在意识形态方面，加勒廷并不狭隘。他发现了通过财政领域更加积极的作为来加强共和国建设的途径。他在欧洲重要的金融中心日内瓦的贵族圈长大，他与汉密尔顿一样也很重视中央银行的作用。同时，作为一个移民，他在落后的宾夕法尼亚西部偏远地区开始了自己的政治生涯，热心地促进联邦在公路和运河建设方面的雄心勃勃的计划。华盛顿政府已经进行了小的建设项目，1805年加勒廷说服杰斐逊重新开展这方面的工作。

杰斐逊总统提议，剩余收入"用于河流、运河、道路、艺术、制造、教育等项目和各州的重大工程"。[①]1806年，国会跟进通过了后来称为"国家公路"的工程建设，1808年加勒廷设计了连贯的国家交通项目计划。但很少有"盈余收入"，即使是战略性的国家公路项目直到1812年战争前也没有得到大量资金。然而，战争结束后，资金得到增加，到1818年，第一条州际公路从马里兰的坎伯兰延伸到弗吉尼亚的威灵；1833年，它越过俄亥俄河；到该世纪中叶，它抵达伊利诺伊的万达利亚。"国家公路"的资金来源于关税和公共土地划拨。今天，美国40号公路的大部分路线沿袭了当年"国家公路"的路线。

另外两个主要联邦项目在杰斐逊的支出列表中具有更高的优先级。一个是与的黎波里（一个北非伊斯兰教区国家）之间争夺商业权力的战争。战争持续到1805年，为保证加勒廷对财政纪律的承诺，它在美国历史上首次要求提高战时税收。为创建"地中海基金"，政府提高了整体关税水平。

[①] 杰斐逊引自 Paul Studenski and Herman Edward Krooss, *Financial History of the United States: Fiscal Monetary, Banking, and Tariff, including Financial Administration and State and Local Finance*（《美国财政史：财政货币、银行和关税，包括财政管理与州和地方财政》）(New York: McGraw-Hill, 1952), 66。

第二章 创建现代财政制度

杰斐逊的第三项计划也是迄今为止最大的开支计划,是为了实现美国国土面积最大规模的扩张:在1803年购买法国拥有的大片内陆土地——路易斯安那。杰斐逊对这一收购持矛盾态度,一方面是因为他怀疑这一收购的合宪性,另一方面是因为他担心为收购筹资所需的债务规模。但是,以低廉的价格扩张共和国和取得丰厚资源的潜在好处令人难以抗拒。他违背了现收现付的承诺。通过这次耗资1 500万美元的土地收购,美国的领土扩大了一倍。由此,联邦政府成为美国最大的土地投机商。

至少从短期来看,购买路易斯安那违背了加勒廷的财政策略。截至1803年底,外国人持有的美国国债比例已攀升至56%,直到21世纪才再次出现过这样高的比例。加勒廷安排的支付方式为,一是美国取消了对法国政府375万美元的商业索赔(18世纪90年代末期不宣而战的海战的遗留问题),二是就剩余的土地购买款向作为法国政府债权受让人的两家英国和荷兰金融机构发行6%利率的债券类金融工具。国会通过了加勒廷提出的"包括用于偿还债务的盈余的超平衡预算"。到1812年,不断增长的税收收入使美国债务降低到了4 520万美元,其规模约为杰斐逊就任时的一半。此时,美国还清了所有以外币计量的债务。按国债占国民收入总值比例计算,美国国债水平可能只有1790年的四分之一左右(见附录,图A.1)。[1]

从杰斐逊执政后期持续至其继任者詹姆斯·麦迪逊的执政后期,外交政策问题进一步挑战了共和党试图为国家财政政策确定的纪律。为了在拿破仑战争期间保持中立,杰斐逊总统在1807年提出了贸易禁运,损害了美国的国际贸易利益,进而影响了其关税收入。到1809年,加勒廷通过举借高利率的贷款以满足政府日常开支。1812年战争给憎恶直接税和消费税的共和党人带来了更大的困难。包括阿尔伯特·加勒廷在内的共和党人,继续留任到1814年。这创造了美国历史上财政部长任期最久的纪录。后来,只有20世纪20年代的安德鲁·梅隆在富兰克和罗斯福执政期间的亨利·摩根索挑战过加勒廷的纪录。

---

[1] Myra Wilkins, *The History of Foreign Investment in the United States to 1914*(《1914年前,外国在美投资史》)(Cambridge, MA: Harvard University Press, 1989), 35—36, 53;以及Adams, *Taxation in the United States*(《美国税收》),37。英国和荷兰的投资者仍持有部分美元债权。

联邦税史

通过加勒廷在财政领域的领导,麦迪逊政府恢复了消费税,特许设立美国第二银行,并启动征收直接税。在1813年、1815年和1816年,麦迪逊政府分别对房屋、土地和奴隶开征了直接税。联邦政府遵循宪法规定,按人口将直接税税收任务分配给各州。进而,为完成任务,各州通常再按照应税财产的分布状况把任务分解到各县。国会还颁布了对酒类许可证、车辆、精制糖甚至蒸馏酒征税的法令。战争将要结束时,麦迪逊总统的新任财政部长亚历山大·J.达拉斯提出了征收继承税和所得税的建议。但是在国会可以实施该项政策前,战争提前结束了。共和党政府避免了在意识形态纯正性方面的进一步偏离。总的来说,税收提供了40%以上的战时开支。战争最终明显地证明了临时提高税收水平没有遭受重大政治抵制的事实。与几乎所有其他重要战争形成鲜明对比的是,1812年战争并没有永久性地改变联邦税收的征税水平和税种结构。①

1812年战争结束后,联邦政府撤销了征收直接税和消费税的政策,并重新回到主要依靠关税来满足其收入需要的轨道。在财政方面,低关税被证明是一种成功的手段。工业革命开端引起的19世纪20年代快速、持续的经济增长,意味着对进口商品的人均需求持续增加。人均关税收入也进而增加。在19世纪30年代初期,对英国的棉花出口的加速增长进一步提高了经济增长速度并间接刺激了关税的增长。大部分海上贸易汇集在美国港口,关税征管成本降低了,并且关税征收几乎不需要军事后援。

在1815年和1861年之间,只有一次,国家领导人提高了关税,从而打破了由汉密尔顿创造的并由加勒廷延续下来的低关税制度。这个政策中断,主要发生在从19世纪20年代到19世纪30年代初期美国尝试推行保护主义的时期。开展保护主义尝试的理由,源于通过对美国高薪个人和高成本产业提供保护以帮助其学习应对英国竞争的需要。1824年,国会颁布了对进口的铁、毛和棉制品征收35%关税的法案。该法案还提高了进口原材料的关税,包括亚麻、大麻、铁、铅、糖浆和生毛。这种保护措施对美国工业没带来多少益处。他们中的大多数人已经开始在发展自己与英国同行竞争的能力了。此

---

① 有关1812年战争期间税收调查的优质调查,参见 Steven A. Bank, Kirk J. Stark, and Joseph J. Thorndike, *War and Taxes*(《战争与税收》)(Washington, D. C.:Urban Institute Press, 2008),13—21。

外,高关税也不受其他群体欢迎。参与国际贸易的商人和银行家认为关税是重大的障碍。南方种植园主和西部农民普遍反对高关税,因为关税提高了制成品的价格。南部的政治家,尤其是南卡罗来纳州的政治家,谴责1828年的关税立法为"深恶痛绝的关税",并发誓要在未来推翻它。此外,1832年至1833年,南卡罗来纳州担心奴隶制的未来,因而拒绝执行联邦法。在拒行联邦法危机期间,高关税代表着联邦强权。

因此,在1833年,国会开始降低关税,颁布措施规定每两年一次逐步降低关税,到1842年将使税率降至1816年设定的水平。1846年,国会通过了以罗伯特·J.沃克的名字命名的沃克关税。沃克是来自密西西比州的前民主党参议员,在1845年被总统詹姆斯·K.波尔克任命为财政部部长。沃克关税甚至把关税税率降到了低于1842年的水平。与此同时,英国在同一年也降低了关税(废除了玉米法)。这两项措施似乎预示着整个英美世界将实行自由贸易。

对美国公众来说,以低税率征收关税,似乎代表着联邦政府在合法而合理地行使权力。它们比较分散,范围广泛,没有像消费税那样加重特定群体的负担。进口奢侈品的关税针对富人,一般消费者认为这些关税是对奢侈生活的合理征税。总体上,由于实行中、低水平的关税,共和国早期的领导人能够在税收方面限制政治分歧。

关税制度在经济和政治方面的良好运行,为联邦政府提供了解决严重的联邦债务问题的手段。大多数政治领导人认为,联邦债务从1812年战争的初期的4 520万美元增加到1815年战争后期的11 960万美元,问题非常严重。借款成本很高,特别是在战争初期的时候,商业中心地区反对与英国贸易伙伴发生战争。战时特别税保证美国政府继续履行其包括向英国投资者支付利息在内的义务。具有讽刺意味的是,英国投资者恰恰是美国公共债务最大的海外持有人。

从1816年开始,在接下来的二十年里,除了贸易萧条的那几年,联邦政府的财政预算超出平衡,产生了盈余。借助财政盈余,政府得以在继续为国家公路拨款和适度扩张其他国内改良项目的同时,继续降低国家债务水平。1835年,联邦政府完成了还清其国内和国外债务的目标,这在美国历史上是第一次也是唯一的一次(见附录,图 A.1)。在1837年,持续走强的关税收入使马丁·范布伦总统的财政部可以向各州大量分配收入盈余(当年有2 800万美元)用于国内改良项目。赤字和债务在1837年底重新出现,这是一场持续至1843年的大萧条的结果。但是从19世纪40年代早期开始的经济复苏促使联邦财政收入高涨,财政盈余一直持续到1846年开始的墨西哥战争前。

在与墨西哥的战争中,战斗通常很激烈,伤亡率很高。而且,因为陆战和海战的战线过长,美国军队的后勤面临着巨大的挑战。当时已经85岁的阿尔伯特·加勒廷,出于经济成本考虑反对战争。但事实证明,这场战争不需要大规模的经济动员,而且胜利促成了经济的繁荣。战争持续了不到两年。退伍军人福利有限。墨西哥被迫接受微不足道的1 500万美元而向美国让渡出比法国和德国两国国土面积还大的土地,使美国成为横贯大陆的强国。

战争的代价可能是有限的,但财政收入的筹措又一次证明了经济扩张时期低关税的收入潜力。在21世纪初期之前,美国第一次在没有增加税率或开征新税的情况下为战争提供了军费。事实上,在战争期间,国会颁布了沃克关税法案,这是21世纪前唯一的战时减税措施。当前的税收收入提供了战时60%以上的支出,而财政部只向以"科克兰和里格斯"公司的合伙人威廉·W.科克兰为首的少数银行家出售了债券。银行家们得到了很可观的补偿,并与财政部部长沃克建立了良好的关系。到内战开始前,在经济扩张和经济生产力增长的同时,关税的持续增长帮助联邦政府还清了在与墨西哥发生战争期间所欠下的债务。从1850年开始直到1857—1858年萧条时期(美国第一个工业萧条期),联邦政府一直保持财政盈余状态,债务削减了一半。1860年,债务微乎其微,只占国民生产总值的1.5%(见附录,图 A.1)。[1]

---

[1] 有关举债为墨西哥战争筹资的历史,参见James W. Cummings, *Towards Modern Public Finance: The American War with Mexico*, 1846-1848(《迈向现代公共财政:美墨战争,1846-1848年》)(London: Pickering & Chatto, 2009)。他对战争和借款的总成本进行了核算,详见第157—160页。有关加勒廷的观点,参见Stuart D. Brandes, *Warhogs: A History of War Profits in America*(《美国的战争获利史》)(Lexington: University Press of Kentucky, 1997),62。布兰德斯(Brandes)还指出,军事行动的部分资金源于自筹。温菲尔德·斯科特(Winfield Scott)将军带领的入侵部队从墨西哥公民手中没收的财产价值近400万美元。这笔资金最终存入了美国陆军通用基金(65)。有关美墨战时财政对比,参见 Edling, *A Hercules in the Cradle*(《摇篮中的大力神》),145—177。

第二章 创建现代财政制度

在内战之前,实践证明,亚历山大·汉密尔顿设计的财政体制是非常有效的。税收制度为联邦政府的大部分的国内普通活动提供了充分的支持。相对适度的税收收入,用于履行其最重要的两个经济职能——维持关税联盟和分配公共土地。前者涉及建立一个沿海的导航系统,最重要的就是灯塔,为新建的海岸警卫队提供资金,并支付海关官员的薪水。公共土地系统的成本很高,但土地销售收回了其中的大部分成本。关税收入主要用于资金消耗更大的其他国内项目。这些项目包括道路和运河的建设工程以及河流和港口的疏浚改良工程;由部队工程师为国内改进项目提供的技术援助;美国独立战争和1812年战争退伍军人的养老金;公共建筑;以及一项主要覆盖19世纪30年代晚期、以向各州提供援助拨款为实质的重大计划。[①]

关税收入也为其他非常规支出提供了核心资金,这些支出的性质多数与军事有关。美国用关税收入和美国第一银行提供的贷款,设法清偿了独立战争中发生的债务。[②] 关税收入,加上美国第二银行的资金支持,提供了的黎波里战争和1812年战争的主要战事所需的军费,清偿了为购买路易斯安那领土而发生的债务。关税为与美洲各土著印第安部落的战争提供了军费。汉密尔顿计划中只有一个重要因素消失了。那个要素就是协助承担债务的中央银行。1836年,安德鲁·杰克逊总统和国会促使中央银行的特许权到期失效。

---

① 邮政服务是联邦主要职能之一,但关税并未对邮政服务提供资金支持。有关美国邮政系统财政历史的研究极少,难得的是,理查德·约翰(Richard John)对此进行了很好的介绍,详见 *Spreading the News: The American Postal System, Franklin to Morse*《新闻传播:美国邮政系统,从富兰克林到莫尔斯》(Cambridge, MA: Harvard University Press, 1995)(1792年,邮政署升格成为美国邮政部,成为美国内阁下属部门之一,富兰克林为首任邮政部部长。莫尔斯发明的电报机对邮政事业也产生了深远影响——译者注)。如约翰(John)所述,直到1792年《邮政法案》公布,邮政系统的经营假设是以其收入支付中央政府日常开支,此外,与进口商品关税一样,邮费是也是一种税收。1793年至1823年间,邮政系统向财政部贡献的收入超过100万美元(107)。1792年,法律向议会,而非总统,授权制定邮政路线,邮政经营发生了与经营假设不符的情况;1801年,国会将邮政系统从财政部中分离出来;1823年,邮政系统向财政部的收入支付彻底终止。然而,经国会批准,邮政系统加重了大西洋中部各州和新英格兰各州的税收,并以此收入资助其他州。到1840年,美国大西洋中部各州的邮政用户支付了50%额外费用(25—26,47—49,107)。

② 如罗宾·艾因霍恩(Robin Einhorn)所述,"To the extent that the American Revolution was financed by taxation, it was financed by the states," see Einhorn, *American Taxation, American Slavery*("从税收资助美国独立战争来看,则是美国各州资助了这场战争",参见《美国税收,美国奴隶制》),25。在1790年以前的财政支柱确实如此,但这种说法弱化了汉密尔顿税收计划为偿还战时累积贷款做出的巨大贡献。

043

事实上，共和党人对经济权力和特权过度集中的敌意，终结了中央银行的命运。然而，直到内战爆发前，财政部并没有太怀念中央银行，因为财政部发现关税收入已经足以应付经济萧条和墨西哥战争两个时期的困难。

公共土地与次级政府

联邦政府征税和借款的历史并没有揭示19世纪美国财政体制发展的全貌。大量的公共土地和强大的次级政府所造就的财政体制，与由联邦政府的年度支出、收入和借款所展现出的财政体制比起来，范围更大、实力更强。

公共土地为国家实施经济和社会政策提供了巨大的财政实力。在内战前，这些资产包括阿勒格尼山脉和密西西比河之间的所有土地（由原来的十三州让渡给联邦政府的土地）、购买来的路易斯安那土地（价格很便宜）以及通过墨西哥战争征服来的大片领土。到1850年底，美国为其公民托管了约12亿英亩的土地，并且土地的价值在不断增加。

在内战之前，联邦政府处理土地的方式主要有三种。最主要的是，它以低价和越来越优惠的条件向前来开发土地的移民出售土地。这项政策构成了一项重要的补贴。补贴的规模很难衡量，但政府并没有寻求自身利益的最大化，甚至都没有想要获利。政府所收取的价格一直低于高效运作的管理系统的成本。

联邦政府还利用公共土地资助州和地方的教育事业，从而促进本国经济和社会长期发展。联邦政府系统化的实施上述政策，始于从西北地区接纳新州加入联邦的过程。西北地区，指的是俄亥俄河北岸的"西部"土地。1785年《土地法令》和1787年《西北法令》为这一过程提供政策指引。1785年的法令，为测绘公共土地提供指南，并要求每个城镇（包含三十六节）保留一"节"（一平方英里，其中包含640英亩）土地"用于建设和维护本城镇的公立学校"。1787年的法令宣布，在新成立的各州中"永远支持鼓励学校和其他教育途径"。在"西北"地区各领地中，俄亥俄首先申请加入联邦。1802年，在考虑俄亥俄加入联邦的请求时，国会决定实施1785年和1787年提出的政策。国会之所以这样做,一是因为它有助于实现社会目标,二是因为它想说服领地政府放弃在其边界内对联邦土地征税的提案。国会提高了这种交易的吸引力,它不仅向每个城镇捐赠一"节"土地,而且还向该州赠送一个"城镇"(23 040英亩)的土地用于建设高等教育机构(后来发展成为迈阿密大学)。在俄亥俄同意之后,几乎每一个随后加入联邦的州都得到了至少同样多的用于建设学校和学院的土地。第一次世界大战开始前,联邦政府为各州教育事业划拨了总计将近1.5亿英亩的公共土地。各州通过将联邦的其他土地转化为教育用地的方式来维持和发展教育,这进一步增加了教育用地的规模。①

交通项目也受益于联邦政府的公共土地划拨,这也减轻了税收制度的压力。例如,1802年为接纳俄亥俄州而达成的财政交易的另一个主要内容是,将出售公共土地收入的5%专用于公共道路建设。1806年,联邦政府在批准国家公路建设时,补充了与俄亥俄州政府之间的1802年协议,要求俄亥俄将五分之二的土地基金用于修建该州际公路。1850年,在伊利诺伊、密西西比和亚拉巴马将近400万英亩的联邦土地被划拨用来于修建从伊利诺伊南部到亚拉巴马州莫比尔的南北铁路。这是内战前最大的一个项目。于1857年完工的伊利诺伊中央公路(惠及中西部和南部各州),主要资金来源渠道是通过划拨土地获取抵押贷款。在19世纪50年代的十年中,国会向10个州划拨了2 250万英亩的联邦土地,用于帮助建设大约45条铁路。②

美国人民通过联邦政府集体拥有大量有形资产,对联邦税收历史产生了重大影响。事实上,美国财政体制包含着巨大的资产体制的成分,这是在内战

---

① 但也有部分州参与实施这项政策,这些例外包括在内战结束前就存在的十三个州,缅因州和西弗吉尼亚州(从最初的十三个州分裂出来的),肯塔基州和田纳西州(在国会实施1785年和1787年教育政策之前,这两个州已分别于1792年和1796年被批准成立),以及土地自有的得克萨斯州。有关1802年俄亥俄州协议,参见 Ellwood P. Cubberley, *Public Education in the United States: A Study and Interpretation of American Educational History*(《美国公共教育:美国教育史研究及解读》)(Boston: Houghton Mifflflin, 1919), 59—60。

② 有关19世纪50年代美国对铁路的资助,参见 Carter Goodrich, *Government Promotion of American Canals and Railroads*, 1800—1890(《政府推进美国运河和铁路建设,1800—1890》)(New York: Columbia University Press, 1960), 268—269,以及 George Rogers Taylor, *The Transportation Revolution*, 1815—1860(《交通运输的变革,1815—1860》)(New York: Holt, Rinehart and Winston, 1964), 94—96。

爆发之前联邦政府不必开征新税种、不必提高税率来扩大其财政收入的一个主要原因。

美国财政体制得以强化还源于另外一个因素,次级政府(州及其以下的地方政府)为国内主要计划和项目承担了大量的出资责任。如果次级政府没有承担该责任,其负担将落在联邦财政身上。内战前,地方政府和州政府的支出和收入合在一起,高于联邦支出和收入。从 19 世纪 40 年代开始,所有地方政府的支出与征税,分别合计起来,其规模几乎与联邦政府相当。①

在 19 世纪初的几十年里,北方各州承担了广泛的社会责任,建立了州立医院和监狱,建立了大学,促进了农业协会的发展,提高了农业生产效率,并扩大了公司监管范围。各州在为改善交通系统筹资方面大幅增加了支出。在 19 世纪 20 年代和 30 年代经济扩张时期,这一支出增长规模很大。当时,美国掀起了以运河建设热潮为代表的交通运输革命。各州尝试使用新的、专门的税种来获取资源,扩大财产税的应用——依托地方财产税来提高财产税收入。也就是说,州政府根据县政府确定的评估值对财产按照州的税率再征一道税。与此同时,各州与地方合作,试图扩大财产税的范围,对包括土地和建筑物在内的所有形式的财富征收财产税。

州政府和地方政府试图将联邦债券纳入财产税的征税范围。在汉密尔顿和加勒廷时代,联邦债券已经成为财富的重要贮藏手段。但是,次级政府(州

---

① 19 世纪前三十年里,地方政府收入的测算十分复杂,但正是由于其测算复杂,我们对 19 世纪美国各级政府的相对规模的估计才能做到准确可靠。参见 Lance Davis and John B. Legler, "The Government in the American Economy, 1815—1902: A Quantitative Study, 1850—1902," *Journal of Economic History* ("美国经济中的政府,1815—1902:定量研究,1850—1902",载于《经济史杂志》), 26 (1966), 514—552; John B. Legler, Richard Sylla and John J. Wallis, "U. S. City Finances and the Growth of Government, 1850—1902," *Journal of Economic History* ("美国城市财政和政府发展, 1850—1902",载于《经济史杂志》), 48 (1988), 347—356;也可参见, Erik Monkkonen, *The Local State: Public Money and American Cities*(《地方政府:公共资金与美国城市》)(Stanford: Stanford University Press, 1995)以及 Richard Sylla, "Experimental Federalism: The Economics of American Government, 1789—1914," in *The Cambridge Economic History of the United States*, Volume II: *The Long Nineteenth Century*("联邦制实验:美国政府经济,1789—1914",载于《剑桥美国经济史,第二卷:漫长的十九世纪》), eds. by Stanley L. Engerman and Robert E. Gallman (Cambridge: Cambridge University Press, 2000), 523—526。关于从共和国早期到内战时期各州和地方财政的一个极好的简短调查,参见 Studenski and Krooss, *Financial History of the United States*(《美国财政史》), 128—136。

政府和地方政府)失败了。1819年,在麦克洛克诉马里兰州的案件中,最高法院的首席大法官约翰·马绍尔,裁定马里兰州对美国银行巴尔的摩分行的征税是违反宪法的。1823年,在韦斯顿诉查尔斯顿的案件中,法院特别裁定州或地方政府对联邦债券征税行为是违宪的。在19世纪20和30年代随着政治的民主化,杰克逊派的改革者加大努力尝试把私人持有的现金、存款、票据、股票、债券和抵押贷款纳入财产税的征收范围。①

即便是经过改进和提高的州税,也无法为建设运河的热潮提供足够的资金。尤其是在南方,许多州看不到大规模的运河建设项目的好处,因此反对联邦政府为此提供补贴。东北部和西北部的州政府通过在欧洲和美国借贷资金来改进状况。它们将资金贷给公司,特别是那些从事运河建设和融资业务的公司,同时把这些公司的股票作为贷款的抵押。有一段时间,受益于汉密尔顿和加勒廷所树立的美国政府的金融诚信,各州的成功超出了他们的最高期望。英国和荷兰资本家接洽美国公司时有些顾虑,但他们相信这些公司可以依靠州政府的帮助偿还债务。欧洲投资者从纽约1825年竣工的伊利运河的强劲财务表现中获得了信心。到1829年,欧洲投资者持有它超过一半的债务。到1838年底,未偿还的州政府债务达到了1.72亿美元,远远超过了联邦政府曾经所欠的债务。在这一债务总额中,外国人持有至少6 500万美元——他们在联邦政府中从未持有这么大的相关利益。②

然而,随着1837年恐慌的到来,美国漫长的经济繁荣结束了。1838年初,严重的通缩出现了,到1843年,美国物价水平下跌了40%。在危机期间,为了向欧洲贷款人支付利息,美国各州政府越来越多地求助于国内银行。但是,长期的银行危机限制了这种做法的有效性。此外,大多数州试图

---

① 长期以来,在美国联邦制中,财产税都很复杂,这也是我们还没有全面掌握财产税在以前各个时期以及19世纪发展历史的主要原因。有关概览参见 Einhorn, *American Taxation, American Slavery*(《美国税收,美国奴隶制》), 200—250; Glenn W. Fisher, *The Worst Tax? A History of the Property Tax in America*(《最糟糕的税?美国财产税历史》)(Lawrence: University Press of Kansas, 1996), 45—78;以及 Richard T. Ely, *Taxation in American States and Cities*(《美国各州及各城市税收》)(New York: Thomas Y. Crowell, 1888)。

② Wilkins, *The History of Foreign Investment in the United States to 1914*,(《1914年前,外国在美投资史》), 54—59。很多美国债务可能是由以前持有联邦债务的人持有。参见 Sylla, "Experimental Federalism"("联邦制实验"), 522。

通过增税来巩固财政，但其全州范围内的、采用附加方式征税的税收制度在管理能力方面仍然过于落后。19世纪30、40年代，美国的财政和政治压力很大。只有少数州，如纽约，征收了数额较大的紧急财产税。有几个州，包括相对富裕的宾夕法尼亚，试图增加税收，却因纳税人的抵制而宣告失败。纳税人认为增加税收似乎更有利于那些富裕的债券持有人，而且他们又多是外国人。有些州，比如印第安纳，实际上是在减税。大多数州通过削减支出、搜查信托基金或出售投资来更为成功地取得收入。但是，在1841年和1842年，美国的八个州，包括宾夕法尼亚和马里兰，发生了债务违约。它们停止支付利息，甚至不承认债务。一些英国投资者希望，或者由联邦政府采取18世纪90年代汉密尔顿那样的方式承担各州的不良债务，或者依靠英国政府动用军事力量来保护他们的投资。但美国国会没有理会英国的激烈游说，没有采取行动。英国政府也让投资者明白了，他们需要依靠自己来解决问题。因此，在19世纪40年代，流入美国的外国资本急剧下降，延长了美国的经济低迷期。

然而，各州成功地摆脱了金融危机。19世纪40年代后期，大多数州已与欧洲债权人达成了和解，到1847年为止，只有南部三个州还在违约。1848年，随着欧洲1848年革命导致的欧洲资本外逃，美国公共证券的投资也随之复苏。与此同时，加利福尼亚黄金的发现，加上美国在墨西哥战争的成功收官，为美国创造了新的国内投资机会。1848年，杰姆斯·德·罗斯柴尔德男爵从巴黎给他在伦敦的侄子写信说："我认为我们应该购买一些美国国债，因为对投资资本来说，美国仍然是最安全的国家。"[1]

在19世纪30年代后期和40年代早期的金融和经济危机中，美国没有中央银行制度。如果联邦政府没有让美国第二银行在1836年底到期关闭，美国可能会利用第二银行来抑制国家政府和银行的过度行为。债务违约之后，作

---

[1] 有关19世纪30年代的金融危机，参见 W. Elliot Brownlee, *Dynamics of Ascent: A History of the American Economy*, Second Edition（《崛起之动力：美国经济史》第二版）(New York: Alfred A. Knopf, 1979), 141 ff. 有关19世纪30年代至40年代的欧洲投资，参见 Wilkins, *The History of Foreign Investment in the United States to 1914*（《1914年前，外国在美投资史》），66—76，包括引自 Rothschild 的部分 (p. 75)。有关政府在应对此次金融危机中的作为，参见 Glenn W. Fisher, The Worst Tax?（《最糟糕的税？》），46—49。

第二章 创建现代财政制度

为亚历山大·汉密尔顿和不复存在的联邦党的才智出众的继承人,新辉格党的领导者们,得出了同样的结论。从19世纪40年代初开始并持续到50年代末,辉格党在提倡国家银行体制和在州一级采取措施预防1937危机复发的方面发挥着引领作用。[①]

为了应对危机,在辉格党的领导下,许多州或者对债务规模作了宪法性的强制限制,或者强化了对本州银行业的管制。此外,大多数北部各州和地方政府都在朝着提高其税收制度增加税收收入能力的方向努力。一些州在对州特许银行的股本征税的方面取得了相当大的成功,这些银行在第二银行关闭后发展迅速。在1830年和1860年之间,马萨诸塞州通过对银行股本征收1%的税筹集到了1/2到3/4的一般收入。[②] 北部各州的一般财产税征管能力几乎都有所发展和增强。通过加强各州层面的财产税,他们改进了州政府与地方政府的财政协调,规范了评估行为,扩大了应税财产的法定定义,并且在州宪法中增加了关于"普遍性"和"一致性"的条款。普遍性条款,在西北地区被大量采用,要求对所有的财产征税。一致性条款规定,同等价值的财产适用相同的税率。例如,俄亥俄的1851年宪法规定:"应该批准法律,根据统一规则,按照真实货币价值,对下列对象征税:现金,存款,债券投资、股票投资,股份公司投资等,以及所有的不动产和动产。"(第12条第2节)俄亥俄早在1825年就开始了一般性财产税改革,并对动产持续地增加了税收。但在1851年宪法的授权下,仅仅过了两年,它对动产的估值就翻了一番——达到了不动产价值

[①] 1836年到美国内战期间,美国没有任何形式的中央银行,这使美国的财政状况相比同样由18世纪财政模式发展而来的英国较弱些。有关英国如何在19世纪保持财政实力的介绍,参见 Martin Daunton, "Creating Legitimacy: Administering Taxation in Britain, 1815—1914," in *Paying for the Liberal State: The Rise of Public Finance in Nineteenth-Century Europe*("建立合法性:英国税收管理,1815—1914",载于《自由主义国家代价:十九世纪欧洲公共财政的兴起》), eds. by José Luís Cardoso and Pedro Lains (Cambridge: Cambridge University Press, 2010), 27—56。

[②] 理查德·西拉(Richard Sylla)、约翰·B. 勒格勒(John B. Legler)和约翰·J. 沃利斯(John J. Wallis), "Banks and State Public Finance in the New Republic: The United States, 1790—1860," *Journal of Economic History*("新共和国银行和国家公共财政:美国,1790—1860",载于《经济史杂志》), 47 (June 1987), 391—403;以及艾略特·布朗利(W. Elliot Brownlee), "Commercial Banking and Taxation, 1812—1913," *Paper for First Conference on Money and Banking*("商业银行与税收,1812—1913",载于《第一场关于货币银行学的会议》), The Rockefeller Archive Center, October 9, 1982。

的大约三分之二。在那两年间,州和地方的税收几乎增加了一倍。①

19世纪40年代后期至50年代,公众普遍认为州税和地方税是公平的,北方各州的州政府发现,他们能征得公众同意,直接通过税收收入或者间接通过从资本市场借款来扩大公共投资。与此同时,东北、西北地区的富有创新精神的地方政府迅速地扩大了税基。纽约、费城和波士顿等主要的处于工业化进程中的城市出资建设供水和排水系统、铺设道路、扩大警察和消防部门以及医院。许多城市设计了用于专门用途的财产税——"特别评估税",这些城市通过向财产持有人征收这项税收来支付改善街道和人行道的费用。至少在理论上,专款专用可以把税收与利益联系到一起。② 与此同时,特别是位于繁荣的大湖区的各州,小城市和城镇经常用财产税收入来补贴铁路建设。

在共和国成立的最初几十年中,南方各州采用了一套差别很大的财政制度。并且,从19世纪30年代到内战期间,这一制度日益巩固。在支出方面,南部各州和地方政府的支出,反映了它们在对采取什么措施促进经济和社会福利的认识方面目光狭隘。在州一级,保护奴隶制度是主要目标,这就限制了政府在教育和文化方面向为奴隶主精英阶层服务的群体提供支持。南方政府推进交通项目,以使棉花、大米和糖的种植者更方便地接触市场。从政府意愿方面来看,与南方州政府比起来,南方地方政府的职能范围和活动规模显得更小,这与北方盛行的模式相去甚远。南方的地方税和州税非常不规范,收入也有限。地方政府严重依赖随机的收费、许可证费和人头税。州政府也是这样。通常,触及奴隶财产的税,是由奴隶主支付的人头税。

不管采用哪个税种,在政治上占统治地位的种植园主精英们确保州政府

---

① 有关俄亥俄州的情况,参见 Fisher, *The Worst Tax?*(《糟糕的税收?》),52—54;Ely, *Taxation in American States and Cities*(《美国各州及各城市税收》),146—59;以及 Einhorn, *American Taxation, American Slavery*(《美国税收,美国奴隶制》),242—244。讽刺的是,西北各州经常从南方各州的宪法中照搬它们的"统一性"和"普遍性"条款,其中的一些成为第一批将这类条款作为保护奴隶主免受反奴隶制税手段的州。大部分西南各州经历了向一般财产税转换的漫长历程,它们认为要么征收这种税不需要宪法授权,要么鉴于城市社会的经济和制度复杂性需实行更复杂的财产税。有关对"统一性"和"普遍性"条款历史的最佳论述,参见 Einhorn, *American Taxation, American Slavery*(《美国税收,美国奴隶制》),230—244。

② 有关该税起源的现代经典研究,参见 Robin L. Einhorn, *Property Rules: Political Economy in Chicago,1833—1872*(《财产规则:芝加哥的政治经济学,1833—1872》)(Chicago: University of Chicago Press,2001)。

或地方政府对奴隶的征税处于低税率水平。与北方不同,南方各州还采取了征收财产税的替代办法。例如,19世纪40年代和50年代,北卡罗来纳州政府依靠银行和铁路的投资收益和借款来减少对财产税的依赖。简而言之,南方的种植园主精英成功地阻止了现代财政体制对奴隶制的侵袭。如果他们能够做到的话,他们很可能会乐于压制或取消在北方各州和地方盛行的财政支出创新和税收创新。当然,他们做不到。但是,在内战前的几十年里,种植园主和他们在北方的支持者们成功地阻止了联邦政府要求扩大财政空间的动议。①

到了内战时期,该国的政治领袖们在为包括偶尔的战争在内的各种国家需求提供资金方面,已经取得了相当大的成功。取得成功的途径包括:低关税;由亚历山大·汉密尔顿财政计划确立起来的,并经阿尔伯特·加勒廷维持的借款能力;联邦政府大量的公共土地;州政府和地方政府(至少在北方地区)的财政活动。然而,迫在眉睫的危机将导致内战,带来毁掉联邦财政体制甚至整个联邦的威胁。

---

① 有关南北方的比较,参见 Richard Sylla, "Long-Term Trends in State and Local Finance: Sources and Uses of Funds in North Carolina, 1800—1977," in *Long Term Factors in American Economic Growth* ("国家和地方财政的长期发展趋势:北卡罗来纳州的资金来源和用途,1800—1977",载于《美国经济增长的长期因素》), eds. by Stanley L. . Engerman and Robert E. Gallman, National Bureau of Economic Research, *Studies in Income and Wealth*, vol. 51(国家经济研究局,《收入与财富研究》,第51卷)(Chicago: University of Chicago Press, 1986), 832—835; Peter Wallenstein, *From Slave South to New South: Public Policy in Nineteenth-Century Georgia*(《从奴隶制南方到新南方:十九世纪格鲁吉亚州的公共政策》)(Chapel Hill: University of North Carolina Press, 1987);以及 Einhorn, *American Taxation, American Slavery*(《美国税收,美国奴隶制》), p. 218 ff.

第三章　内战时期的制度

在恢复北方联邦并最终根除奴隶制的动荡过程中,联邦政府行政和立法部门的政治领导人争取制定条理清楚的税收政策。与20世纪重要战争期间的情形相似,危机强化了这些领导人的权力。他们实施的税收制度使其影响力得到了进一步的加强。政治领导人动员党派政府的力量,利用包括专业知识在内的征管技术,提高联邦税收制度的能力和效率。可以肯定的是,行政部门领导人和立法部门领导人在税收政策方面上一直存在矛盾和分歧,总统和国会都必须设法解决地方利益诉求问题。但在内战和接下来的20世纪的战争中,美国政治领袖们共有的党派忠诚和共同的社会价值在很大程度上解除了美国政府的分裂压力。

1861年之前,形成于美国的现代财政体制主要依靠以下三个支柱:使低税率的关税也能创造大量税收收入的、旺盛的进口商品需求;由联邦政府为美国人民所托管的、丰富的公有土地;联邦政府、州政府和地方政府之间的充满活力的伙伴关系。战争的前景和战争本身对上述三个支柱都造成了威胁。首先,这场战争扰乱了国际贸易,并对国家统一带来危害。而在创造税收收入方面,国际贸易和国家统一具有至关重要的作用。更重要的是,它们确保了美国在大西洋贸易中的强大地位。其次,联邦的分裂在所有权和管理两个方面给国家丰富的土地资源带来了风险。第三,南方邦联推进奴隶制和争取州政府权力的目标,以及对公有土地的威胁,给州与联邦之间的财政关系的前景蒙上了阴影。正是为了应对这些威胁,北方联邦政府创建了新的税收制度。

新税制采用了亚历山大·汉密尔顿所考虑过的所有税种,并加入了宪法起草者未曾设想过的其他税种。共和党领导人在战争中锻造了近代美国的民族国家体制，他们显著扩大了公共财政的规模和范围。在战后时期，战时的核心财政制度成了国家的实力和权力的象征。宪法和内战为向美国20世纪财政支出提供保证的税收制度奠定了政治和体制方面的基础。

但是，内战期间创建的财政税收制度存在重大的内在缺陷。总体上，这个制度的效果是累退的，它把更重的负担摊到低收入者而不是高收入者身上。在由内战危机所引发的路径依赖政治环境中，共和党的累退性税收以及其他有利于资本性收入的财政和金融政策提高了收入和财富的集中程度，使各方在税收方面出现了尖锐的对立。这种对立，强化了阶级意识的政治。对立还将持续下去，这有助于在20世纪乃至21世纪建立新的税收制度。

战争打响

内战是美国独立战争结束后的第一个重大的紧急事件。与独立战争一样，它是打造近代美国独立国家地位的熔炉，也改变了联邦政府及其收入制度。从耗费大量资金的角度来看，这是美国的第一次近代战争。北方联邦的战争成本，使政府开支从不到国民生产总值的2%上升到平均15%的水平，接近20世纪90年代初期20%的水平。这些资金需求促进了规模空前、范围空前的紧急税收计划的出台。[①]

共和党在北方的选举中广受支持，取得主导地位，因而能够将其利益与联邦政府的利益融合起来，并在制定国家税收政策方面获得大量自由空间。尽管新税种与过去相比变化很大，共和党领导人在推行重大的新税种时并没有

---

① 关于美国内战时期创立的收入体制的简史的最佳描述，参见 Bank 等人所著的《战争与税收》第23—47页；Heather Cox Richardson 所著的《全球最伟大的国家：内战时期共和党的经济政策》[*The Greatest Nation of the Earth*：*Republican Economic Policies during the Civil War* (Cambridge，MA：Harvard University Press，1997)]第103—138页；Studenski 和 Krooss 合著的《美国金融史》(*Financial History of the United States*)第137—160页。关于内战时期整个财政体制的更多详情，参见 Jane Flaherty 所著的《税收势在必行》[*The Revenue Imperative* (London：Pickering &Chatto，2009)]。Henry Edwin Smith 所著的《美国联邦国内税收史(1861—1871)》(The United States Federal Internal Tax History from 1861 to 1871 (Boston：Houghton Mifflflin，1914))对内战时期复杂国内税收措施的技术性介绍最为完整，值得赞赏。

受到强烈的抵制，也不需要依靠强制手段来征税。共和党人能够说服民众接受联邦政府大规模扩大财政基础的举措。通过纳税，美国人宣示了他们对北方联邦政府的忠诚并表达了对战争重大意义的认可。

即使在1860至1861年冬季脱离联邦危机发生之前，支持国家财政体系的关键支柱之一就已经遭到削弱。19世纪50年代末期，美国第一次经历了由工业经济周期带来的阵痛。19世纪50年代，非农业投资，特别是铁路投资和制造业投资已经发展到可以支配经济周期的程度。后来，由投资驱动的、强劲的经济增长在1856年达到顶峰，紧接着在1857年，金融恐慌加剧了经济失控。在50年代的余下时间里，所得减少，国外商品进口需求萎缩，关税下降，导致联邦收入从1856年的水平缩水了约1/3。预算盈余变成了赤字，民主党总统詹姆士·布坎南的政府不得不依靠高息举债来弥补收入缺口。

随着税收制度的式微，出现了税收改革的呼声。年轻的共和党在1856年赢得了第一次重大胜利，并于1858年赢得了众议院的控制权，它的一些领导人发起了提高关税以增加收入并保护国内工业免受外国竞争影响的运动。共和党人尤其抱怨，英国制造商通过垄断建立了对美国制造商和美国工人的优势。来自佛蒙特州的众议员贾斯汀·莫里尔是在支持提高关税方面非常有影响力的共和党人之一。① 在发生赤字和举行1860年选举的背景下，莫里尔建议广泛而温和地上调关税，他认为这个建议可能会具有全国性的吸引力。他解释说："家庭成员都应享受同样的关切，没有人应该成为驮运他人包裹的役畜。就像我将我们全体国民平等地看作是一个家庭的成员那样，我会平等对待农业、制造业、矿业和商业。"② 为抵消他人对其税收政策建议的内在累退性的潜在敌意，莫里尔呼吁设定三个税率（10%、20%和30%），并将最低税率适用于国会认为可以提高大多数消费者福利的必要商品。

1860年5月，美国众议院通过了被称为"莫里尔关税"的方案。在共和党控制参议院和亚伯拉罕·林肯就任总统后，1861年3月，方案正式颁布。这

---

① 有关莫里尔的生平，参见 Coy F. Cross Ⅱ 所著的《贾斯汀·史密斯·莫里尔：大学土地拨付政策之父》[*Justin Smith Morrill*：*Father of the Land-Grant Colleges* (East Lansing：Michigan State University Press，1999)]。

② Richardson，《全球最伟大的国家》，第105页。

个方案标志着自1846年初沃克关税开始向自由贸易迈进之后的第一次重大政策逆转。这也有助于减少前任政府遗留给林肯政府的赤字。但是，1861年4月，南卡罗来纳分裂分子在萨姆特堡开始军事行动了。事实证明，莫里尔关税无法为军事应对行动筹集足够的资金。

就像在与墨西哥的战争中那样，在内战的最初几个月里，共和党政府通过发行债券和国库券来开展战备工作。然而，即使在战场伤亡程度尚未达到顶点的时候，战争经费就已经超出了预期。此外，由于南方邦联夺取了设在重要的新奥尔良港口和其他地方的联邦海关机构，以及随之而来的南方地区的货物进口关税损失，关税收入出现了下降。此外，投资者对北方联邦征税能力的怀疑也推高了政府的举债成本。

1861年7月，在财政部部长萨尔门·P. 柴斯和众议院筹款委员会主席撒迪厄斯·史蒂文斯领导财政工作的背景下，北方联邦政府迈出了第一步，建立了强大的战时税收制度。一个月后，随着北方联邦在布尔朗战役中失利，林肯总统签署了一项法律，该法律为战时税制提供了主要框架。[①]

首先，1861年7月制定的法律通过提高税率及对糖、茶和咖啡（其中，先前进口时对后两者不征关税）征收高额关税而强化了莫里尔关税。在对这三种商品征税时，政府遵循了加勒廷在1812年战争期间的计划先例。柴斯和史蒂文斯知道，因为上述商品的消费面很广，民众不会支持这些关税。但他们也知道，因为上述商品的需求弹性很低，它们可以创造大量收入。也就是说，即使这些商品价格上涨，消费者也不会停止消费，甚至都不会减少消费。

其次，该法律首次设立了联邦所得税。在刚开始着手起草法案时，柴斯和史蒂文斯尝试效仿加勒廷的先例，实施紧急财产税并将其分摊到各州。他们理想中的税种，一方面，能够补充低迷的关税收入；另一方面，与以广泛的消费

[①] 南方邦联在征税方面行动更慢、效果更差。原因在于，其领导人对胜利持乐观态度，不愿向奴隶主征税，同时担心导致政府的中央集权化。最终，南方邦联通过税收筹集的资金仅占其战时支出的5%左右，通过借款筹集的资金也仅占其战时支出的三分之一左右。其余的战时支出来自纸币（fiat money）发行收入。结果导致通货膨胀失控和食品危机。随着战争的持续，南方邦联不得不日益依赖直接征用物资的手段来解决经费问题。具有讽刺意味的是，南方邦联害怕征税，可这样却导致其为维持战争而侵犯了财产权。有关南方邦联税收的概述，参见 Bank 等人所著的《战争与税收》（*War and Taxes*）第26—35页。

品为征税对象的消费税相比,该税种的税负与公民支付能力的关系应该更为紧密。该税有两个目的:一是筹集新增收入,二是促使国民更加广泛地支持总体税收政策。相对于对财富和所得的征税,多数共和党领导人更偏爱具有累退性的消费税,但是,他们也明白不受欢迎的消费税可能会损害大众对共和党和战争的信心。

财产税面临的问题是,国会领导人通常把它看成是直接税,而《宪法》第1条第8节要求联邦政府按人口而不是财产价值向各州分摊直接税。来自西部各州(包括大湖区的各州)、实行奴隶制的地区的北部边缘各州和较贫穷的东北各州的国会议员提出了抗议,认为这种分摊程序对其所在州的财产所适用的较高税率是不合理的。他们还抱怨,现行财产税征税范围无法触及以房地产改良形式或者以股票、债券、抵押贷款和现金等"无形资产"形式存在的个人财产。来自印第安纳的国会议员斯凯勒·科尔法克斯说:"我无法回家告诉我的选民,我投票支持了一项法案。在这个法案下,把自己全部财产投进股票的百万富翁享受免税待遇,而自食其力的农民却必须缴税。"①

鉴于这些抱怨,国会领导人放弃了主要依赖财产税的方案,转而对所得税进行了仔细的研究。新英格兰殖民地曾经实施过以赚取收入的能力(称为"职业")为征税对象的税种,南方的一些州曾经尝试直接适用于所得的税种,但共和党领导人对英国的所得税更为熟悉。英国的所得税创立于1799年,在克里米亚战争中(1853至1856年),英国自由党用它来替代税负较重的财产税并加以推广扩大。随后,贾斯汀·莫里尔被史蒂文斯任命为负责税收工作的众议院筹款委员会主席,他提出了尝试实施所得税的建议。因为所得税不直接对财产的价值征税,他和其他支持者把所得税视为间接税,并认为它是符合宪法的。不过,它将对资本所有者赚取的利润、利息和租金征税,也对工资和薪金征税。

在1861年8月立法通过的所得税,采用的几乎是单一税率,即3%的基本税率,同时规定纳税人(包括家庭)可以享受800美元的个人免税额度。政府没有测度个人收入的科学方法,但国会却出人意料地将免税额度设定为接

---

① 第37届国会第1次大会《国会议事录》[*Congressional Globe*, 37th Congress, First Session (Washington, D.C.: U.S. Government Printing Office, 1861)],第248页。

近家庭年平均收入的标准。1870年,家庭年平均收入在900美元左右。① 也就是说,国会的意图是不让主要依靠工资或农场收入的普通家庭负担所得税。国会首次颁布全国性的遗产税,并把它的纳税人定位为全国的富裕公民,以此来补充所得税。此外,国会采用了一项目标收入仅为2 000万美元的直接税,并按人口分摊给各州。每个州都可以自行确定税基,用来完成分摊到本州的收入任务份额。②

加勒廷战时税收制度走向瓦解,以及其后在1861年8月开征所得税,是由以下三个原因引起的:关税收入日渐减少,高额的、累退的消费税一直不受欢迎,工业化导致资本性资产和所得在国家潜在的税基中的重要性日益增强。8月里,萨尔门·柴斯相对比较乐观。他认为,政府已经征收到了足够的税收来承担联邦政府和平时期的所有活动经费和因镇压暴动所产生的债务利息。然而,很快事实就表明,在乔治·B.麦克莱伦将军的领导下组建北方联军的成本和对南方邦联加强海上封锁的成本都在上升,导致政府或者借不到钱,或者因利息极高而不得不放弃急需的借款。

到1861年12月,柴斯和撒迪厄斯·史蒂文斯已经开始设计一个大幅扩张的战时财政计划了。创建新的税收体系所面临的技术挑战和政治挑战,使人气馁。特别是当政府需要推行全新的税种时,情况就更是这样。尽管如此,迫于弗吉尼亚和西部地区激烈的战斗,国会还是比较迅速地完成了这项工作,

---

① 参见美国人口统计局(U. S. Bureau of the Census)《美国历史统计:从殖民时代到1970年(第一部分)》(*Historical Statistics of the United States: Colonial Times to 1970*, Part 1(Washington, D. C.: U. S. GPO, 1975)),第41、240页。

② 有关美国内战至第一次世界大战期间所得税法发展进程详情,研究成果最为丰富的是Roy G. Blakey and Gladys C. Blakey, *The Federal Income Tax*(《联邦所得税》)(London: Longmans, Green, 1940), 1—103;Sidney Ratner, *American Taxation: Its History as a Social Force in Democracy*(《美国税收:作为民主社会力量的历史》)(New York: W. W. Norton, 1942), 13—340;以及Edwin R. A. Seligman, *The Income Tax: A Study of the History, Theory, and Practice of Income Taxation at Home and Abroad*(《所得税:国内外所得税历史,理论以及实践的研究》)(New York: Macmillan, 1914)。

罗伯特·斯坦利(Robert Stanley)对该研究做了提升,强调了1913年联邦所得税发展背后的保守势力。在说明第一个联邦所得税的采用时,他强调共和党倾向于为以消费为基础的税收制度提供政治保护。参见Robert Stanley, *Dimensions of Law in the Service of Order: Origins of the Federal Income Tax*, 1861—1913(《所得税法律化的各个维度:联邦所得税的起源,1861—1913》)(New York: Oxford University Press, 1993)。

到1862年7月已经基本确立了内战时期税制的主要内容。

新的战时制度包括了重大的国内税收制度,具体包含四个方面。

第一方面,所得税征税范围大幅度扩大。将个人免税额减少到600美元,从而把一些新的中产阶级纳入纳税人范围,同时也新加入了累进性的特征:对收入超过1万美元的第二个收入级距适用5%的税率。由于实施累进税率,全国最富裕的公民所缴纳的税款几乎增加了一倍。

第二方面,通过立法扩大消费税征税范围。其中包括对制造商(在18世纪60年代很少注册为法人公司)和某些公司(包括当时一些最大的铁路公司)的毛收入(即销售额)征收的3%的税。在内战期间所采纳的所有新税种中,除了所得税之外,毛收入税是收入规模较大的税种。在早期州一级的政策实验中,威斯康星州于1854年采用了公司毛收入税。类似这样的公司税,是工业国家中同类税种的首例。①

第三方面,对许多商品和服务征收广泛的选择性消费税(销售税),其中包括对白酒征收与其生产成本等额的税,以及各个行业的许可费。这个要点显著扩大了1812年战争期间所实施的那种选择性消费税和规费的征收范围。这个项目的设计,比如毛收入税方案的起草,借鉴了各州政府的税收立法经验。由于北方各州政府扩大了财政改革实验,北方联邦在战争的财政动员方面领先于南方邦联。

国内收入方案的第四个也是最后一个方面是设立国内收入局局长办公室。后来,乔治·S.鲍特韦尔担任了第一任局长,他说该办公室是"当时最大的政府部门。"②

1862年7月通过的税收项目的内容还包括,显著提高由1861年莫里尔

---

① 众议院还考虑用另外两种兼具广泛基础和创新性的消费税来代替制造业消费税。第一种是制造业产品增值税,第二种是一般销售税。增值税的支持者之所以更倾向于增值税是由于他们认为一般销售税会降低经济效率。一般销售税的支持者更倾向于销售税是因为他们认为销售税下,制造商销售额相应税率更低,同时增加了包括农场主在内的其他各方的销售税。反对者们不满于消费税的分布效应,并预言征收消费税难度高。有关增值税,参见 Smith, *The United States Federal Internal Tax History from 1861 to 1871*(《美国联邦国内税收历史,1861—1871》),228。有关一般销售税,参见 Flaherty, *The Revenue Imperative*(《税收势在必行》),125—129,和 Bank et al., *War and Taxes*(《战争与税收》),39。

② 乔治·S.鲍特韦尔(George S. Boutwell),*Reminiscences of Sixty Years in Public Affairs*(《公共事务六十年》)(New York: Greenwood Press, 1968 reprint),vol.1, 313。

法案所创设的关税制度的实施强度。共和党人提高了莫里尔关税几乎全部的税率并减少了免征关税的进口货物种类。提高关税的理由包括,一方面政府需要更多的收入,一方面美国制造商需要得到保护,尤其是那些声称由于需要缴纳新的国内税而面临来自外国制造商激烈竞争的美国制造商。共和党人认为高关税与历史学家希瑟·考克斯·理查森所说的"鼓励工业快速发展、支撑强大军事力量、增强民族自豪感"的计划紧密相关。[1] 大不列颠和加拿大在整个战争期间保持中立,因此,共和党决定制裁这两个国家,提高这两个国家的制造商在美国市场上与美国制造商竞争的难度。

从一开始,借款就一直是为战争筹资的主要渠道。借款计划取得了巨大的成功。[2] 在战争刚开始的几个月中,财政部部长柴斯主要依赖银行和代理商。一些银行和代理商在墨西哥战争中曾经协助过政府。作为中介,他们把债券和票据销售给美国的富有阶层。但随着战争开支越来越大,北方联邦政府发起宣传活动,说服中产阶级增加储蓄并利用储蓄增加债券的购买量,从而逐渐扩大从中产阶级借款的规模。1862—1865年间,北方联邦政府与私人银行家杰伊·库克签订合约。杰伊·库克率先采用包括刊登报纸广告和雇用数以千计的代理人等方式在内的大规模营销手段,出售小面额债券。库克的战略目的之一,是为了避免外国纠缠,尤其是英国的纠缠。1863年,他写道:"我们现在没有国际债务了。我认为这是可以弥补战争痛苦的诸多幸事之一。"他接着宣称,美国"最好不要在外国人想要和我们开战的时候把鞭子交到外国人手里来抽打我们"。[3] 战争结束时,高达90%的内战债务的债权由美国公民持有。

共和党政府通过颁布改革法令来支持债务融资。已解散的辉格党曾公开

---

[1] 理查森(Richardson),*Greatest Nation of the Earth*(《全球最伟大的国家》),125。

[2] 然而,对财政部部长柴斯的借款和货币政策的批评比比皆是,例如,Robert A. Love, *Federal Financing: A Study of the Methods Employed by the Treasury in Its Borrowing Operations*(《联邦融资:对财政部借款业务方法的研究》)(New York: Columbia University Press, 1931), 74—117。对柴斯的正面评价,参见 John Niven, *Salmon P. Chase: A Biography*(《萨尔门·P. 柴斯传》)(New York: Oxford University Press, 1995)。

[3] 引自埃利斯·帕克森·奥伯霍尔泽(Ellis Paxson Oberholtzer), *Jay Cooke: Financier of the Civil War*(《杰·库克:美国内战的金融家》)(New York: Burt Franklin, 1970, reprinted from 1907 edition), Vol. I, 286。

建议实施这项改革,即创建国家银行系统。共和党人没有效仿亚历山大·汉密尔顿创立国有银行的先例。相反,林肯总统于1863年2月签署了《国家银行法》,建立了复杂的监管体系。一个银行如果达到某些标准,它就可以被特许为国家银行。上述标准包括,将至少三分之一的资本转化为美国债券。像汉密尔顿和加勒廷的中央银行方案一样,新的国家银行具有激发民众对联邦政府债务工具产生需求的效果。新的国家银行也为政府提供了税源。1863年,政府对纸币平均流通量按每年1%的税率征税,对银行资本按每年0.5%的税率征税,对未投资于美国债券的银行资本再按每年0.5%的税率征税。

在随后的历次战争期间,包括1864年6月颁布的重大政策措施在内,各种税收法规都是建立在上述这一财政制度基础上的。国会提高了酒类税收,到战争结束时,酒类的税收收入总额大约达到了其生产成本的10倍。1864年的立法把对制造商收入征税的税率从3%翻番提高到6%,并把进口关税的税率从37%提高到47%。经济学家弗兰克·W.陶西格写道,1864年的立法"确立了比我国历史上先前任何一项关税法案都更为极端的保护性关税"。[1]

最引人注目的增税出现在刚刚起步的所得税身上。国会提高了所得税税率,增强了累进性,对600美元到5 000美元之间的所得适用5%的税率,对5 000美元至10 000美元的收入适用7.5%的税率,对超过10 000美元的收入适用10%的税率。从1865年开始,共和党将10%的税率适用于所有超过5 000美元的收入。法律史学家史蒂文·班克和他的同事们提出了以下令人信服的观点:在1864年7月抗议实施新法案的纽约骚乱之后,国会设法证明其一直在致力于实现均等纳税牺牲。为了平息"富人发动战争、穷人参与战斗"的抗议,需要提高所得税的累进性。[2]

按照20世纪的标准,当时的所得税税率看起来是比较低的。一些共和党国会议员倾向于对过高的收入适用更高的税率,与这些议员的期望相比,当时的所得税税率看起来也是比较低的。虽然进一步提高所得税面临严重的征管

---

[1] 弗兰克·W.陶西格(Frank W. Taussig),*The Tariff History of the United States*(《美国关税史》)(New York: G. P. Putnam's Sons, 1931),167。尽管53页脚注①所引用的文献对内战时期关税的某些特定方面做了更详细介绍,但这本书仍然是关于关税立法的标准综合史书。

[2] 班克(Bank)等人,*War and Taxes*(《战争和税收》),41—43。

障碍,但共和党本有可能把所得税额外再提高一些。不过,共和党仍然征收了与富人以前按照一般财产税就资本性资产所习惯缴纳的税收相比更多的税收,几乎重了一倍。① 所得税的纳税主体延伸到了美国工业、商业中心地区的中上阶层的富有人群。征税机制高度依赖于纳税人的合作。由于对战争抱有爱国主义热情,也由于受到英国初步实施的"源头扣税"(在源头征收,或由公司及其他支付方扣缴税款)方法的启发,纳税人的遵从度很高。绝大部分美国人都会取得一定的所得,但国内收入局局长无法获得农场和小企业的收入报告,也无力向农场和小企业征税。然而,法律明确要求公司——铁路、银行和保险公司——对股息和利息代征税款。法律想要对富人征税,而股息和利息是富人所得的较大的来源。此外,法律要求联邦政府的所有机构征收工资税。在战时动员期间,工资实现了大幅增长。到战争结束时,有超过10%的北方联邦家庭缴纳了所得税。在美国东北部各州,所得税税率很可能达到了15%,这一地区贡献的所得税收入占到了联邦政府所得税总收入的四分之三。根据经济史专家估计,这些家庭的财富加起来,大概占到了1860年美国国家财富的70%以上。②

所得税的税基是如此之大,以至于在战时税收收入达到顶峰的1865年,所得税即便尚处于试验阶段并且税率较低,但也创造了近6 100万美元的收入,这大约占到联邦税收总收入的21%。1865年的关税收入的规模要更大一些,不过也不是非常大,关税收入占到税收总收入的29%。所得税和关税的税收贡献都比选择性消费税小得多,选择性消费税在战争结束前创造了大约一半的联邦税收收入。选择性消费税中创收贡献最大的部分是,对制造商的收入所征的税款(占税收总收入的25%,占选择性消费税收入的大约一半),以及对烟酒产品所征的税款(占税收总收入的11%)——尽管在烟酒税方面

---

① 有关纽约有产者缴纳所得税远高于财产税的证明,参见 Seligman, *The Income Tax*(《所得税》),473—475。国会反对更高税率,参见 Richardson, *Greatest Nation of the Earth*, 129 ff.。

② 估算基于众所周知的纳税人数据,这些数据由国内收入局局长于1866年开发。与作者的估算相反,罗伯特·斯坦利(Robert Stanley)引用了只有1.3%的美国人缴纳了所得税这样一个很小的数据,并声称中产阶级没有缴纳所得税。斯坦利在计算人口时将南部联盟的人口计算在内,并且没有对纳税家庭进行估计,所以得出的数字较低,同时严重低估了所得税的社会影响范围。参见 Stanley, *Dimensions of Law in the Service of Order*(《法律为社会服务的多个维度》),39—40,263—64。有关1790年至1860年的收入和财富分配估计,参见 Brownlee, *Dynamics of Ascent*(《上升动态》),134—136。

存在逃税和税务官员腐败。① 新的所得税在联邦税制中增加了累进性的因素。正如共和党领导人所期望的那样,大多数的选择性消费税和关税广泛延伸到了整个经济领域。他们的目标是防止局部地区强烈抵制新税种,并说服公众广泛分担战时成本。但由于选择性消费税和关税的存在,整个税收制度在总体上是累退的,这导致中低收入家庭比富裕家庭承担了相对较多的税收、做出了相对更大的牺牲。②

战争期间关税与贸易受到了干扰,对消费品所征收的累退性的选择性消费税也不受欢迎,对资本性资产和所得的直接征税存在征管障碍,这些问题都限制了亚伯拉罕·林肯政府通过税收为战争筹措资金的能力。此外,美国财政部部长柴斯、他的继任者威廉·P. 费森登(前任参议院财政委员会主席,1864年接任财政部长)以及国会领导人对税收应该承担多少比例的战争成本这个问题从来没有一个明确的目标。尽管如此,鉴于战争的规模较大以及1861年税制尚未完善等情况,他们的表现非常突出。包括新开征的和未经检验的税种在内的各个税种,承担了北方联邦战争总成本的五分之一。1864年和1865年,战争将要结束之际,尽管战争开支更加巨大,但税收收入几乎承担了战争开支的四分之一。这些数字表明,与美国独立战争期间相比,内战期间税收发挥的作用已经显著提高。相对于经济规模而言,征税努力程度已接近第一次世界大战期间的水平。

---

① 汇总数据参见斯图登斯基(Studenski)和克鲁斯(Krooss), *Financial History of the United States*(《美国金融史》),152。

② 有关内战时期税制累退性最小化的解释,参见 Flaherty, *The Revenue Imperative*(《税收势在必行》),103,116—119。弗莱厄蒂(Flaherty)认为,对制造商和铁路公司收入征收的高生产率税,一定程度上落在了企业(制造企业与铁路公司)和消费者身上。目前尚无对内战期间税收进行严格评估的研究。但乘客和运输企业常常抱怨铁路只是将税收转嫁到了他们身上。正如希瑟·考克斯·理查森(Heather Cox Richardson)所说,这些抱怨推动民众转而支持提高所得税率。哈里·埃德温·史密斯(Harry Edwin Smith)认为,国会的辩论表明了一种假设,即公司税将转移到乘客和运输企业身上。参见 Richardson, *Greatest Nation of the Earth*(《全球最伟大的国家》),129—130,以及 Smith, *The United States Federal Internal Tax History from 1861 to 1871*(《美国联邦国内税收历史,1861—1871》),114。斯图登斯基(Studenski)和克鲁斯(Krooss)认为,在1865年,制造商销售税达到了几乎所有制造产品总成本的20%,此外,产品价格上涨幅度超过税额。参见 Studenski and Krooss, *Financial History of the United States*(《美国金融史》),152—153。标准分析发现了制造商销售税具有递减性,参见 Carl S. Shoup, *Public Finance*(《公共财政》)(Chicago:Aldine, 1969),233—240。

国家建设和新体制

内战时期的税收制度为战后美国在国家经济政策方面的雄心勃勃的计划奠定了基础。事实上,共和党利用内战胜利的契机,建立了旨在促进工业和农业资本密集型发展的财政秩序。在调整内战时期税收制度以适应和平时期经济目标的过程中,共和党强化了带有阶级意识的税收政治。借此,共和党间接塑造了后来美国在20世纪历次重大战争期间所习惯采用的税收体制。

19世纪60年代晚期,共和党主导的国会对战时税收制度进行了改革。其中最紧要的是逐步废止内战期间的选择性消费税和毛收入税,公众指责它们提高了战时和战后的生活成本。废除累退性的选择性消费税,也使共和党领导人可以更加容易地逐步取消累进性的所得税。国会中的共和党人普遍希望迎合特别富裕的公民的需求。这些特别富裕的公民过去接受把所得税作为紧急措施的做法,当下却积极游说减征所得税并在稍后的1870年年末取消所得税。很少有人支持长期实施所得税,共和党的国会领导人中只有少数人认为所得税可以掩饰性地保护具有累退性的关税。至于喜欢所得税的分配效应的人就更少了。后来,从1867年开始,共和党领导人加大了免税力度并降低了税率。1870年,由于错误地担忧预算赤字,国会延续征收所得税,但随后在1872年他们因为执行期满而停征了所得税。

通过保留内战时期税制的两个要素,共和党人维持了基于消费的联邦税收制度。保留的第一个要素是高额关税。国会经常修订关税税率表,但是没有修改关税制度的基本结构。在1913年安德伍德—西蒙斯关税法案大幅削减内战时期税率之前,高额关税一直在实行,税率常常接近50%,很少降到40%以下。最高的关税税率适用于制成品——特别是金属和金属产品(包括钢铁)、棉纺产品和某些毛纺产品。很多制成品的税率达到了100%。1872年以前,关税在联邦收入中居于主导地位。要是没有发生严重的经济萧条和美西战争,这种政策一直会持续到1911年。

保留的第二个要素是对烟酒产品征收的"罪恶税"和对香水和化妆品等奢

侈品征收的多个税种。价格弹性低的烟酒需求在增长。尽管联邦政府降低了税率,但烟酒税仍带来了大量的财政收入。在第一次世界大战之前,烟酒税收入在联邦税收收入中至少占1/3。在19世纪90年代中期以前,烟酒税收入在联邦税收收入中的平均占比接近1/2。在1911—1913年期间,烟酒税收入甚至超过了关税收入。

改革的设计和实施具有明显的"自上而下"的特征。共和党领导人认识到,尽管消费税具有累退性,但因为许多纳税人并未发现这个问题,所以从某种程度上讲消费税在政治上还是可行的。国会中的共和党人认识到,关税制度为加强或提高他们的权力创造了重大机会。通过在复杂的、难以理解的税收补贴体系内进行政策调整,共和党人可以向小范围的群体提供利益,或者通过处罚来威胁他们,而不必担心激起更广泛的群体的激烈反对。参议员由各州的议会选举产生,而不是由普通选民选举产生,所以共和党的参议员们很少受到各种民主压力,从而享有很大的自主选择空间。由于持续不断的互相捧场的内部交易——特别是在参议院内部这样的交易,关税制度促进了税收优惠措施和税收抑制措施的制度化。尽管税收制度在20世纪和21世纪将会发生变化,但税制的复杂性仍将是联邦收入体系的一个重要特点。①

很难确定谁是复杂的、不断变化的关税制度的赢家和输家,但可以肯定的是,富人和企业以不同的方式从税制修订中获益。制造商是消费税最热情的拥趸之一。许多人高度评价关税通过排挤外国竞争者而对他们提供的保护。此外,制造商还称赞与欧洲保持贸易顺差的趋势,希望借此促进美国的资本积累。在19世纪70年代和80年代,制造商特别热衷于高关税制度,因为高关税制度允许他们建立全国性的营销组织,而不用担心欧洲竞争者的干扰。高关税给亚当·斯密所青睐的幼稚产业带来的利益,少于其给美国巨型公司带来的利益。那些巨型公司正在进行纵向整合,相对于受限于小规模市场的欧

---

① 19世纪后期国会关税辩论的经济内容质量低下,这反映了关税系统及立法程序的复杂。参见 Richard C. Edwards, "Economic Sophistication in Nineteenth Century Congressional Tariff Debates," *Journal of Economic History*("十九世纪国会关税辩论中的经济复杂性",载于《经济史杂志》),30(December 1970),802—838。

洲竞争者，他们获得了长期的优势。甚至，酿酒行业也开始支持新政。在内战期间，他们抵制"罪恶"税。但是，他们发现，尽管"罪恶"税提高了他们产品的价格，但酒类产品的需求不具有弹性，因而他们仍能够维持利润。此外，"罪恶"税为酒类产品提供了合法性，这意味着联邦政府委婉地支持该行业与禁酒势力作斗争。

银行家和金融界人士通常倾向于少强调一些贸易保护、多关注一些对国际贸易的促进。尽管如此，他们仍然支持通过对消费征收重税强迫提高国家储蓄率进而加快偿还战时债务的做法。在将近30年的时间里，共和党一直把创造预算盈余以降低债务作为其经济计划的核心内容。从1866年开始，一直持续到1893年，大量的预算盈余使联邦债务从28亿美元减少到10亿美元，相当于从1866年国民生产总值的40%左右减少到1893年的国民生产总值的4%左右（见附录，图A.1）。在19世纪80年代早期之前，债务利息支出通常占联邦政府经常性支出的三分之一，并且这些利息是使用海关征收到的黄金来支付的。共和党通过预算盈余和恢复美元可完全兑换成黄金的政策，推动了通货紧缩，并提高了贷款的价值。不仅仅是联邦债务的债权人，各类债权人都支持共和党的上述做法。共和党领导人通过征收消费税来筹集资金支付战时债务及其利息，从而将大量资本从消费者手中转移到联邦债务的债权人手中。这些债权人往往比普通消费者更富有，更有可能进一步投资。[①]

内战时期累退性的税收制度，以及相应的债务管理政策和货币政策，对最富有的美国人益处最大，在某种程度上促进了收入和财富的集中。然而，经济精英及其在政府机构中的代表之外的其他群体也对财政制度的核心内容表示了支持。也许最重要的是，内战定义了美国的国家价值和方向，新税制则通过为这场战争筹集资金而获得了普遍的合法性。对于北方社会的大多数民众来说，北方联邦的胜利增强了共和党税收政策的合法性，更广泛地说，增强了其

[①] 一项估计表明，在19世纪50年代至70年代，美国用于债务偿还和利息支付的金额，已经达到国民经济产品中资本生成部分的增长额的一半。参见 Jeffrey G. Williamson, "Watersheds and Turning Points: Conjectures on the Long-Term Impact of Civil War Financing," *Journal of Economic History*（"分水岭和转折点：对内战筹资长期影响的猜想"，载于《经济史杂志》），34 (September 1974): 636—661.

民族主义国家建设计划、经济发展计划和跨洲扩张计划的合法性。①

共和党的消费税制度还能带来监管约束方面的益处,这也使其受到了民众的欢迎。例如,酒精和烟草这些商品威胁到美好的共和社会秩序,被认为是罪恶的;而对其征收高额的消费税,则可以劝阻和惩罚对这类商品的消费。因此,许多中产阶级人士支持这个政策。② 此外,高额关税看起来也会给工人们带来利益,他们普遍担心来自欧洲、拉丁美洲和亚洲的低工资劳动者的竞争,并赞成能够加强本国产业优势的税收政策。劳动者阶层支持共和党在高额关税方面的立场,这对共和党在1896年总统"关键性选举"中取得压倒性胜利起到了很大作用。在这次选举中,共和党候选人威廉·麦金利战胜了民主党和平民党提名的威廉·詹宁斯·布赖恩。③

此外,民众接受上述税收的重要原因,还在于由这些税收收入提供资金的项目或计划受到了欢迎。其中之一就是偿还债务。美国债权的持有人中大约90%是美国人,其中许多是中产阶级公民。促销活动使他们决定购买北方联邦证券,进行高息储蓄。他们赞成随着通货紧缩有秩序地偿债。由消费税提供经费的军事项目也深得民心。主要的军事项目包括南部重建计划的早期项目、与美洲土著部落的持续战争以及现代海军的筹建。1898年广受支持的美

---

① 有关内战期间共和党、国家和民族的融合及其后果的深入激烈讨论,参见 Richard F. Bensel, *Yankee Leviathan: The Origins of Central State Authority in America*, 1859—1877(《美国中央国家机关的起源》)(Cambridge: Cambridge University Press, 1990)以及 Richardson, *The Greatest Nation of the Earth*(《全球最伟大的国家》)。

② 但禁酒运动的很多改革者持有截然不同的观点,他们希望降低或消除政府对酒精饮料的税收依赖。改革者认为对酒精课以重税是彻底禁止酒精的重要障碍之一。因此,他们往往支持那些旨在加重所得税或财产税,而减少"罪过税"的税改。在节制和禁止运动中有关国家税收的矛盾观点,参见 Ajay K. Mehrotra, *Making the Modern American Fiscal State: Law, Politics, and the Rise of Progressive Taxation*, 1877—1929(《打造现代财政国家美国:法律,政治与累进税制的兴起》)(Cambridge: Cambridge University Press, 2013), 72—75。历史学家詹姆斯·马林(James C. Malin)发现地方禁酒主义者也面临同样的困境。参见 James C. Malin, *A Concern about Humanity: Notes on Reform*, 1872—1912 *at the National and Kansas Levels of Thought*(《聚焦人性:改革笔记,1872—1912年间的美国国家及堪萨斯州》)(Lawrence, Kansas: Self-published by James C. Malin, 1964), 223。

③ 有关政治学者所称的"税收大选"对税收政策的影响,参见 Susan B. Hansen, *The Politics of Taxation: Revenue Without Representation*(《税收政治:无代表税收》)(New York: Praeger, 1983)。汉森非常依赖于这些选举来解释税收政策发生重大转变期间,税收政策配套措施却非常宽松的现象,上述选举引起了党派忠诚度的长期调整。在这些重要的选举中,只有1860年选举结束后(可能也有1980年选举)税收制度立即做出了调整,1896年选举没有引入新的税收制度,而对已有制度进行了确认。此外,第一次世界大战期间引入的制度与选举无关。

西战争的经费主要是通过两个渠道筹集的：一是把烟酒产品的税收提高一倍，二是对石油和糖类公司征收具有累退性的毛收入税。① 1902年之前，共和党一直持续征收上述税收，其收入用于镇压菲律宾争取独立的民族主义运动和干涉中国义和团运动。

共和党政府也把累退性消费税（关税和"罪恶"税）的收入用于一个非常受欢迎的转移支付项目——为北方联邦退伍军人及其抚养和赡养的家属提供养老金和残疾津贴的宏大计划。这是美国的第一个重大社会保险制度。养老金在19世纪80年代和90年代大幅提高，养老金制度是共和党力量的核心源泉，其在政治方面和经济方面的重要作用一直持续到20世纪。在1879年《欠款法案》（Arrears Act）和1890年《受抚养、赡养者养老金法案》（Dependent Pension Act）放宽福利之后，全部由消费税提供资金的残疾福利支出和老年福利支出猛增。直到第一次世界大战，这种福利支出一直维持在较高水平。19世纪90年代后期，养老金支出耗费了大约45%的联邦收入。虽然为转移支付提供资金的税收是累退的，但是福利分配却是累进的——至少在获胜的北方联邦各州是这样。前南方邦联之外领取内战抚恤金的那部分美国人口，其抚恤金水平尽管不如第一次世界大战前英国养老金水平高，但与德国和丹麦的养老金水平相比要好一些。此外，在北方联邦军队服役的美国人享有的福利覆盖条件——如享受福利的资格——也比欧洲社会计划中的相关条件更为宽松和慷慨。②

消费税还为广受欢迎的新公共工程计划提供了经费。这些联邦计划是对忠诚于北方联邦事业和共和党的群体的奖赏。一年一度的《河流与港口法案》被称为"分肥拨款"，整个北方地区的社区领导人都习惯于接受这笔来自消费税收入的拨款资金。联邦政府通过土地授予扩大对私人和公共投资的补贴，

---

① 有关美西战争期间总收入税的采用，参见 Steven A. Bank, *From Sword to Shield: The Transformation of the Corporate Income Tax, 1861 to Present*（《从剑到盾：1861年至今，公司所得税变革》）(Oxford: Oxford University Press, 2010), 58—62。很可能支付了公司所得税的 Standard Oil Company 和 the American Sugar Refining Company 两家信托机构将税收转嫁到了顾客身上，且法律制定者也希望如此。参见班克（Bank）, *From Sword to Shield*（《从剑到盾》）, 60, n. 18。

② William H. Glasson, *Federal Military Pensions in the United States*（《美国联邦军队养老金》）(New York: Oxford University Press, 1918) 以及 Theda Skocpol, *Protecting Soldiers and Mothers: The Political Origins of Social Policy in the United States*（《保护士兵和母亲：美国社会政策的政治起源》）(Cambridge, MA: Harvard University Press, 1992), 102—151; 国际比较参见130—135。联邦政府从未向南部联盟退伍军人及其家人提供养老金，同时，前南部联盟政府能负担的养老金非常有限。

进而扩大了基础设施建设项目的范围。19世纪50年代和60年代,国会向密西西比河以西的最近的州授予了大量土地。各州以土地区块置换的形式将其转授给铁路,这些土地几乎立即产生了有利可图的收入流。然而,这种方法在资助横贯大陆的铁路建设方面不可行,因为横贯大陆的铁路必须穿越大平原和落基山脉,远远超出有序组织的各州和定居社区的边界。1862年,为了连接密西西比河流域和太平洋海岸,国会直接向中太平洋铁路和联合太平洋铁路授予了大量的土地并提供了大量抵押贷款。两条铁路于1869年在犹他州的岬角汇合。1883年之前,联邦补贴还促进了另外三条横贯大陆的铁路的完工。巴拿马运河是第一次世界大战前最大的单一公共工程。在1914年运河开通前的十年里,为了向巴拿马政府付款、购买法国在巴拿马的资产、支付修建成本和其他启动成本,根据不同的计算方法,美国耗费了介于3.5亿美元至6亿美元之间的资金(最初是通过出售10年期债券筹集的)。①

联邦政府还通过扩大土地授予行动来补贴教育,集中内战之后的精力提高农业生产力。1862年,国会通过了《莫里尔土地授予法案》,该法案向各州提供土地,其面积等于3万英亩乘以国会代表团的人数(两名参议院议员加众议院议员的数量)。授予土地的目的是资助农业和"机械工程"学院。大多数州把通过莫里尔法案所得到的土地和它们业已建立的州立大学收到的捐款合并使用。1890年,国会又通过了另外一个莫里尔法案,该法案仍以贾斯汀·莫里尔的名字命名。1866年,佛蒙特州把他从众议院提拔到参议院。1890年,他担任财政委员会主席。新的莫里尔法案,除了授予土地之外,还补充了年度现金拨款和分配公式。这个分配公式对小一些的州更为有利。②

州政府和地方政府赞同由新的社会计划所引致的政府集中化趋势,尤其是在共和党人统治期间这一赞同程度更高。州政府和地方政府领导人欣赏通

---

① David McCullough, *The Path between the Seas: The Creation of the Panama Canal*, 1870—1914(《海洋通道:巴拿马运河的修建,1870—1914》)(New York: Simon and Schuster, 1977), 400, 610—611. 有关成本、令人惊叹的美国投资社会收益率以及巴拿马运河项目带来的其他经济效益,参见 Noel Maurer and Carlos Yu, *The Big Ditch: How America Took, Built, Ran, and Ultimately Gave Away the Panama Canal*(《大运河:美国如何设计、建造、运营,最终放弃了巴拿马运河》)(Princeton: Princeton University Press, 2011), 106—107, 147—188.

② 有关贾斯汀·莫里尔(Justin MorriⅡ)的作用,参见 CrossⅡ, *Justin Smith Morrill*(《贾斯汀·史密斯·莫里尔》),77—94.

过这些社会计划满足福利和公共工程需求的做法。如果没有这些计划,各州将不得不依靠自己的力量来满足这些需求。从19世纪80年代到20世纪第一个十年,工业城市的城市化速度显著加快,政府需要向公园、学校、医院、交通系统、供水系统和排水系统投入更多的资金。州政府增加了对高等教育的投资,并开始资助地方的学校建设和公路建设。到本世纪初,州和地方支出约占政府总支出的三分之二,地方支出约占州和地方政府总支出的80%(1902年各级政府支出占国民生产总值的比例见附录表A.1)。

州和地方政府的财产税制度因为庞大而备受诟病,联邦土地授予计划因间接地缓解了上述困境而大受欢迎。1902年,财产税收入占到地方政府、州政府和联邦三级政府收入的一半以上(51.4%)。到了1913年,政府财产税收入的份额已经增加到58.7%(见附录,表A.3)。内战之后的工业化和经济不稳定,破坏了一般财产税以相同税率适用于所有财富的平等主义承诺。常规的自行评税程序不能准确披露和确定现金、信贷、票据、股票、债券和抵押贷款的真实价值,这一问题在全国最大的那些城市中尤为明显。评定程序对价格水平变化不敏感,从而加剧了19世纪晚期经济危机期间的不平等。因此,州和地方政府开始设计近代财产税,推行标准化的评定业务并把重点放在房地产方面。[1]

共和党财政政策面临的挑战

从内战到20世纪初期,共和党领导人在建立和修订内战时期税收制度的过程中获得了强大的政治支持。然而,共和党领导人在税收政策方面也不得不面对党派之争带来的明显阻力。早在19世纪60年代,民主党就对消费税制度的核心内容——关税——进行了尖锐的批评,向共和党的权力提出了挑战。19世纪70年代,随着两党激烈竞争状况的重现,这些挑战日益加剧。

在一定程度上,地区利益助推了民主党的挑战行动。随着前南方邦联各州重新加入中央政府,民主党在全国的力量越来越强大。安德鲁·约翰逊总

---

[1] 一般财产税面临的复杂困难,参见 Clifton K. Yearley, *The Money Machines: The Breakdown and Reform of Governmental and Party Finance in the North*, 1860—1920(《货币机制:北方政府与党派财政的破裂与改革》)(Albany: State University of New York Press,1970), 3—95, 137—165。

统(在1864年的选举中与亚伯拉罕·林肯联手之前,他曾是一名民主党人)说:"一个建立在将近25亿美元国家证券基础上的贵族阶层已经在北部各州崛起,并从先前的奴隶寡头政府中取得了政治统治权力。"上述言论代表了许多民主党人的心声。[1] 约翰逊认为,通过扩大国家债务以及通过关税偿还债务,共和党已经使资本家取代了奴隶主的地位。

随着时间推移,复兴的民主党放低了这种论调。但是,该党仍然获得了南方民众的支持。南方民众从自己所付的关税和选择性消费税中没有获得监管性和计划性利益(例如,内战养老金)。民主党开始普遍抨击特权、垄断权力和公共腐败,这种抨击使人回想起美国独立战争和早期共和国的理想。最重要的是,民主党将关税描述成共和党补贴大公司计划的主要手段。1882年,年轻的伍德罗·威尔逊在他的第一份公开政治声明中宣称,关税具有"垄断性"。[2] 民主党人精心构思他们想要传达的政策信息,试图吸引南方民众的关注,当然也试图吸引全国的农民、中产阶级消费者和小企业主的关注。

在19世纪80年代和90年代,彼此竞争的两党在关税和一般税收方面彼此尖锐对立的意识形态构成了他们各自经济号召力的基础。在由内战危机引发的"路径依赖"政治方面,政党身份对二战之前的税收政策产生了重大影响。共和党推行高关税制度和民主党对此的反对,使两党在税收问题上严重分化。党派分歧加剧了长达一个世纪的阶级分歧,并推动在国家危机中建立新的税收制度。[3]

---

[1] 引自詹姆斯·麦克唐纳(James Macdonald),*A Free Nation Deep in Debt: The Financial Roots of Democracy*(《负债累累的自由国家:民主的财务根源》)(Princeton: Princeton University Press, 2006), 391。

[2] Woodrow Wilson, "Testimony before the Tariff Commission," September 22, 1882, *The Papers of Woodrow Wilson*("海关税则委员会前的证词", 载于《伍德罗·威尔逊论文集》), eds. by Arthur S. Link et al. (Princeton: Princeton University Press, 1966—1994), vol. 2, 143。

[3] 关税辩论中的党派及地域特征,参见 Tom E. Terrill, *The Tariff, Politics, and American Foreign Policy, 1874—1901*(《关税、政治、以及美国外交政策, 1874—1901》)(Westport: Greenwood Press, 1973), 特别是210—217。19世纪90年代后期,许多出口商,主要是小型制造商、外贸商人、货运商开始关注降低关税的互惠贸易协定,但在改变共和党的意识形态立场或全面降低关税方面,他们所取得的成果相对较小。参见 W. Elliot Brownlee, "Wilson's Reform of Economic Structure: Progressive Liberalism and the Corporation," in *Reconsidering Woodrow Wilson: Progressivism, Internationalism, War, and Peace*("威尔逊的经济结构改革:进步自由主义与公司", 载于《再回顾伍德罗·威尔逊:进步主义、国际主义、战争与和平》), ed. by John Milton Cooper Jr. (Washington, D.C. and Baltimore: Woodrow Wilson Press and Johns Hopkins University Press, 2008), 60—61。

第三章 内战时期的制度

在19世纪90年代中期的经济萧条时期,对关税的批评变得更加激烈。由于遭受到经济困境的刺激,西部和南部的平民党人,以及散布在美国城市中的亨利·乔治"单一税"拥护者,要求通过税制改革促进社会正义。这两个运动汇聚在一起,共同努力探索通过税收制度惩罚和阻止垄断权力的方式。平民党人主张对企业利润和富人收入征收累进税,"单一税"拥护者通常支持在联邦一级征收这种累进的所得税,同时寻求在州和地方两级实施根本性的财产税改革。受亨利·乔治(1839—1897)畅销书《进步与贫穷》(1880年)的启发,"单一税"拥护者主张对内嵌于土地价格中的垄断利润征收财产税并以此来替代所有税收。内嵌于土地价格中的垄断利润是非劳动性的土地增值,它基于土地的位置而非基于土地的使用而产生。然而,由于宪法要求联邦政府根据人口分布(而不是财产价值分布情况或非劳动性增值的分布情况)向各州分摊"直接"税(如财产税),这种税只能在州和地方征收。但是,城市和农村中拥有财产的精英拥有根深蒂固的势力,所以在州和地方进行任何根本性的财产税改革几乎是不可能的。面对这些问题,数以百万计的美国人,尤其是那些读过或听说过乔治的思想的人,常常把联邦一级的累进所得税看成是单一税的次优替代方案。[①]

来自底层的新压力,开始改变联邦税收政治。在内战期间,共和党领导人在设计所得税方面享有很大的自主权。可以确定的是,由于事先预料到联邦财产税和较重的、累退性的选择性财产税会遭遇部分地区和部分阶层的抵制,他们推行了所得税。不过,他们设计所得税,也不是基于任何政治团体或有组织的运动的极力主张。战争结束后,他们制定了所得税的退出时间表。相反,当国会在19世纪90年代初开始重新考虑实施所得税时,它主要是为了应对

[①] 关于"累进性"的传统研究,多次强调来自农场主的基层压力对联邦所得税体系建设的重要影响。如,Elmer Ellis, "Public Opinion and the Income Tax, 1860—1900," *Mississippi Valley Historical Review*("民意与所得税",载于《密西西比历史评论》)(September 1940), 225—242, 27. 有关亨利·乔治(Henry George)的观点,参见他的著作 *Progress and Poverty*(《发展与贫穷》)(London: J. M. Dent and Sons, 1976). 有关乔治的事业成就及影响,参见 Charles A. Barker, *Henry George*(《亨利·乔治》)(New York: Oxford University Press, 1955)以及 W. Elliot Brownlee, "Progress and Poverty: One Hundred Years Later," *National Tax Association Proceedings*("发展与贫穷:百年为期",载于《国家税务协会论文集》)(1979), 228—232. 如经济学家和历史学家约瑟夫·多夫曼(Joseph Dorfman)所讲,《发展与贫穷》这本书对那些在19世纪80年代上大学,而后在美国发展中起到重要的领导作用的人影响十分深刻。Joseph Dorfman, *The Economic Mind in American Civilization*, Volume Three: 1865—1918(《美国文明中的经济思想,第三卷:1865—1918年》)(New York: Viking Press, 1959), 147.

071

有组织的政治压力才这样做的。此外,要求税收具有高度累进性的众多提案,后来也给国会造成了压力。而且,提案人的观点尖锐而激进。

19世纪90年代,高度累进的所得税受到欢迎的核心原因在于,它被宣称为既能根据个人支付能力重新分摊财政负担又有助于重建防止经济权力集中的美好共和体制。在某种意义上,这种言辞是保守的,它把注意力引向了早期共和体制的价值观。推进累进性所得税的运动的潜在激进之处在于它的内容——把目标设定为主要甚至完全从最高的企业所得和企业利润中筹集政府收入。所得税的激进倡导者认为,他们的税收不会触及普通人的工资和薪金,但会冲击非劳动利润和垄断权力。所得税的推动者宣称,该税将纠正引发工业化弊端的财富和权力分配不公平的问题。认为自己权益曾遭侵占的群体,当下将侵占其他群体的权益。

由此看来,支持激进的累进性所得税的目的,与其说是为了寻找有弹性的收入来源,不如说是为了在工业化国家追求社会正义。税收成为民主国家主义不可或缺的组成部分——一个利用政府权力工具来建立更加民主的社会秩序的根本方案。民主国家主义的再分配特征,是第二次世界大战前统一联邦政府重要立法举措的一个重要主题。在某种程度上,它是一种新型的自由主义——进步自由主义,或在1900年之后所称的"进步主义"——19世纪古典自由主义和英联邦早期共和主义传统的重新组合,其中包括了对商业的不信任态度。像平民党人和"单一税"拥护者一样,民主国家主义者认为,自己正在把美国独立战争的理想应用到工业社会的新背景之中。虽然他们的战略仍然是通过建设可以提供大量机会的有序社会来解放个人力量,但是其策略已经发生了变化。对这些新自由主义者来说,国家已经成为必要的工具和盟友,而不是敌人。他们希望设计自己的税收计划,重建由市场驱动的收入和财富分配机制。①

在19世纪90年代中期经济严重萧条期间,西部和南部的平民党人实施

---

① 有关民主国家主义的内涵及其与累进所得税的联系,参见 W. Elliot Brownlee, "Economists and the Formation of the Modern Tax System in the United States: The World War I Crisis," in *The State and Economic Knowledge: The American and British Experiences* ("经济学家与美国现代税收体系的形成:第一次世界大战危机",载于《国家与经济知识:美英经验》), eds. by Mary O. Furner and Barry E. Supple (Washington, D. C.: Woodrow Wilson Center Press, and Cambridge: Cambridge University Press, 1990), 401—435.

累进性税制改革的要求变得足够强烈,已经到了开始动摇民主党领导地位的程度。在以1893年大恐慌为开端的萧条时期,外贸和关税收入下降,这是导致改革压力增长的原因之一。外贸和关税收入的下降使民主党有机会提出一项新的税收提案,同时仍然呼吁缩减共和党的庞大项目。联邦项目在经济萧条期间会继续增加,关税在经济复苏期间预计会提高。民主党提案的吸引力部分在于,既要减轻为联邦项目承担成本的那些纳税人的负担,又要减轻那些支付关税的消费者的负担。这样的表述对全国的低收入消费者有吸引力。他们相信联邦计划的负担将转移到富人身上。这样的表述对南方白人也有强烈的地区性吸引力,南方白人对关税的敌视可以追溯到19世纪30年代,他们当下还对偏袒内战胜利者的联邦项目感到愤怒。

1893年,民主党控制了国会两院。他们之中来自南部和西部地区的众议院各位领导人,包括来自田纳西州的国内收入筹款委员会主席本顿·麦克米林,在1894年制定、颁布所得税相关政策时起到了领导作用。上述所得税政策是《威尔逊—戈尔曼关税法案》的内容之一。民主党人看到了利用税收问题在阶级和阶层差别背景下对两党立场进行重大调整的机会。他们围绕所得税展开了空前激烈的辩论。[①]

东北部的民主党人对税收累进性抱有敌意,大多数共和党人(包括俄亥俄州参议员约翰·谢尔曼和佛蒙特州的贾斯汀·莫里尔等曾协助制定内战所得税政策的领导人)反对税收累进性。他们通过税率结构扁平化的方式限制了税收累进性。在两党内部,领导人们回想起在内战时期所得税曾有效触及全国富裕家庭的所得这一事实。尽管国会重新应用了许多内战时期所得税征管技术,对所得和利润设定了稍低的税率(2%),但它也引入了一些变化,这些变化反映出对富人征税的热情日益高涨。它规定了更高的个人免税额(4 000美元),从而使税收负担集中在富人身上。包括通过赠与或继承获得个人财产

[①] 有关建议,参见 Charles V. Stewart, "The Federal Income Tax and the Realignment of the 1890s," in *Realignment in American Politics: Toward a Theory*("联邦所得税与十九世纪九十年代重组",载于《美国政治的重新调整:走向理论》), eds. by Bruce A. Campbell and Richard J. Trilling (Austin: University of Texas Press, 1980), 263—287。斯图尔特还描述了1896年以后,各政党在达成共识的过程中,如何在所得税提案的内容和措辞进行调整。参见 Charles V. Stewart, "The Formation of Tax Policy in America, 1893—1913"("美国税收政策的演进,1893—1913") (Ph. D. dissertation, University of North Carolina at Chapel Hill, 1974)。

在内的任何"财富的增加",都被定义为应纳税所得。这项税收还意图触及美国海外富人的所得。最后,它对商业公司的所得(所得被定义为,收入扣除包括利息在内的经营成本后的余额)适用 2% 的税率。这种税收,包含了联邦政府应该根据税收的"受益"理论和"支付能力"原则向公司征税的假设。美国人已经开始将公司税视为对富人征税和打击特权的重要手段。所得税相关制度的颁布意味着美国开始转向新的联邦税制。[①]

然而,1894 年的税收制度没有持续多久。1895 年,最高法院在波洛克诉农民贷款信托公司一案中宣布威尔逊—戈尔曼关税法案中的所得税是违宪的。法院宣称,所得税是直接税,而且由于联邦政府未能按人口比例在各州之间分摊所得税,因此该税是违宪的。[②] 波洛克案的裁定给累进税设置了重大的制度障碍,但也促使所得税倡导者采取了行动。来自南部和西部的平民党人和民主党人开始抨击法院,他们的追随者也热烈响应。民主党开始提出批准所得税的宪法修正案。1896 年,民主党正式批准了所得税。这是主要政党

[①] 有关 1894 年所得税的制定史,参见 Richard J. Joseph, *The Origins of the American Income Tax*: *The Revenue Act of 1894 and Its Aftermath*(《美国所得税起源:〈1894 年收入法案〉及其影响》)(Syracuse: Syracuse University Press, 2004)。简要概述,参见 Mehrotra, *Making the Modern American Fiscal State*(《打造现代财政国家美国》),121—140。有关公司税制定者是否将公司税视为向公司所有者征税的一种便捷的方式,还是将其视为对"独立纳税"(Joseph, 71)实体公司征税的不同看法,参见 Bank, *From Sword to Shield*(《从剑到盾》),40—55(持前种观点)和 Joseph, *The Origins of the American Income Tax*(《美国所得税起源》),76—88(持后种观点)。我认为班克的观点更有说服力。

[②] 很多现代研究试图将波洛克(Pollock)裁定关于"累进性的"解释重新演绎为一种司法命令的阴谋行为。有关阴谋行为论的描述,参见 Robert G. McCloskey, *The American Supreme Court*(《美国最高法院》)(Chicago: University of Chicago Press, 1960), 140—141; Sidney Ratner, *Taxation and Democracy in America*(《美国的税收与民主》)(New York: Wiley, 1967), 193—214,以及其他资料。有关法院作用的最佳修正性论述,参见 Stanley, *Dimensions of Law in the Service of Order*《法律为秩序服务的多个维度》,136—175。最高法院以杰克逊主义的方式攻击国会在"国家资本主义"中所起的主导作用。(审理波洛克诉农民贷款信托公司一案的)法院忙于应对这项活动,而并未真正探究所得税制度所受的攻击。莫顿·霍维茨(Morton Horwitz)的观点与斯坦利的解释一致。莫顿·霍维茨认为,将反再分配原则确立为"中立政府宪法核心精神的组成要素",逻辑上必然导致类似波洛克裁定这样的结果。参见 Morton J. Horwitz, *The Transformation of American Law*,1870—1960: *The Crisis of Legal Orthodoxy*(《1870 年至 1960 年,美国法律转型:法律正统观念的危机》)(New York: Oxford University Press, 1992), 19—27。然而,宪法学者布鲁斯·阿克曼(Bruce Ackerman)却提出有力的理由支持重新研究大法官约翰·马歇尔·哈兰(John Marshall Harlan)所提出的异议,从而让这种关于"累进性"的解释再度流行起来。约翰·马歇尔·哈兰曾经写道:"最初为保护奴隶财产免受税收压迫的宪法条款,在波洛克裁定中被这般解释,以致产生了政府创立者从未考虑过的特权和豁免权。"参见 Bruce Ackerman, "Taxation and the Constitution," *Columbia Law Review*("税收与宪法",载于《哥伦比亚法律评论》),99 (January 1999), 1—58。引自哈兰(Harlan)的部分在第 29 页。

在这方面的首次行动。

1896年,民主党大选失败,共和党领导人认为选举结果表明他们不会再遭受呼吁实施累进性税制改革的压力。1898年,当共和党人面临为美西战争筹措资金的问题时,他们已经恢复了力量,足以化解因民主党推进所得税而给他们带来的压力。但是,为筹集战争经费,共和党人愿意对遗产征收适度的累进税。

支持遗产税或继承税的热情的增长速度,甚至比所得税的流行速度还要快。1888年,经济学家理查德·T.伊利抓住了遗产税提案的实质。他写道,累进的遗产税与"废除世袭的差别和特权"的"杰斐逊主义"原则相一致。他还写道,杰斐逊和共和国的"其他缔造者"期待每个人都要依靠自己的努力创造自己的财富,希望尽可能地让所有人在人生旅途中平等起步。美国在内战前曾试行过继承税,但是直到19世纪90年代,随着财富的集中成为一个更加突出的全国性的问题,人们对继承税的兴趣才开始大增。1890年至1900年间,18个州通过了继承税,在纽约和宾夕法尼亚,遗产税成为州财政收入的重要来源。与累进的所得税相比,累进的遗产税得到了一些全国最富有的公民的支持。最有名的是安德鲁·卡内基,他表达出理想主义的动机。对于其他人来说,遗产税的威胁比所得税小。因为共和党领导人把遗产税当作抵制所得税的盾牌,即使最高税率高达15%,他们也愿意在1898年颁布联邦遗产税。他们延续实施联邦遗产税来为发生在菲律宾和中国的战争筹集经费,不过这可能只是一时之策。共和党人继续倾向于通过累退的消费税和举债为战争筹集经费。①

所得税与进步主义运动

在接下来的15年里,美国民众逐渐加强了对所得税的支持力度。这一趋势在美国农村地区最为明显,特别是在中西部和西部地区。像威斯康星州的罗伯特·M.拉·福莱特那样,一些共和党领导人发现,所得税是吸引和维持

---

① 这一时期有关继承税的最佳调查是Max West, *The Inheritance Tax*(《继承税》)(New York: Columbia University Press, 1908)。有关理查德·T.伊利在遗产税方面的研究,参见Ely, *Taxation in American States and Cities*(《美国各州及各城市的税收》),312—320。有关在美西战争期间实施的遗产税,参见Ratner, *American Taxation*(《美国税收》),234—237;有关战争期间实施的消费税,参见第73—74页。

联邦税史

选民支持其1896年政策阵线的众多改革措施之一。尽管有些含糊不清,西奥多·罗斯福总统和威廉·霍华德·塔夫特总统都通过声明回应了对所得税的支持(分别在1906年和1908年)。而且,在东北部的城市,民众对所得税的普遍支持也在增长。共和党和民主党领导人都发现所得税已经开始受到他们各自选民的欢迎。

赞成州和地方税制改革的中产阶级公民的城乡联盟已经形成,这对联邦所得税赢得新的支持力量来说很重要。19世纪90年代的经济萧条,以及随之而来的要求州政府和地方政府提供城市服务的日益加剧的需求,更加凸显了一般财产税的缺陷。地方政府和州政府无法对个人的无形财产征收一般财产税,这常常使政府陷入沉重的债务之中。特别是地方一级的政府,境况尤甚。① 同时,因为财产税税基无法扩大,所以政府只好提高财产税的税率。对此,全国的农场主和城镇中拥有财产的中产阶级都表示了不满。这些团体赞成采用新的税种——如所得税、继承税和公司税——替代州财产税。② 世纪初期的情形是,北方的州政府和地方政府在完善财产税和推行新税方面进行了创新。③ 工业经济条件下,一般财产税因征管方面的原因丧失了累进性。

---

① 有关内战后的州和地方债,参见 Sylla, "Experimental Federalism"("联邦制实验")523—526中的总结。基本来说,南方各州和地方政府创造性地、有效地解决了它们不断攀升的债务。然而,在"重建"时代,南部各州在"救赎者"政府手中,经历了一波又一波的债务拒付潮。西拉似乎把债务归咎于他们的前任政府——在激进的重建运动中组建的政府。另一种观点认为,"救赎者"政府削减税收,并有意在退出前任政府创立的社会项目过程中拒付债务。有关这一解释的论述,参见 Eric Foner, Reconstruction: America's Unfinished Revolution(《重建:美国未完成的革命》)(New York: Harper & Row, 1988),587—589。

② 有关早期对用州所得税代替个人财产税的倡导,参见 Ely, Taxation in American States and Cities(《美国各州及各城市的税收》),287—311。

③ 有关这些州和地方政府的工作概况,参见 David P. Thelen, The New Citizenship: Origins of Progressivism in Wisconsin, 1885—1900(《新公民:威斯康星州进步主义起源》)(Columbia: University of Missouri Press, 1972),202—222; Yearley, Money Machines(《金钱机器》),193—250; John D. Buenker, Urban Liberalism and Progressive Reform(《城市自由主义与渐进式改革》)(New York: W. W. Norton, 1973),特别是103—109; W. Elliot Brownlee, "The Transformation of the Tax System and the Experts, 1870—1930," National Tax Journal("税制改革与税收专家",载于《全国税务期刊》),32 (June 1979),47—54; Morton Keller, Regulating a New Economy: Public Policy and Economic Change in America, 1900—1933(《调节新经济:美国的公共政策与经济变化,1900—1933》)(Cambridge, MA: Harvard University Press, 1990),208—215;以及 Mehrotra, Making the Modern American Fiscal State(《打造现代财政国家美国》),185—241。麦罗特拉(Mehrotra)将这些政府比作"财政创新工厂"。

农村和城市的许多小的有产者,支持通过实施州所得税以恢复税收累进性的想法。伊利(Ely)是在支持州一般财产税改革方面最为积极的经济学家,他准确地描述了新改革方案的动力。在19世纪80年代,他写道:"必须设法使包括我们大多数最富有的公民在内的……新型财产的所有者缴纳他们应该承担的税收份额。"他的解决方案是由各州实施所得税——"有史以来最公平的税种"。①

然而,各州在采用新的替代性税种方面进展非常缓慢,工业州在采用所得税方面进展更是如此。各州认为,税收抵制行动以及为实现有效税收征管而必须承担的高成本,曾经挫败过个人财产税,也同样会动摇所得税的根基。的确,专家们普遍认为,所得的实际定义远比财产市价的实际概念更加难以确定。直到1911年,威斯康星州才实行现代所得税。此前,各州都没有这样做。威斯康星州的"税务先锋"巧妙地处理了征管难题,他们按照6%的税率对公司利润严格征税,从而从公司那里取得了大部分的财政收入。制造企业承担了所有企业的税负的大约三分之二。但是,所得税导致威斯康星州制造企业资本成本高于五大湖地区其他各州的同业竞争者,并阻碍了机床和汽车等战略产业的投资。

威斯康星州的工业受到影响,五大湖地区其他州和其他地区的工业州的政治领袖们都以此为戒。这些州对制造业企业征收的税收,没有威斯康星州和加利福尼亚州那么重,加利福尼亚在1910年通过了公司特许经营税。这两个州的制造商,规模相对较小,缺乏阻止公司税累进性实验的政治权力。在工业州和希望实现工业化的那些州,他们的税务专家通常认为,如果公司所得税地位轻微,那么在改革后的税收体系中所得税只能发挥很小的作用。马萨诸塞和纽约,直到在第一次世界大战期间遇到了财政困难时才采用了所得税。这两个州确信可以建立征管机制,主要对个人所得而不是公司利润进行评估和征税。大多数工业州直到大萧条导致收入危机时才颁布所得税相关

---

① Ely, *Taxation in American States and Cities*(《美国各州及各城市的税收》),140,288。

法律。①

尽管如此,关于州和地方税收的辩论,还是提升了民众对新征税方案的广泛兴趣。新方案的目的是恢复税制的公平性,其内容包括实施所得税。此外,由于州所得税进展缓慢,中产阶级公民越来越相信最好是在联邦一级制定所得税法。

在州和地方税务问题的激烈争论中,一些为最富有的房地产所有者辩护的人加入了支持联邦所得税的行列。他们得出的结论是,该税有助于拖住州和地方更激进的税收措施的脚步。由城市经济学家和律师组成的一群税务专家,在这些保守派中最有影响力。哥伦比亚大学的埃德温·R. A. 塞利格曼和哈佛大学的查尔斯·J. 布洛克,一方面领导他们促进所得税,另一方面引导他们调和旨在证明所得税公正性的论调。早在1894年,塞利格曼就认为征税的意义是"促使现有税制向着更加公正的方向发展完善"。这样的措辞有助于将关于税收的议题从拯救美国工业转变为适度重新分摊税收负担。②

我们可以认为,支持温和所得税的保守派,也在支持"公司自由主义"。更

---

① W. Elliot Brownlee, "Income Taxation and the Political Economy of Wisconsin, 1890—1930," *Wisconsin Magazine of History*("威斯康星州的所得税和政治经济,1890—1930",载于《威斯康星州历史杂志》),59 (summer 1976),299—324;W. Elliot Brownlee, *Progressivism and Economic Growth: The Wisconsin Income Tax*,1911—1929(《进步主义与经济增长:威斯康星州所得税,1911—1929》)(Port Washington: Kennikat Press, 1974),以及 W. Elliot Brownlee, "Income Taxation and Capital Formation in Wisconsin, 1911—1929," *Explorations in Economic History*("威斯康星州的所得税与资本形成",载于《经济史研究》),8 (September 1970),77—102。作者对威斯康星州税收的看法也受到其他观点的挑战,参见 John O. Stark, "The Establishment of Wisconsin's Income Tax," *Wisconsin Magazine of History*("威斯康星州的所得税制度建立",载于《威斯康星州历史杂志》),71 (autumn 1987),27—45;John O. Stark, "Harold M. Groves and Wisconsin Taxes,"*Wisconsin Magazine of History*,(《威斯康星州历史杂志》),74 (spring 1991),196—214;以及 John D. Buenker, *The History of Wisconsin*(《威斯康星州历史》),vol. 4, *The Progressive Era*,1893—1914(《进步时期》)(Madison: State Historical Society of Wisconsin, 1998),511—512,551—554,689—690;以及 Mehrotra, Making *the Modern American Fiscal State*(《打造现代财政国家美国》),228—241。另一项研究表明各州的税改差异很大。在作者所称的"企业化州"(如纽约州),税改对企业的威胁要小于那些发展"更符合托马斯·杰斐逊(Thomas Jefferson)政治理念"的州,参见 Rudy Higgens-Evenson, *The Price of Progress: Public Services, Taxation, and the American Corporate State*,1877 to 1929(《进步的代价:公共服务、税收与美国企业化州,1877—1929》)(Baltimore: Johns Hopkins University Press, 2003),9—10。

② Edwin R. A. Seligman, "The Income Tax,"*Political Science Quarterly*("所得税",载于《每季政治学》),9(Dec. 1894),610。

第三章 内战时期的制度

一般地说,这种与民主国家主义相冲突的视野,不仅影响了所得税的发展,也影响了进步自由主义者的其他计划的发展。与民主国家主义者一样,信奉公司自由主义的改革者希望给工业社会带来更良好的秩序,并强化国家机构。但是,与民主国家主义者相反,"公司自由主义者"推崇现代企业的效率。包括税收在内的政府规章,只有在可以保护投资体系时才是可取的。①

到了1909年,国会中背离本党政策转而支持累进所得税的共和党人已经足够多,采取行动的时刻到了。那一年,来自两党的众议员和参议员寻求立即颁布所得税法。他们的领导人之一是首次担任国会议员的民主党人科德尔·赫尔,他代表田纳西,是同样代表田纳西的本顿·麦克米林的替补。赫尔指出,最高法院的组成最近发生了变化。他还发现了一个"不可思议"事实——"通过唯一有效的方法对国家的大部分财富征收公平的税收份额,竟然会遭到国家宪法的阻碍"。② 两党小组讨论达成了一个建议,但是他们却不得不限制税收的累进性以换取足够的支持。参议员尼尔森·奥尔德里奇是参议院财政委员会的主席,他在维护共和党的统一和延缓所得税的推进方面足智多谋。他与塔夫脱总统密切合作,说服背离分子至少暂时接受一系列有限度的立法方案,其中包括被称为"特别消费税"的温和适度的企业所得税,以及提请各州批准的使联邦所得税走向合法化的《第十六修正案》。③ 奥尔德里奇和东北地区的许多其他共和党领导人认识到民众对所得税日益增长的热情,但却希望这个方案在曲折的投票过程中夭折。根据宪法要求,方案必须赢得州议会四分之三以上成员的赞成才会生效。

事实上,该修正案遭到了富人的强烈反对。他们畏惧累进性的税收,而且在州议会中往往拥有压倒性的权力。这种反对延缓了所得税的进程,起

---

① 有关企业自由主义的定义,参见 Mary Furner, "Knowing Capitalism: Public Investigation and the Labor Question in the Long Progressive Era," in *The State and Economic Knowledge*("认识自由主义:进步时代的公共投资与农民问题",载于《国家与经济学知识》), eds. by Furner and Supple, 241—286,以及 Martin J. Sklar, *The Corporate Reconstruction of American Capitalism*, 1890—1916 (《美国资本主义企业重建,1890—1916》)(Cambridge: Cambridge University Press, 1988)。

② Cordell Hull, *The Memoirs of Cordell Hull*(《科德尔·赫尔回忆录》)(New York: Macmillan, 1948), vol. 1, 49。

③ 有关1909年税法的高质量分析,参见 Marjorie Kornhauser, "Corporate Regulation and the Origin of the Corporate Income Tax," *Indiana Law Journal*("公司监管与公司所得税起源",载于《印第安纳法律杂志》), 66(1990), 53,以及 Bank, *From Sword to Shield*(《从剑到盾》), 62—80。

初修正案似乎很难获得支持。到了1910年底,在需要批准的36个州中,只有9个州投了赞成票。这9个州中的7个在南部,包括得克萨斯和俄克拉何马。与此同时,马萨诸塞州、罗德岛和纽约的立法辩论最为激烈。在那里,修正案的支持者遭遇了失败。不过,保守派的敌意不是立法延误的唯一原因,立法日历方面的问题也延误了立法进程。当国会在1909年提出修正案时,大多数州的立法机关已经休会一年了。因为他们的立法日历是双年制的,所以要到1911年才会再次开会。而且,许多州需要通过多次会议才能完成批准过程。①

正如历史学家约翰·布恩克所指出的,拖延最终对修正案的批准是有利的。② 在此期间,另一场全国性的运动——单一税收运动——重新兴起,这促进了所得税修正案的批准进程。1909年,肥皂巨头约瑟夫·费尔斯开始推崇亨利·乔治的单一税制政策,并资助宪法改革运动。改革旨在允许出于税收目的对财产进行分类(从而对土地的"位置级差价值"适用高税率),赋予地方政府税收选择权。1910年,除了在俄勒冈州之外,单一税制在州议会中没有赢得重大支持。但是,亨利·乔治主张的复兴,促使城市中产阶级考虑通过所得税来重新分配财富,也给全国性的所得税辩论加入了关于垄断利润和非劳动所得的内容。这些运动还促使一些富裕的有产者相信,温和的所得税将会是一项有效的防御措施。③

1910年,州政府和国会席位的选举也推动了累进性税制改革运动。随着全国性进步主义运动走向高潮,许多民主党候选人和进步派共和党候选人都倡导实施所得税和降低关税,并以此为口号参加竞选。在1911年各州的议会

---

① 有关修正案批准运动公认的优质阐述,参见 John D. Buenker, *The Income Tax and the Progressive Era*(《所得税与进步时代》)(New York: Garland, 1985)。对48个州(包括于1912年通过修正案批准的亚利桑那州和新墨西哥州)复杂的批准历史的优质调查,参见第138—158页。也可查看 Buenker, "The Ratification of the Federal Income Tax Amendment," *Cato Journal*("联邦所得税修正案的批准",载于《卡托杂志》), 1(Spring 1981), 183—223,以及 Buenker, *Urban Liberalism and Progressive Reform*(《城市自由主义与渐进式改革》), 109—117。

② Buenker, *The Income Tax and the Progressive Era*(《所得税与进步时代》), 138。

③ 有关约瑟夫·费尔斯(Joseph Fels)运动,参见 Arthur P. Dudden, *Joseph Fels and the Single-Tax Movement*(《约瑟夫·费尔斯和单一税制运动》)(Philadelphia: Temple University Press, 1971), 199—245,以及 Arthur N. Young, *The Single Tax Movement in the United States*(《美国单一税制运动》)(Princeton: Princeton University Press, 1916), 163—183。

开会之前,他们迅速地取得了胜利。例如,在纽约和新泽西,民主党候选人赢得了州长职位,其中包括新泽西的伍德罗·威尔逊。1911年,随着这些候选人的胜利,22个州批准了该修正案。这22个州,除了1个州之外,其余都位于西部或中西部。那个例外的州是纽约。纽约的议会转变立场,成为1911年最晚批准该修正案的州。修正案的支持者开始相信,纽约的批准将使他们赢得全国性的胜利。但是,经过1912年选举的最后推动,修正案批准才得以完成。在那一年的总统竞选活动中,伍德罗·威尔逊(民主党人)、西奥多·罗斯福(进步党人)和尤金·德布斯(社会主义者)共同对阵威廉·霍华德·塔夫脱(共和党人),这使旨在打击垄断力量的联邦政策赢得了前所未有的支持。在竞选期间和紧接竞选之后的时间里,又有11个州的议会投票批准了所得税修正案。批准所得税修正案的州的数量,比完成最终批准所需的州数多出6个。① 1913年2月,美国国务卿颁布了《宪法》第十六修正案。

在东北各州,该修正案涉险过关。但即使在那里,修正案的批准过程也证实了所得税的支持者范围很广。这与全国其他地方的情形差不多。农村和小城镇中的进步人士,城市里的中产阶级公民、产业工人,单一税制的拥护者,还有共和党和民主党,都是所得税的支持者。1913年,民主党控制了国会,伍德罗·威尔逊入主白宫。他准备好领导国家采纳所得税法以及"新自由"计划的其他内容。他宣称,上述政策可以遏制法人资本主义力量,从而推动经济发展和公正。

威尔逊以及他在国会中的追随者,在1913年《安德伍德—西蒙斯关税法案》中加入了所得税的相关立法内容。不过,这项所得税相当温和。该法案将关税税率降至内战以来的最低水平,它设计的所得税与内战期间甚至1894年时的所得税比起来,累进性低,筹集收入的目的性也不强烈。② 这种新税对个人所得和企业所得设定了1%的"标准"税率,同时规定了免税额(单身纳税人3 000美元),并借此几乎免除了所有美国中产阶级的所得税纳税义务。在所得税中也设立了最高税率为6%的累进附加税,但它不适用于低于20 000美元的收入。

---

① 在其他六个州中,康涅狄格州、佛罗里达州、宾夕法尼亚州、罗得岛州[纳尔逊·奥尔德里奇(Nelson Aldrich)议员的故乡]、弗吉尼亚州和犹他州,立法机关投票反对批准所得税修正案。

② 有关1909—1913年期间,威尔逊(Wilson)与关税问题的介绍,参见Brownlee,"Wilson's Reform of Economic Structure"("威尔逊的经济结构改革")62—63.

美国最富有的家庭适用的边际税率介于1%到7%之间,大大低于内战期间曾适用过的税率。1913年的政策对个人收入作了广泛定义,包括已实现的资本利得,但是它把这方面的大多数技术问题留给了国内收入局。该法案还将州债券和地方债券持有者所赚取的利息收入纳入免税范围。① 而且,该政策还规定,对个人取得的不超过20 000美元的个人收入免于征收标准税率的所得税。由此,该法案尝试将公司税和个人税进行部分的整合,从而将对公司所得的双重征税限制在最富有的美国人以股息形式取得的所得的范围内。

在某种程度上,在采用累进税方面的谨慎态度,反映了两党领导人就所得税问题在东北地区争取更多支持的愿望。在东北地区,关于是否批准所得税的争论双方势均力敌,两党领导人都担心该税会不受欢迎。在更大的程度上,国家的政治领导人,以及普通民众,并不确定他们期盼这个新的税收工具能够实现多大程度的再分配。威尔逊本人对累进税率持保留态度。毕竟,他眼中的政治英雄——19世纪的英国自由主义者——拥护所得税,但却经常为累进的税率所困扰。总之,1913年,威尔逊在推行累进的所得税时,不如劳埃德·乔治和他的自由党伙伴们在实施英国"1909年人民预算"时那样激进,同样也未到达威廉·詹宁斯·布莱恩和参议员罗伯特·M.拉福莱特等进步人士所期盼的进程。② 威尔逊认识到在设定累进税率方面并没有客观标准,他敦促参议院财政委员会主席弗尼福尔德·M.西蒙斯谨慎行事。威尔逊写道:"关于超出正常水平的收入所承受的税收负担是否公平这一问题,个人的判断肯定会有所差异。"③威尔逊的谨慎也反映出,他认识到未来的关税收入和所得税收入难以预测,而且目前尚不清楚应该如何定义所得,也不清楚所得税的征

---

① 一些这项豁免的支持者态度非常坚决,他们认为《宪法》本身使得州和地方债券的所有者免于联邦税收。他们提到,在Collector v. Day(1870)案件中,最高法院依据第10条与麦卡洛克诉马里兰州(McCulloch v. Maryland)案判例裁定对州司法人员的工资征收联邦税违反宪法(Collector v. Day是美国最高法院的一个案件,该案对美国联邦政府对"国家司法人员的薪金"征税的能力提出疑问——译者注)。法院在此问题上的立场后来被称为政府间互惠豁免原则,该原则即宪法保护联邦政府和州政府免于对相互活动征收歧视性税收。

② 部分研究认为威尔逊属于进步自由主义者,而非企业自由主义者,参见Brownlee,"Wilson's Reform of Economic Structure"("威尔逊的经济结构改革")。有关英国自由主义者和累进所得税,参见Daunton,*Trusting Leviathan*(《信任利维坦》),98—99,243,246,321—322,360—374。

③ 伍德罗·威尔逊(Woodrow Wilson)致弗尼福尔德·西蒙斯(Furnifold M. Simmons),1913年9月4日,载于*The Papers of Woodrow Wilson*(《伍德罗·威尔逊文集》),254。

第三章 内战时期的制度

管是否有效。无论如何,在弄清楚税收收入得失之前,推迟一场关于大幅增税的辩论是一个明智之举。威尔逊在创立现代累进所得税方面的最重要作用,在第一次世界大战期间才真正开始发挥。

最后,政府内的所得税支持者中几乎没有一个人相信,在以消费为基础的联邦税制中所得税会成为一个主要的收入来源,更不用说会成为占主导地位的、长期性的收入来源。当然,反对保护性关税的所得税倡导者则希望,所得税能够成功并可以帮助降低关税。但是,他们并不相信新的所得税会带来充足的收入。而且,有关税收能够支持联邦政府显著扩张的想法,远非1913年法案起草者的设想。他们没有预见到第一次世界大战后联邦政府的扩张。当然,1913年法案的主要起草者——来自田纳西州的国会议员科德尔·赫尔,希望确保联邦政府在战争期间可以分享所得税收入;他相信联邦政府可以把所得税当作紧急措施并由此征收到比内战时期更多的收入。但对于赫尔以及其他热情支持所得税的人来说,所得税筹集收入的目标远不及利用税收促进经济公正的愿望那样重要。①

在所得税实施的最初几年中,只有大约2%的美国家庭缴纳了所得税。同时,烟酒关税仍是最重要的收入来源。实际上,由于1913年威尔逊政府降

---

① 乔丹·施瓦茨(Jordan A. Schwartz)引用了科德尔·赫尔(Cordell Hull)的紧急收入主张,称"对战争的预期使所得税变成了战争税"。参见 Jordan A. Schwartz, *The New Dealers: Power Politics in the Age of Roosevelt*(《新商人:罗斯福时代的强权政治》)(New York: Alfred A. Knopf, 1993),14。然而,没有证据表明赫尔(Hull)在1910年发表上述评论时就预料到了战争,相反,很多证据表明赫尔当时主要兴趣是税收负担的重新分配。有关赫尔本人对第一次世界大战前他在联邦税收改革中重要作用的阐述,参见 Hull, *Memoirs of Cordell Hull*(《科德尔·赫尔回忆录》),45—74。1894年至1913年期间,所得税提倡者在提到战时征税需求可能性时,他们通常希望借此强化对联邦税合宪性的法律质疑。例如,约翰·马歇尔·哈伦(John Marshall Harlan)大法官的反对意见,载于 *Pollock v. Farmers' Loan and Trust Company*(《波洛克诉农场主信托公司案》),158 U. S. 601, 15 S. Ct. 673, 39 L. Ed. 1108 (1895),以及 Edwin R. A. Seligman, "The Proposed Sixteenth Amendment to the Constitution," in Seligman, *The Income Tax*("宪法第十六修正案草案",载于《所得税》),627—628。历史学家很少提到宪法第十六修正案或1913年税法的立法者希望通过税收给联邦收入带来显著提升。主要代表包括本·贝克(Ben Baack)和爱德华·雷(Edward J. Ray),他们称1913年所得税法的通过"向选民标明,联邦政府有能力为每个人提供一些东西"。参见 Ben Baack and Edward J. Ray, "The Political Economy of the Origin and Development of the Federal Income Tax," in *Emergence of the Modern Political Economy: Research in Economic History*("联邦所得税起源及发展的政治经济学",载于《现代政治经济学的兴起:经济史研究,增刊4》), Supplement 4, ed. by Robert Higgs (Greenwich: JAI Press, 1985),121—138。

低关税税率刺激了贸易并提高了关税收入，关税在创收方面更具效率。如果不把为第一次世界大战筹集资金算在内，1913年所得税立法成功的主要结果可能只是保护内战时期延续下来的消费税制度。在国家不发生新的紧急情况的条件下，内战时期的税收制度可以存续得更久。它已经产生了足够的收入来为危机之后的经济扩张计划提供资金。它曾遭到严厉的批评，但政治领导人已经为维持这一制度而制定了一些成功的战略。例如，在税收政策方面达成妥协。尽管如此，事实证明，内战时期的税收制度无论在政治上还是在经济上都不足以满足随后的国家紧急情况所引发的财政需求。旧的税收制度给新的税收制度让出了位置。

第四章　第一次世界大战时期的税收体制

　　随着第一次世界大战的开始,美国蓄势待发,准备果断放弃内战时期的税收体制。民主压力越来越大,它要求联邦政府改变税制以使其符合"支付能力"原则,并在改革过程中解决收入和财富分配日益不平等的问题。同时,在成熟的工业化进程中,现代公司和复杂金融中介机构的数量在增长。这一进程培养了政府对企业和富人的所得征收直接税所必需的组织能力。即便如此,如果没有出现突发的历史事件,联邦政府采纳所得税的步伐应该会很慢。如果美国没有参与第一次世界大战并且如果不是民主党领袖领导了这次参战,联邦税收的发展进程的渐进性会表现得更加明显。联邦政府肯定会更多地依赖消费税。

　　第一次世界大战危机,以及接下来的不到一代人的时间(西方所指的一代人时间约为三十年)之后的下一次战争危机,迫使政治领导人重新审视国家所选择的财政政策。这样一来,领导人面临的问题就远远不止是增加政府支出以满足战争需求的财政问题了。每一次危机都关乎国家的意义和存亡,都引发了关于国家价值观的争论。每一次危机都加剧了美国社会内部在社会意识形态和分配关系方面的分歧。战争不可避免地导致了生命的牺牲和财富的消耗,这都是导致社会分歧的重要因素。由此产生的政治冲突往往集中在税收问题上;税收政治始终是表达国家价值观念和潜在的社会意识形态冲突的重要工具。而突发紧急事件则强化了国家价值观念并激化了社会意识形态冲突。

　　在第一次世界大战的政治冲突中,联邦政府领导人努力说服美国人接受新的税种。战争期间,国家动员计划的设计者制定了包含税收内容的宏观策略,用来说服美国人民为战争作出奉献。新的税收计划旨在兑现这一奉献,并使广大纳税人相信他们的奉献是公平的。公众对税收累进性的要求如此强烈,以至于税收政策的制定者发起了旨在使生产和财政实现民主化的重大倡议,最明显的例子就是对企业超额利润的严格征税。因此,为第一次世界大战动员力量的极端偶然政治,推动了民主国家主义税制的建立。这一新税制构成了战时财政的核心,其税率高度累进,其税基是公司和富人的所得。

工业化和内战造成的社会冲突——阶级和阶层的冲突——可以使国家在即使没有发生战争的情况下也采用累进的所得税。但突发的历史事件发挥了巨大的作用。民主党比共和党更强烈地致力于推进累进性所得税,更加反对对消费征收累退的税收。战时动员行动,以及两次动员都是由民主党领导的这一实际情况,共同加速了这一进程。此外,由突发事件驱动的税收政策,有助于解决战时社会危机,因而赢得了合法性和文化力量。在突发事件结束后,合法性和文化力量则很好地维持了这些税收政策。由此,政府项目扩张的推动者借由第一次世界大战获得了在紧急情况结束后促进自身利益的新机遇。战后,领导人打造了新的直接性和间接性支出计划,却没有因提高税收或引入新税种而承担政治成本。支出计划获得支持,反过来又强化了对该计划背后的税收制度的支持。因此,危机引致的税收能力提升,促成了战时紧急情况对政府支出所产生的"上行棘轮"效应。这一效应,经常为人们所热议。

新的税收制度在第一次世界大战之后恢复"常态"的过程中得以存续。但是,面临要求在累进税率结构中划出特殊优惠保护区的经济压力和政治压力,新制度中的民主国家主义要旨遭到了削弱。这一削弱过程本可能会持续下去,但另一个国家紧急情况——以大萧条的形式出现的经济危机——干预了历史进程。1929年至1935年间,以赫伯特·胡佛为首的共和党政府和以富兰克林·罗斯福为首的民主党政府共同维系了第一次世界大战时期的税收制度。随着经济危机的延续,维系上述税收制度,为罗斯福政府于1935年对始于第一次世界大战期间的联邦税制恢复实施民主国家主义的改造创造了条件。

为战争买单

在再分配政治背景下,巨大的第一次世界大战资金需求,加快了税制改革的速度。这一速度远远超出了企业自由主义者所希望的悠闲步伐。事实上,战争危机创造了一个几乎达到民主国家主义者的理想标准的崭新税制。这一新的税收制度是最重要的国内新方案,它由战争所诱发。如果美国没有参战,它可能不会采取如此彻底的形式。①

税收改革始于1916年,当时威尔逊总统和财政部长威廉姆·G.麦卡杜做出了战争期间最重要的财政决策。他们选择与民主党反对派合作,在高度累进的税收基础上进行战时融资。在北卡罗来纳州众议员、众议院筹款委员会主席克劳德·基钦(Claude Kitchin)的领导下,民主党反对派攻击了财富集

---

① 有关美国第一次世界大战的经费筹措,参见 W. Elliot Brownlee,"Wilson and Financing the Modern State: The Revenue Act of 1916," *Proceedings of the American Philosophical Society*("威尔逊与现代国家的融资:1916年税收法案",载于《美国哲学会论文集》),129(1985):173—210; Brownlee,"Economists and the Formation of the Modern Tax System in the United States"("经济学家与美国现代税收制度的形成");W. Elliot Brownlee,"Social Investigation and Political Learning in the Financing of World War I," in *The State and Social Investigation in Britain and the United States*("第一次世界大战筹资中的社会调查及政治借鉴",载于《英美两国国家及社会调查》),eds. by Michael J. Lacey and Mary O. Furner(Washington, D.C.: Woodrow Wilson Center Press, and Cambridge: Cambridge University Press, 1993),323—364;以及 Jerold L. Waldman, *Political Origins of the U.S. Income Tax*(《美国所得税的政治起源》)(Jackson: University Press of Mississippi, 1985) 和 "Origins of the Federal Income Tax," *Mid-America*("联邦所得税的起源"),62 (1980),147—180。对"一战"期间财政的不同解读,参见 Charles Gilbert, *American Financing of World War I*(《一战期间的美国金融》)(Westport: Greenwood Press, 1970)。吉尔伯特(Gilbert)对"一战"金融很感兴趣,比如,民主国家如何放弃带来最小通货膨胀影响、最低限度生产力破坏来促进战略动员的税收:税收将购买力从消费者转移到政府。关于"战时财政",吉尔伯特写道:"一直以来都是权宜之计胜于经济学。"(p. 236)吉尔伯特对税收制度的描述与被称作是多元主义者政治学家的描述相似。赫伯特·斯坦因(Herbert Stein)对麦卡杜(McAdoo)管理下的美国财政部持更为积极的态度,但对其征税方法提出了类似批评。斯坦因认为,财政部不愿意承担为制定一项旨在抑制"非必要生产"的税收计划而付出的政治成本。参见 Herbert Stein, *Government Price Policy in the United States During the World War*(《世界大战期间美国政府的价格政策》)(Williamstown, MA: Williams College, 1939),78—84, 124。

中、特权和公共腐败等现象。① 基钦运用了筹款委员会以及众议院在启动税收提案方面的影响力。② 这样一来,反对派就可以坚持要求,如果要继续备战以及后续参战,反对派提出的财政条件必须得到满足。通过遵循国家早期的共和理念,他们倡议将税收作为在工业时代实现社会正义的手段。具有再分配作用的税收,随后成为威尔逊政府在社会主义与正统资本主义之间的斡旋计划的主要内容。

这场战争为支持累进性税收的民主党人提供了一个机会,让他们把关于税收的辩论集中到当时美国最基本和最敏感的经济问题上:社会在企业利润中有哪些重大利益?更具体地说,问题转化为:现代企业是否是生产力的核心引擎,哪项税收政策应该加强其作用?或者,现代企业是否是经济掠夺者,哪项税收政策可以并且应该对其加以驯服?辩论后的结果是,国家采取了新的税收制度——"榨取富人财富"的所得税制度。③

---

① 美国南方地方主义强化了克劳德·基钦(Claude Kitchin)的阶级民粹主义。一些政治科学研究强调了后内战时期南方地方主义不良影响以及与对联邦政府在发展现代国家方面的敌意。但该研究没有讨论累进联邦所得税制,如果说有讨论到的话,就是第一次世界大战期间这种地方主义[在克劳德·基钦(Claude Kitchin)和科德尔·赫尔(Cordell Hull)成就的事业中有所体现]提倡的累进联邦所得税。参见 Richard Bensel, *Sectionalism and American Political Development*, 1880—1980(《地方主义与美国政治发展,1880—1980》)(Madison: University of Wisconsin Press, 1984);以及 Jill Quadrango, *The Transformation of Old Age Security: Class and Politics in the American Welfare State*(《养老保险的变革:美国福利制度的阶级与政治》)(Chicago: University of Chicago Press, 1988)。历史学家非常清楚在威尔逊政府中的,或是在国会中支持威尔逊的南方议员的普遍意义,但从未有人系统研究过他们的政府理念。相关优质分析参见 Arthur S. Link, "The South and the 'New Freedom': An Interpretation," *American Scholar*(《美国南方与'新世界':一种解读》,载于《美国学者》), 20 (1950—1951): 314—324;和 George B. Tindall, *The Emergence of the New South*, 1913—1945(《新南方的崛起,1913—1945》)(Baton Rouge: Louisiana State University Press, 1967), 1—60。

② 在税收政策制定方面,众议院掌握着主动权,但同样由民主党人控制的参议院由于 1913 年通过的宪法第十七修正案变得更加进步了,根据该修正案,参议员改为由公众投票产生,而不是由州立法机关选出。所有参议员共经过三次公众投票产生,到 1916 年,有三分之一的参议员是由公众投票产生的,他们在促进与更进步的众议院的合作方面起到了积极作用。正如史蒂文·R. 韦斯曼(Steven R. Weisman)所述,参议院仍有"美国上议院"或"富豪议会"的影子,但该修正案让许多参议员对公众在税收方面的意见更加敏感。参见 Steven R. Weisman, *The Great Tax Wars: Lincoln to Wilson-The Fierce Battles over Money and Power that Transformed the Nation*(《税收战:一场改变国家的殊死之战——与金钱和权力之战》)(New York: Simon & Schuster, 2002), 271—272。

③ 约翰·威特(John Witte)对再分配刺激提出了一种与此相对立的观点,在阐述至关重要的 1916 年收入法案时,他强调"战争条款",同时声称"几乎没有证据表明通过税收制度对收入进行再分配具有独立的特殊利益"。参见 John Witte, *The Politics and Development of the Federal Income Tax*(《联邦所得税政策及发展》)(Madison: University of Wisconsin Press, 1985), 81—82。

在危机期间,现代战争的压力与打破企业特权的强烈要求同时出现,威尔逊和民主党颠覆了共和党的财政政策。他们提出了一项他们自己声称可以使国家保持强大和使经济保持繁荣的税收政策,正如共和党声称其关税制度有同样作用一样。但是,民主党的新税收政策打击与企业财富相关的特权,而不是保护这样的特权。

通过战时收入法案而实施的民主党税收计划,把试验性、暂时性的所得税变成了联邦税收的首要工具。通过《1916年收入法案》,政府首次对个人所得进行了实质性课税,并把对企业所得的征税翻了一番(至2%),同时开始对军需品制造商征收12.5%的超额利润税。与1913年法案相同,它规定应纳税所得额包括已实现的资本利得。1916年法案继续拒绝广泛征收以工资薪金为主要税基的个人所得税,而是强调要对最富裕的家庭征税。1916年法案的重大变化是,它取消了对股息免征个人所得税的政策。这样一来,该法案有意引入了对以股息形式分配的公司盈余实施双重征税的规定。更通俗地说,把公司所得税和个人所得税作为对富人征税的两种不同方式的这一概念,在1916年法案中实现了制度化。《1916年收入法案》的设计者将两种不同的税收原则结合在一起:第一种是通过个人所得税体现的"支付能力"原则,第二种是通过企业所得税体现的"受益"原则——纳税人需要为享受到的公共利益而纳税。[①]

《1916年收入法案》还通过了永久性遗产税。国会中遗产税的主要倡导者是科德尔·赫尔,他认为对遗产直接征税可以部分补偿无法对个人财产有效征收一般财产税所带来的损失。换句话说,联邦政府将在个人死亡时对其累积的个人财产征税,而不是依靠州和地方政府在个人的一生中征收财富税。伍德罗·威尔逊的富裕而且有影响力的盟友乔治·F.皮博迪,基于类似的理由支持征收遗产税。皮博迪指出,管辖权问题使得征收高额遗产税对各州来说不切实际。他认为,遗产税是他在原则上更喜欢的、激进的、亨利·乔治式的财产税的一种实际替代方案。他说,遗产税提供了一种返还非劳动增值的方式;这种方式不会因"充公"的联想而对公众的道德认知造成冲击。根据

[①] Brownlee, "Wilson and Financing the Modern State"("威尔逊与现代国家的融资"),173—210. 有关威尔逊政府中重要人物对税收优惠政策的支持,参见 Brownlee, "Social Investigation and Political Learning in the Financing of World War I"("一战财政中的社会调查和政治学习"),335—337。

1916年法案,价值超过5万美元的遗产需要按累进税率缴税。最低税率为1%,最高税率为10%(价值超过500万美元的遗产)。①

1918年,只有大约15%的美国家庭需要缴纳个人所得税,美国最富裕的1%家庭缴纳了80%左右的个人所得税。即使不考虑企业所得税对富人的影响,这最富裕的1%纳税人适用的边际税率也处于15%到77%的区间,平均有效税率从1916年的3%提高到了15%。② 同样,最富裕的那部分美国人几乎承担了全部的遗产税。战时的相关法律,将遗产税的税率提高到25%(价值超过1 000万美元的遗产),但并未降低免税额或提高最低税率。因此,只有略多于1%的死者缴纳了遗产税。③

最后,民主党财政计划的主要特点在于其提出了对企业"超额利润"征税的设想。④《1917年收入法案》扩大了1916年推出的超额利润税所覆盖

---

① Hull, *The Memoirs of Cordell Hull*(《科德尔·赫尔回忆录》),80;Cordell Hull, "Speech in defense of the Revenue Act of 1916," Papers of Cordell Hull(《支持1916年税收法案的演说》,《科德尔·赫尔文集》), Library of Congress (LC);乔治·福斯特·皮博迪(George Foster Peabody)致沃伦·沃思·贝利(Warren Worth Bailey), 1916年3月22日, Papers of Warren Worth Bailey(《沃伦·沃思·贝利的文集》), Mudd Library, Princeton University; Ratner, *American Taxation*(《美国税收》),354—358。

② 有效税率是指各类纳税人实际缴纳的税额在应纳税所得额中的平均百分比。该税率同时考虑了边际税率与抵销性扣除和免税的影响。关于20世纪美国最富有的1%家庭的实际利率,参见 W. Elliot Brownlee, "Historical Perspective on U. S. Tax Policy toward the Rich," in *Does Atlas Shrug? The Economic Consequences of Taxing the Rich*("从历史角度看美国对富人的税收政策",载于《阿特拉斯耸肩了吗?对富人征税的经济后果》), ed. by Joel B. Slemrod (New York and Cambridge, MA: Russell Sage Foundation and Harvard University Press, 2000),特别是第45页有关第一次世界大战期间有效税率的阐述。由于这些估算没有将对富人征收的企业所得税考虑在内,导致对有效税率估值明显偏低。理查德·卡斯滕(Richard Kasten)等人估计,例如,在1980年,加上公司所得税,美国最富裕的1%家庭的所有联邦税的有效税率从28.7%(若全部公司税都针对劳动力收入)提高到了34.9%(若全部公司所得税都针对资本收益)。参见 Richard Kasten, Frank Sammartino, and Eric Toder, "Trends in Federal Tax Progressivity, 1980—1993," in *Tax Progressivity and Income Inequality*("联邦税累进趋势,1980—1993",载于《累进税与收入不平等》), ed. by Joel Slemrod (Cambridge: Cambridge University Press, 1994), 21。

③ 1922年至1977年期间,年龄在25岁以上且其遗产支付了遗产税的死者所占比例,参见 Carole Shammas, Marylynn Salmon, and Michel Dahlin, *Inheritance in America: From Colonial Times to the Present*(《殖民时代至今的美国继承》)(New Brunswick: Rutgers University Press, 1987),128—129。

④ 有关超额利润税以及更广泛的政治、经济背景,参见 Brownlee, "Economists and the Formation of the Modern Tax System in the United States"("经济学家与美国现代税收制度的形成") and Brownlee, "Social Investigation and Political Learning in the Financing of World War I"("第一次世界大战筹资中的社会调查及政治借鉴"),323—337,354—361。

的产业范围,还把超额利润税视作反垄断的手段。英国把企业超额利润定义为超过战前水平的利润。与英国不同,美国采取了更激进的方式,将企业所得税税率提高到6%;并把对军需品制造商征收的超额利润税扩展为对超过"正常"或"合理"回报率的全部营业利润所征收的累进税,税率根据资本回报率的提高而逐步累进。1917年,税率区间的下限是对超出"正常"回报率的利润所适用的20%,上限是对超出33%回报率的利润所适用的60%。《1918年收入法案》将企业所得税基础税率提高了一倍,升至12%,还进一步提高了超额利润税。该法案将超额利润税税率的数量从6个减少到2个,但将最低税率提高到30%,将最高税率提高到65%(适用于回报率超过20%的利润)。这种税不能向后转嫁给消费者(或联邦政府战时机构),也不能向前转嫁给工人。该法案要求积极而连续地调查企业行为和行业行为,以确定形成合理回报率的因素。此外,正如一位财政部工作人员所说,超额利润税具有"明显的优势":政府可以把它永久性地纳入自己的收入制度,并可以在必要时利用它来控制赚取超额利润的垄断者和信托机构。[①] 实际上,把超额利润税永久性地纳入税法,使其成为分享垄断利润和控制垄断权力的手段,正是基钦和威尔逊政府曾经考虑过的思路。怀有民主国家主义思想的进步人士希望,新的税收制度不应仅是战时的权宜之计,而应是美国政府的长期政策手段。[②]

在第一次世界大战期间,超额利润税提供了大约三分之二的联邦税收收入,增加了富人的个人所得税负担。交战国中只有美国和加拿大采用这种方式对超额利润征税,并且只有美国将超额利润税当作战时财政的核心收入来源。因此,税收在美国总收入中所占的比重比在任何其他交战国家都要大。政府非常努力地征税,保证美国维持了高水平的战时支出。到1918年底,美

---

① I. J. 塔尔伯特(I. J. Talbert,法律处处长,国内税收顾问)致乔治·库克西(George R. Cooksey,财政部部长助理),1917年8月8日,载于 William G. *McAdoo Papers*(《威廉·麦卡杜文集》),LC。

② 对伍德罗·威尔逊推出的企业改革一般方法的分析,参见 Brownlee, "Wilson's Reform of Economic Structure"("威尔逊对经济结构的改革"),57—89。

国的日平均战争开支几乎是英国的两倍,远远高于任何其他参战国。①

以超额利润税为核心的新所得税制度激怒了商界领袖。随着财政部(包括国内收入局)的战时强化,具有再分配作用的税收给本国企业造成了长期的战略威胁。受威胁最严重的是那些最大的公司,他们认为自己的财务自主权处于危险境地。由为战争筹措资金这个问题所引起的企业对威尔逊政府的敌意超过了任何其他问题。甚至,威尔逊在商界的长期支持者,包括伯纳德·巴鲁克、雅各布·希夫和克拉伦斯·道奇,也在私下里猛烈抨击他的税收计划。拥护民主国家主义和"榨取富人财富"式税收的群体与商业领袖之间的冲突将持续20多年。

尽管损害了企业信心,威尔逊政府和国会中的民主党领袖们仍然继续推行超额利润税,丝毫不在意巴鲁克和其他商业界批评者的抱怨。民主党之所以这样做,部分原因是他们认同基钦的理想——按照19世纪的自由主义和共和主义理想通过税收改造经济。② 威尔逊的新自由计划已经确称,最大的那些公司过度控制着财富,而"金钱信托"则主导着资本的分配。对于威尔逊和麦卡杜来说,他们通过税收计划承诺对垄断势力征税并打破垄断势力对美国经济和政体的控制,这从逻辑上扩展了威尔逊的"新自由主义"。③ 因此,对被民主国家主义者视为有损于社会的不义之财的资产进行征税,构成了威尔逊

---

① 要全面解释交战双方在依赖税收方面的差异,就必须考虑经济因素和政治文化。要解释的话,必先了解一些情况,例如尽管英国通过税收筹集的资金比战争消耗的资金少(大约少29%,而美国是37%),英国在这场战争中耗资比美国多21%。格尔德·哈达赫(Gerd Hardach)提供了战时财政有限国际比较,参见 Gerd Hardach, *The First World War*, 1914—1918(《第一次世界大战,1914—1918》)(Berkeley: University of California Press, 1977), 150—155。哈达赫书中的很多数据引自 Harvey E. Fisk, *The Inter-Ally Debts: An Analysis of War and Post-War Public Finance*, 1914—1923(《同盟债务:战争与战后公共财政分析,1914—1923》)(New York: Bankers Trust Company, 1924)。美国战时耗资核算最精细的,至今仍是 Edwin R. A. Seligman, *Essays in Taxation*(《税收文摘》)(New York: Macmillan, 1921), 748—782。

② 有关自由主义、共和主义、进步主义、社会民主主义理念的探讨,参见 Brownlee, "Wilson's Reform of Economic Structure"("威尔逊经济结构改革"), 81—83。

③ 威尔逊对行政国的顾虑远多过麦卡杜。1916年,由于有了这种怀疑,威尔逊在解决"垄断问题"时,更多采用税收而非行政法规。随着战争的进行,因为威尔逊无法避免商业对战时官僚机构日益增长的影响,他更多地被超额利润税的反垄断潜力吸引。但还没有学者充分探讨过威尔逊营业税办法与他和商业总体关系的联系。有关战争时期威尔逊与商业的研究,成就较高的是 Robert D. Cuff, *The War Industries Board: Business-Government Relations during World War I*(《战时产业委员会:一战时期商业与政府的关系》)(Baltimore: Johns Hopkins University Press, 1973)。

的战时公共财政计划的基础。与上述那些不义之财具有可比性的是土地垄断者收取的地租,亨利·乔治及其追随者曾经试图对其征税。实际上,威尔逊和麦卡杜在制订税收改革计划时还都曾考虑过采取明了的单一税的想法。①

党派政治在威尔逊政府的决策中也发挥了重要作用。威尔逊和麦卡杜明白,他们本可以与共和党人和民主党少数派合作,设计一个累进性低一些的税制并谋求使其获得通过。累进性低一些的税制更多地依赖消费税和对中产阶级课征的所得税。威尔逊和麦卡杜相信自己可以有效地管理这些税基广泛的税种。但他们认为,全民性税收有悖于本党的宗旨。毕竟,代表弱势群体,反对强大的中央政府沦为特权工具,反对以消费为征税对象,以及支持旨在扩大经济机会的政策,一直都是民主党的深厚传统。如果不采取高度累进和"重构性"的税收计划,威尔逊和麦卡杜将面临严重的政治后果。那样会使他们的民主党发生残酷的分裂,也会破坏他们吸引共和党中的进步人士加入民主党的机会。而且,那样也会破坏他们与国会中的民主党人之间的牢固伙伴关系。两位领导人都认为这种伙伴关系对于有效改善国家管理来说是非常必要的。②

威尔逊政府财政计划中一个密切相关的内容是向美国中产阶级发售战争债券。③ 威尔逊政府没有向美国中产阶级征收高额税收,而是通过一项自愿计划来动用他们的储蓄。麦卡杜把这项计划称作"爱国主义资本化"。麦卡杜试图劝说美国人改变他们的经济行为:减少消费,增加储蓄,把钱借给国家。他希望,战争结束后能够用从企业和最富有的美国人那里征收到的税款来向持有债券的中产阶级清偿债务。从分配的角度来看,他打算采用与内战债务清偿计划完全相反的做法。在内战时期的财政计划中,政府利用累退的消费税筹集收入,向持有债券的富人清偿债务。这是麦卡杜战略的一部分,他希望

---

① 详情参见 Brownlee, "Wilson's Reform of Economic Structure"("威尔逊的经济结构改革"), n. 78, p. 89。

② 有关对民主党内部特权的持续敌意,参见 Robert E. Kelley, *The Transatlantic Persuasion: The Liberal-Democratic Mind in the Age of Gladstone*(《大西洋彼岸的声音:格莱斯顿时代的自由民主思想》)(New York: Alfred A. Knopf, 1969)。

③ 有关威尔逊政府的借款计划与美联储的融资角色,参见 Brownlee, "Social Investigation and Political Learning in the Financing of World War I"("第一次世界大战筹资中的社会调查及政治借鉴"),337—341,343—345。

在战争经费方面不要依赖全国最富有的公民，以免使国家的控制权落到少数资本家手中。这些少数资本家可能会采用更有利于自己的方式进行社会财富再分配。正如麦卡杜所说，"在民主体制下，不应允许任何人拯救或拥有一个国家"。①

直接向美国大众出售规模达数十亿美元的高价战争债券，所需的营销活动规模远远超出世界上其他各国。他们利用了1913年建立的新联邦储备系统。这是一个由九个中央银行组成的综合的、集中控制的、公共所有的系统。由于美联储的存在，威尔逊和他的财政部部长所掌握的金融工具比林肯政府内战期间的金融工具更为强大。在第一次世界大战期间，威尔逊和麦卡杜把美联储当成了财政部的一个分支。美联储为那些准备通过购买"自由贷款"债券向联邦政府放贷的人——特别是美国中产阶级——提供了便利的金融服务。

此外，主要通过试错的方式，威尔逊政府率先发展了政府主导下的国家营销方式，其中包括密切分析国民收入和储蓄。随着麦卡杜和他所领导的财政部管理和推广了四期"自由贷款"债券，联邦政府和国家扩展了对资本市场社会特征的认识。财政部利用自己通过系统性调查所收集到的信息，采用现代的大众传播技术，紧密依靠中产阶级争取借款。此时的美国政府在借款方面对中产阶级的依赖程度，远远超过美国政府在内战时期和欧洲政府在第一次世界大战时期在借款方面对中产阶级的依赖程度。至少有一半的美国家庭认购了1918年4月开始发行的第三期"自由贷款"债券。这样一来，新的公共财政体制就包含了借贷策略改革以及税收政策改革等内容。借助累进所得税（包括企业层面）、美联储中央银行体系和复杂的债券营销体系等政策工具的组合，威尔逊政府已经将国家从亚历山大·汉密尔顿和亚伯拉罕·林肯政府所设计的战时财政体制中解放出来了。

威尔逊政府通过扩充和完善财政体制，使财政体制新增了先前缺乏的两个民主国家主义维度。第一个维度是高度累进的税收，它试图限制对中产阶级和穷人的征税规模并打击垄断势力。第二个维度是国家主义者为确保企业

---

① William G. McAdoo, "Memorandum in Explanation of the Proposed War Loan Bill"（"拟议战争贷款条例草案备忘录"）, August 1917；麦卡杜（McAdoo）致乔治·库克西（George Cooksey），1917年10月22日，载于 *McAdoo Papers*（《麦卡杜文集》）(LC)。

第四章　第一次世界大战时期的税收体制

获得资本而显著干预资本市场。纽约联邦储备银行主席本杰明·斯特朗将财政部面临的选择描述为两个思想流派之间的选择。"一个学派认为,通过设定较高的利率,可以而且应该调控经济、避免通货膨胀";"另一个学派认为,必须通过配给制度,或者通过消费税,或者通过其他比高利率更科学、更直接、更公平的手段,对经济加以调控"。① 财政部的计划依赖于后一种方法。它以低利率借入资本,然后建立新的管理机制,从而保证美国企业在战后可以获得充足的资本。

在这一政策背景下,麦卡杜部长带领大家努力掌控本国的资本市场。② 当时存在的主要经济问题是,1916 年经济已经处于充分就业状态,由于战争原因大量资源需要从为和平时期活动服务转到为战时活动服务。从 1917 年底开始,麦卡杜开始关注铁路和其他公用事业难以为战时扩张提供资金的问题,他带头提出了集中控制的议案。据此,他们在美联储委员会中设立了资本发行委员会,设立了战争金融公司,促使联邦政府接管了国家铁路系统,麦卡杜则自任铁路公司的董事长。在财政部之外,他敦促威尔逊、内阁其他成员和国会加强联邦政府对价格和资本分配的控制,敦促设立比战争工业委员会更强大的机构来协调和集中所有战时权力。

新的财政制度产生了广泛而重大的行政影响。③ 实行复杂而雄心勃勃的征税和举债计划,要求大幅提高财政部的行政能力。财政部下面的一个主要部门是国内收入局(BIR)。该局的工作人员在 1913 至 1920 年期间从 4 000 人增加到 15 800 人,其内部按照多功能的业务线条进行了重组,其职责和领导链条得到了明确。国内收入局最艰难的工作之一就是管理超额利润税。新的企业税收需要解释、推介和评估。为了完成这些任务,财政部组建了一支由会计师、律师和经济学家组成的现代专家队伍。

---

① 本杰明·斯特朗(Benjamin Strong)致拉塞尔·C. 莱芬格威尔,1919 年 2 月 6 日,美国参议院,第 74 届第 2 次会议,*Hearings Before the Special Committee Investigating the Munitions Industry*(《特别委员会军火工业调查前的听证会》)(Washington, D. C.: U. S. GPO, 1934—1943),9567。

② 有关此计划,参见 Brownlee, "Social Investigation and Political Learning in the Financing of World War I"("第一次世界大战筹资中的社会调查及政治借鉴"),341—343。

③ 有关一战期间财政部行政能力的提升,参见 Brownlee, ibid., 346—361。有关律师在这一进程中的作用,参见 Mehrotra, *Making the Modern American Fiscal State*(《打造现代美国财政国家》),293—348。

该机构还通过处理大量的个人纳税人信息来征收新的个人所得税。《1916年收入法案》中关于"源头信息"的规定,要求企业报告工资、股息和利息的支付情况,这些都为国内收入局提供了信息流。简而言之,财政部建立了一个将自己定义为专家的斡旋者群体,他们的任务是使公司和富裕个人的目标与国家的需要相协调。但在麦卡杜的领导下,财政部承担的不仅仅是一个在相互竞争的各集团之间平衡利益的"政府中间人"的角色。财政部使国家在提高经济正义和推行战争方面的力量得到了增强。

麦卡杜组建了一个能力非凡的团队来管理财政部。该团队采用"商业化"方式运作,展示了灵活才智和开创精神。由于文职人员不足,麦卡杜在财政部内部额外建立了一个机构。一位政治学家将这个机构称为"非正式的政治性技术官僚群体"或"政策、政治和行政职能混杂在一起的松散人群"。这是后来美国独特的"高级文官"制度的先例。①

在这一新的官僚体制下,助理国务卿罗素·C.莱芬格威尔全方位监督财政部的运行,并负责与国会进行谈判。作为"卡拉瓦什和亨德森"纽约律师事务所的前合伙人和债券专家,他还与商界大佬们、本杰明·斯特朗和联邦储备委员会都建立了联系。另一个关键人物是国内收入局局长丹尼尔·C.罗珀。他是一位经验丰富的联邦官员,在许多机构中都有朋友,在整个民主党中都很有影响力。耶鲁大学经济学家托马斯·S.亚当斯是协助莱芬格威尔和罗珀的关键人物,他是财政部的首席税务顾问,负责起草法律,将旧法的实施与新法的制定工作衔接起来。货币监察专员约翰·斯凯尔顿·威廉姆斯帮助麦卡杜与反商业激进派保持联系,并使麦卡杜的决策在许多商界领袖眼中看似合理。

财政部的工作远不止是管理新的税收项目和借贷项目。威尔逊政府主要通过财政部机构系列来探索金融政策及其社会影响,界定金融问题及其管理计划,并为这些计划谋取支持。财政部机构系列取得了相当大的自主权。它为麦卡杜创造了用于编织和支配网络的手段。这个网络将联邦政府内相互竞争的各个权力中心连接起来,并将政府与民间社会连接起来。由于已经建立了这样一个机构系列,麦卡杜能够设计和实施具有明确社会目标的金融政策。

---

① 参见在伍德罗·威尔逊中心会议上关于政府在近期美国历史中所起作用的论述,Hugh Heclo, "The State and America's Higher Civil Service"("政府与美国高级文官")。

在他的领导下,财政部摆脱了政府内部相互竞争的各个权力中心的控制,也摆脱了其他政府外部团体的控制。财政部避免了威尔逊政府在动员工作中碰到的混乱局面。

在筹集财力参战的过程中,威尔逊政府向外界展示了美国具有打一场耗资巨大的持久战的能力,其关键在于政府取得了广大民众支持这样一个良好基础。财政手段是培育民众基础和大规模调动资源的关键,具体包括推进累进性税收,通过发行债券向美国人民"兜售"保卫民主的战争。事实证明,这两种手段都是持续增强联邦政府政治权威的关键途径。通过民主政治,他们增强了筹集国防和战争资源的能力。信奉民主价值观,对成功来说至关重要。具有讽刺意味的是,正是这一信奉促使公众支持威尔逊政府采取强制手段和集权手段来筹集战争资源。

对民主国家主义的回应

随着战争进入最后几个月的期间,商界对威尔逊的税收制度及其体现的民主国家主义进行了强烈攻击。在1918年国会选举中,威尔逊总统试图提出加倍征税的理由,此时企业领袖和共和党候选人找到了反攻良机。在发生过战争的东北各州,共和党人成功地指控了威尔逊政府,指控的内容是偏重南方的威尔逊政府对全国其他地区被强制承受更高的税收和更高的战时物价负有责任。在停战前,共和党人赢得了国会的控制权。1920年,在战后严重通货膨胀(1918—1920年)爆发之后,共和党人在严重经济萧条(始于1920年并持续到1921年)的过程中开启了赢得总统选举胜利之旅。伍德罗·威尔逊的民主党未能取得亚伯拉罕·林肯的共和党那样的成绩——长期控制联邦政府并创建新的政党体系。[①]

1921年,共和党人赢得了总统选举并控制了国会。他们采取税制改革这

[①] 有关威尔逊政府对财政计划的强烈反应,参见 Brownlee,"Economists and the Formation of the Modern Tax System in the United States"("经济学家与美国现代税收制度的形成"),354—357 以及 Brownlee,"Social Investigation and Political Learning in the Financing of World War I"("第一次世界大战筹资中的社会调查及政治借鉴"),354—364。

联邦税史

一手段来削弱威尔逊式的民主国家主义。历史学家查尔斯和玛丽·比尔德写道:"那些要求全面回归旧制度的人所提出的有紧急色彩的法案,主要涉及的是影响财富分配的经济立法。"①回归"常态"的反动要求激起了针对联邦政府战时税收政策选择的持续自由辩论。实际上,由于联邦政府在建立现代所得税制度方面已经积累了丰富的经验,并且税务专家在联邦政府中的影响力越来越大,辩论的范围扩大了。它不仅涉及所得税改革,而且还涉及采用各种新税种——复杂的一般销售税(包括增值税)、支出税、未分配利润税和联邦调节税。② 结果,并没有发生重大改革,也没有创建新的税收制度。但是,在美国财政部部长安德鲁·梅隆的领导下,共和党人成功地修改了战时税收制度中再分配作用最强的那部分内容。③

共和党首先对公司和国家最富有的个人实施了实质性的全面减税。1921年,他们废除了超额利润税,打破了克劳德·基钦长期实施超额利润税的希望。此外,他们还降低了个人所得税名义税率结构的累进性,主要目标是减轻富人的个人所得税负担。1921年,他们将富人的最高边际税率从73%降低到58%,降幅约为三分之一。在1924年选举大获成功之后的1926年,他们进一步减税,然后在1928年又再一次减税。最高边际税率降至25%。《1921年收入法案》还针对由持有时间超过两年的资产所产生的资本收益引入了12.5%的优惠税率。这个税率一直维持到1934年。对最富有的美国人来说,这是一项巨大的减税措

---

① 查尔斯·A. 比尔德(Charles A. Beard)与玛丽·R. 比尔德(Mary R. Beard),"The Industrial Era," in *The Rise of American Civilization*("工业时代",载于《美国文明的兴起》)(New York: MacMillan Company, 1930),665。

② 民主国家主义也有对个人和企业行为课税之意。在这方面,世纪之交后,改革者以烟酒税的先例为基础,利用联邦税收权力对谷物和棉花期货、白磷火柴生产、麻醉品消费,甚至童工雇佣进行监管。参见 R. Alton Lee, *A History of Regulatory Taxation*(《税收监管历史》)(Lexington: University Press of Kentucky, 1973)。

③ 1924 年,安德鲁·梅隆(Andrew Mellon)缴纳了 190 万所得税,其缴纳的税款金额在所有人中排第四。缴纳税款金额排前三的是小约翰·D. 洛克菲勒(John D. Rockefeller Jr.)、亨利·福特(Henry Ford),以及埃德塞尔·福特(Edsel Ford)。在美国超级富豪的行列中,梅隆相对来说还是一个新人。就在十年前,他(以及福特家族)还在美国最富有的五十名公民榜单之外。Stanley Lebergott, *The American Economy: Income, Wealth and Want*(《美国经济:收入、财富与需求》)(Princeton: Princeton University Press, 1976),169—171。有关根据 1923 年税收法规定公开的 1923 年、1924 年所得税纳税大户的探讨,参见 Albert W. Atwood, *The Mind of the Millionaire*(《富豪的思维》)(New York: Harper & Brothers, 1926),253—256。

施,它使已实现收益的税率水平从先前的73%大幅降低。此外,《1921年收入法案》重新允许从适用正常税率的所得中扣除股息收入。

此外,共和党人还抨击了遗产税。他们无法如梅隆希望的那样彻底废除遗产税,但在1926年,他们成功地将最高税率从25%降至20%,并将免税额从5万美元提高到10万美元。结果,到1918年,实际缴纳联邦遗产税的死者比例下降了一半,降到了0.5%左右。[1]

同时,共和党还扩大或新设了范围广泛的特殊免税项目和扣除项目。在所得税的累进税率结构的背景下,这些免税项目和扣除项目对富有的纳税人来说很有价值。根据1926年通过的新规定,石油和天然气生产商可以通过"百分率折耗"在税前扣除27.5%的毛所得。这是扩大税收优惠的一个显著例子。[2] 根据所有这些规定以及其他规定,富人税收负担下降,其有效税率几乎降低了一半。到1923年,美国最富有的1%家庭的有效税率已从1918年的15%下降到不足8%,并且在20世纪20年代的剩余时间里一直保持在这个一般水平。[3]

财政部长梅隆认为,这些减税措施,尤其是那些有益于富裕的美国人和富有的美国公司的减税措施,是刺激经济扩张和恢复繁荣的必要措施。他认为,实际上美国富人通过三种不同的方式应对高额税收。三种方式都不利于国家

---

[1] Shammas et al., *Inheritance in America*(《美国继承》),128.

[2] 历史学家彼得·舒尔曼指出,1913年所得税法案规定了一个石油和天然气行业的扣除项目,即把毛所得的5%作为折旧进行扣除。参见 Peter A. Schulman, "The Making of a Tax Break: The Oil Depletion Allowance, Scientific Taxation, and Natural Resources Policy in the Early Twentieth Century," *Journal of Policy History*("税收优惠政策的制定:二十世纪初的石油枯竭税收减免、科学征税以及自然资源政策",载于《政策历史杂志》),23(2011),281-322。1918年税收法案(起草于战时,直到1919年才通过)将该减免项目重新定义并扩展为旨在刺激天然气和石油勘探的"探明减免"。这一新减免项目的管理工作简直就像一场噩梦,许多国会议员认为这样的减免规定过于慷慨。然而,国会没有废除免税制度,也没有以钻井公司的实际投资额为基础来计算折耗扣除额,也没有因此把石油投资者视为普通风险承担者,而是保留了免税原则,并通过"枯竭百分比"条款来落实减免政策。直接扣除(基本上是直接扣除)27.5%所得的规定,成了最受诟病的税收漏洞和税收扣除项目。有研究对这项扣除的逻辑进行了强烈批判,参见 Louis Eisenstein's scholarly chapter, "The Special Deduction for Imaginary Costs," in *The Ideologies of Taxation*("基于假想成本的特别扣除",载于《税收意识形态》)(Cambridge, MA: Harvard University Press, 2010), 99-117。这本书最早于1961年由罗纳德出版公司(Ronald Press Company)出版。

[3] Brownlee, "Historical Perspective on U.S. Tax Policy toward the Rich"("从历史角度看美国对富人的税收政策"),45.

经济健康发展。缴纳税款的那些人可能灰心泄气,他们的创业积极性会下降。能够将税收转嫁给消费者的那些人所缴纳的税收,提高了公众的生活成本。通过投资免税债券来避税的那些人,把资本转移到了生产效率较低的领域。梅隆声称,削减最高边际税率可以鼓励富人更多地投资于生产性更强的项目,从而提高经济效率。简而言之,梅隆宣称,在累进性与公平性之间存在着权衡取舍的关系,他建议为了实现增长的目的要牺牲累进性。

在改革第一次世界大战时期税制的进程中,梅隆部长使税收政治中的理念冲突走向尖锐化。从1921年到1932年,在沃伦·G.哈丁、卡尔文·柯立芝和赫伯特·胡佛总统的任期内,他担任财政部部长将近12年之久。在这个较长的任期内的不同时点,梅隆明确表达了一种理念,这种理念将成为"支付能力"原则的主要替代者。这一主张在他1924年出版的《税收:人民的事业》(实际上大部分由他的专家型的助理秘书撰写)一书中体现得最为明显。梅隆认为"富人财富充裕、承担较轻的税收负担,是中下阶层人民富足的基础"。梅隆警告,累进程度高的税收严重影响了就业、储蓄和投资。在接受"支付能力"原则的同时,他倡议消除影响生产活动的壁垒。[①] 很久以后,1961年,税务律师路易斯·艾森斯坦,将梅隆用于替代"支付能力"原则的新理念称作"壁垒和威慑"理念,这一说法非常引人注目。[②] 然而,梅隆的替代理念或标准,与"支付能力"原则相比,没有为制定税收政策提供更精确的指导。这两个标准只不过是陈词滥调、口号或教条,对决策者几乎没有指导意义。这两个对立的理念的操作性定义相当模糊,往往导致在改革进程中同时提出"榨取富人财富"和"滴漏"(指一个体制中给予上层人的利益会传递给较低阶层的人——译者注)这两种倡议。

---

① 安德鲁·梅隆(Andrew Mellon)在促进发展方面的看法,参见 Andrew W. Mellon, *Taxation: The People's Business*《税收:人民的企业》)(New York: Macmillan, 1924), 93—107, 127—38. 有关梅隆政策主张的意义,参见 Ronald Frederick King, "From Redistributive to Hegemonic Logic: The Transformation of American Tax Politics, 1894—1963," *Politics and Society*,("从再分配到霸权的逻辑:美国税收政策的变迁,1894—1963",载于《政治与社会》)12, no. 1 (1983), 1—52;以及 *Money, Time & Politics: Investment Tax Subsidies in American Democracy*《时间与政治:美国民主的投资赋税补贴》)(New Haven: Yale University Press, 1993), 104—111。金(King)认为,梅隆引入了一种"税收霸权逻辑",这种逻辑最终在1964年肯尼迪—约翰逊的减税政策中得到认可。

② 爱森斯坦(Eisenstein), *The Ideologies of Taxation*《税收的逻辑》), 47—71。

第四章　第一次世界大战时期的税收体制

在引入"壁垒和威慑"理念的过程中,梅隆削弱了税基(个人所得)核心要素的操作性定义的一致性。哥伦比亚大学公共财政经济学家罗伯特·默里·黑格,在第一次世界大战期间成为全世界所得税方面的一流专家。"一战"结束时,他宣称"我们自己法律所定义的"应纳税所得的概念"可能比任何其他国家法律中的类似概念都更接近真正的经济所得"。他解释说,这类所得是"指两个时点之间经济实力净增长的货币价值"。① 用更熟悉的术语来表述,黑格定义的收入包括工资、薪金、租金、利息和资本收益。黑格的定义在公共财政领域里很快就得到了应用。他赞成一定程度的累进税,但他对累进程度没有教条式的看法。不过,他坚信应该对"经济实力的净增长"给出更广泛的定义,并对其平等地征税。这个标准包括了横向公平。横向公平有别于累进性更强的纵向公平。黑格认为,如果这一标准得以满足,税收体系将会变得透明、稳定并广受信任。

然而,在 20 世纪 20 年代初,那些认同黑格分析性和伦理性视角的经济学家们对经安德鲁·梅隆改进过的所得税提出了尖锐的批评。托马斯·S. 亚当斯是批评者之一,梅隆曾邀请他在财政部内连续担任首席税务顾问。到了 1924 年,他对所得税的前景感到沮丧。他得出的结论是,当时的所得税蕴含了"无可救药的不公平和不一致",并且"不平等的严重性达到了几乎难以复加的程度"。他曾主张取消超额利润税并降低累进程度,但在 1924 年,他敦促取消梅隆提出的特殊扣除项目。他主张要么提高所得税的经济效率,要么用对"不必要的或过剩的消费"所征收的累进性支出税来代替所得税。梅隆没有听从亚当斯的建议,而是推荐了有利于特权群体和特权行业的减税政策。②

有一次,梅隆为促进经济增长试图取消(不是新设)税法中的一个重大优

---

① Robert M. Haig, ed. "The Concept of Income," in *The Federal Income Tax*("收入的概念",载于《联邦所得税》)(New York: Columbia University Press, 1921), 7.

② Thomas S. Adams, "The Economic and Social Basis of Tax Reduction," *Proceedings of the American Academy of Political Science*("税收优惠的经济及社会基础",载于《美国政治科学院院刊》), 11 (March 1924), 24—34; "Mellon Plans Finds Champion and Foe," *New York Times*("梅隆计划寻找拥护者与反对者",载于《纽约时报》), April 16, 1924;以及亚当斯(Adams)致参议员詹姆斯·E. 沃森(James E. Watson), 1924 年 4 月 11 日,《托马斯·S. 亚当斯文集》,耶鲁大学斯特林图书馆。有关亚当斯的分析,参见 Brownlee, "Economists and the Formation of the Modern Tax System in the United States"("经济学家与美国现代税收制度的形成"), 430—431。

联邦税史

惠项目。这个优惠具体是指，对在四期战时"自由贷款"和战后"胜利贷款"项目下发行的政府债券的利息完全或部分免征个人所得税。梅隆提出一项宪法修正案，取消所有政府证券（利息）的扣除政策。他担心，扣除政策鼓励富裕的纳税人投资于免税的政府债券，从而减少了用于投资的资本，而投资则更能刺激经济增长。然而，由于受到了来自税收优惠受益者的巨大压力，国会并没有采纳梅隆的建议。[①]

随着第一次世界大战期间高度累进的税收制度的建立，国会的两个税法起草委员会的权力得到了强化。在20世纪20年代，两个委员会的立法者们发现了他们通过重要税收优惠政策的递增性、隐蔽性收效所发挥影响的分量。立法者发现了"税式支出"的政治吸引力，尽管他们并没有使用这个术语。他们可以通过在税法中设立特殊优惠来创建新的税式支出项目。进而，他们赢得了强大、富有的阶层和个人的支持并维持了这种支持，同时避免了与增加税收有关的政治成本。正如之前的保护性关税制度那样，联邦所得税已经成为一种促进特权的工具。

为了行使和加强他们的新权力，《1926年收入法案》批准国会的两个税法起草委员会组建"国内税收联合委员会（JCIRT）"。该委员会后来于1976年被改组为"税收联合委员会"。国会最初要求国内税收联合委员会研究简化法律的途径并改进其管理。国内税收联合委员会的专业人员确实提高了两个税法起草委员会的技术能力。但是，国内税收联合委员会很快就变成了提高两个委员会高级成员影响力的主要工具。[②]

[①] 从未有人证明过梅隆的减税措施确实刺激了经济增长，但有两位经济学家的观点很具说服力，即，战后降低最高收入人层边际税率，减少了购买免税证券以避税的行为。参见 Gene Smiley and Richard H. Keehn, "Federal Personal Income Policy in the 1920s," *Journal of Economic History*（"二十世纪二十年代联邦个人所得政策"，载于《经济史杂志》），55（June 1995），285—303。

[②] 有关 JCIRT 的形成，参见 Blakey and Blakey, *The Federal Income Tax*（《联邦所得税》），542—543,546—548；Donald R. Kennon and Rebecca M. Rogers, *The Committee on Ways and Means*：*A Bicentennial History*，1789—1989（《筹款委员会：两百年历史，1789—1989》）（Washington, D.C.：U.S. Government Printing Office, 1989），330—333；Thomas J. Reese, *The Politics of Taxation*（《税收政治》）（Westport：Quorum, 1980），61—88；and George K. Yin, "James Couzens, Andrew Mellon, The 'Greatest Tax Suit in the History of the World,' and the Creation of the Joint Committee on Taxation and its Staff," *Tax Law Review*（"詹姆斯·库恩斯，安德鲁·梅隆，'世界历史上最伟大的税收诉讼'与税收联合委员会的创建及其成员"，载于《税收法律评论》），66（No. 4），787—879。

第四章 第一次世界大战时期的税收体制

一些共和党人受到鼓动有意进一步推进税收改革。一些人想用全国范围的销售税取代所得税,但梅隆部长在共和党内部率众保护所得税,缓冲了受到的反动攻击。他说服公司和最富有的个人接受某些累进税和"支付能力"原则。他告诉他们,这种方法可以体现他们的公民责任,还可以通过接受"榨富"式的税收来化解大众对资本的猛烈攻击。因此,在缩小政府规模的同时,共和党领导人精心地保留了遗产税、累进的个人所得税,乃至独立的公司所得税。

20世纪20年代,在梅隆的领导下,共和党人给所得税(甚至包括公司所得税)增加了累进性的元素。战争期间,威尔逊政府为公司所得税设计了一个独特的税率结构。确切的是,1921年共和党取消了战时附加税,但他们规定的公司所得税标准税率比个人所得税标准税率低两个百分点。但在20年代结束之前,他们已将税率差距提高到大约7个百分点;1930年,公司所得税税率为12%,而个人所得税标准税率则为5%。共和党人提高了公司所得税与个人所得税之间的税率差,目的是获得更多的收入并说服一些温和的进步人士接受个人所得税税率的下调。[①] 出于同样的政治目的,梅隆提倡对"积极的"个人所得比"消极的"个人所得予以更多的减税。这样的规定条款被纳入了《1924年收入法案》。梅隆断言:"应该对工资薪金还是对投资所得从轻征税,才彰显公平?答案是不言自明的。在第一种情况(工资、薪金)下,所得是不确定的,而且持续时间有限,疾病或死亡会摧毁所得,衰老会削弱所得。在第二种情况(投资)下,所得的来源持续存在,人可以在一生中随时处置投资,还可以把投资传给继承人。"由此,他努力维护了虽然形式脆弱但却可以推动社会正义的税收制度。[②]

我们把梅隆的战略描述为对自身利益的开明追求——公司自由主义,这与伍德罗·威尔逊的带有民主国家主义计划的进步自由主义形成了对比。梅隆在保护所得税方面得到了国会两个税法起草委员会的大力帮助。两个委员会发现累进的税率结构具有政治影响力,他们希望继续维持这一影响力。这样一来,梅隆保护了两个税法起草委员会和共和党政府,使他们免受主张废除累进税的控诉。

---

① 有关1921年税收法案及单独的公司税,参见 Bank, *From Sword to Shield*(《从剑到盾》),103—110。

② 梅隆(Mellon),*Taxation*(《税收》),56—57。

梅隆还通过保持财政部的影响力并使其合理化而巩固了第一次世界大战时期的税收制度。最重要的是，他推动了1921年《预算和会计法案》的通过，该法案借鉴了塔夫脱委员会1912年的报告，首次建立了国家预算制度。该法案明确了总统在编制全面预算方面的责任，全面预算不仅仅是简单地汇编和转发部门请求。它设立了两个重要机构：预算局（设在财政部内部）协助编制预算，总会计办公室（作为国会的一个部门）对联邦政府进行独立审计并保护立法目的。该法案的效果并不明显，但它使预算优先事项的设置更加条理化。政治学家查尔斯·斯图尔特得出的结论是，1921年的改革"是紧缩政策的重要象征"，"紧缩不一定要借助于改革，但是改革为实现紧缩提供了新机制"。[①]

与此同时，梅隆试图将财政部改造成"无党派之争的"机构。他在自己1924年出版的《税收》一书中解释道："税收修正案不应该成为党派政治或阶级政治的支配对象。制定税收修正案的人，应该曾在更广的层面仔细研究过这个问题并且可以提出最符合国家利益的制定进程。"[②]不过，他的基本策略是保护财政部免受民主党控制下的国会所施加的压力。他通过说服公众认可财政部决策的科学性来实现这一目标。

梅隆的税收计划将所得税收入并入了财政部。间接税（主要是关税）给联邦政府提供的一般收入的比重从1902年的将近75%下降到20世纪20年代的25%左右；同时，所得税收入增加了，占联邦政府一般收入的将近50%。与

---

① 1910年，威廉·霍华德·塔夫脱（William Howard Taft）总统任命了经济与效率委员会，该委员会在1912年发布了一份报告，*The Need for a National Budget*（《国家预算的必要性》）。由于报告中的观点与一位被视为对进步主义怀有敌意的共和党总统的观点有相似之处，所以尽管威尔逊本人及其政府都认可报告对预算连贯性的基本主张，威尔逊政府也只是慢慢地接受了这份报告中的观点。这场战争进一步推迟了预算改革，尽管在美国参与初期，纽约联邦储备银行行长本杰明·斯特朗（Benjamin Strong）大力提倡采用英国模式，只向国会某些委员会的主席授予专有的拨款议案发起权。战争结束后，财政部提出了较1912年提案不那么激进的一版提案，包括安德鲁·梅隆（Andrew Mellon）在内的共和党上台后，国会于1921年颁布了该法案。有关建立国家预算制度的运动，参见Charles Stewart Ⅲ, *Budget Reform Politics : The Design of the Appropriations Process in the House of Representatives*, 1865—1921（《预算制度改革政策：众议院拨款程序的设计》）(Cambridge: Cambridge University Press, 1989), 172—215. 引用的部分源于第211页。有关这一制度的运用，参见Annette E. Meyer, *Evolution of United States Budgeting : Changing Fiscal and Financial Concepts*（《美国预算制度的演变：变化中的财政及金融观念》）(New York: Greenwood Press, 1989). 有关本杰明·斯特朗（Benjamin Strong）的提案，参见本杰明·斯特朗致财政部长威廉·吉布斯·麦卡杜，1916年12月11日，1917年2月19日，*Papers of William Gibbs McAdoo*（《威廉·吉布斯·麦卡杜文集》），LC.

② Mellon, *Taxation*（《税收》）, 10—11.

第一次世界大战中的情形差不多,税基的扩大引致所得税收入比财政部专家预测的更为充足,共和党政府在大萧条爆发之前一直享有大量的、不断增长的预算盈余。

1921年至1929年间,所得税与强劲经济增长之间相互作用,创造了大量税收收入,进而加快了第一次世界大战遗留债务的偿还速度和联邦政府国内计划的扩张速度。安德鲁·梅隆曾服务过多位总统,卡尔文·柯立芝总统是其中之一。柯立芝总统希望通过梅隆的减税措施缩小政府的规模。但是,梅隆本人则认为联邦政府的规模可以更大一些,他相信减税措施会在供给侧发挥作用,将会增加联邦政府的税收收入从而有助于偿还债务和增加国内支出。[①]

由于梅隆(以及战后威尔逊政府)的努力,国家债务规模连续10年稳步收缩,从1919年的255亿美元下降到1930年的161亿美元。同期,国债占国内生产总值的比重从33%降至16%左右,下降幅度更大(见附录,表A.1)。与内战时期一样,该计划的直接受益者是美国的广大民众,其中许多是中产阶级,他们持有根据"自由贷款"计划发行的债券。[②]

所得税收入也有助于联邦政府在国防、公路建设、国际航运补贴、公共土地和国家公园、教育、水电项目、移民管理、商业管理以及执法等领域扩大行动。例如,在20世纪20年代,联邦政府扩大了其援助拨款计划,该计划在1914年《史密斯—利佛法案》通过后开始施行,目的是促进农业发展。联邦政府根据这一拨款计划提供资金,计划中包含了配套要求、各州之间分配资金的计算公式以及各州支出计划的监督等内容。公路项目是主要的受益者;根据1916年《联邦公路援助法案》的框架规定,1921年大约40%的公路建设资金由联邦政府提供。总的来说,联邦支出占国民生产总值的比例从

[①] 有关柯立芝(Coolidge)与梅隆的关系以及他们对税收的看法的分歧,参见Amity Shlaes,*Coolidge*(《柯立芝》)(New York:HarperCollins 2013),特别是264—265页。

[②] 还有一个因素促成了债务减少,即,欧洲各国政府偿还了部分贷款(当时发放贷款的资金来源于美国人在一战时购买的自由公债),这些贷款当时由威尔逊政府借给盟国。美国公众要求更高的公债回报,但是财政部部长梅隆更希望通过这种帮助减少债务。考虑到还款加剧了国际经济的不稳定性,同时使得始于1929年的经济衰退进一步恶化,梅隆希望宽待欧洲债务人。在由梅隆领导,同时向国会报告的债务委员会监督下,美国政府依据还款能力削减了战争债务。即便如此,欧洲每年都要偿还约2亿美元的债务,直到1931年赫伯特·胡佛(Herbert Hoover)政府宣布暂停偿还。美国总共收回了约20%的战时贷款。

1913年的2.4%上升到1927年的3.7%(见附录,图A.1)。同一时期,所得税收入在政府全部收入中所占份额大幅增加,从1913年的1.5%增加到1927年的24.3%(见附录,表A.3)。政府成功地缩减了债务,也成功地扩大了受到民众欢迎的项目,这有助于在政治上巩固第一次世界大战时期的税制。

与内战后的情况一样,州和地方政府欢迎新的联邦拨款。联邦政府的收入帮助州和地方政府满足公共服务需求,尤其是建设学校和道路方面的需求,并减轻了州和地方税收制度所承受的压力。全国的青少年中学入学率翻了一番,达到接近50%的水平。[1] 20世纪20年代,州政府成为各级政府中扩张最快的一级政府,它们用新的销售税(如汽油税)、使用费(如机动车辆费)以及对公司和所得所征收的特别税取代了支离破碎的州财产税。1902年,各州大约53%的税收收入来源于财产税;到了1927年,各州仅有大约23%的税收收入来自财产税。在各个新税种中,销售税,特别是汽油税是最具增长活力的。销售税收入占州税收收入的比重,1902年和1913年为18%,1927年上升到27%,1932年上升到38%。

20世纪20年代,共和党政府和国会在第一次世界大战时期的税收制度框架内调整立场。由于所得税创收能力强大,并且由于伍德罗·威尔逊巩固和加强了美国人根据"支付能力"原则纳税的公正信念,"榨富"式的所得税仍然继续实施。但是"榨富"的累进程度降低了,重大的税收优惠也增加了,反对企业的"刀刃"也变钝了。美国参与第一次世界大战引发了税制路径依赖,结果导致所得税制度在美国社会内部传达了关于财富本质和公民责任的混杂信息。政策制定者所依赖的税收原则不够连贯和一致。这意味着,这些原则实际上可以为将财富再分配给富人或穷人分别提供正当理由,并混淆公众对税收政策变化中谁赢谁输的看法。

如果没有发生战时危机,联邦政府的扩张几乎肯定会更慢,会更依赖于关税、销售税和低税率的所得税等税种的组合;如果没有发生战时危机,这一制度可能会像第一次世界大战期间和之后期间的高度累进的税制那样,

---

[1] Claudia Goldin and Lawrence F. Katz, *The Race between Education and Technology*(《教育与技术之间的竞赛》)(Cambridge, MA: Harvard University Press, 2008),196.

被各种问题困扰,比如政策缺乏一致性、背离横向公平原则和理论混乱等。但是,与原本可能从更为渐进的过程中形成的制度相比,英国的"一战"筹资机制大大加重了税收政策冲突的利害关系。伴随着高度累进税制的实施,一些人开始找到机会对财富和公司权力进行大规模攻击,另外一些人则有机会在税法中划出回报丰厚的特权飞地。在整个大萧条期间及其之后的一段时期,关于税收政策冲突的严重利害关系,促使税收一直处于政治舞台的中心。

大萧条的冲击

大萧条——美国最严重的经济崩溃——最终推动了新税制的产生。但新税制直到1935年才建立起来。在那之前,大萧条时期税收政策的变化主要目的是为了促进税收增长,而不是寻求全面的税收改革。1929年至1935年,即共和党总统胡佛执政时期和民主党总统富兰克林·D.罗斯福执政时期的前几年,联邦政府把恢复预算收入和促进经济复苏当作财政政策的优先关注点。在增加收入的压力下,两位总统和国会维持和巩固了第一次世界大战时期税制的框架,延长了这一税制的实施期间。

胡佛政府推行其第一阶段的财政政策,与国会合作,扩大公司自由主义的范围,并将财政激进主义纳入其中。按当时的标准来看,胡佛可以称得上是一位通过操纵税率和政府支出以刺激投资和需求并进而减少失业的积极行动者。1929年股市崩溃后不久,他开始推行具有创新性的计划。1930年,胡佛成功地削减了税收规模,并呼吁州和地方政府(以及公共事业)增加资本支出。他还在1930年和1931年上半年提高了联邦公共工程预算,向博尔德大坝(始建于1928年,竣工于1936年)等项目拨付资金。

在胡佛政策和国会行动的联合影响下,联邦财政政策在1929年至1931年间发生了明显的扩张性转变。即使1931年的经济实现了充分就业,从而形成宽广的所得税基础,1929年10亿美元的预算盈余也会在1931年转变为巨大的赤字——大约30亿美元。(这一数字被称为"充分就业赤字",即充分就业状态下的财政赤字。)沿着财政扩张的方向,1936年以前的充分就业赤字还不算大，第二次世界大战之前的赤字变化率也并不显著。①

然而，1931年10月，美联储显著地缩减了货币供应量，限制了国家银行系统的国内货币和信贷供应能力。胡佛担心，持续的赤字支出将会加剧政府与私营部门之间在借款方面的竞争，提高长期利率，并抑制私人投资。大萧条削弱了税基，胡佛推行了赤字政策，结果导致国家债务不断增加，胡佛对此也表示担忧（见附录，图A.1）。1931年12月末，胡佛政府的财政部副部长奥格登·米尔斯向纽约经济俱乐部表示，金融疲软"反映了大众投资者对我们可能面临公共债务和政府未清偿证券规模快速增长问题的反应"。② 胡佛还认为，国外市场对美元的信心发生动摇，部分原因在于美国政府持续地面临着赤字。他深信，压缩赤字将会减少黄金流通，从而减轻联邦储备委员会所面临的国际社会要求其紧缩货币的压力。因此，在1931年12月，他启动了他的第二阶段财政政策——这一阶段给公众留下的记忆往往更为深刻。他要求国会增加税收，实现三分之一的税收增长。他还和此时已升任财政部部长的奥格登·米尔斯一道建议制定一般销售税方面的法律。③

经济萧条严重，赤字政策也不受欢迎，促使国会中的许多民主党人赞成开征一般销售税。赞成者包括众议院议长约翰·南希·加纳和"筹款委员会"中除了唯一一个反对者以外的所有成员。但是，众议院中以北卡罗来纳州的罗伯特·L.道顿（唯一反对销售税的筹款委员会成员）和纽约的菲奥雷罗·拉瓜迪亚为首的民主党反对派向众议院的领导层发起了挑战。道顿认为，一般销售税违反了"支付能力"原则，并"削弱了部分州政府关于一般销售税的立

---

① 用充分就业赤字作为落实联邦财政政策的一项措施是为了消除国民收入变化对联邦赤字的影响。这些改变使税基不会因为税率的变化和财政政策目的而上升或下降。因此，即使联邦政府没有采取任何行动以应对经济大萧条（也即，若联邦政府不改变其税收及支出政策），从由税基下降引起的赤字上升也能看出政府采取了反周期的财政政策。有关充分就业赤字（盈余）数据，参见 E. Cary Brown, "Fiscal Policy in the Thirties: A Reappraisal," *American Economic Review*（"三十年代的财政政策"，载于《美国经济评论》），46 (December 1956), 857—879。

② 引自 Herbert Stein, *The Fiscal Revolution in America*（《美国财政革命》）(Chicago: University of Chicago Press, 1969), 34。

③ 有关胡佛（Hoover）财政政策的最佳描述，参见 Stein, *The Fiscal Revolution in America*（《美国财政革命》), 6—38；以及 William J. Barber, *From New Era to New Deal: Herbert Hoover, the Economists, and American Economic Policy, 1921—1933*（《从新时期到新政：经济学家胡佛与美国经济政策》）(Cambridge: Cambridge University Press, 1985)。以上两位学者都密切关注联邦政府内部人士及其理念在税收政策制定中的作用。

第四章　第一次世界大战时期的税收体制

法计划"。他和反对派担心,一般销售税可能取代所得税而成为联邦税收体系的核心。事实上,加纳的赞助人——出版商威廉·伦道夫·赫斯特正是持有这样的主张。反对派赢得了众议院中大多数民主党人的支持,并阻止了一般销售税的通过。道顿私下里把这一结果描述为"自伍德罗·威尔逊时代以来普通群体取得的最大的胜利"。

最后,《1932年收入法案》由两党投票通过,这是美国历史上最大的和平时期增税法案。它开征了某些新的联邦销售税(例如汽油税、电税、冰箱税和电话信息税),但它主要是通过全面提高个人和企业所得税税率和降低所得税免税额度来增加收入。该法案将最高边际税率从25%提高到63%,这一税率几乎恢复到了第一次世界大战时的水平。此外,该法案还通过将免税额减少一半(减少到5万美元)和将最高税率提高一倍多(达到45%)的方式,大幅度地提高了遗产税。由于1932年法案付诸实施、1933—1934年经济复苏以及《1934年收入法案》取消了税收优惠,富人的所得税有效税率在1934年上升到了11%左右。这个税率比共和党"正常"年代的任何时候都要高,赫伯特·胡佛和国会已经取消了梅隆改革计划的大部分内容。[①]

在1932年的关键性选举中,税收并不是一个核心问题,但是《1932年收入法案》中的政治因素却可能促进了富兰克林·D.罗斯福的事业。当年罗斯福正在为争取民主党总统候选人的提名而努力。议长加纳主张征收一般销售税,这使他丢掉了候选人资格,国会中几乎所有的反对派都支持提名罗斯福为候选人。在大选中,对大幅增税感到不安的选民往往把责任归咎于胡佛和共

---

① 有关实际税率,参见 Brownlee, "Historical Perspective on U. S. Tax Policy toward the Rich"("从历史角度看美国对富人的税收政策"),51。1932年,国会提议采取一些措施弥补税收法律漏洞,要求财政部建立系统程序,让企业计算折旧扣除就是其中的一项。作为回应,财政部要求对创收性财产进行直线折旧。参见 William T. Hogan, *Depreciation Policies and Resultant Problems*(《折旧政策及其引发的相关问题》)(New York: Fordham University Press, 1967), 7—8。1934年法案保留了资本利得的税收优惠,但提高了税率,同时也设置了累进制。例如,该法案对从持有2~5年的资产中取得的收益按个人税率的60%征税,或按3%~36%边际税率征税,而不按之前统一的12.5%。参见 Blakey and Blakey, *The Federal Income Tax*(《联邦所得税》),586—588。虽然1928年税收法案将需缴纳个人所得税的长期资本利得比例由60%降至50%,但对资本利得的征税一直到两次世界大战期间仍在进行。参见 Bureau of Internal Revenue, *Statistics of Income for 1946, Part I*(《1946年收入统计,第一部分》)(Washington, D. C.: U. S. Government Printing Office, 1946), 50—56, 420—423。

和党人。①

在总统竞选期间和随后的过渡时期,罗斯福努力实现联邦预算平衡。而胡佛政府三年来一直无法做到联邦预算平衡。1933年,罗斯福警告国会,"在近期历史上,自由主义政府常常因为宽松的财政政策而触礁"。但他抵制一般销售税,此前他在担任纽约州州长时也持同样态度。他认为一般销售税是"最愚蠢的提法"。② 就像他的前任伍德罗·威尔逊一样,罗斯福的个人偏好是通过使用"榨取富人财富"式的税收来平衡预算——根据"支付能力"原则将税收负担转移给最富有的个人和公司。③

大萧条给罗斯福造成的严重困难,既涉及经济方面,也涉及政治方面。这与威尔逊在1916至1917年经济扩张时期所面临的困难大不相同。大萧条使税基缩减,所得税收入占政府总收入的比重从1927年的24.3%下降到1933年的14.5%(见附录,表A.3)。所以,要想大力降低债务或者以"即期支付"方式为新政项目提供资金,就要大幅提高税率或开征重要的新税种。但是,随着经济萧条的加剧,选择和确定承担增税成本的纳税人群体的过程不但枯燥乏味、政治代价高,而且越来越困难。罗斯福和国会领导人尤其担心,如果经济复苏未能实现,体现民主国家主义的税收政策将促使企业反对其他政策领

---

① 引自罗伯特·道顿(Robert Doughton)的部分以及对国会对1932年税收法案的审议,参见Walter K. Lambert, "New Deal Revenue Acts: The Politics of Taxation"("新政税收法案:税收政治")(Ph. D. dissertation, University of Texas, Austin, 1970), 1—103。也可参见Jordan A. Schwarz, "John Nance Garner and the Sales Tax Rebellion of 1932," *Journal of Southern History*("约翰·南斯·加纳和1932年销售税运动",载于《南部历史杂志》),30(May 1964),162—180。

② 1932年,罗斯福当选后,罗斯福在费利克斯·法兰克福(Felix Frankfurter)给沃尔特·利普曼(Walter Lippmann)的一封信阐述了他对销售税的看法。参见Max Freedman, ed., *Roosevelt and Frankfurter: Their Correspondence*, 1928—1945(《罗斯福和法兰克福:他们的信件,1928—1945》)(Boston: Little, Brown, 1967),68。有关新政第一年期间销售税问题的重要性,参见Frank Freidel, *Franklin D. Roosevelt: Launching the New Deal*(《富兰克林·D. 罗斯福:推行新政》)(Boston: Little, Brown, 1973), 51—59, 446—451。引自罗斯福的部分,参见第53页。

③ 历史学家马克·莱夫(Mark Leff)在他的著作中阐述了对罗斯福意图的截然不同的观点,他认为富兰克林·罗斯福(Franklin D. Roosevelt)在税收改革中只是寻求象征性的胜利。参见Mark H. Leff, *The Limits of Symbolic Reform: The New Deal and Taxation*(《象征性改革的局限性:新政与税收》)(Cambridge: Cambridge University Press, 1984)。沃尔特·兰伯特(Walter Lambert)没有发现任何证据表明罗斯福赞成大幅减轻税收负担,但兰伯特确实找到了罗斯福对"支付能力"原则很诚恳的道德承诺。参见Lambert, "New Deal Revenue Acts"("新政税收法案"),passim;以及W. Elliot Brownlee, "Taxation as an X-Ray," *Reviews in American History*("税收透视",《美国历史评论》),14(March 1986), 121—126。

域里革新性的"新政"计划,并将为反动势力反击"新政"铺平道路。在这方面,他们借鉴了威尔逊的经验。罗斯福曾在威尔逊政府任职,并于1920年成为民主党副总统候选人。他非常清楚地记得1918年至1920年经济困难时期共和党在反对威尔逊税收政策方面取得的成功。民主国家主义者的税收可能产生的经济效应也同样令人担忧。罗斯福认识到,如果他把所得税和公司税提高到足以使预算在短期内实现平衡的幅度,他将遭遇新的风险——商业信心和投资可能遭到破坏从而导致经济萧条加剧。

最终,在执政初期采用民主国家主义的税收政策时,罗斯福遇到了重大的制度障碍。共和党执政12年来,财政部的工作人员对承担设计新的累进税的工作已经丧失了热情。长期担任罗斯福政府财政部部长的小亨利·摩根索直到1934年1月才走马上任,他的直接下属需要花费几年的时间才能在财政部内部恢复推进民主国家主义改革的能力。此时,罗斯福指示他把新税种的提案工作交给国会,具体是交给当时在道格顿领导下的筹款委员会。

出于所有这些考虑,罗斯福在其执政初期的一百多天里,没有提出任何大幅增税的建议。在这一百多天里,他摆脱了胡佛的公司自由主义的束缚,动用了政府的强制权力来恢复经济。《国家工业恢复法案》规定征收5%的股息税和少量的超额利润税;同时,它还收紧了经营损失扣除和资本损失扣除方面的规定。根据《农业调整法案》,他们在食品加工环节增设了一个新税种。此外,其他法案还略微地提高了所得税税率的累进程度,略微地提高了资本利得税。政府打算通过这些税收措施来减少赤字。但是,增税的幅度并不大。与威尔逊为第一次世界大战筹措资金的早期阶段相比,此次增税并不意味着民主国家主义的传统税收原则已经再次大行其道。

罗斯福对一般销售税怀有敌意,他推行民主国家主义税收的早期脚步也比较缓慢。这意味着,在1935年之前他和国会依赖其他四个来源来获取新增收入。第一个来源是经济的复苏。1933年开始的经济复苏扩大了税基。第二个来源是胡佛的《1932年收入法案》带来的税收。第三个来源是税收的自动增长,它不需要罗斯福或国会采取任何行动。这些收入来源于酒税。联邦政府在通过《禁酒令》后并未从法律上废止酒税。1933年,《禁酒令》废止,酒税立即重新开征。在两党的选民中,酒税比一般销售税或其他特殊消费税更受欢迎。1933年至1936年期间,酒税收入增加了将近5亿美元。1936年,在酒税和烟草、汽油消费税增长的带动下,特别消费税收入达到了15亿美元左右,占联邦税收收入的40%以上,超过当年的14亿美元所得税收入。(1936年,在3 200万户美国家庭中,只有大约200万户家庭缴纳联邦所得税;个人所得税收入没有达到所得税总收入的一半。)第四个收入来源是赤字支出。罗斯福和国会允许联邦赤字从1933年的26亿美元增长到1936年的44亿美元,1936年的联邦赤字超过联邦支出的40%。[①]

罗斯福在其第一任期每一年的年度预算报告中都宣称,赤字将随着经济萧条的结束而消失。而且,事实上,正如他所说,大部分的赤字是由税基萎缩造成的,而不是由刻意的赤字支出和刺激计划造成的。关于这一点,罗斯福在执政初期对财政刺激政策的态度,比胡佛在1929—1931年间的态度更为谨慎。1931年之后,为了应对联邦储备委员会1931年的货币紧缩政策,胡佛才发起增税行动。但是,罗斯福本可以更积极地刺激商品和服务的总需求,他即使那样做也不会带来风险。他通过1933年的货币改革放松了货币限制。此后,即使赤字大幅增加,也不会将利率推高到阻碍借贷的程度。

实践中,罗斯福没有在约翰·梅纳德·凯恩斯的政策建议中选择出路。在1933年5月出版于美国的《通往繁荣之路》一书中,以及在当年晚些时候写给罗斯福的一封公开信中,凯恩斯敦促罗斯福积极利用赤字来刺激需求。[②] 1934年5月,凯恩斯在白宫拜访了罗斯福。不久之后,凯恩斯评论说,他"本来以为总统的经济学养很深厚"。另一方面,罗斯福则评论说,凯恩斯"留下了一大堆杂乱的数字"。罗斯福还补充说:"他一定是一个数学家,而不是一个政

[①] 有关经济大萧条期间各种联邦税收来源变动趋势的分析,参见 John M. Firestone, *Federal Receipts and Expenditures during Business Cycles*,1879—1958(《商业周期中的联邦收支》)(Princeton: Princeton University Press, 1960),36—54。

[②] John Maynard Keynes, *The Means to Prosperity*(《通往繁荣之路》)(New York: Harcourt, Brace, 1933); Keynes, "From Keynes to Roosevelt: Our Recovery Plan Assayed; the British Economist Writes an Open Letter to the President Finding Reasons, in Our Policies, for Both Hopes and Fears," *New York Times*("从凯恩斯到罗斯福:经济复苏计划测试;一位英国经济学家给总统写了一封公开信,在我们的政策中探寻希望和恐惧的缘由",载于《纽约时报》),December 31, 1933。

治经济学家。"①

直到20世纪30年代晚期,罗斯福才会选择凯恩斯的政策。同时,他将决定实施重大的增税行动。随着大萧条带来的经济损失逐渐增加,他得出结论,增税对于增加收入和推进民主国家主义进程来说都是必要的,民主国家主义将会巩固美国社会。"新政"将会增强财政政策趋向累进的长期转向。在此过程中,在核心原则的指引下,"新政"还将创造出新的税收制度。正是在同样的核心原则的指引下,伍德罗·威尔逊和国会创建了第一次世界大战期间的税收制度。

---

① 引自罗斯福政府劳工部长弗朗西斯·珀金斯(Frances Perkins)的叙述,他是凯恩斯的朋友,在凯恩斯拜访罗斯福后,与两人进行了交谈。Frances Perkins, *The Roosevelt I Knew*(《我眼中的罗斯福》)(New York: Viking Press, 1946), 225—226.

第五章　罗斯福体制

从1935年开始，大萧条下的经济危机和富兰克林·D.罗斯福总统的政治创造力共同使第一次世界大战时期的税收和财政体制经历了一场全新的独特改造。税制改革融入了"新政"自由主义的因素。他们为追求民主国家主义而努力，为扩张社会计划而扩大税基，这些做法强化了提高财政政策累进性的长期趋势。

事实证明，总统的领导对于改革来说至关重要。大萧条时期，行政部门与立法部门之间的紧张关系加剧了，地方向联邦政府提出的利益诉求也提高了。结果，罗斯福政府发现，在对适应于国家紧急情况的新税制施加影响方面，本届政府遇到的困难比南北战争时期亚伯拉罕·林肯政府和第一次世界大战时期伍德罗·威尔逊政府所遇到的困难还要大。但是，罗斯福呼吁政党忠诚，这有助于他建立优势。他在联邦政府内部和外部都成功地建立起了联盟。因此，在"新政"和第二次世界大战所创造的两种税收制度中，行政部门的影响力都强于国会，国家利益都高于地方利益。

随后，在三十年左右的时间里发生的第二次重大战争将创造出新的民主国家主义的财政体制。与第一次世界大战一样，这场战争为公共财政改革创造了机会，这些改革具有明确的社会意图和组织逻辑。在第二次世界大战期间，出于对社会公正的关注以及出于对威胁国家安全的因素的考虑，富兰克林·D.罗斯福总统的政府打造了战时财政制度，这一制度似乎比1935年创建的财政制度更具有改革潜力。

第五章 罗斯福体制

民主国家主义的回归

　　1935年,罗斯福认识到,现在的政治条件和经济条件有利于恢复民主国家主义的税收政策。他的行动时间安排受到了日益增长的"左派雷声"的影响,尤其是受到了休伊·朗的"分享我们的财富"运动的影响,该运动建议实施具有再分配作用的税收以弥补国家经济结构的缺陷。此外,随着罗斯福对经济复苏前景的信心的增长,他对商界强烈反对的担忧也减少了。最终,财政部部长亨利·摩根索在财政部内部搭建了罗斯福所要求的专业技术基础。①

　　摩根索的属下里有一个由法律教授组成的专家组,包括罗斯福的法律总顾问赫尔曼·奥列芬特将军和罗斯威尔·马吉尔。后者是哥伦比亚大学的一名税务专家。为做好提出新改革计划的准备,他指导了对联邦税收制度的全面调研工作。货币经济学家雅各布·维纳也在税收方面向摩根索提供建议,卡尔·S. 肖普、罗伊·布劳和劳伦斯·H. 塞尔茨,这些专门研究公共财政的经济学家也都与马吉尔密切合作。他们的工作核心是研究各级政府层面的税

---

① 以下文段在描述罗斯福政府于第二次世界大战期间制定的税收政策时,大量引用了约翰·莫顿·布卢姆(John Morton Blum)的著作,*From the Morgenthau Diaries*:*Years of Crisis*,1928—1938(《摘自摩根索日记:危机年代,1928—1938》)(Boston:Houghton Mifflflin,1959),297—337,439—451;John Morton Blum,*From the Morgenthau Diaries*:*Years of Urgency*,1938—1941(《摘自摩根索日记:危机年代,1938—1941》)(Boston:Houghton Mifflflin,1965),22—30,278—318;以及John Morton Blum,*From the Morgenthau Diaries*:*Years of War*,1941—1945(《摘自摩根索日记:危机年代,1941—1945》)(Boston:Houghton Mifflflin,1967),33—78。布鲁姆与约瑟夫·桑代克(Joseph J. Thorndike)共同编写的 *Their Fair Share*:*Taxing the Rich in the Era of FDR*(《公平份额:罗斯福时代的富人税》)(Washington,D. C.:Urban Institute Press,2013)一书,就这一问题提供了最佳处理方法。此外 Randolph Paul,*Taxation in the United States*(《美国税收》)(Boston:Little,Brown,1954),168—406,以及兰伯特(Lambert)的"New Deal Revenue Acts"("新政税收法案")也很有参考价值。有关 Huey Long 渐进式改革方案的意义,参见 Monica Prasad,*The Land of Too Much*:*American Abundance and the Paradox of Poverty*(《过剩的土地:美国富足与贫穷的悖论》)(Cambridge,MA:Harvard University Press,2012),129—147。

115

收分配效应。① 在 1934 年夏末,马吉尔和他的财政部同事向摩根索提出了旨在增加新收入和打击财富集中的建议。当年 12 月,摩根索将这些建议提交给了白宫。

为了帮助完善准备提交给国会的税收提案,罗斯福招募了他的亲密顾问——哈佛大学法学教授费利克斯·法兰克福。自新政开始以来,法兰克福一直敦促总统利用征税权来解决他所认为的许多公司规模过大的问题。罗斯福和法兰克福根据财政部的提案制订了一项雄心勃勃的、激进的税收改革计划。1935 年 6 月,罗斯福向国会提交了该计划。罗斯福告诉内政部部长哈罗德·伊克斯这是"他作为总统所做的最棒的工作"。②

罗斯福在自己的计划中提议,对公司征收累进税以抑制垄断的发展,对控股公司从其控制的公司取得的股息征税,开征附加税以将个人所得税的最高税率从 63% 提高到 79%,以及在联邦遗产税之外征收继承税。他向国会解释说,财富的积累导致"少数人不合众意地过度控制着许多其他人的就业和福利"。此外,"无论是通过整个群体的合作所获得的财富,还是通过投机获得的财富,这些财富的所有权都牵涉着巨大的公共利益,都意味着强大的支付能力"。

然而,罗斯福的目标并不是简单地重新分配财富和权力。当年晚些时候,他向一家报纸出版商解释说,他的目的不是"破坏财富,而是创造更多的

---

① 经济学家路易斯·谢尔(Louis Shere)一篇未发表的分析报告是 20 世纪 30 年代纳税负担的最重要研究,参见 "The Burden of Taxation," unpublished memorandum, U. S. Department of the Treasury, Division of Research and Taxation("税收负担",未发表的备忘录,美国财政部,税收研究处),1934。有关现代美国税负的调查,参见 B. K. Atrostic and James R. Nunns, "Measuring Tax Burden: A Historical Perspective," in *Fifty Years of Economic Measurement: The Jubilee of the Conference on Research in Income and Wealth* ("税负计量:从历史维度来看",载于《经济计量五十年:收入与财富调查 50 周年大会》),vol. 54, eds. by Ernest R. Berndt and Jack E. Triplett (Chicago: University of Chicago Press, 1990), 343—408。

② 有关法兰克福主张(Frankfurter)在这一税收立法中的意义,参见 Ellis Hawley, *The New Deal and the Problem of Monopoly: Study in Economic Ambivalence* (《罗斯福新政与垄断问题:对经济矛盾的研究》)(Princeton: Princeton University Press, 1966), 344—359。然而,霍利(Hawley)认为 1935 年和 1936 年税收法案是"相对无害的"(p. 359)。哈罗德·艾克斯(Harold Ickes)在 1935 年 6 月 19 日对 1935 年税收措施进行了讨论,该内容载于他的日记,*The Harold L. Ickes Papers* (《哈罗德·艾克斯文集》), LC。有关法兰克福在其中发挥的作用,参见 Thorndike, *Their Fair Share* (《公平份额》), 138—140。

机会来抑制无益的、无实际价值的财富集中并使最合适的群体来承担政府的负担"。他认为,他的税收改革计划在释放个人和小企业的活力以促进经济恢复的方面既具有内在公平性又具有适当的作用,因而具有正当性。对于罗斯福来说,他不必在经济增长与税收累进之间作权衡取舍。①

在1935年倡议中,以及在和平年代的"新政"时期的各个阶段,罗斯福都能够从北卡罗来纳州的罗伯特·L.道顿那里得到支持。道顿在1933至1947年间担任众议院筹款委员会主席。(算上从1949年到1953年的第二个任期,他是该委员会历史上任职时间最长的主席。)道顿经常在国会中发挥决定性作用。在国会中,参议院财政委员会主席、密西西比州参议员帕特·哈里森和其他南部民主党人经常反对"新政"中的税收改革计划。道顿有时也对相对比较复杂的"新政"税收改革提案表示怀疑,他抵制任何形式的大幅增税。他在1935年私下抱怨说:"本届政府在关键领域里的理论太繁多了。"但是,他相信让"穷人、弱者和卑微者"承担更少的税收负担的做法是公正的。他确信,这些人支付的税收占其收入的比重要高于富人。从1911年开始在国会任职以来,他就一直把党派忠诚和创造民主党执政纪录的需要视为首要任务。②

道顿和他的许多南方同事可能对大规模政府持保留态度,但对于他们来说,向富人征税则有效表达了他们的群体价值观,也反映了南方人希望由收入最多的州来主要承担所得税增长所带来的负担的传统想法。密西西比州的约翰·兰金是最敌视"新政"的南方人之一。即便如此,他也支持对富人征税。1932年,他对一群一战残疾退伍军人说:"为了解决赤字问题、照顾我们的残疾退伍军人、重新分配国家财富和减轻那些最无力承担税收的人的税收负担",他支持"对上一次战争的利润征税"。然后,他借鉴了安德鲁·梅隆的象征手法。"我听说,"兰金宣称,"他每年有3 000万美元的收

---

① 引自罗斯福(Roosevelt)的部分,参见 Arthur M. Schlesinger Jr., *The Age of Roosevelt*:*The Politics of Upheaval*(《罗斯福时代:动荡的政治》)(Boston:Houghton Miffflin,1960),328;以及 Lambert,"New Deal Revenue Acts"("新政税收法案"),259—260。

② 对于在新政早期,特别是道顿以及南方国会议员的重要作用,相关理由参见 Tindall, *Emergence of the New South*(《新南方的崛起》),607—613。虽然与道顿比起来,帕特·哈里森(Pat Harrison)精力没那么充沛,效率也没那么高,但他也终止了罗斯福于1935年提出的继承税提案。引自道顿的部分,参见 Lambert,"New Deal Revenue Acts"("新政税收法案"),297,226。

入。如果我有办法的话,我们会在他的钱包上加上一条作战负伤纹饰(第一次世界大战时,相当于紫心勋章),这个纹饰要大到从匹兹堡到费城都可以看到。"①

罗斯福提出了对财富和权力集中进行征税的税收改革建议。在道顿的领导下,国会对这一税收改革建议给予了很大的支持。《1935年收入法案》的实施,加上经济的复苏,抬高了家庭的税率级次,并将富人的有效税率提高了将近50%。增税措施的内容之一是大幅提高资本利得税的税率。②1936年,最富有的1%纳税人的有效税率提高到16.4%,高于第一次世界大战期间任何一年的相应税率,实际上这个税率之高也是史无前例的。这一税率水平一直保持到1940年。1940年,经济的复苏使相当多的纳税人适用了更高的边际税率,进而使有效税率进一步提高到20%以上。《1935年收入法案》也将遗产税的最高税率提高到了70%。到1938年,这一变化连同1932年遗产税修正案一起使缴纳联邦遗产税的死者的比例恢复到了1925年的水平(1.2%),并将遗产的平均税额(以美元不变价值计算)提高到1925年水平的三倍以上。③

然而,由"新政"计划提出并由国会于1935年通过的其他税收的累退性,在一定程度上抵消了罗斯福所得税改革的累进性。其他税收是指工薪税,它

---

① 引自约翰·兰金(John Rankin)的部分,参见 U. S. Congress, *Proceedings of 11th National Convention of Disabled American Veterans of the World War*(《第十一届美国世界大战残疾退伍军人全国大会会议记录》), House Doc. 50, 72nd Congress, 1st Session, p. 16。兰金(Rankin),参见 Frank Freidel, *FDR and the South*(《罗斯福与美国南方世界》)(Baton Rouge: Louisiana State University Press, 1965), 80—81。一项有关南方人支持新政的启发性分析,该分析包括税收,但不涉及种族或劳工问题,参见 Theodore J. Lowi, *The End of the Republican Era*(《共和时代的终结》)(Norman: University of Oklahoma Press, 1995), 130—135。

② 1934年,国会将资本利得的税率从12.5%提高到了31.5%,但同时设置浮动税率,规定资产出售前持有时间超过一定期限的,资本利得不征税。资产持有不满一年的,资本利得需全额缴纳税款,税率为31.5%;持有超过10年的,仅就收入的30%缴纳税款,有效税率则降为9.45%。1935年税法保留了浮动税率,但将税率由31.5%提高到了39%。

③ 有关有效税率,参见 Brownlee, "Historical Perspective on U. S. Tax Policy toward the Rich"("从历史角度看美国对富人的税收政策"), 51。有关遗产税税率,参见 Shammas et al., *Inheritance in America*(《美国继承税》), 128。

是新社会保障体系的核心资金来源。①税改中累进与累退的不一致性可能表明,罗斯福只不过是一个见利忘义的操纵者,他巧妙地利用了税收的强大象征意义。但是,罗斯福认为社会保障是一种保险制度。他认为中产阶级缴纳的税款是用于投资目的的保险费。因此,在他看来,纳税人将会因为自己的缴费而收到相应的福利。罗斯福的概念得到了许多美国民众的认同,这一概念帮助工薪税赢得了民众的支持,而民众的支持则巩固了工薪税的优势,从而使它在1935年以微弱优势得以通过。养老保险制度的成功实施在很大程度上得益于罗斯福的领导,包括他对倾向于通过工薪税方式筹资的社会保险专家的支持。②

罗斯福明智地认识到,保险原则可以起到使制度免受反动攻击的作用。正如他所说,"有了这些税收,任何一个该死的政治家都不能取消我的社会保障计划"。他成功地保护了社会保障制度,这可能超出了他的最大期望。此外,即使是最初的社会保障计划,其福利计算公式也有一个累进的维度。1939年,罗斯福和国会坚定地确立了累进式的福利计算公式,并引入了现收现付式的资金管理制度。③

罗斯福认为,《1935年收入法案》的通过意味着在1936年总统选举之前

---

① 从罗斯福政府专家的角度讲述的社会保障制度实施过程,参见 Edwin E. Witte, *The Development of the Social Security Act: A Memorandum on the History of the Committee on Economic Security and Drafting and Legislative History of the Social Security Act*《社会保障法的制定:关于经济保障委员会历史及社会保障法起草和立法历史的备忘录》(Madison: University of Wisconsin Press, 1963);以及 Arthur J. Altmeyer, *The Formative Years of Social Security: A Chronicle of Social Security Legislation and Administration*, 1934—1954 (《社会保障制度的形成时期:社会保障法及管理年代记》)(Madison: University of Wisconsin Press, 1968);或 Theron F. Schlabach, *Edwin E. Witte: Cautious Reformer*(《埃德温·怀特:谨慎改革派》)(Madison: University of Wisconsin Press, 1969)。

② 1935年社会保障融资凸显了罗斯福的地位,相关历史参见 Edward D. Berkowitz, "Social Security and the Financing of the American State," in *Funding the Modern American State*, 1941—1995: *The Rise and Fall of the Era of Easy Finance*(《为现代美国筹资,1941—1995:美国易融时代的兴衰》), ed. by W. Elliot Brownlee (Washington, D. C.: Woodrow Wilson Center Press, and Cambridge: Cambridge University Press, 1995), 149—194。

③ 一位社会保障起源方面的历史学家称,1939年改革旨在"加速培养计划中的既得利益者,建立利益与官僚机构重合的受益者联盟,进而消除资助系统的潜在约束"。参见 Carolyn L. Weaver, *The Crisis in Social Security: Economic and Political Origins*(《社会保障制度危机:经济与政治的起源》)(Durham: Duke University Press, 1982), 112。

他没有必要再开征任何新税种。但在1936年初,最高法院裁定《农业调整法案》规定的加工税无效,国会撤销了罗斯福否决一战退伍军人奖金法案的决定。这两起事件都可能引起联邦赤字的大幅增加。

为了应对上述问题,摩根索建议征收留存利润税。罗斯福以前忽略了这个筹集收入的措施。摩根索的提议是取消以企业所得、股本和超额利润为征税对象的现有税收,并用留存收益(公司未分配给股东的利润)税取代它们。该税的税率根据未分配利润占全部利润的比例而累进。马吉尔的专家团队在仔细查阅财政部档案寻找灵感时发现了这个主意。他们从那里发现了托马斯·S.亚当斯于1919年提出的关于留存利润税的建议,亚当斯希望用它来代替超额利润税。①

摩根索和他的财政部职员认为,这项措施可以打击避税行为。他们深信,公司故意保留利润不作分配以避免股东就股息缴纳个人所得税。他们指出,《1932年收入法案》将全国最富有的1‰家庭所适用的边际税率几乎恢复到了第一次世界大战时期的水平。他们认为,为了使这些边际税率产生实际效果,必须征收留存利润税。②

此外,财政部专家认为,留存利润税可以降低企业力量的集中程度,促进竞争,促进经济复苏。他们深信,与小公司相比,最大的那些公司有实力保留更大比例的盈余。他们确信,保留盈余可以降低借入新资本的需要,这给大公司带来了不公平的竞争优势。此外,奥列芬特和摩根索认为,大型企业过度储蓄,或者以不明智的方式将盈余用于再投资。留存利润税可以有效地引导这些公司将利润分配给股东。正如奥列芬特和联邦储备委员会主席玛琳娜·埃克尔斯强调的那样,这些股东随后会花掉部分股息,从而刺激经济。

罗斯福在3月份向国会发表的一份讲话中对留存利润税表示了赞同,并在原则上取得了筹款委员会的支持。但政府面临着参议院财政委员会及其工作人员的敌意,他们担心收入损失,更愿意在保留现有的企业所得税的同时对未分配收益开征较轻的单一比例税。1936年6月,尽管有大量的企业游说反

---

① 有关亚当斯(Adams)的影响,参见财政部部长助理路易斯·谢尔(Louis Shere)致罗伯特·M.黑格(Robert M. Haig),1936年3月6日;《罗伯特·默里·黑格文集》,哥伦比亚大学巴特勒图书馆。
② 税收分析处,美国财政部,"税收修订研究,1937年",卷四,"留存利润税",国家档案馆。

对这项提议,也尽管因收入估计差异较大而发生激烈争论,国会还是通过了一项以留存利润为课税对象的累进税。摩根索介入了众议院和参议院之间的谈判,并在很大程度上促成了谈判结果的达成。由于参议院的反对,该税的累进程度没有财政部所期望的那样高。按照规定,该税对留存利润设定了从7%到27%的5个级次。但由于降低了累进程度,罗斯福在国会中的盟友成功地保留了基本的企业所得税,并通过了对企业利润实施全面双重征税的规定。大公司的代表们本来希望摒弃公司所得税,但不希望以承受更高的留存利润税为代价。他们认为,从长远来看,留存利润税对企业自主权的威胁更大,他们担心罗斯福政府在未来会提高留存利润税的税率。

这一新税种尽管有所让步,但仍是自第一次世界大战期间通过超额利润税以来对公司财务自治构成最大威胁的税种。1936年7月,内政部部长伊克斯与实业家哈里·F.古根海姆进行了会谈,他们得出了结论:"税收政策是当前的基本政策。"伊克斯写道,对高级距部分的增税,"对公司未分配盈余的征税,加上对进一步增税的担忧",实际上使"非常富有"的群体中的"每个人都变成了愤愤不平的反对者"。[①]

由于摩根索和罗斯福积极起诉逃税者,并试图取消逃税者所利用的优惠政策,企业和富人对新的立法和随后可能进行的其他改革的恐惧更加强烈。1934年,摩根索和罗斯福发起了非常引人注目的改革运动,当时,财政部以逃税为由起诉其前任部长安德鲁·梅隆,声称他欠了300多万美元的税金和罚款。他们之所以选择梅隆作为他们的特殊目标,原因在于,梅隆代表金融资本主义的力量,代表20世纪20年代共和党政府内权力的滥用。而金融资本主义能够根据自身利益制定国家政策,能够把税收制度改造成特权工具。摩根索告诉检察官:"我认为,正在受审的不是梅隆先生而是民主体制和享有特权的富人阶层。我想看看谁会获胜。"[②]

梅隆在法庭上取胜了。大陪审团拒绝指控他,税务上诉委员会在1937年

[①] 参见1936年7月27日,载于"哈罗德·伊克斯日记",《伊克斯文集》。

[②] Blum, *Morgenthau Diaries: Years of Crisis*(《摩根索日记:危机时代》),324—325。有关罗斯福政府如何看待富人避税的精彩讨论,参见 Thorndike, *Their Fair Share*(《公平份额》),83—92,142—155。

认定他没有逃税。但他却输掉了公关大战。税务上诉委员会还表示，他只是犯了"碰巧使他受益的"错误，并补充说他欠了40万美元的税金。税务上诉委员会还采取了进一步的行动——利用梅隆案揭露税法中的漏洞。国内收入局局长指出，作为财政部部长，梅隆向国内收入局征求了"一份列明个人合法避税方法的备忘录"。① 事实证明，梅隆采用了该备忘录所详细描述的十种方法中的五种，此外也还采用了他自己设计的其他几种方法。

1937年春，梅隆案的结果，再加上6亿美元的税收缺口——财政部分析师将其归咎于避税——促使摩根索和罗斯福寻求补救性立法。在财政部系统地调查避税问题的同时，罗斯福赢得了两个税法起草委员会的主席的同意，成立了打击逃税和避税联合委员会(JCTEA)，该机构有权从财政部取得避税者名单。财政部从司法部借调来了瑟曼·阿诺德律师。在该律师及其团队的协助下，财政部相关见证人员梳理了相关漏洞，并锁定了67名采用公司注册的手段来少缴税款的"重要而富有的纳税人"。媒体把注意力集中在通用汽车公司总裁阿尔弗雷德·P.斯隆身上，他将自己的游艇注册为公司资产。斯隆解释说："没有人想逃避自己应该缴纳的那部分（税款），但政府也不应该期望任何人缴纳超过法定份额的税款。"②

在打击逃税和避税联合委员会展开调查之前，公众很少有机会查看个人所得税申报表信息。实际上唯有在1923年到1926年之间公众可以查看个人所得税申报表信息，当时乔治·诺里斯和罗伯特·拉·福莱特等国会中的累进主义者成功地向公众公布了美国最富有的纳税人的纳税信息。1937年，在JCTEA成立之前，罗斯福想揭露通过税收漏洞避税的、非常富有的那些人的身份。摩根索试图使罗斯福相信这种做法有可能是违法的，但他仍然向他的老板提供了姓名和数据。当罗斯福决定建立打击逃税和避税联合委员会时，他最终放弃了通过自己的办公室公布富人纳税申报数据的想法。尽管如此，他还是向政府官员吉姆·法利和荷马·卡明斯传递了一些信息，也许他希望

---

① Blum, *Morgenthau Diaries*：*Years of Crisis*(《摩根索日记：危机时代》),325.
② Blum, *Morgenthau Diaries*：*Years of Crisis*(《摩根索日记：危机时代》),335.

他们能把这些信息泄露给媒体。①

联合委员会披露逃税者信息,这促使国会一致通过了《1937 年收入法案》。它将企业所得税的最高税率从 15% 提高到 19%,还提高了个人控股公司的税收,限制了关于公司游艇和乡村地产的扣除,限制了因出售或交换财产而发生的损失的扣除,减少了创建多重信托的优惠,并取消了对非居民纳税人的优惠。这些增税措施,再加上前一年采取的增税措施,合起来将税率推高到足以创造出充分就业盈余的水平。充分就业盈余是指当经济以充分就业的状态运行时可以产生的收入盈余。(这是"新政"计划中的财政政策创造出充分就业盈余而不是充分就业赤字的唯一一个年度。)

到了 1937 年,经济复苏使失业率降低了一半,这促使罗斯福在 1938 年设计了一项更大的改革计划。他打算提高留存利润税,设立资本收益累进税,并对来自联邦、州和地方债券的收入征税。

这些雄心勃勃的计划,比"新政"的任何其他内容,都更激起了大企业领导人的恐惧和厌恶。他们清楚地认识到罗斯福的税收计划威胁到了他们对资本的控制以及他们的财务规划自由。税收计划以及其他"新政"措施,可能在很大程度上造成了 20 世纪 30 年代私人投资水平极端低下的状况,甚至还在很大程度上通过降低商业预期使 1937—1938 年经济衰退达到了严重程度。伊克斯等反对垄断的"新政"干将甚至指责资本家为了应对"新政"税收而密谋"罢工"。②

并没有证据表明这样的阴谋确实存在,但商界领袖确实登上了政治舞台,并在商界之外寻求广泛的政治支持。1938 年,他们发现罗斯福的力量因为受到两个主要错误影响而变得脆弱。第一个错误是,进一步加剧了 1937—1938 年的经济衰退;第二个错误是,在 1937 年开启了重组最高法院的灾难性斗争。

---

① 有关这一事件,参见 Blum, *Morgenthau Diaries: Years of Crisis*(《摩根索日记:危机时代》),327—337。

② 有关 1937—1938 年经济衰退的原因,参见 Kenneth D. Roose, *The Economics of Recession and Revival: An Interpretation of 1937-38*(《经济衰退和复苏的经济学:解读 1937—1938》)(New Haven: Yale University Press, 1954), 10—12, 209—216,罗斯(Roose)在文中讨论了未分配利得税的影响。熊彼特(Schumpeter)也强调了税收的作用,参见 Joseph Schumpeter, *Business Cycles*(《经济周期》)(New York: McGraw-Hill, 1939), 1038—1040。有关阴谋指控,参见 Leff, *The Limits of Symbolic Reform*(《象征性改革的局限性》), 212—213。

以伯纳德·巴鲁克和约瑟夫·肯尼迪为首的一些东北部民主党人与总统决裂,他们还认为为了恢复商业信心必须减税。他们同意参议员帕特·哈里森于1937年12月提出的观点——罗斯福的税收计划"进程缓慢并且导致了失业"。①

1938年,对"新政"税收政策持重大保留态度的共和党和民主党联盟形成了,它通过两个税法起草委员会开展工作,抓住了罗斯福的失误并阻碍了进一步改革。罗斯福进行了反击。在杰克逊纪念日晚宴上,他谴责商人"竭尽全力维持对本国工业和金融的独裁控制,这与他们现在就在进行的独裁控制没什么两样。"但是民主党内的保守派已经聚集了足够的力量来推动国会忽视筹款委员会主席道顿的反对意见而通过一项旨在推翻留存利润税的措施。在该措施中,适用于资本收益的税率从39%降低到30%。② 罗斯福重视反对派的实力,他决定不否决该法案。相反,他允许《1938年收入法案》在未经他签字的情况下成为法律。不过,他猛烈抨击这个法案,认为它"背弃了美国税收的一项重要原则"——支付能力原则。1939年,国会终止了这项激进的税制改革的短暂使命。

企业领导人为他们的胜利付出了政治代价。政府对企业利润和股息征税,进而形成对企业利润的双重征税,他们必须接受这一实际情况。但至少有一些人认为这个代价是值得的。他们可以通过保留企业利润、在资本市场借入资金、游说争取关于资本收益的税收优惠(以及其他税收优惠)等方式来减轻企业受到的影响。对于那些面临双重征税冲击的股东来说,放弃股息并实现他们在公司的股权投资的增长,而不是收取股息并支付高边际税率的个人所得税,已经成了一个对他们越来越有吸引力的选择。1939年,正如法律史专家史蒂文·班克所写,"公司税从剑到盾的转变已经完成"。③ "新政"计划中的公司税收改革走到了具有讽刺性的终点,它已经从攻击公司力量的"剑"

---

① 引自哈里森(Harrison)的部分,参见Lambert, "New Deal Revenue Acts"("新政税收法案"),422。

② 国会同时将最短期资产所得的免税利得比例提高至30%,然而,这一举措抵消了将长期资本利得的免税利得比例从70%降至50%的累退效果。直到1979年,这一免税利得的比例基本保持不变。

③ Bank, *From Sword to Shield*(《由剑到盾》),189.

转化为保护公司免受此类攻击的"盾"。

罗斯福在1938年和1939年的失败标志着国会重申了自己的税收立法权。从那时起到第二次世界大战结束,国会的两个税法起草委员会一直谨慎地控制着税收政策的起草工作。摩根索和他的那些财政部顾问的影响力已经减弱;只有当罗斯福能够调动公众舆论时,他们才能对国会产生决定性的影响。

20世纪30年代末,"新政"中的税收改革计划结束了,但罗斯福和国会已经引入了新的税收制度,它由强化了的"榨取富人财富"式的税收内容、扩大的消费税和新的社会保障税组成。总的来说,税收改革并没有通过税收在很大程度上来重新分配收入,但是税制的累进性却更强了。罗斯福的所得税改革计划使美国人习惯于这样一种期待——任何重大的增税目标都将通过提高富人和企业税收的方式来实现。

无论其再分配作用多么有限,新的制度都大大提高了联邦政府筹集收入的能力。尽管1941财政年度经济复苏尚未恢复到充分就业状态,但以社会保障税、消费税和企业所得税为主的联邦税收收入增长了一倍多:税收收入从1929年的29亿美元增加到1941年的74亿美元。尽管如此,税基萎缩,"新政"的赤字支出增加,导致20世纪30年代的国债大幅增加。1940年之前,甚至在开始为第二次世界大战筹措资金之前,国债就已经从1930年的161亿美元上升到了430亿美元,按相对数来表示,已从国内生产总值(GDP)的16%上升到了43%(见附录,图A.1)。

"新政"税收机制,不仅扩大了联邦政府的规模,而且加强了中央集权,这一事实为"新政"的实施提供了政治力量。扩大联邦税收在某种程度上削弱了州政府的税基。但是,与内战之后的时期以及20世纪20年代一样,州和地方政府对联邦税收能力的提高表示欢迎。20世纪30年代早期,州和地方领导人面临着令人痛苦的财政压力。地方政府面临着越来越多的救济义务,同时还遭受着财产税收入下降、违约率飙升甚至民众反抗等压力。由税收问题引起的芝加哥罢工就是民众反抗的典型例子。许多州通过提高销售税和减少公路和学校支出的方式向地方政府提供日益增长的补助金。然而,各州宪法限制了赤字融资,新的州债券和市政债券极难发行。1929年至1933年间,州政府和地方政府每年都提高税率,然后一直维持较高的税率水平。到了1936年,他们又进一步提高了税率。1940年之前,州政府逐渐扩大销售税的征税范围并提高了税率。1940年,州政府通过征收销售税筹集到了大部分资金。到了1940年,消费者消费汽油、烟草、白酒、软饮料和人造黄油而缴纳的税收达到了11亿美元,33个州于1932年至1937年新开征的一般零售税带来了5亿美元的收入。这在很大程度上促使销售税收入占政府总收入的比重从1932年的18.6%提高到1940年的32.4%(见附录,表A.3)。同时,地方政府提高了财产税的有效税率。1935年后,"新政"通过庞大的、复杂的政府间转移支付(在"新政"结束时占州和地方收入的10%以上)制度和纳税促进计划强化了州和地方的收入体系。纳税促进计划的一个重要例子是,房主贷款公司要求借款人必须缴清欠税才有资格收到附有补贴的抵押贷款。[①]

1938年和1939年,"新政"税制改革结束。旨在推进全面的民主国家主义计划的所有政治努力都遭遇了失败,"新政"税制改革结束只是整个失败中的一小部分。"新政"将联邦政府推向了新领域,但尚未有任何一个可以表明政府大幅扩张具有正当性的、逻辑清晰的理论被美国大众所接受。相反,"新政"所服务的各个团体,一方面倾向于接受资本主义秩序,另一方面则留恋他们从政府那里获得的特殊利益。这些组织希望得到资本主义的奖赏;但还期待联邦政府保护他们免于遭受市场上的重大风险,并且在社会发生严重不和谐的时候安排他们与对立力量达成协议。这类协议可能包括在税法中通过特殊免税或扣除的方式向特定群体提供的优惠待遇。但是,拼凑式的制度安排不可能带来影响深远的税收改革,也不可能引起税收负担的大规模转移。

罗斯福政府关于政府经纪人角色的创新思路,与联邦政府希望在促进经

[①] 经济学家约翰·沃利斯(John J. Wallis)认为,新政计划"解释"了20世纪30年代地方政府经济的相对衰落和州政府经济的持续增长。参见John J. Wallis, "The Birth of Old Federalism: Financing the New Deal, 1932—1940," *Journal of Economic History* ("旧联邦制的诞生:新政融资",载于《经济史杂志》), 44 (March 1984), 139—159。大卫·贝托(David Beito)认为,诸如房主贷款公司这样的招数是一项更大策略的某部分,这一策略旨在破坏传统税收,抵制税收良性。参见他的著作 *Tax Payers in Revolt: Tax Resistance during the Great Depression*(《纳税人反抗:大萧条时期的税收抵制》)(Chapel Hill: University of North Carolina Press, 1989)。有关20世纪30年代,联邦与州的关系调查中,最优质的是 James T. Patterson, *The New Deal and the States: Federalism in Transition*(《新政与美国:过渡中的联邦制》)(Princeton: Princeton University Press, 1969)。

济复苏方面承担更多的责任这一情况是密切相关的。联邦政府希望通过减税、增加支出和扩大赤字等财政机制来促进经济复苏。但是,当美国参加第二次世界大战时,这种转变是缓慢的、不稳定的,而且仍然是不完整的。①

诚然,从实际的赤字来看,罗斯福政府的财政政策可以被解读为通过赤字支出持续而更加有力地促进经济复苏的政策。然而,财政赤字又往往是税基衰退、低迷的无意结果,并且也不是罗斯福所希望见到的。事实上,在大萧条时期中罗斯福的任内,只有大约一半的赤字是由深思熟虑后的决策造成的。而且,罗斯福和摩根索从未打算让赤字成为国家公共财政制度的永久特征。②

1938年,罗斯福终于开始提倡积极地刺激需求。这项新政策包括一项新的、充满活力的支出计划,该计划并未与大幅的增税相关联。结果,充分就业盈余变成了充分就业赤字,并且赤字在1938年和1939年急剧上升。不过,凯恩斯思想对罗斯福财政政策的影响只是间接性的,总统并没有转变为凯恩斯的信徒。罗斯福改变政策,部分原因在于他决定要放弃税制改革。他认识到,反对"新政"的呼声越来越强烈,这使他无法进一步提高税收,也无法通过他偏爱的手段——具有调节分配作用的税制改革——来实现经济复苏。此外,罗斯福不能忽视限制性财政政策导致1937至1938年经济急剧下滑的现象。而且,到了1938年,他可能已经听说——至少是间接地听说——在凯恩斯的影响下摩根索的一些顾问就赤字问题发生了争论。例如,早在1937年,马吉尔就主张在数年内而不是每一个年度内实现预算平衡。他对摩根索说:"借贷的影响将会刺激国民经济发展。"1938年,罗斯福向国会解释说,他所提出的不增加税收而大幅增加支出的建议,将会提高"国家的购买力"。

没有证据表明,政府内部最认真的凯恩斯主义者(哈里·霍普金斯、亨利·华莱士和玛丽娜·埃克尔斯)曾于1938年劝说罗斯福相信他们的观

---

① 对罗斯福财政政策发展的最佳综合论述是 Stein, *The Fiscal Revolution in America*(《美国财政革命》),39—196。

② 与国家和地方财政政策相比,财政赤字的刺激作用显得更弱一些。1933年至1939年之间,州和地方政府实行了大规模加税措施,所以若经济处于充分就业状态,这些政府将收获巨额预算盈余。州和地方在充分就业的情况下获得的大量盈余足以抵消联邦赤字在七年(七年中仅有两年未出现赤字)中的广泛影响。

点——永久赤字对于实现和维持充分就业是必要的。或者说,在其他任何时候,他们也都没有劝说罗斯福相信这一观点。但在1938年之后、珍珠港事件之前那几年的经济复苏时期,联邦政府内部的经济学家促进了凯恩斯思想的发展。阿尔文·汉森等人是高级经济学家,他们虽然在职业生涯的晚期才学习了凯恩斯的概念,但却利用凯恩斯的观点整理陈述了他们长期以来的主张——离开永久赤字或大规模的收入再分配,经济停滞是不可避免的。其他人则经常受到1936年出版的《就业、利息和货币通论》一书的影响。这些凯恩斯主义经济学家分布于商务部工业经济司、预算局(包括1939年成立的统计标准办公室)和国家资源规划委员会等机构。在财政部内部,经济学家哈里·德克斯特·怀特和研究部门的首席经济学家劳伦斯·H.塞尔茨大力推广和应用凯恩斯学说。所有这些经济学家,以及他们在政府之外的同事,对整个罗斯福政府的专家顾问都产生了重大影响。纽约税务律师伦道夫·保罗于1941年底接管了税务部门,并于1942年中期成为法律总顾问,他在说服摩根索接受凯恩斯思想方面最为积极。

然而,在美国参与第二次世界大战时,凯恩斯主义的思想也只是取得了有限的成功。在财政部,摩根索从未放弃年度预算平衡的愿望,尽管他鼓励专家顾问围绕这一问题进行辩论。在政府内部,凯恩斯主义的拥护者们也只就两个主张成功地达成了共识。第一,联邦政府应避免在经济衰退或萧条期间采取限制性的财政政策(如胡佛政府1932年的增税政策和罗斯福政府1937年的削减开支政策)。第二,联邦政府应在经济逆转期间扩大支出计划。但是,罗斯福政府并没有将这些相当模糊的想法转化为明确的支出和赤字策略,也没有建立联邦机构来选定可靠的技术手段及确定支出和赤字的规模。

然而,罗斯福政府在集中预算权力方面迈出了重大步伐。1939年,他们根据《重组法案》设立了总统执行办公室,将预算局(从财政部)和国家资源规划委员会(从内政部)移交给该办公室,并在该办公室内部设立了应急管理办公室。在公共支出方面,国会强调法案的目标是通过协调和消除重叠的机构来减少支出,但其主要目的是加强总统对扩大了的行政部门的控制。因此,在罗斯福政府逐渐认同赤字支出是一种积极措施的同时,它开始更加自觉地将联邦预算视为国家政策工具。

20世纪30年代末,民主国家主义已经不再是决定联邦政府如何应对大萧条的力量了。富兰克林·罗斯福的"新政"所创立的税收制度在再分配影响范围上也不如1935至1938年之间那样宏大了,但这个新税制并没有被取消。对于罗斯福总统和他的某些顾问来说,另一场世界大战——又一次由民主党政府管理的参战——可能是民主国家主义东山再起的机会。

创建"二战"时期税制

当美国人准备参加第二次世界大战时,罗斯福总统和国会领导层认为,此次的战争动员规模要比第一次世界大战期间大得多,因此通胀压力将会更为严重。因此,国家领导人内部很快就达成了支持大幅增税的两党共识。增税将为战争提供大部分资金,同时也将通过阻止消费者在与政府竞争时抬高价格而控制通货膨胀。因此,两党领导人都认为此次的战时增税幅度将比第一次世界大战时期大得多。尽管达成了共识,但采用这一新财政政策的政治进程却艰难而曲折。事实证明,采用哪些具体税种和选择什么样的税收水平仍是激烈争论的焦点。

这场战争给罗斯福提供了恢复民主国家主义税收改革的新机会。与伍德罗·威尔逊和威廉·吉布斯·麦卡杜1916至1917年间的做法相似,罗斯福和财政部部长亨利·摩根索开始着手通过税收为战争提供大部分资金,并使大部分税负落到公司和高收入群体身上。

早在1939年,总统就开始为筹集资金做准备,他更关注的是税收结构问题,而不是税收规模。他经常谈到需要征收超额利润税;1940年夏天,他提议对个人和公司征收超额利润税,其税率应该高度累进。民主党人普遍赞同这一想法,但他们对于超额利润税应采取的形式还存在分歧。罗斯福、财政部、筹款委员会和"新政"自由主义者,如参议员小罗伯特·M.拉·福莱特等人,都赞成对超过最低回报率以上的利润征收类似"一战"时的超额利润税。参议员帕特·哈里森和其他民主党保守派反对这样的做法,并且占了上风。在10月通过的《1940年第二收入法案》中,他们设立超额利润累进税,最高税率达到了50%,但是法案同时也根据战前利润水平提供了慷慨的抵免。内政部部长哈罗德·伊克斯抱怨说,这种做法"出乎意料地放弃了先进的'新政'政策"。但是,罗斯福决定不通过指责国会向大企业低头的方式而挑战国会的权力。①

1941年,随着《租借法案》的通过,政府面临着日益增长的通胀压力。为了应对这些压力和满足扩大收入来源的需求,罗斯福和摩根索赞同降低个人所得税的免税额从而限制消费。但是,他们没有放弃改革。摩根索提议将6%回报率以上的所有公司利润通过税收的形式予以全部征缴,同时提高对个人所得征收的附加税,扩大遗产与赠与税的税基,以及提高啤酒、烟草和汽油的特殊消费税。罗斯福明确表示,他赞成通过对毛所得征税的方式取消个人所得税的大部分扣除项目。但在《1941年收入法案》中,国会再次否决了大部分改革措施。该法案的主要条款包括设定较低的免税额和对中高收入家庭适用较高的税率。

珍珠港事件发生后,摩根索和罗斯福再次呼吁进行税制改革。在1942年的一次国会联席会议上,罗斯福说道:"在国家面临严重危险的时候,在所有的超额收入都应该被用于战争的时候,任何一个美国公民的税后净所得都不应该超过25 000美元。"②但是,面对全面战争动员的税收需求,反对激进的战时税收提案的呼声也增强了。

其中的一些反对意见来自军事家、外交政策战略专家、金融界领导人和经济学家等不同的群体。在20世纪20年代和30年代的动荡时期,这些专家总结了第一次世界大战及其后果的经济教训。当下,这批专家希望可以更顺利地、更可预测地调动更多的资源以减少通胀压力。他们提倡推行全民纳税的政策。他们喜欢一般销售税,也喜欢大部分税款来自工资和薪金的所得税,这样的所得税需要建立在社会保障税成功实施的基础之上。罗素·C.莱芬格威尔是这方面的顶尖专家,他是第一次世界大战期间的财政部部长助理,自20世纪20年代初以来一直担任摩根大通公司的合伙人。他敦促摩根索不要征收累进程度高的超额利润税,而改为征收"由所有人广泛承担的税收"。他

---

① 6月,罗斯福主张对所有超过4%的利润征收累进税;1940年6月9日和1940年8月10日,载于"哈罗德·伊克斯日记",《伊克斯文集》。

② 《国会议事录》,第78届国会第一次会议,第89卷(华盛顿特区,美国政府印刷局,1942),4448。

在给摩根索的信中说,所得税不仅税基广泛,而且可以在"人们的忍耐极限内"开征,所得税是战时财政取得成功的核心。①

与第一次世界大战期间威尔逊的处境完全不同的是,罗斯福和摩根索提出的激进的战时税收提案竟然额外还遭到了国会中和政府内部的民主党人的反对。许多国会中的民主党成员,特别是参议院财政委员会的领导者们,都赞同《时代》杂志的结论。《时代》杂志警告说,摩根索提出的计划将削弱公司的"财政状况从而使其无法应对战后伴随和平而来的衰退和失业等问题"。美联储主席玛琳娜·埃克尔斯、预算主任哈罗德·史密斯、价格管理办公室主任利昂·亨德森和副总统亨利·华莱士对战后的萧条也同样感到担心,因而支持采用销售税来为战争筹资。摩根索抱怨,他的反对者忘记了"收入处于最低三分之一那个档次的群体"。他说:"现在我可以把我所有的'新政'推行者都放到浴缸里了。"②

1942年夏天,摩根索在伦道夫·保罗和罗伊·布劳的建议下,试图弥合政府与国会之间的分歧,提议对支出征收急剧累进的税,以筹集大量收入、抑制消费并同时提高税收累进性。如果实施这一税种,那将是对1916年以来美国税收政策最激进的背离。国会的两个税法起草委员会认为,这一提案从经济角度来看过于激进。他们担当着所得税复杂的免税、扣除项目的看门人的地位,上述提案也对他们的这一地位构成了很大的威胁。罗斯福认识到各委员会的权力,并将支出税提案视为打击一般销售税和提高所得税累进性的谈判工具。总统决定不支持摩根索,他解释说:"我总得找几个替罪羊"。③

1942年10月,国会最终答应做出一些渐进式的让步,并决定将所得税作为战时财政制度的核心内容。其中一项让步是将超额利润税的税率提高到90％,但是国会否定了第一次世界大战时期计算超额利润的方法,并明确指出超额利润税只是一项临时措施,而且只对法人企业开征。两个委员会还保留

---

① 莱芬格威尔(Leffingwell)致摩根索(Morgenthau),1941年10月2日和1942年6月11日,《罗素·莱芬格威尔文集》,耶鲁大学图书馆。这是莱芬格威尔和摩根索战时的众多通信的一部分。

② Blum, *From the Morgenthau Diaries: Years of War*(《摩根索日记:危机时代》),35.

③ Blum, *From the Morgenthau Diaries: Years of War*(《摩根索日记:危机时代》),48. 约瑟夫·索恩迪克(Joseph Thorndike)把支出税提议比作"战时财政部提出的最具创新性的提议"。参见他的著作 *Their Fair Share*(《公平份额》),240—243。

了有利于富人的重大优惠政策,而且两个委员会向罗斯福提供的收入不及他所要求的一半。

《1942年收入法案》表明,国会与罗斯福之间就哪个税种能够成为新税收制度的核心这一问题达成了一致,他们共同选择了税基广泛并且具有累进性的个人所得税。该法案大幅降低了个人免税额,为联邦政府通过对中产阶级的工资和薪金征税获取巨额收入提供了条件。同时,附加税的税率从适用于不超过两千美元的应税收入的13%累进至适用于超过二十万美元的应税收入的82%。附加税的开征提高了个人所得税的边际税率,此时的个人所得税边际税率高于所得税历史上的任何其他时期。[①]

实施高度累进的所得税,加上再次否决一般销售税,是罗斯福早期税收改革运动的一个特色。它使广大公众相信,任何重大的新税种都将具有累进性。与此同时,罗斯福和许多"新政"起草者希望能够以累进的方式分摊大部分新增收入。他们认为,全民性的所得税将是确保能够长期取得收入以向战争和联邦社会正义计划提供资金的最佳税种。

罗斯福继续推进改革,努力提高所得税的累进性,向企业征收更重的税,从依靠举债转向依靠税收来筹集收入。但是,他在1943年和1944年遭遇了两次重大失败。

第一次失败来自税款扣缴方面。财政部建议通过逐月或逐季从工资中扣税的方式来执行税款扣缴制度。该制度将保证纳税人及时纳税,而不是让他们在纳税义务发生后的下一个年度才缴税。联邦政府在内战期间(1913年至1916年)就已经采用了这种"源头征收"的制度来复制英国所得税的管理成效。早在1911年,威斯康星州就采用了从公司获取"源头信息"以评定领取薪水的经理和熟练工人应向州政府缴纳的个人所得税税款的综合性制度。稍晚一些时候,联邦政府在社会保障税"源头征收"制度上取得了巨大成功。罗斯福的经济安全委员会起草了1935年的《社会保障法案》,曾任该委员会执行主任的埃德温·E.维特,在担任威斯康星州立法文献图书馆馆长期间,对威斯康星州的制度非常熟悉。在帮助起草工资税方案时,他很可能借鉴了那一段

---

① 存在一项抵消性渐进式改革,即,将已变现资本收益的税率从30%降低到25%,这一政策一直持续到了1968年。

经验。到了20世纪40年代中期,养老金管理局在没有电子计算机的情况下,处理了由国内收入局提交的超过3.12亿份的个人工资报表,并将其中99%以上的报表登记到5 000万个以上的个人雇员账户。①

财政部认为新制度具有显著优势。在战争期间,它会使税收加速流入财政部,从而抑制通货膨胀。战争结束后,税款扣缴制度将使人们能够第一次以有效的反周期方式改变所得税的税率和征缴。出于这个原因,财政部的凯恩斯主义者支持从源头上扣缴税款。战前的所得税主要针对高收入家庭,所以诸如大多数产业工人那样的市民并没有所得税申报经验。税款扣缴制度可以加快市民的缴税速度。然而,财政部的计划也存在明显的政治弊端。在1943年,纳税人将需同时支付1942年和1943年的税款。

纽约联邦储备银行行长、R. H. 梅西公司财务主管比尔兹利·鲁姆首先站出来反对双重支付。他通过广播和报纸杂志等媒体发起运动来挑战财政部。他赞成预扣税款,但他建议政府豁免1942年的税款以减轻纳税人1943年的沉重负担。鲁姆的计划得到了公众的支持,但罗斯福则替财政部辩护,他对筹款委员会主席说:"我不能默许在需要提高全民税收负担的战争期间免除高收入群体一整年的税收。"②在对罗斯福做出一些适度让步之后,国会在1943年的《现行纳税法案》中通过了鲁姆的计划。

罗斯福战时税收计划的第二次失败出现在《1943年收入法案》(实际上在1944年初获得批准)中。在两个税法起草委员会的领导下,国会拒绝了财政部的建议,通过了仅可适度增税的法案(批准了23亿美元,而财政部要求的是105亿美元),同时为企业——尤其是采矿、木材和钢铁行业的企业——提供了一系列新的税收优惠。罗斯福谴责这项法案"不是一项征税法案,而是一项税收减免法案;它不是向穷人提供救济,而是向贪婪者提供救济"。③ 他否决

---

① Altmeyer, *The Formative Years of Social Security*(《社会保障制度的形成时期》),86—87。1916年,威尔逊政府取消了"源泉扣税"制度,转而实施"源泉信息报告"制度。威尔逊政府通过此举回应来自大公司的压力,这些大公司的管理成本没有得到任何补偿。同时,威尔逊政府也担心大公司没有足额扣缴个人所得税。参见 Brownlee, "Wilson and Financing the Modern State"("威尔逊与现代国家的融资"),196—197。

② Blum, *Morgenthau Diaries: Years of War*(《摩根索日记:危机时代》),63。

③ 《国会议事录》,第78届国会第2次会议,第90卷(华盛顿特区,美国政府印刷局,1943),1958—1959。

了这项法案。但是，国会在历史上第一次推翻了总统对收入法案的否决。参议院民主党多数派领袖阿尔本·巴克利认为，罗斯福对国会收入法案的否决行为是"对国会所有诚信立法的议员的蓄意打击"。① 而伊克斯则希望罗斯福"借助人民的力量去反对国会制定的、以牺牲穷人利益为代价来保护富人的恶意法案"。② 但罗斯福在遭受令人羞耻的失败后确信，自己不得不接受这样的所得税架构，而且也不能再抱怨了。随着他在1943年的失败，企业与进步派之间关于"榨富"式所得税的冲突在实质上结束了。这一冲突是从第一次世界大战期间开始的。第二次世界大战期间，美国没有发生进一步的重大税收改革。

第二次世界大战时期税收制度取得了成功，罗斯福政府发挥了重要作用，其中的关键在于政府实施新个人所得税时所采取的方式。其中的一个有效方法是，将财政部的税款扣缴机制与现有的征收工薪税的社会保障制度结合起来。工薪税的扣缴是强制性的，但它却受到了欢迎，因为它在12个月内分摊税款可以减少纳税痛苦，并且它不影响个体经营者和许多领取薪水的工人。

在评定没有预缴税款的纳税人的收入方面，罗斯福政府主要依靠自愿主义，即鼓励纳税人自行申报。③ 所得税的结构，有助于政府引导中产阶级自愿遵从新的全民性所得税制度，同时也有助于政府赢取有关所得税的政治支持。一般性扣除，例如住房抵押贷款利息以及州税和地方税的扣除，促使中产阶级更愿意接受新税制。自1913年以来，税法中就包括了这两项扣除。但是，只有在第二次世界大战期间，随着所得税开始触及中产阶级，这两项扣除才对中产阶级纳税人产生影响。在此过程中，从联邦政府放弃的税收收入规模来看，住房抵押贷款利息的扣除是代价最大的扣除项目之一。此外，相对于全国性的销售税，中产阶级纳税人更喜欢全民性的所得税。而许多企业领导则赞成和提倡实施全国性的销售税。但罗斯福政府认为，要想使税款预扣制度和自行申报制度都发挥实际作用，还必须使公众相信税收是公平、方便和必要的。

---

① Blum, *Morgenthau Diaries: Years of War*（《摩根索日记：危机时代》），76.
② 1944年2月26日，载于"哈罗德·伊克斯日记"，《伊克斯文集》。
③ 学者们经常把对自我报告的依赖称为美国在税收方面的例外主义示例。有关所得税管理的国际比较，参见 Arnold J. Heidenheimer, Hugh Heclo, and Carolyn T. Adams, *Comparative Public Policy: The Politics of Social Choice in Europe and America*（《公共政策比较：欧洲和美国的社会选择政治学》）(New York: St. Martin's Press, 1975), 235—242。

第五章 罗斯福体制

为了说服数以百万计的新纳税人履行他们的纳税义务,罗斯福和摩根索动用了他们手中的庞大宣传机构。财政部及其下设的国内收入局、战争宣传办公室发起了大规模的宣传活动,来唤起公民责任意识和爱国主义牺牲精神。威尔逊政府在第一次世界大战期间的债券营销运动中也有效地唤起了民众同样的意识和精神。罗斯福政府充分利用大众传播工具促进诚信纳税。财政部委托欧文·柏林为这次行动写了一首名为"今天我缴纳了所得税"的歌曲。财政部把这首歌的录音发给广播电台,并请丹尼·凯在纽约夜总会演出。财政部还委托迪斯尼创作了动画短片《新精神》,主角是"唐老鸭"。"唐老鸭"从收音机里听到,"通过及时纳税的方式来帮助政府是你的荣耀,而不仅仅是你的职责";然后,他准备好了填写申报表所必需的各种东西(包括一瓶阿司匹林)。他发现,这件事比预想要轻松一些。而且,由于三个侄子,他享受了免税和抵免优惠,因而税负也不如想象中那样令人痛苦。影片想要传达的是,普通公民会发现缴纳新的所得税很容易。影片的结尾是"唐老鸭"亲自前往华盛顿缴税,并查看税收是怎样转化为保卫民主的武器的。1942年初,超过3 200万名观众在12 000多家剧院观看了动画片《新精神》。①

宣传活动的效果很难评估。但在1942年确立的新税制下,个人纳税人的数量从1939年的390万人猛增到1945年的4 260万人,在此期间联邦所得税收入从22亿美元跃升到351亿美元。战争结束时,将近90%的劳动人口提交了所得税申报表,大约60%的劳动人口缴纳了所得税。1944年和1945

---

① 有关所得税宣传推广活动,参见 Carolyn C. Jones, "Class Tax to Mass Tax: The Rise of Propaganda in the Expansion of the Income Tax during World War II," *Buffalo Law Review*("从等级税到全民税:第二次世界大战期间扩大所得税宣传的兴起",载于《布法罗法律评论》),37(1989),685—737;Carolyn C. Jones, "Taxes to Beat the Axis: A Comparison of American and British Income Tax Publicity during World War II"("税收击败轴心国:第二次世界大战期间美英所得税宣传比较")为第十届国际经济史大会准备的发言稿, Louvain, Belgium, June 12, 1990;以及 Carolyn C. Jones, "Mass-Based Income Taxation: Creating a Taxpaying Culture, 1940—1952," in *Funding the Modern American State*,1941—1995("全民所得税:打造纳税文化,1940—1952",载于《为现代美国筹资,1941—1945》),108—148。这些运动应放到罗斯福政府全部宣传工作的背景中来看待。马克·莱夫(Mark Leff)曾做出有益建议,即,将此类运动视为"政治牺牲"的一部分。但正如在他研究新政税收政策的书中所述,莱夫(Leff)忽视了罗斯福(Roosevelt)和摩根索(Morgenthau)在扩大公司和富人牺牲方面带来的实质利益,而非纯粹象征性利益。参见 Mark Leff, "The Politics of Sacrifice on the Home Front in World War II," *Journal of American History* ("第二次世界大战中的政治牺牲",载于《美国历史学刊》),77(March 1991),1296—1318, and Chapter 4, n. 48。

135

年,个人所得税收入约占联邦收入的40%,而企业所得税收入仅占联邦收入的1/3左右——只有第一次世界大战期间企业所得税所占份额的一半。面向全民的税收比面向阶级的税收更为重要。

在大幅扩大个人所得税税基的同时,战时立法还大幅提高了美国富人所适用的税率。尽管国会挫败了罗斯福旨在提高新所得税累进程度的行动,但结果还是如此。在整个战争期间,战时收入法案将边际税率提高到50%至90%以上的区间。明显较高的边际利率,加上战时通货膨胀,使1942至1945年之间的有效税率超过了40%,这一有效税率大约是1940年有效利率的两倍。1944年,富人所适用的有效税率接近60%,这是有史以来最高的有效税率,也几乎是第一次世界大战期间最高水平的四倍。[①] 税率如此之高,以至于即使税基已经足够广泛,1945年最富有的1%家庭仍然缴纳了32%的个人所得税收入。[②]

由于新税制创造了大量的收入,在第二次世界大战的最后两年,联邦政府的税收收入承担了大约一半的政府支出。此外,联邦赤字从1941年的62亿美元增加到1943年的574亿美元,此后在战争的剩余期间联邦赤字大致稳定在1943年的水平上下。这些成就非常了不起,因为与第一次世界大战期间相比,在第二次世界大战中有更多的资源从非战争项目转移出来形成了战时支出。战时平均联邦支出从1942年开始增长,到1945年时约占国民生产总值的一半——比第一次世界大战期间平均比例的两倍还高。此外,资源的转移速度更快,持续的时间也更长。与此同时,联邦政府将税收与支出需求更牢固地挂起钩来,并大幅地扩大了税基,这些做法有助于抑制战时物价上涨。

在战时税收体制下,联邦政府开始在整个国家的税收体系中居于支配性地位。1940年,联邦所得税收入只占到各级政府税收收入总和的16%;到了1950年,这一比例提高到了51%以上。受到这些税收收入的推动,联邦支出占国民生产总值的比重从1940年的10.1%上升到1950年的15.6%(见附

[①] Brownlee, "Historical Perspective on U. S. Tax Policy toward the Rich"("从历史角度看美国对富人的税收政策"),60.

[②] 美国财政部国税局,*Statistics of Income for* 1945, *Part I*(《1945年收入统计,第一部分》)(华盛顿特区,美国政府印刷局,1951),71.

录,表 A.1)。这一新税制的实施堪称 1916 年以来国家税收政策最引人注目的变革。

在第二次世界大战期间,以及在第一次世界大战期间,甚至在内战期间,这个民主国家对外展示了其充满信任精神的、富有的民众所具有的纳税能力。正是由于有了这种由联邦政府所滋养的信任,所得税才得以实施并受到支持。与财产税一样,所得税是最具强制性和最具国家主义色彩的收入筹集手段。也许只有民主国家才能以可持续的方式征收强制性税收,而且还会长久执行下去。无论如何,就像在先前的内战和第一次世界大战这两次紧急情况中一样,美国政府在第二次世界大战期间克服了所有的结构性弱点。从财政角度来看,全民性所得税在第二次世界大战期间得以实施,并且纳税文化也深入民心,这些都意味着共和主义美德和国家力量的共同胜利。宪法制定者们一直在谋求这样的胜利。

第六章　简易财政时期

在第二次世界大战期间实施的税收体制被证明比第一次世界大战期间的体制更容易被废除。一个关键原因是，与1920—1921年的大萧条形成鲜明对比，第二次世界大战后经济进入了长期的战后繁荣时期。这种经济繁荣使得共和党和民主党在修改罗斯福执政时期的税收政策问题上达成了完全一致的意见。

第二次世界大战后，两党在税收体制和财政体制的核心目标上达成了高度一致的看法。这些共同目标包括实行累进式的所得税制度，采用本土化的凯恩斯主义总需求管理政策以避免再次发生大萧条，资助与冷战相关的激进对外政策，扩大各种本土项目以促进经济增长，并完善社会保障体系。这种一致性一直持续到20世纪70年代。

个人和企业所得税税率的持续不断降低强化了对这种体制的政治支持。在20世纪70年代之前，联邦政策能够在满足其他财政目标的同时承担减税带来的负担，这要归功于当时的经济增长和通货膨胀。1945年至70年代被称为"简易财政时期"。然而，这些税率的不断下降最终无情地损害了财政体制，尤其是在20世纪70年代之后，当所有收入阶层的人都从低税率中受益时，穷人获得的好处最少，而富人获得的好处最多，部分原因是所得税制度的累进性。因此，这一系列税率的降低旨在减少在新政和第二次世界大战期间建立起来的累进性。

第六章 简易财政时期

资助利维坦

第二次世界大战期间出现了一种新的税收体制,它包括三个关键要素:(1)拥有大量税基(即税收来源广泛)但具有累进性的个人所得税;(2)基本是比例税率的企业所得税;(3)累退的工资税(payroll tax)。尽管两党在这一体制的一些具体细节上存在异议,但他们都同意保留战争时期使用的财政收入体系的关键特征。同时,两党都避免采用累进税制来破坏企业金融结构和消费税的累退特征,与其他发达工业化国家相比,这表现出了前瞻性和智慧(请参见附录,表 A.4)。

自 19 世纪初以来,这是首次两个政党在国家财政政策的主要观点上达成一致。其中最为重要的一点是,两党都同意减少税收政策的不稳定性(税率和税基的波动)。而这是自 1916 年以来美国财政政策的一个显著特征,尤其在 1932 年至 1942 年期间表现得尤为明显。

两党之间的财政政策逐渐趋于接近,这导致它们各自党派特性的减弱。一方面,民主党越来越少地将税收作为调动各阶层的手段。另一方面,共和党接受了对企业所得和高收入者的更高税率,并且税率高到使企业家们在第二次世界大战结束时感到难以忍受。

在战后的几年里,富人阶级的边际个人所得税税率保持在"二战"时期的水平。在战争期间,企业所得税税率可以高达 40%。战后,它仍然保持相对较高的水平,在 1946 至 1949 年间为 38%,之后逐渐上升至 52%,一直维持到 1964 年。随后,这一税率开始下降,但直到 1986 年都一直维持在 46% 或 48% 的水平。这大约是 20 世纪 30 年代时期的两倍。然而,由于个人所得税最高边际税率更高,企业所得税仍然充当着保护资本收入的一道屏障。这是为什么共和党领导人愿意接受更高的战后税率的原因之一。

民主党的变革幅度比共和党更为显著。其中可能影响最深远的变化源自南方民主党,他们此前一直在民主党内主张要建立一个"淹死富人"(soak-the-rich)的税收体系。然而,第二次世界大战之后,他们的关注点转向了减轻税收负担和削减政府支出,更重要的是,这成了限制政府在民权问题上的权力的一种手段。在20世纪50和60年代,南方民主党在国会中改变税收政策的关键人物是众议院筹款委员会主席威尔伯·米尔斯(Wilbur Mills)(他同事也是阿肯色州民主党参议员),而不是更为人熟知的议员克劳德·基钦(Claude Kitchin)和罗伯特·道顿(Robert Doughton)。[①]

东北地区的民主党领袖,包括那些与工会紧密联系的人,同样也放弃了"淹死富人"的税收政策。当初由约瑟夫·P. 肯尼迪(Joseph P. Kennedy)和伯纳德·巴鲁克(Bernard Baruch)在20世纪30年代领导的民主党税收政策受到广泛欢迎。然而,由于第二次世界大战期间实施的税收体制引致财政收入的增加,并且在短时间内没有国家危机,民主党并不认为有必要提高个人所得税率,也就不像在新政和第二次世界大战期间那样急切地需要"淹死富人"。他们可以选择提高现行税收制度的累进性,但这种做法相对较少。如果有人对他们宣扬的"纵向公平"产生疑虑,他们会指出,高度累进的税收体系从战争期间一直持续到战争结束后。因此,民主党在一定程度上帮助共和党实现了他们自20世纪20年代以来一直渴望实现的目标:不再有人质疑税收体系中的再分配程度。这种税收体系变革是向着民主党所期望的方向发展的,这种变革也是当时税收体系大趋势的一部分,从1937年开始,一直持续到第二次世界大战,特别是在肯尼迪—约翰逊政府时期进一步加强。这种变革是将自由主义转向了企业自由主义,与新政自由主义逐渐疏远。

民主党和共和党达成的共识中有一个关键要素,即加强所得税管理的需求。最重要的是,两党领袖都认为代扣制度是成功征收所得税的关键因素。

[①] 关于南方社会的转型问题,请见厄尔·布莱克(Earl Black)和默尔·布莱克(Merle Black)的著作 Politics and Society in the South (《南方地区的政治与社会》)(Cambridge, MA: Harvard University Press, 1987),3—72。威尔伯·米尔斯(Wilbur Mills)也对供给侧的、增强投资的福利很感兴趣。这些福利可能是从消除某些税式支出而来的。对于威尔伯·米尔斯这一部分职业生涯的分析,请见朱利安·E. 泽利泽(Julian E. Zelizer)的著作 Taxing America: Wilbur D. Mills, Congress, and the State, 1945—1975 (《对美国征税:米尔斯、议会和国家》)(Cambridge: Cambridge University Press, 1998)以及 Funding the American State, 1941—1995 (《为美国政府提供资金,1941—1995》), 289—352页中的"Learning the Ways and Means: Wilbur Mills and a Fiscal Community, 1954—1964"(《学习众议院筹款委员会: 米尔斯和财政社区》)部分。关于米尔斯的侧重于南方政治和他对众议院筹款委员会权力的支持的相关观点, 见威滕(Witte)的 The Politics and Development of the Federal Income Tax (《政治与联邦所得税的演变》), 157—169; 和赫伯特·斯坦(Herbert Stein)的 Funding the American State, 1941—1995 (《为美国政府提供资金,1941—1995》)的206—207页及214—215页中的"The Fiscal Revolution in America, Part II: 1964—1994"("美国财政革命,第二部分: 1964—1994")。

第六章 简易财政时期

因此，他们都愿意为国内税收局（Bureau of Internal Revenue，BIR）提供资金支持，包括鼓励其对那些不愿意代扣税款的雇主采取惩罚措施。在杜鲁门执政期间，这一共识得到进一步发展，因为政策的重心逐渐从打击已有财富的避税行为转向了应对那些在二战及其后繁荣时期受益于税收政策的人们。

在1947年的一篇 *Collier* 杂志的文章中，财政部副秘书长A. L. M. 威金斯（A. L. M. Wiggins）详细描述了国内税收局（BIR）如何派遣128名税务专员前往明尼苏达州的一个农村社区，对他们的银行账户、仓库账本、政府转移支付凭证、农作物产量以及谷物和牲畜的交易记录进行检查。威金斯报告称，国内税收局从这个社区中收取了超过500万美元的逾期税款和罚款。财政部和国内税收局的目标是让那些试图逃税的人感到害怕被逮捕和处罚。正如国内税收局官员乔治·舍内曼（George Schoeneman）所说，这些人本来可以是受人尊敬的，但现在成了可悲的群体。为了实现这个目标，威金斯和舍内曼都夸大了BIR的效率。到了1949年，舍内曼告诉《美国杂志》的读者们："你们要知道，几乎不可能欺骗我们的调查员，因为他们中的大部分人对每一种尝试逃税的行为都非常熟悉；如果他们遇到没见过的逃税行为，他们会查看档案资料，然后发现这种行为已经有人尝试过了。"为了提高纳税遵从度，财政部曾在第二次世界大战期间强调爱国主义价值观；在战后，他们又通过大规模的媒体报道向公众传播了"威胁"性质的信息。由于人们对国内税收局（在1953年改名为美国国税局，简称IRS，至今沿用）的担忧，以及个人所得税在政治上的受欢迎程度，当时纳税人表现出了在全世界都异常高的纳税遵从度。[1]

两党在战后税收系统问题上的一致意见与它们在如何运用财政政策来应对经济周期波动方面逐渐达成共识有关。这种共识的早期体现之一是国会通过的《1946年就业法案》（the Employment Act of 1946）。这项法案被视为联邦政府正式承认罗斯福财政政策的里程碑。实际上，该法案涵盖了自1938年

---

[1] A. L. M. 威金斯（A. L. M. Wiggins），"They Can't Fool the Internal Revenue Man," *Collier's*（"税务局工作人员是不会被忽悠的"，载于《科里尔杂志》），September 1947；乔治·舍内曼（George Schoeneman），"Tax Cheaters Beware!" *American Magazine*（"注意了，逃税者！"载于《美国杂志》），February 1949。有关战后征管上的努力，见琼斯（Jones），"Mass-Based Income Taxation"（"大规模的所得税"），108—148。并没有一本有关国内税务服务和BIR的学术性历史记载资料，但参考资料可见谢莉·L. 戴维斯（Shelley L. Davis），*IRS Historical Fact Book： A Chronology*，1646—1992《美国税务局编年史，1646—1992》）（Washington，D. C.：U. S. Government Printing Office，1992）。

以来逐渐发展出的三个关键政策要点,并且将它们定义得足够模糊,以便达成两党的共识。

首先,该法案宣布联邦政府的首要职责是控制就业率。其次,设立经济顾问委员会(Council of Economic Advisers)并要求其发布年度公开报告(总统经济年度报告,The Economic Report of the President),该法案树立了总统和大众应该倾听专业且独立的经济意见的理念。第三,该法案正式表达了新政的核心目标:在制定和评估财政政策时,应充分尊重和考虑人力资本的价值。这一制度框架将积极的政府干预放置在了维护经济稳定性的合适位置上。

然而,就业法案并没有为政策制定者提供关于财政政策有用的具体指导。法案没有规定政府必须确保完全就业,而是将政府的行动限制为与其他经济目标一致的逆周期行为。尽管凯恩斯主义思想在战争时期赢得了广泛支持,但财政和税收专家们坚决反对逆周期政策的内容。一些专家认为财政赤字与经济扩张相结合,不仅能够实现第二次世界大战时期的经济扩张和结束大萧条,而且还能在和平时期持续繁荣。其他代表着对凯恩斯主义感兴趣的商界领袖(例如经济发展委员会——the Committee for Economic Development——的领袖们),则认为财政赤字的经济潜力存在一定的局限性。1947年,该委员会在财政政策方面发布了一项声明,题为"税收与预算"(Taxes and Budget),在声明中承认了在萧条时期采用赤字政策的必要性,但认为在高就业率和税收稳定的时期,应该追求预算盈余。①

两党领袖也一致认为,联邦政府应该仅采取适当的措施来减少在大萧条、新政以及最重要的"二战"期间积累的联邦债务。这些债务管理政策与逆周期政策一样难以定义。尽管如此,它们与南北战争和"一战"后对债务政策的看法截然不同。当然,不同总统之间也存在差异。杜鲁门总统坚信现收现付(pay-as-you-go)的原则,一直积极尝试减少债务。他的政府削减了赤字支出,并积极维持联邦预算的平衡。然而,国家债务的大幅减少从未成为任何一个党派的主要目标。杜鲁门总统、他的经济顾问们以及其他接受凯恩斯主义经济学观点的民主党官员都认为,在任何情况下,过多的预算盈余都是令人担忧

---

① 在CED 1947年的报告中,见Stein(斯坦因)的 *The Fiscal Revolution in America*(美国财政革命),220—240。

的,因为它可能削弱需求并导致国家陷入30年代的萧条。事实上,部分归功于凯恩斯主义式的刺激效应,"二战"后美国首次没有经历明显的通货紧缩,尽管主要原因应归因于战时私人储蓄的大幅增加和战后消费欲望的提高,杜鲁门政府也没有感到不断增长的债务所带来的利息支出压力。在大萧条时期,利率很低;在战争时期,美国政府也可以打着"为爱国主义筹资"的旗号以非常低的利率向公众借款。

杜鲁门的早期政策确实在减少政府负债方面取得了成效,将负债从1946年的2 690亿美元减少到1949年的2 530亿美元,达到了"二战"后的最低水平。① 但从历史上看,1949年的水平仍然相当高,大约占GDP的81%(见附录,图A.1)。以和平时期的标准来看,这个水平已经很高了。在杜鲁门之后,德怀特·艾森豪威尔政府虽然非常依赖其预算主任约瑟夫·道奇(Joseph Dodge)(他是一名底特律的银行家,曾在1949年对日本实施了非常严格的预算平衡政策),但对减少负债的兴趣大大减弱了。艾森豪威尔政府在1956—1957年和1960年都有平衡的预算,但在其8年执政期间,未能减少名义债务值(nominal value),主要原因是采取了减税政策。尽管如此,艾森豪威尔也没有满足企业家们期望的大规模减税。他坚信需要越过预算平衡线,采取一种既可以减少政府负债又可以增加私人投资可用资金的财政政策。他的财政政策足以控制债务的增长,再加上经济的扩张,使国家债务占GDP比例逐渐下降。到1960年,国家债务占GDP的比例已降至45%左右(见附录,图A.1)。②

在20世纪60年代和70年代期间,总统和国会对通过财政政策减少债务的兴趣逐渐减小。在这段时间里,联邦预算只在1969年实现盈余。极端的凯恩斯主义观点——政府支出必须保持持续赤字以实现充分就业——当时还没

---

① Stein(斯坦因),*The Fiscal Revolution in America*(美国财政革命),197—280。
② William M. McClenahan, Jr.(小威廉·M. 麦克莱纳汉)和 Wiliam H. Becker(威廉·H. 贝克尔)的 *Eisenhower and the Cold War Economy*(《艾森豪威尔和冷战时的经济》)(Baltimore: Johns Hopkins University Press,2011),25—36,65—73,103—106,及194—195;以及斯坦因的 *The Fiscal Revolution in America*(《美国财政革命》),346—371。有关 Joseph Dodge(约瑟夫·道奇)的背景,见本书作者布朗利(Brownlee)先生的"Shoup vs. Dodge: Conflict over Tax Reform in Japan,1947—1951," *Keio Economic Studies*("肖普对道奇:关于日本税制改革的争执",载于《庆应义塾经济学研究》),47(2011),91—122。

有得到广泛接受。然而,在肯尼迪和约翰逊政府时期,凯恩斯主义思想获得了广泛支持,这减弱了对预算盈余的支持,尤其是在出现衰退威胁时。在1971年,当总统理查德·尼克松实施一项重大经济刺激计划时,他宣布"我现在是凯恩斯主义学派的支持者了"。①

凯恩斯革命促成了两党都一直支持的逆周期财政政策,但政策制定者没有找到一套清晰且令人信服的预算平衡标准。经济学家赫伯特·斯坦(Herbert Stein)将20世纪60年代财政政策的混乱形容为"财政政策的崩溃"。他的意思是,对"特定的为了解决任何一般规定的预算政策的工具"的日益增强的抗拒与之前采用的三种"预算平衡策略——严格平衡预算,平衡一段时间内的高就业或者完全就业,以及像阿尔文·汉森(Alvin Hansen)和沃尔特·海勒(Walter Heller)那样的极端结构凯恩斯主义者"的抵制相结合。斯坦的底线是政策制定者们已经变得逐渐不愿意"为了达成宏观经济目标而牺牲他们对特定税收和支出项目的欲望"。②

通过适当的赤字和不断扩张的国家债务来为持续扩张的联邦政府提供资金是完全可以的。在1960年至1980年期间,国家债务从2 910亿美元增加到9 140亿美元。但是,由于经济增长和通货膨胀(尤其是20世纪70年代),接近一万亿美元的负债仅占GDP的26%,较1960年的45%大幅下降(见附录,图A.1)。因此,国家债务对资本市场和财政部造成的困难都在逐步降低,公众对此的担忧也减弱了。

经济增长和通货膨胀这一组合在减轻国家债务相对负担的同时,也提高了税收系统产生税收收入的能力。从"二战"后直到20世纪60年代,生产力的增加提高了实际收入(real income),增强了税基,从而增加了税收收入。通货膨胀在40年代后期达到了顶峰,在60年代后期进一步上升,然后在70年代持续增加。通胀不仅减少了未偿付的债务价值,还导致了"边际税率的变动",也就是说,通胀会更快地将更多家庭推入高边际税率的税收篮子中,尽管他们的实际收入增长并不那么快。

---

① 斯坦因引用尼克森的话,*The Fiscal Revolution in America:Part II*,(《美国财政革命》),228。

② 斯坦因,*The Fiscal Revolution in America*(《美国财政革命》),196—201。

第六章 简易财政时期

由于意料之外的生产力提高和通胀，"二战"后的所得税其实比专家们预测的更加有弹性。例如，CED 的经济学家们都坚信，战后，联邦税收占 GDP 的比例会从战时的最高点 22%开始下降，降至大约 10%至 15%的范围内。① 事实上，仅仅在 1950 年，这一比例暂时下降至 15%。到 1952 年之前，它已经接近 20%了，并且从那时起就一直就处于接近或稍稍超过 20%的位置。联邦政府支出占 GDP 的比重也一直比较高，但总体都能控制在 25%以下（见附录，图 A.1）。在和平时期，生产力的提高和通胀一起导致了所得税收入的明显增加，同时税法没有明显的变化。② 这意味着联邦政府可以经常支持新的政府项目，并且不需要实行政治上有损害的增税行为，也不需要改变"二战"时税收体制的主要内容。因为所得税的高弹性，一些财税史学家将"二战"后至 70 年代这一时期称为"简易财政时期"。③

所得税收入在"二战"后为军队和国内的各种政府项目提供了主要资金来源。军队项目的主要花费是与苏联的战略冲突，这种冲突从"二战"结束前就已经开始了，并且一直持续至 20 世纪 80 年代。除了朝鲜战争（1950—1953 年）时期外，为这个冲突提供资金并没有导致所得税的上涨。在朝鲜战争期间，国会通过三种措施来为额外的必需开销提供资金。这些朝鲜战争时期所采取的措施与越南战争时期的高税率（详见之后的讨论第 148 页）一起是十分特殊的阶段，因为它们组成了在"二战"至 80 年代之前仅有的所得税和公司税增加的例子。

在朝鲜战争期间，税收的增加反映了杜鲁门政府和国会对通货膨胀不断扩张以及因"二战"而导致的国家债务持续增加的担忧。当时，"反共主义"情绪盛行，这使得公众更容易接受来自华盛顿的增税提案，尤其是在战争的第一年。《1950 年税收法案》（The Revenue Act of 1950）将个人和公司面对的税率推升至历史最高水平。到了 20 世纪 50 年代末期，随着中国军队的支援，朝

---

① 在"二战"末期，斯坦因提供的有关 CED 估计的信息；斯坦因给布朗利的信，6 月 20 日，1994。
② 弹性最高的是个人所得税。企业所得税是单一税率，因此在通胀时期并不会有边际税率的变化，也是税收收入中比较稳定的来源。1950 年，个人所得税和企业所得税收入大致相等；1980 年时，个人所得税收入大约是企业所得税的 4 倍。
③ 这一概念由尤金·斯蒂尔勒（Eugene Steuerle）在 *Funding the American State*，1941—1995（《为美国政府提供资金，1941—1995》）一书中的 "Financing the American State at the Turn of the Century"（"在世纪末为美国融资"）一节中创造。

鲜战争局势逆转,国会通过了第二项法案,即《超额利润税收法案》(The Excess Profits Tax Act),将公司税恢复到1945年的水平,并将名义公司税进一步提高了。在"二战"期间,民主党政府强调了国家共同奉献的理念。当共和党的俄亥俄州参议员罗伯特·塔夫特(Robert Taft)质疑超额利润税收法案时,特鲁门政府的财政部长约翰·斯奈德(John Snyder)回应说:"你们通过了一项法案,要求满18岁的男性前往战场。我认为要求公司贡献一部分利润来支付这些支出是同样重要的。"[1]

第三项措施是《1951年财政收入法案》(The Revenue Act of 1951)。通过进一步提高所得税和公司税,它产生了一些新的财政收入。但是,杜鲁门总统支持避免赤字和对抗通胀的论点在政坛上遭到了激烈抵制。民众对似乎陷入僵局的战争已经疲倦,也不满于他解除道格拉斯·麦克阿瑟(Douglas MacArthur)的朝鲜战场统帅的职务。富裕的纳税人撤回了对总统的支持,对战时通胀的担忧也愈演愈烈。共和党在1950年的选举中增强了自己在国会中的话语权,成功减缓了税率增加带来的冲击。1951年的法案在实施的同时,也附带了大量新的税收开支项目。这其中包括了矿业勘测的开展所需的特别支持,和将损耗折让(depletion allowance)延伸至新的产业(包括蛤和牡蛎壳等自然资源的"开采")所需的花费。[2]

朝鲜战争结束后,原本增税的法案自动失效了。在接下来的艾森豪威尔和约翰·F.肯尼迪政府执政期间,国防支出相对于国内生产总值的增长放缓,占联邦政府预算的比例也有所减小。但1965年,林登·B.约翰逊(Lyndon B. Johnson)政府大幅增加了美国在越南的军费支出和整体国防开支。与杜鲁门的不同之处在于,约翰逊总统没有立即采取增税措施。他倾听并理解了政府经济学顾问的意见,这些顾问警告称,过早增税可能导致通货膨胀,限制消费需求。因此,直到1967年8月,约翰逊才提出了增税方案。此次推迟的原因是经过与国会进行密切磋商后,他确认了要实施威尔伯·米尔斯提

---

[1] 斯奈德(Snyder),引自班克(Bank)等人的 War and Taxes(《战争与税收》),199。
[2] 关于朝鲜战争资金的详细总结,见威特(Witte)的 The Politics and Development of the Federal Income Tax(《联邦所得税的政治与演变》),137—144 和班克(Bank)等人的 War and Taxes(《战争与税收》),109—125。

出的增税计划将不得不削减约翰逊"伟大社会"(Great Society)项目的资金。约翰逊渴望扩大这一项目,而不是削减它的资金。他希望充分利用1964年选举为民主党赢得的国会多数席位所带来的机会,以实现前所未有且未来短期内可能无法实现的福利社会。因此,他愿意接受更高的通货膨胀水平。在1966年,约翰逊和国会一同增加了军费支出和"伟大社会"项目的资金。

在约翰逊实现了一系列国内政策成就并在1966年的选举中获胜后,他对通过增税来解决不断增长的赤字持更加开放的态度。国内经济的整体表现、通货膨胀的压力以及他的经济顾问对增税的兴趣似乎都在减弱。尽管如此,在1967年1月的年度报告中,约翰逊提出了一个相对温和的增税计划。然而,威尔伯·米尔斯拒绝为该计划设定国会听证会的日期。约翰逊对通货膨胀的担忧不断加剧,直到8月,他最终提出了一项对个人和公司所得增税10%的政策。米尔斯随后开始了听证会和漫长的谈判,正如约翰逊预料的那样,米尔斯试图用过度削减国内项目开支来作为通过增税法案的代价。最终,在来年6月,国会通过了一项同时包括增税和削减国内项目开支的计划,这一计划被包含在《1968年收入和支出控制法案》(The Revenue and Expenditure Control Act of 1968)中。①

约翰逊和那些倾向于支持战争和增加国内支出的民主党成员采取了一种中间路线。最终,总统理查德·M.尼克森(Richard M. Nixon)和国会在1969年扩大的增税计划中仅覆盖了越南战争的一小部分开支。然而,这些增税和政府支出削减一起导致了1969年至1970年间的经济衰退。需求引发的通货膨胀在1967年下半年急剧上升,与同时期的经济增长减缓一起,形成了后来人们所熟知的"滞涨"(stagflation)局面。②

由于经济增长和通胀(发生在20世纪40年代末期和60年代),所得税收

---

① 这项法案还带来了对实现资本收益征税收率从25%至26.9%的小幅上涨。这标志着一系列税率的小幅调整,截至1976年时,税率已经上升至39.9%(只针对50%的实现资本收益)。

② 有关越南战争资金支持最核心问题的最尖锐的讨论来自斯坦因的 *The Fiscal Revolution in America*,Part II(《美国财政革命:第二部分》),201—209。额外的细节,请见班克等人的 *War and Taxes*(《战争与税收》),126—143;泽利泽(Zelizer)的 *Taxing America*(《对美国征税》),尤其是257—270;以及詹姆斯·E. 安德森(James E. Anderson)和贾里德·H. 黑兹顿(Jared H. Hazleton)的 *Managing Macroeconomic Policy: The Johnson Presidency*(《管理宏观经济政策:约翰逊总统时期》)(Austin: University of Texas Press, 1986),55—61。

入不断增加。这意味着从"二战"到70年代中期,除了朝鲜战争和越南战争期间,国内项目的支出一直以与GDP同步或更快的速度增长,尽管在此期间并没有法定的所得税增加。此外,国防支出在所有联邦支出中的比例从1960年的略高于一半(50.3%)下降到1970年的40.5%,再到1980年的24.2%(详见附录,表A.2)。由于税收收入的盈余和国防预算的长期相对下降,联邦政府得以增加国内项目的支出,从1950年占GDP的约6%(约占总联邦支出的40%)增加到1975年占GDP的几乎15%(占总联邦支出的75%)。

所得税税收收入资助了一系列雄心勃勃的国内项目,包括联邦教育项目,其中最著名的是广泛推广的《G. I. 法案》(The Serviceman's Readjustment Act of 1944,1944年军人安置法案);州际高速公路项目;城市再发展计划;医疗保险的引入和其他健康服务的扩展;以及总统林登·B. 约翰逊倡导的"伟大社会"中的一系列福利项目。理查德·尼克松和杰拉尔德·福特领导的共和党政府推出了两个重要的福利项目,为低收入家庭提供现金补贴,而不仅仅是服务。这些现金补贴来自一般税收收入,通过1972年实施的补充社会保险(Supplementary Social Insurance,SSI)和1975年实施的劳动所得税抵免(Earned Income Tax Credit,EITC)的形式,流向了这些家庭。①

此外,借助所得税税收收入,联邦政府增强了对地方政府的援助。联邦拨款在20世纪40年代逐渐减少,在50年代小幅上升,然后在60年代和70年代迅速增加。在这二十年期间,收入分享成为主要形式,即联邦政府向州和地方政府提供无项目用途限制的资金补助。直至1974年,州和地方政府的超过20%的收入来自联邦支持,这有助于它们的政府支出从50年代占国民生产总值(GNP)的9%上升到70年代至80年代占GNP的12%(详见附录,表A.1)。然而,纳税人很少能够认识到联邦政府在减轻州和地方政府税收负担方面的关键作用。

"简易财政时期"的到来并不仅仅是因为所得税。另外两种联邦税也帮助

---

① 有关劳动所得税抵免的实施,见小丹尼斯·J. 文特里(Dennis J. Ventry Jr.)的"The Collision of Tax and Welfare Policies: The Political History of the Earned Income Tax Credit, 1969—99," *National Tax Journal*("税收和福利政策的冲突:劳动所得税抵免的政治历史,1969—99,载于《国家税收杂志》),53 (December 2000),983—996。

承担了国内社会项目的公共花费。其中之一是汽油税。虽然汽油税并不是一项新税收，它最早在《1932年收入法案》(The Revenue Act of 1932)中被引入，当时的税率为每加仑1美分。但是联邦政府在《1956年联邦高速公路扶持法案》(The Federal-Aid Highway Act of 1956)中将汽油税大幅提高至每加仑3美分，并将增加的部分（通过存入信托基金的方式）用于帮助建设新的州际高速公路。公众也对汽油税的平稳增加几乎没有怨言。

第二种税收是一种针对特定用途的税收，但与前一种相比，它的规模更大，影响也更为显著——这就是社会保障税。几乎没有经过大规模公众辩论，两党都一致同意逐步增加社会保障税税率。国会通过法律逐步提高了用于资助社会保障的工资税（占工资的一部分，由雇主和雇员平等分摊）税率。1950年，税率从2%提高到3%，1955年又提高到4%，1957年进一步提高至4.5%，1959年再次提高至5%，之后持续稳步上升，到了1970年已经达到了9.6%，并在1980年进一步增加至12.26%。因此，社会保障税占国民生产总值(GNP)的比例也从20世纪40年代的小于1%上升到了70年代末期的7%。有了这笔资金，社会保障支付总额也从1946年的4720万美元（不到GNP的1%）增加到了1979年的1050亿美元(GNP的4.3%)。

总统富兰克林·罗斯福(Franklin Roosevelt)设计的社会保障体系的财政战略是成功从工资税中筹集资金的关键原因。他将用于社会保障的税收收入限定为特定用途，这使得联邦政府能够说服纳税人接受社会保障税率的上升（尽管税率本身是累退的），因为这相当于购买一份可以对抗老年时风险的保险。社会保障的扩展也要归功于政府内外一批社会保障专家之间形成的政策交流网络。在社会保障局(Social Security Administration)工作的一批专业且涉猎广泛的专家[1]不仅为解析和理解社会保障政策做出了杰出贡献，也积极参与政策的推动。这些专家在政府内外以及广大民众中收获了一大批支持者。这些"社会保障拥护者"在20世纪30年代至40年代开始为社会保障系统进行辩护，抵抗了来自政界的各种威胁。最早的威胁之一来自凯恩斯主义经济学家，他们批评该系统筹集资金的方式可能导致通货紧缩。社会保障

---

[1] 例如亚瑟·阿尔特迈耶(Arthur Altmeyer)，罗伯特·鲍尔(Robert Ball)和威尔伯·J. 科恩(Wilbur J. Cohen)。

体系不断发展壮大,在50年代进行了一次重大的扩张,首次覆盖了自雇(self-employed,类似于自由职业者)人群,并引入了工资税。随后的十年里,该体系赢得了两党和国会的广泛支持,获得了赞誉,人们对其成就和未来扩展计划充满信心。①

"简易财政时期"还包括一些用正式的开支和税收指标都无法衡量的财政承诺。例如,在1968年和1970年,联邦政府成立了房利美(Fannie Mae)和房地美(Freddie Mac),它们是政府持有的机构,致力于购买私人住房抵押贷款。这些机构与州际高速公路系统以及一系列得到所得税支持的政府项目一起,对于支持在战后兴建美国郊区和南部地区的家庭和企业发挥了至关重要的作用。然而,美国公众很少意识到政府在支持这一社会变革中投入的巨大资金。②

税收意识的淡薄悄悄地削弱了联邦项目对所得税收入的资金依赖。在20世纪80年代之前,立法上的所得税率增加仅发生在朝鲜战争和越南战争时期。因此,政治家们不需要花时间讨论如何资助不断扩大的联邦政府开支。纳税人没有意识到他们纳税与公共开支之间的紧密联系,部分原因是缺乏对增税的讨论。具有讽刺意味的是,这个产生税收收入能力超强的体制最终却削弱了选民们对它的支持。缺乏税收意识和税收同意为各级政府,尤其是联邦政府,失去公众信任铺平了道路。

---

① 有关战后社会保障系统的扩张,参见伯科威茨(Berkowitz)的"Social Security and the Financing of the American State"("社会保障与为美国政府融资"),149—194;以及埃德文·阿曼达(Edwin Amenta)的 *When Movements Matter*:*The Townsend Plan and the Rise of Social Security*(《当运动产生效果时:汤森计划和社保制度的兴起》)(Princeton:Princeton University Press,2006),尤其是205—220页的内容。

② 自1913年起,联邦税法允许纳税人从他们的应纳税所得中抵扣住房抵押贷款,但1951年,国会将出售房屋获得的利润从资本利得税中免除(如果卖家重新对另一栋房屋投资的话)。这些税收条款鼓舞中产阶级对拥有房屋的热情。另外,税法还对开发商提供丰厚的税额返还和免除。这些都吸引资本不光进入房地产市场,还有乡村社区的购物中心。有关创收型结构的加速折旧是如何帮助将房地产开发变成回报型避税手段和帮助促进了购物中心开发的扩张,见托马斯·W.汉切特(Thomas W. Hanchett),"U. S. Tax Policy and the Shopping-Center Boom of the 1950s and 1960s,"*American Historical Review*("美国税收政策和50—60年代的购物中心扩张",载于《美国历史评论》),101(October,1996),1082—1100。

减税与税式支出

个人和公司所得税的大量筹资导致两党倾向于频繁地给个人和公司减税,这在1945年后成为一项财政规范。减税通常采取两种形式:一是降低税率,二是扩大税式支出(tax expenditure)。税式支出是政府对特定税务偏好的回应,例如免除某些收入类型纳税、允许各种开支抵扣以减少应纳税所得额,或直接减免税款。这些特殊偏好实际上等同于政府的支出,因为政府通过这些偏好放弃了原本可以征收的税款。换句话说,政府本可以提供现金财政援助或其他财政福利(如补贴等),取而代之的是采取直接抵扣和减免税款的方式。主要问题在于政治层面:选民更愿意了解这些财政福利的存在,而不是看到它们以税收抵扣或减免的形式存在。

第二次世界大战后,作为所得税遵从的重要因素的爱国主义精神逐渐减弱,国会更多地依赖减税,通常以更大规模的税式支出形式存在,以争取更多人对新税收体制的支持。持续的减税实际上使那些在战时开始纳税的高收入和中产阶级成功适应了新的税收体制。实际上,税式支出成为新政建立的经纪人国家(broker state)体系中越来越重要的一环。

具有讽刺意味的是,美国税收体制的一个核心特征,即高度累进性,与减税的规模和本质紧密相关。大萧条和两次世界大战所引发的累积效应,以及长期以来深受民众支持的"按能力纳税"的税收原则,使美国的税收体制成为发达资本主义国家中最累进的。[①] 这种累进性,结合了高经济增长率和时不时出现的通货膨胀,不仅提供了政府所需的大量税收资金,还激发了纳税人追求减税的强烈动机,特别是对最高收入的纳税人而言。

减税的效益在不同经济阶层之间的分配问题,以及随着时间的推移如何变化,是一个非常重要但缺乏充分研究(特别是定量分析)的议题。然而,可以

---

① 对税收在国际间不平等发展趋势中所扮演的角色做比较性分析是很困难的,但近来的研究发现,就算是1980年代中期以来的20多年里,美国在累进税再分配的程度上仍然排在22个国家中靠近顶部的位置。OECD,*Growing Unequal? Income Distribution and Poverty in OECD Countries*(不平等的增长? OECD国家的收入分配与贫困)(OECD publishing,2008),111—115. www. oecd-ilibrary. org/social-issues-migration-health/growing-unequal_9789264044197-en(2014年9月29日访问)。

明确的是,尽管所有收入阶级都会受益于减税政策,最贫困的公民受益最少,而最富裕的公民受益最多。这种不均等的分配部分原因在于累进的个人所得税体制:税款减免对富人更有利,因为他们的边际税率更高。总的来说,大多数减税政策的明显动机都是为了让富人受益更多。如果将税式支出视为一种间接的福利制度,那么大部分福利都更有利于富裕阶层的利益。[①] 最终的结果是,减税削弱了建立在战时体制下的以累进性为核心的税收体系。与此同时,减税也导致了税收体系在横向上变得越来越不公平,逐渐偏离了最初的理论理想:对处于相同经济状况的人征收相同的税款。

联邦层面的减税在战争结束后立即展开,分别在1945年和1948年进行。1945年的减税措施包括废除过量利润税(excess-profit tax),降低了所有经济阶层纳税人的所得税(income tax),并大幅度削减了战时的特殊消费税(excise tax)。这些减税背后有两种理论支持:一是供给侧经济学观点,旨在鼓励私人投资;另一是需求侧观点,旨在刺激消费。[②] 在1948年,国会通过了更多的减税政策,并引入了夫妻联合申报的个人所得税退税制度。有了这项制度,夫妻可以将他们的总收入对半均分,获得由累进税制带来的类似于"婚姻奖励"(marriage bonus)的好处。夫妻联合申报制度使税收在横向上更加公平,因为它消除了一些实施共有财产(community-property)制的州给予本州已婚居民的特殊收入分配税收优惠。因此,引入联合申报制度可能使基于人民大众的个人所得税体系在政治上更加稳固。然而,联合申报制度带来的经济利益仍然主要流向富裕家庭。此外,根据法律历史学家卡罗琳·琼斯(Carolyn Jones)的观点,引入联合申

---

① 有关所得税税收优惠用来给富人和穷人阶级获得间接福利的重要学术资料包括克里斯托弗·霍华德(Christopher Howard)的 *The Welfare State Nobody Knows*: *Debunking Myths about U. S. Social Policy*(《无人知晓的福利国家:解密美国社会政策》)(Princeton:Princeton University Press,2007)以及莫莉·C. 米歇尔莫尔(Molly C. Michelmore)的 *Tax and Spend*: *The Welfare State*, *Tax Politics*, *and the Limits of American Liberalism*(《税收与支出:福利国家,税收政治,和美国自由主义的限制》)(Philadelphia:University of Pennsylvania Press, 2012)。莫妮卡·普拉萨德(Monica Prasad)提出通过税收优惠创造出的美国高累进的税收会鼓励私人福利系统的发展,代价是公共福利系统(普拉萨德,*The Land of Too Much*(《太多的土地》),153—171)。

② "供给侧"这一概念在减税或税收改革的范畴内有各种含义。从最广泛的角度来说(也是这里的含义),它指的是对税收政策的变革,从而使得货物、服务的生产更有效率,而不是通过把钱留给消费者来刺激对货物、服务的需求。20世纪70年代时,"供给侧"这一概念变成一个更窄的、有时候是贬义的含义:支持者声称可以通过刺激需求、收入和税收收入从而自负盈亏地减税。见本书之后165—166,179页的讨论。

报旨在"保护更加传统的商业和财产所有权模式"。①

杜鲁门(Harry Truman)总统在一定程度上限制了减税的规模,因为他需要控制通货膨胀并努力减少战争债务。然而,他在这方面遭遇了两次阻力。1946年,他威胁要增加税收。这一威胁直接导致共和党在13年来第一次赢得了对国会的控制权,并取得了有史以来共和党在国会中的最大影响力(直到2010年才被打破)。而在1948年,尽管他否决了当年的收入法案(the Revenue Act),但国会最终推翻了他的否决并实施了该法案。

朝鲜战争时期,对减税的狂热有所减弱,但在上一次战争时期通过的《1951年收入法案》(The Revenue Act of 1951)中,除了增加税收外,还扩大了许多税式支出项目。这包括提高了30种矿产资源勘探的津贴,对家庭生产利润的资本利得税免除(如果利润用于再投资),老年人医疗支出的应税所得减免,各种老兵的豁免和免税政策,以及对居住在国外的居民所得的税收减免。② 朝鲜战争之后,《1954年收入法案》(The Revenue Act of 1954)既关闭了一些税收漏洞,又扩大了一些税收支出项目。这包括从应纳税所得中去掉雇主为雇员的健康保险计划支付的一部分(这成为最昂贵的税式支出之一)、一些股息和红利收入、分期付款支付的利息、慈善捐款,以及给予某些机构以公司身份纳税的选项,并扩大了折旧的上限。大多数税式支出对富人来说最有价值,因为他们继续承担着自"二战"以来建立的高边际税率。

由于在20世纪40年代和50年代实施的各种减税政策,富人(前1%的

---

① 1913年所得税立法尝试对婚姻持中立的态度。如果一方取得收入,他或她会单独申报个人所得税。但随着时间的推移,夫妻们,尤其是那些有投资所得的夫妻发现在累进税体系下,如果把收入转移到收入少的一方会给家庭减税。这一策略的最大受益者是富人阶级的夫妻,尤其是那些在"二战"时期面临最高边际税率显著提高的人群。这种税收优势在那些夫妻享有共同财产的州最为显著。有关1948年引入夫妻联合申报和夫妻享有共同财产的议题,见琼斯(Jones)的"Mass-Based Income Taxation"("大规模的个人所得税"),132—138(她的原话来自138页)。有关这一改革对女性经济和社会地位影响的讨论,见爱德华·J.麦卡弗里(Edward J. McCaffery)的 *Taxing Women*(《对女性征税》)(Chicago: University of Chicago Press,1997),29—62。有关联邦税法下的对婚姻的处理方式的详尽历史,见丹尼斯·J.文特里(Dennis J. Ventry)的"The Treatment of Marriage under the U.S. Federal Income Tax,1913—2000"("美国联邦所得税下的婚姻的处理方式")(博士学位论文,加州大学圣巴巴拉分校,2001)。

② 有关美国早期战后减税的资料,见威特(Witte),*The Politics and Development of the Federal Income Tax*(《联邦所得税的政治与发展历程》),131—134;班克(Bank)等人,*War and Taxes*(《税收与战争》),120—125,和桑代克(Thorndike),*Their Fair Share*(《公平份额》),265—272。

家庭)的实际税率降至大约25%。尽管与"二战"前相比这仍然较高,但已经下降到战争期间峰值税率的一半左右。①

在20世纪60年代和70年代早期,税式支出作为减税的一种形式迅速扩大,其规模相对于传统的直接政府支出也迅速增加。政治家们越来越倾向于使用税式支出来实现社会目标,例如允许将按揭利息抵扣以提高住房拥有率,而无须通过政府直接出资支持大型项目,这样可以避免政治上的争议。换句话说,许多国会议员发现,将税收项目隐藏在复杂的税法中可以满足一些政治私利。他们助长了一个税收利益群体,这个群体积极地在税法中寻找税收优惠,特别是能够避免在"累进篮中跳跃"(bracket creep)(将个人推向至个人所得税边际税率更高的一级)的优惠。与此同时,从税式支出中获益的纳税人和立法者也发现了在制定税收立法的复杂过程中可以获得的既得利益。国会税收法案起草委员会,即众议院筹款委员会(the House Ways and Means Committee)和参议院财政委员会(the Senate Finance Committee),以及它们的专家团队的权力不断增加,因为他们能够推动新的联邦项目(尽管以税收减免的形式)的制定。②

民主党约翰·F. 肯尼迪(John F. Kennedy)政府、林登·B. 约翰逊(Lyndon B. Johnson)政府和共和党理查德·M. 尼克松(Richard M. Nixon)政府都表现出了对激进减税政策的浓厚兴趣。这两位民主党总统提出了一系列针对富人阶级的有选择性的减税政策,其中包括像安德鲁·梅隆(Andrew Mellon)在20世纪20年代所采用的政策,以及短期的凯恩斯主义式的刺激政策。在1962年,国会颁布了一项新的企业抵扣制度:它允许对新投资项目减免7%的税款,并提高了允许折旧的金额。③ 与此同时,肯尼迪政府开始考虑一组更大幅度的减税计划。这组计划在1964年成果显著,当时国会响应约翰

---

① 布朗利(Brownlee),"Historical Perspective on U. S. Tax Policy"("美国税收政策的历史展望"),61。
② 有关20世纪60年代和70年代国会中制定税收政策的官僚主义的复杂性的领先分析,见里斯(Reese),*The Politics of Taxation*(《税收政治》)。
③ 对企业税收优惠的授予偏重资本收入,但它已经在企业所得税中得到优待了。正如史蒂文·A. 班克(Steven A. Bank)大力宣扬的,直到1986年最高企业和个人所得税率得到缓解,个人最高税率有所降低,企业所得税实际上成为企业留存收益的强力庇护,使得其免于受个人所得税的威胁。班克(Bank),*From Sword to Shield*(《从剑到盾》),25。

逊总统的呼吁,进行了一次减税,以"增加国家和联邦的收入"。①《1964 年收入法案》(The Revenue Act of 1964)(在之后被人们称为肯尼迪－约翰逊减税)不顾财政赤字而大幅度削减了税率。②

《1964 年收入法案》的核心内容是将各类所得税都降低了 20%～30%,并且提供了更为慷慨的折旧额度。这对个人所得税有效税率的冲击稍微变得更累进了。然而,对企业的减税则使得《1964 年收入法案》总体影响是累退的。由经济学家沃尔特·海勒(Walter Heller)领导的经济顾问委员会用所谓的"经济发展政策"(growthmanship)来为《1964 年收入法案》背书。大多数国会中的自由派将其视为激进的逆周期需求刺激的胜利。

越南战争阻止了 20 世纪 60 年代其他任何大规模减税政策,但在 1971 年 8 月,当战争形势逐渐平缓下来时,尼克松政府提交了作为引人注目的经济刺激项目的一部分的减税计划。尼克松希望减税能够为他的 1972 年再选举提供支持。他将自己 1960 年总统大选中失利的原因部分怪罪于当时艾森豪威尔政府的财政决定,认为这些决定导致了 1960 至 1961 年间的经济衰退和不断上涨的失业率。尼克松下定决心要在 1972 年避免这些困境。《1971 年收入法案》将大部分的减税分配到商业上,主要通过三种手段:(1)对有关加速折

---

① Public Papers of the Presidents of the United States(美国总统公开文件),林登·B. 约翰逊(Lyndon B. Johnson),1963—1964(Washington D. C.：U. S. Government Printing Office,1965),Vol. 1,9—10.

② 有关肯尼迪－约翰逊减税的学术研究综述在深度和视野上都愈发完美。见,例如,罗纳德·金(Ronald King),*Money, Time and Politics: Investment Tax Subsidies and American Democracy*(《金钱,时间和政治:投资税补贴和美国民主》)(New Haven：Yale University Press,1993),151—319;凯蒂·乔·马丁(Cathie Jo Martin),*Shifting the Burden: The Struggle over Growth and Corporate Taxation*(《转移负担:关于经济增长和企业税之间的挣扎》)(Chicago：University of Chicago Press,1991);凯蒂·乔·马丁(Cathie Jo Martin),*Funding the Modern American State*,1941—1995(《为现代美国融资》),354—407 中的"American Business and the Taxing State: Alliances for Growth in the Postwar Period"("美国企业和税收国家:战后发展联盟")部分;斯坦因(Stein),*The Fiscal Revolution in America*(《美国财政革命》),372—453 及 *The Fiscal Revolution in America, Part II*(《美国财政革命,第二卷》),194—201;威特(Witte),*The Politics and Development of the Federal Income Tax*(《联邦所得税的政治与发展历程》),155—175;泽利泽(Zelizer),"Learning the Ways and Means"("学习方法和手段"),290—353;和莫祖诚一郎(Seiichiro Mozumi),"A Prelude to Fiscal Gridlock of the United States: Social Policy, Taxation and Policymaking of the Administration of John F. Kennedy"("美国财政僵局的前奏:社会政策,税收和约翰·F. 肯尼迪政府的政策制定"),未发表的博士学位论文,庆应义塾大学,2014.

旧的额度规定的整理;(2)授权建立"国内国际销售公司"(Domestic International Sales Corporations),一般又缩写为DISCs;(3)重新实施投资税收抵免,并将其设立为每年投资花费的7%。这次减税的其他政策包括提高最低标准抵扣额度以及个人免除额。①

普通大众逐渐开始意识到税收支出的不断增加对财政的重要性。与此同时,财政部内部对税收支出也出现了越来越多的批评声音。这种批评声音可以追溯到20世纪20年代,当时财政部的专家们,如经济学家托马斯·S.亚当斯(Thomas S. Adams)和罗伯特·默里·黑格(Robert Murray Haig),开始强调联邦政府应该根据个人的经济收入,以更复杂的方式来确定税收基数。采用黑格提出的收入定义将需要对各种收入,如资本利得等进行合理的征税。黑格认为,这样的税收体系将更加公平,因为它将更全面地涵盖富人阶层中更多的资本所得,从而实现了更累进的税制(通过更全面地对富人的资本所得进行税收征收)。②

在新政时期,黑格,他的学生卡尔·S.肖普(Carl S. Shoup),以及其他持类似观点的经济学家担任财政部顾问的角色,他们提倡采用更广泛的税基和较为温和的累进性来改革所得税。与此不同,大多数其他经济学家给罗斯福政府提供的税收改革建议更加强调增加税制的累进性。这些改革者们赞成累进的所得税,但也担心最高档次税率过高,可能会鼓励富人逃税或积极游说以寻找新的税收漏洞。与此同时,他们认为高税率可能会激发政治家们施加压力于税收改革委员会,使其满足富人阶级的需求。他们相信,这种寻找漏洞的过程最终会导致税收基础的严重削弱,使人们对税收体系的公平性产生怀疑,进而削弱对理想的公共项目的支持。

"扩大税基",也就是扩大所得税适用的收入范围,在"二战"期间得到了专

---

① 投资税收抵免在1962年开始实施,但在《1969年收入法案》中暂停。见本书159—160页。关于《1971年收入法案》,见威特(Witte),*The Politics and Development of the Federal Income Tax*《联邦所得税的政治与发展历程》,176—179;斯坦因(Stein),*The Fiscal Revolution in America*,*Part II*《美国财政革命,第二卷》,234—241;以及班克(Bank)等人,*War and Taxes*《战争与税收》,139—141。

② 有关黑格(Haig)的定义,见本书101页。有关对黑格(Haig)的贡献的更深入的讨论,见麦罗特拉(Mehrotra),*Making the Modern American Fiscal State*《铸造现代美国财政国家》,389—394。

家和一些政治家的支持。①在财政部内部,肖普的观点得到了广泛支持,他认为一个拥有更广泛税基的所得税会增加税收收入并有助于控制通货膨胀。②当经济发展委员会(Committee for Economic Development,CED)委员、芝加哥大学经济学家亨利·C. 西蒙斯(Henry C. Simons)推广了一个扩展和符合罗伯特·默里·黑格可征税收入定义的改革方案时,税基扩大开始在财政部之外获得支持。CED 在 1944 年发布了一份名为"以高就业率为目标的战后联邦税计划"的报告,宣布了西蒙斯的计划。到了 1950 年,西蒙斯详细公布了该计划,这份计划后来在经济学领域被称为黑格-西蒙斯(Haig-Simons)所得税。③ 在支持西蒙斯思想的经济学家中,有未来的诺贝尔奖获得者威廉·维克里(William Vickrey),他是黑格和肖普的学生。威廉·维克里在 1947 年出版了一本广受欢迎的书,名为《累进税日程计划》(*The Agenda for Progressive Taxation*)。④ 然而,这些改革家们大部分在不断尝试修正政策的过程中遭遇了挫折。1949 年,当肖普和其他一些杰出的税收经济学家以及

---

① 有关 1986 年以前扩大税基的运动的总结,见约瑟夫·A. 佩奇曼(Joseph A. Pechman),"Tax Reform: Theory and Practice," *Journal of Economic Perspectives*(《税收改革:理论与实践》,载于《经济学展望杂志》)(summer 1987),11—25。扩大税基是一种"供给侧"的税收改革,它部分寻求使税收系统和经济更加高效。因此,在某种意义上,这种精密定义的"供给侧"的税收改革可以既包括创造税收优惠,也可以包括消除它们。

② 由 W. 艾略特·布朗利(W. Elliot Brownlee)、艾萨克·伊德(Eisake Ide)和 Yasunori Fukagai 编纂的 *The Political Economy of Transnational Tax Reform: The Shoup Mission to Japan in Historical Contexts*(《国际税制改革的政治经济学:肖普去日本的任务的历史背景》)(Cambridge: Cambridge University Press, 2013)一书中约瑟夫·J. 桑代克(Joseph J. Thorndike)撰写的章节"Mr. Shoup Goes to Washington: Carl Shoup and His Advice to the U. S. Treasury"("肖普先生去华盛顿:卡尔·S. 肖普和他的建议致财政部"),127—129,以及 W. 艾略特·布朗利(W. Elliot Brownlee)和艾萨克·伊德 (Eisake Ide)的"Shoup and the Japan Mission: Organizing the Investigation"("肖普和日本任务:组织和调查"),198—199。

③ 见亨利·西蒙斯(Henry Simons), *Committee for Economic Development: A Post-War Federal Tax Plan for High Employment*(《经济发展委员会:以高就业率为目标的战后联邦税计划》(New York: Committee for Economic Development, 1944)和 *Federal Tax Reform*(《联邦税制改革》)(Chicago: University of Chicago Press, 1950)。有关西蒙斯对税收理论方面贡献的评价,见哈罗德·格罗夫斯(Harold Groves), *Tax Philosophers: Two Hundred Years of Thought in Great Britain and the United States*(《税收哲学家们:英国和美国两百年来的思想讨论》),由唐纳德·J. 柯伦(Donald J. Curran)编纂(Madison: University of Wisconsin Press, 1974), 74—85。

④ 见威廉·S. 维克里(William S. Vickrey), *Agenda for Progressive Taxation*(《累进税制日程》)(New York: Ronald, 1947)。有关维克里的背景,见布朗利(Brownlee)和伊德(Ide),"Shoup and the Japan Mission"("肖普和日本任务"),201—204。

联邦税史

律师有机会重新构建战后日本的税收系统时,他们向日本提交了许多在美国无法实现的扩大税基的改革建议。他们在日本的计划虽然只比美国更成功了一点点,但肖普等人的工作提高了"扩大税基"这一理念在世界范围内的影响力。①

在艾森豪威尔政府期间,财政部加强了对扩大税基可能性的研究。1953年,财政部开始与税务局的联合委员会合作,对"二战"以来的所得税进行了有史以来最详尽的分析。然而,尽管在1954年,财政部与联合委员会提出了25项修改意见,但总体来说,这些建议更多地降低了税收,同时增加了税法的复杂性。在国会实施《1954年收入法案》时,本质上没有包括任何扩大税基的计划。实际上,财政部和联合委员会的改革意图主要是为代表特殊利益的呼声而持续不断地推动减税。

在20世纪50年代晚期,对税式支出的批评在国会中声音渐起,这是两类拥有不同社会目标的议员联合起来的结果。一方面,一些自由派民主党议员寻求关闭那些受富人喜欢的税收漏洞,以增加税收的累进性和总体税收收入。另一方面,一些共和党和保守派民主党议员,例如来自阿肯色州的威尔伯·米尔斯(Wilbur Mills),希望通过关闭漏洞来增加总税收收入,从而可以直接降低富人阶层的税率,并且缩小联邦政府的规模和影响范围。财政部的专家们更多地与自由派民主党议员达成一致,但也与米尔斯合作。1959年,作为众议院筹款委员会主席的米尔斯,为提高扩大税基改革的知名度举行了听证会,并发表了相关的文件。②

---

① 由 W. 艾略特·布朗利(W. Elliot Brownlee),艾萨克·伊德(Eisake Ide),和 Yasunori Fukagai 编纂的 *The Political Economy of Transnational Tax Reform: The Shoup Mission to Japan in Historical Contexts*(《国际税制改革的政治经济学:肖普去日本的任务的历史背景》)(Cambridge:Cambridge University Press, 2013)一书中 W. 艾略特·布朗利(W. Elliot Brownlee)和艾萨克·伊德(Eisake Ide)撰写的章节"Shoup and International Tax Reform after the Japan Mission"("肖普和日本之行之后的国际税收改革"),426—455。

② 有关威尔伯·米尔斯(Wilbur Mills)主办的听证会的相关信息,见美国众议院筹款委员会的税收修订纲要:关于扩大税基的纲要纪要,2卷(Washington, D. C.: U. S. Government Printing Office, 1959)。有关米尔斯的扩大税基改革上的兴趣,见泽利泽(Zelizer)的"Learning the Ways and Means"("学习方法和手段")。需要注意的是,佩奇曼(Pechman)支持泽利泽关于米尔斯的解释:佩奇曼信任泽利泽宣传综合性的个人所得税。见佩奇曼,"Tax Reform: Theory and Practice"("税收改革:理论与实践"),12。

第六章　简易财政时期

在20世纪60年代,约翰·F. 肯尼迪和林登·B. 约翰逊总统执政期间,财政部积极借助国会不断增长的兴趣来支持扩大税基的努力。斯坦利·萨里(Stanley Surrey)在1961至1969年期间担任财政部税收政策助理秘书,并发挥了引导作用。萨里曾在1939至1947年期间在财政部担任税收法律顾问,之后还曾在加州大学伯克利分校担任法律教授,参与了肖普的日本税基扩大项目,并之后在哈佛大学担任法律教职。类似于亚当斯在20世纪20年代的作用,萨里在财政部内推动了对税式支出问题的广泛讨论,同时强调了税式支出所引发的经济低效、扭曲和不公平。在此期间,萨里引入了税式支出的正式概念,并将其纳入有关预算的辩论中。他明确表达了财政部的立场:政府应该通过传统的支出方式直接追求社会目标,而不是通过税法中的津贴规定以间接和隐蔽的方式实现这些目标。①

与米尔斯一样,萨里也看到了扩大税基可能导致更低的边际税率。但是,萨里与米尔斯有两个不同的目标。首先,萨里希望保持甚至提高所得税的累进性。与米尔斯不同,萨里将扩大税基置于更高的优先级,即使这可能会对累进性产生一些影响也在所不惜。其次,萨里追求更高而不是更低的税收收入。他的总体目标是增加税收系统的收入可持续性。

很大程度上由于萨里和其他财政部专家的影响,20世纪60年代期间的减税法案包含了一些试验性的扩大税基的措施。例如,《1962年收入法案》对海外"避税天堂"作出了许多限制,包括企业的优惠政策以及旅行和娱乐支出的抵扣。1968年,约翰逊政府即将结束时,萨里和他的团队完成了对扩大税基改革机会的大规模分析。1969年1月,临时财政部长约瑟夫·巴尔(Joseph Barr)在国会发表警告,称即将出现"纳税人的反感"(taxpayers' revolt),因为税法存在横向和纵向的不公平。巴尔的证词揭示了许多高收入人群很少或根本不缴纳税款的情况,导致群众寄来大量抗议信件、数量繁多的国会听证会,以及尼克森政府支持的一系列改革提案。然而,一次又一次地,扩大税基

---

① 有关萨里(Surrey)的背景,见布朗利(Brownlee)和伊德(Ide),"Shoup and the Japan Mission"("肖普和日本任务"),203—204。关于萨里的观点(包括他1976年的"税式支出预算"的提议),见斯坦利·S. 萨里(Stanley S. Surrey), *Pathways to Tax Reform : The Concept of Tax Expenditures*(《税收改革的道路:税式支出的概念》)(Cambridge, MA: Harvard University Press, 1973)。

的改革主要被视为为减税提供机会。尽管如此,《1969 年收入法案》取消了(尽管是暂时的)投资税收抵免,并略微提高了资本利得税率。①

然而,萨里多年来的努力都未能产生令人满意的结果。随后,他于 1969 年从财政部辞职,而总统理查德·尼克松领导的共和党政府上台,意味着控制或减少税式支出并没有成为国家改革议程的重要组成部分。然而,在财政部内部,萨里留下了一份宝贵的无形遗产,即试图结合减少富人喜欢的税收优惠和降低最高边际税率以促进横向和纵向税收公平的方案。

滞胀和改革

在 20 世纪 70 年代和 80 年代初期,经济出现逆转,将本已经受损的税收系统推向了重大危机的边缘。通胀压力在 60 年代末和 70 年代初不断加剧,导致生产率增长放缓,同时还有石油危机引发的油价上涨。在 70 年代的其余时间里,一种类似于集体自我实现的预期,使公众普遍担心未来价格会进一步上涨,进一步加剧了通胀。这一趋势在 1980 年达到高峰,通胀率达到了 13%(根据消费者价格指数,CPI)。因此,一些经济史学家将 70 年代描述为"大通胀"时期。②

在这一时期,大多数纳税人都经历了明显的、非法定程序下的增税。这是因为通货膨胀导致人们进入了更高的边际税率档次,尽管他们的实际收入并没有增加。这使得所得税的结构更加累进,尤其是对高收入人群来说。虽然法定税率没有上升(有时甚至下降),但新的税收收入却产生了。因此,富人的有效税率在 20 世纪 70 年代逐步上升,一度接近 30%,或者达到了"二战"前

---

① 长期影响是一项 1969 年对个人所得税率表的调整带来的,这是为了反映不断增长的来自单身纳税人(男和女)对 1948 年起实施的"婚姻奖励"的不满(见本书之前 152 页的讨论)。这次 1969 年法案修改的目的是把"婚姻奖励"改为"婚姻惩罚"。这次调整在分配上的收益和成本,以及它对社会的影响是复杂的,但受负面影响最大的是那些次要收入者(secondary earner),主要是婚姻中参与工作的妻子。关于本收入法案这方面的资料,见麦卡弗里(McCaffery),*Taxing Women*《对女性征税》),60—69 和迈克尔·J. 格雷茨(Michael J. Graetz),*The Decline (and Fall?) of the Income Tax*(《所得税的衰落》)(New York:W. W. Norton,1997),29—40。格雷茨指出了很有帮助的一点:要让累进的所得税在婚姻问题上中立在数学上是不可能的,见 33 页和 294 页。

② 见,例如加里·M. 沃尔顿(Gary M. Walton)和休·洛克夫(Hugh Rockoff),*History of the American Economy*(《美国经济史》),第 9 版(Stanford:Thomson Learning,2002),626—628。

后的水平。① 然而,受影响的不仅仅是富人和中产阶级。许多低收入群体,尤其是那些有家属的人,不得不首次缴纳所得税(因为他们的个人及家属抵免与他们的实际收入一样受到了侵蚀)。直到 80 年代初期,劳动力市场中纳税人数比例已从"二战"末期的 60% 增加到 75% 以上。②

边际税率的跃升给经济压力下的人们提供了寻找或创造税收漏洞的动机,因此税式支出也相应增加。早在 1974 年,国会就认识到了这个问题的严重性,并将年度国会预算法案包括在每年发布的"税式支出预算"报告中。随后,由两党共同组成的国会预算办公室估计,在 1967 年,税式支出已经消耗了联邦政府近 370 亿美元,相当于当年联邦支出的 21%。而到了 1984 年,这一总额已上升至 3 270 亿美元,相当于联邦支出的 35%。

在 20 世纪 60 年代,经济增长开始放缓,而在 70 年代进一步减缓,尽管通胀在此期间上升。这种"滞涨",即停滞和通胀同时存在,意味着国家的经济管理者既没有提供经济增长,也没有有效控制物价。滞涨也对财政产生了影响。停滞不前的收入意味着所得税的税基变得脆弱。因此,无论实际经济增长如何,联邦税收收入都依赖于持续不断的通胀。税收系统依赖于一种不协调和有害的经济现象,这种情况需要进行财政改革。复杂的滞涨状况也意味着需要进行全面和有力的经济改革。

在 20 世纪 70 年代后期,出现了一种财政改革方法,即回到过去税收优惠时代,这一方法是基于财政部之前的调查。在 1976 年总统大选中,民主党候选人吉米·卡特(Jimmy Carter)提出了这种方法。他称美国的税收系统为"人类的耻辱",承诺通过消除税式支出来扩大所得税的税基,尤其是对富人的税收。尽管具体细节如何并不清楚,但他承诺避免进行"破坏性的改革"。在他上任的前两年,他继续倡导系统性减少税式支出,并在 1978 年提出了全面的税收改革计划。这个计划的蓝图是基于财政部在杰拉尔德·福特(Gerald Ford)政府末期发布的文件。然而,卡特发现自己陷入了与国会的艰难协商

---

① 布朗利(Brownlee),"Historical Perspective on U. S. Tax Policy"("美国税收政策的历史展望"),61。

② 有关战后个人所得税的运营总结(包括累进性的发展趋势),见乔恩·巴基亚(Jon Bakija)和尤金·斯图尔勒(Eugene Steurele),"Individual Income Taxation since 1948,"*National Tax Journal*("1948 年以来的个人所得税",载于《国家税收杂志》),44 (December 1991),451—475。

中,使得扩大税基的改革再次陷入停滞。①

卡特面临的另一个无法解决的问题是国会内的许多民主党和共和党议员倾向于采用一种与卡特不同的方法,来应对滞涨所带来的财政和经济问题。他们倾向于采取一种扩大税收优惠的方法,以在滞涨时刺激经济增长,并在通货膨胀情况下提供减税措施。与卡特的立场相反,他们希望这些政策有利于富人。

这种方法在商界、主流经济学界以及共和党领袖中得到了支持,类似于在两次世界大战结束后,人们寻求税收优惠时的情况。就像20世纪20年代的安德鲁·梅隆(Andrew Mellon)一样,他们采用了一种"涓滴式"(trickle-down fashion)的方式,通过对商业投资提供税收激励,鼓励资本的形成和提高生产力。他们认为,之前的税收优惠政策旨在降低资本成本,刺激了生产力和经济增长,特别是他们声称的肯尼迪—约翰逊1964年税收改革在刺激经济增长方面取得了积极的成果。此外,他们强调了个人所得税和企业所得税并存的情况,意味着某些资本收入被征收了两次税款——一次是公司盈利时,一次是将收入作为股息和红利支付给个人时。他们认为,由于这种重复征税,应该废除企业所得税或免除个人所得税中的股息和红利。此外,他们进一步提出,在个人所得税下,储蓄收入被重复征税——一次是在获得收入时,一次是在产生利息、红利或租金时。然而,消费支出只受到一次税收影响,即在获得收入时。他们声称,这种重复征税对储蓄者构成了惩罚,阻碍了资本形成的过程。因此,他们主张对资本收入减税以进行补偿。

最重要的是,这些概念都是旧的,其背后的合理性也为经济学界内外所广泛认知。然而,在20世纪70年代,它们从各种不同的人群和机构中获得了新的、充满活力的、高声望的、并且财力充沛的支持。这些支持者包括坚持极度市场自由观点的经济学家、智库中的企业家(如遗产基金会和卡托研究所)、华尔街日报的专栏作家,以及商界内的支持者。在这个非正式的群体中,最响

---

① 有关卡特的税收改革项目,见W. 卡尔·比文(W. Carl Biven),*Jimmy Carter's Economy: Policy in an Age of Limits*(《吉米·卡特的经济:在有诸多限制时代的政策》)(Chapel Hill: University of North Carolina Press, 2002), 198—200;以及维特(Witte), *The Politics and Development of the Federal Income Tax*(《联邦所得税的政治和发展》), 199—219。另见,财政部,"Blueprints for Basic Tax Reform"("基本税收改革蓝图")(1977年1月17日)。

亮、最有影响力的经济学家非芝加哥大学的米尔顿·弗里德曼(Milton Friedman)莫属。许多经济学家支持通过减税来降低资本成本并刺激经济增长,但弗里德曼和他的同事们在对政府广泛攻击的背景下提出了减税的建议。

历史学家经常将弗里德曼和他的反政府同事们描述为"新自由主义者"(neo-liberal),并将他们的运动称为"新自由主义"(neo-liberalism)。这些术语现在已经被广泛采用。然而,在解释美国财政体制时,这些标签也被认为存在一些历史性的、潜在误导的风险。其中一个问题是,第一代自称为"新自由主义者"或宣扬"新自由主义"的美国知识分子更加积极地看待政府和税收。

一个关键的例子是记者和社会分析家沃尔特·李普曼(Walter Lippmann,1889—1974)。他在1937年出版的著作《好社会》(*The Good Society*)被政治科学家迪特尔·普莱赫韦(Dieter Plehwe)称作"新自由主义开始的标志"。李普曼支持伍德罗·威尔逊(Woodrow Wilson)关于累进税的核心理念。他提出的税收计划旨在抑制垄断权力,解决非劳动所得的不平等问题。另一个例子是20世纪30年代和40年代的美国"新自由主义派"中的杰出经济学家亨利·西蒙斯(Henry Simons)(见之前的讨论)。他在芝加哥大学建立了经济学界的"芝加哥学派"并发挥了重要作用。他提倡的税收改革项目也与威尔逊的思想高度一致。[1]

下一代"新自由主义者",包括西蒙斯的学生米尔顿·弗里德曼在内,基本上放弃了追求经济平等的税收改革。在20世纪60年代之前,他们也已经摒弃了通过政府来解决垄断问题的思想。实际上,早在1951年,弗里德曼就停

---

[1] 菲利普·米罗斯基(Philip Mirowski)和迪特尔·普莱赫韦(Dieter Plehwe)编纂的 *The Road from Mont Pelerin: The Making of the Neoliberal Thought Collective*(《从佩勒林山开始的道路:新自由主义思想的起源》)(Cambridge, MA: Harvard University Press, 2009)一书中由迪特尔·普莱赫韦(Dieter Plehwe)撰写的"Introduction"("引言")一章;沃尔特·李普曼(Walter Lippmann),*The Good Society*(《好社会》)(Boston, Little, Brown, 1937), 223—232;克劳福德·D.古德温(Crauford D. Goodwin), *Walter Lippmann: Public Economist*(《沃尔特·李普曼:公共经济学家》)(Cambridge, MA: Harvard University Press, 2014), 233—245;菲利普·米罗斯基(Philip Mirowski)和迪特尔·普莱赫韦(Dieter Plehwe)编纂的 *The Road from Mont Pelerin: The Making of the Neoliberal Thought Collective*(《从佩勒林山开始的道路:新自由主义思想的起源》)(Cambridge, MA: Harvard University Press, 2009)一书中由罗伯·范·霍恩(Rob Van Horn)和菲利普·米罗斯基撰写的"The Rise of the Chicago School of Economics and the Birth of Neoliberalism"("芝加哥经济学派的兴起和新自由主义思想的诞生")一章, 141—178。

止自称为"新自由主义者"。他和他的同事们认为他们已经不再代表"新自由主义"。这个术语被李普曼和西蒙斯用来描述位于19世纪自由主义和新政时期民主党计划经济之间的一种思想。那些放弃"新自由主义"标签的学者们宣布自己支持历史学家安格斯·伯金(Angus Burgin)已经准确描述的"不干涉主义"(laissez-faire)的回归。[①] 他们的社会政策更加偏向资本,而不是企业。他们参与广泛抨击政府的行动,认为自由市场是社会解放的最重要来源,并完全忽视了社会和经济不平等这一问题(除非他们认为所有不平等都是政府造成的);同时,他们也忽略了市场失灵和混乱的任何证据。他们的政治策略基于对政府支出不断增长的担忧以及对政府社会问题解决方案有效性的怀疑。一些弗里德曼的追随者坚决反对所得税,尽管事实上所得税是19世纪英国自由主义者的标志性政策。

简而言之,有必要更换"新自由主义"这一概念。新的概念必须能够准确描述弗里德曼和他在美国财政政策历史中帮助激发的运动。我在此建议使用"复古自由主义"(retro-liberal)这一术语,以更有效、准确地突出弗里德曼和他的追随者们的立场,它也更好地捕捉到他们实际上已经回到了19世纪的自由主义,并且有时甚至持有自由主义中最狭隘的观点。

在20世纪70年代,随着"滞涨"问题的加剧,经济困难使得复古自由主义的主张变得更具说服力,也提高了它在富人阶级中的政治影响力。富人阶级的支持者们认识到,复古自由主义的学者们在设计和制定减税政策方面能够发挥重要作用。他们在议会成员中的参与度也逐渐增加。最早在关键职位上任职的两位经济学家分别是诺曼·图尔(Norman Ture),他曾担任威尔伯·米尔斯(Wilbur Mills)的参谋,同时创立了"经济税收研究中心"(the Institute for Research on the Economics of Taxation);以及保罗·克雷格·罗伯茨(Paul Craig Roberts),他曾是纽约州共和党众议员杰克·坎普(Jack Kemp)的参谋。

[①] 弗里德曼上一次在印刷品中涉及"新自由主义"是他发表"Neo-liberalism and Its Prospects," *Farmand*("新自由主义和它的展望",载于《法曼德》杂志),17(February 1951),89—93。布尔金的原话来自 *The Great Persuasion*(《伟大说服》),185。有关作者称之为"两个芝加哥学派"的宏大讨论,见琼斯的 *Masters of the Universe*(《宇宙的主宰们》),89—100。

坎普非常喜欢将减税措施包装成吸引民主党选民的形式,这是他最喜欢的政治计划之一。在 1975 年,诺曼·图尔和保罗·克雷格·罗伯茨为坎普提供了他税收项目的第一块拼图,这项计划旨在通过商业投资的税收补贴来促进资本形成和提高生产力。① 虽然这项计划包含了一些有力的减税措施,但与之后的减税方案相比,它仍然相对温和。

1977 年,坎普的参谋设计了一个富人喜欢的项目,同时也包含了一个坎普希望能取悦民主党选民的特征:在一年内减去 30% 的所得税。7 月,坎普加入了特拉华州共和党参议员威廉·罗斯(William Roth)将这一计划铺开变成 3 年的计划,即每年减税 10%,持续 3 年(之后它被称为 10-10-10 减税计划)。② 10 月,时任加州州长、当时总统候选人的罗纳德·里根(Ronald Reagan)密切关注了复古自由主义经济学家的思想以及坎普的计划。在同一个月,里根签署了坎普—罗斯计划。

在坎普和里根的倡导下,他们提出了一个引人注目的观点,这个观点甚至连安德鲁·梅隆(Andrew Mellon)都从未提出过。他们声称,减税实际上会降低联邦预算赤字,从而减轻通货膨胀的压力,包括降低利率。坎普和里根的理论基础是,通过减税激励美国的投资者和工人,税基将会大幅增加。因此,他们提出了供给侧减税观点中最具争议性的一点:减税不仅会刺激生产力,还会减少赤字。

里根总统第一任期内的核心经济顾问马丁·安德森(Martin Anderson)随后发表了一份声明,称供给侧经济理论的支持者实际上是比较温和的,他认为减税"不会像人们想象的那样大幅减少税收收入"(原话)。安德森正确地描述了大多数供给侧经济理论的支持者,特别是那些专业经济学家的观点,但并非所有人都持相同观点。里根自己偶尔也表达了一些更为激进的看法,认为减税几乎不会导致收入减少(甚至在最初几年也是如此)。在电台节目中,他再次支持了坎普的计划,并表示坎普的减税计划"会降低赤字和通货膨胀,因

---

① 保罗·克雷格·罗伯茨(Paul Craig Roberts),*The Supply-Side Revolution*:*An Insider's Account of Policymaking in Washington*(《供给侧的改革:华盛顿内的政策制定内幕》)(Cambridge, MA:Harvard University Press,1984),31。

② 提出的总减税规模比坎普吹嘘的 30% 要稍微少一些。因为每年是在上一年已经降低了的税率基础上再降低 10%,最终净减税在 27% 左右。

为税基将会因为日益增长的经济繁荣而扩大"。①

1978年,复古自由主义运动得到了真正有力的助力。这一反政府运动在州和地方层面取得了显著成果,因为在这些地区,基层组织更容易动员。该运动在1978年的加利福尼亚州纳税人反抗行动中取得了有史以来最大限度的曝光。反抗的基础是因为20世纪70年代出现的"大通胀"问题和房地产价格的大幅上涨,导致房产税与实际收入相比大幅增加。在1978年6月初的一次全民公投中,加州选民通过了第13号提案(Proposition 13),修改宪法,规定房产税率不能超过其市场价值的1%,同时规定今后任何关于新税种的提案都需要三分之二的通过率。对税收的强烈反感给复古自由主义运动带来了一个实际政策上的胜利。

然后,在其他一些州,受到加利福尼亚州第13号提案的启发,一些公民组成了与加州情况类似的联盟,包括自住房主和商用房主(例如大型公寓楼的业主)。他们试图降低自己的税收负担。与此同时,复古自由主义者继续抨击社会福利项目,而自由主义者则寻求更加公平的税收体系。这些人都试图在现行生活方式下找到适当的平衡。他们提出的政策措施可能不如加州的第13号提案激进,但它们都符合同一精神,并且大多采用了州一级的全民公投和法庭挑战的形式来实施。②

---

① 有关坎普提议的最好的解释是罗伯茨的 *Supply-Side Revolution*(《供给侧的改革》),1—33和69—88。有关里根对他们的支持、其供给侧理念的发展,以及里根作为税收改革者的职业生涯,见由W. 艾略特·布朗利(W. Elliot Brownlee)和休·戴维斯·格雷厄姆(Hugh Davis Graham)编纂的 *The Reagan Presidency: Pragmatic Conservatism and Its Legacy*(《里根总统:实用保守主义及其遗产》)(Lawrence:University Press of Kansas,2003)一书中W. 艾略特·布朗利和C. 尤金·斯图尔勒撰写的"Taxation"("税收")部分,155—181。

② 有关13号提案运动有一系列精巧的研究。信息含量最丰富的、最能体现社会动态的是艾萨克·马丁(Isaac Martin)的 *The Permanent Tax Revolt: How the Property Tax Transformed American Politics*(《永久的税收叛变:房产税如何改变了美国政治》)(Stanford:Stanford University Press,2008)。另外,见亚瑟·奥沙利文(Arthur O'Sullivan)、特丽·塞克斯顿(Terri A. Sexton)和史蒂文·M. 谢弗林(Steven M. Sheffrin)的 *Property Taxes and Tax Revolts: The Legacy of Proposition 13*(《房产税和税收叛变:13号提案的遗产》)(Cambridge:Cambridge University Press,1995);阿尔文·拉布什卡(Alvin Rabushka)和宝琳·瑞安(Pauline Ryan)的 *Tax Revolt*(《税收叛变》)(Stanford:Hoover Institution Press,1982);和大卫·西尔斯(David O. Sears)和杰克·西特林(Jack Citrin)的 *Tax Revolt: Something for Nothing in California*(《税收叛变:加州一无所获》)(Cambridge, MA:Harvard University Press,1982)。另外,关于一群社会科学家对其做出的当代背景下的评价,见由W. 艾略特·布朗利(W. Elliot Brownlee)编纂的 *Taxation: A California Perspective*(《税收:来自加州的视角》)[San Diego:Courses by Newspaper and the California Tax Reform Association Foundation(加州税收改革协会基金),1978]。

第六章 简易财政时期

总统候选人里根目睹了加利福尼亚州纳税人反抗运动的突然成功。在担任加利福尼亚州州长期间（1967—1975年），他已经非常疲惫于各种对政府的攻击。此外，他对1973年1号提案的失败感到非常失望，因为该提案试图修改宪法以限制州政府的支出规模。他曾与米尔顿·弗里德曼一起努力游说支持该提案。[①]然而，随着13号提案的胜利，他确信糟糕的经济环境已经为限制政府规模的税收改革创造了机会，尤其是考虑到越来越多的人对政府表现出的不满情绪。里根决定将税收改革作为他1980年总统大选经济思想的核心，并决定跟随坎普的提议，推广大规模的全面减税方案，将其作为税收项目的核心。这项经济政策后来被称为里根革命。[②]

由于卡特的税收改革方案陷入停滞以及13号提案吸引了社会大量的关注，坎普—罗斯计划在国会中获得的支持逐渐增多。这项计划甚至赢得了一些民主党议员的支持，而这正是坎普所希望看到的。来自乔治亚州的民主党议员山姆·纳恩几乎成功地在收入法案中加入了一个额外条款，该条款规定每年减少与支出相关的税收收入的幅度达到5%。参众两院都同意了纳恩的

[①] 有关里根和弗里德曼在1号提案期间的友谊和合作，见米尔顿和罗斯·弗里德曼（Rose Friedman）的 *Two Lucky People：Memoirs*（《两个幸运的人：回忆录》）（Chicago：University of Chicago Press，1998），389 和马丁·安德森（Martin Anderson）的 *Revolution*（《革命》）（San Diego：Harcourt Brace Jovanovich，1988），172—173。

[②] 另一个次要的里根紧急税收改革计划中的元素是将所得税率针对通胀做指数化处理。在20世纪70年代期间，很多经济学家——包括哈佛大学的马丁·费尔德斯坦（Martin Feldstein）和美国企业协会的威廉·费尔纳（William Fellner）（两人都不是复古自由主义者）——支持这项计划。里根追随这些经济学家的思想，在1977年，他为这种指数化的做法背书。这种方法在国会里赢得了越来越多的共和党议员的支持，但卡特政府想要阻止它，因为担心税收收入的损失。有关经济学家对指数化的兴趣，见默里·魏登鲍姆（Murray Weidenbaum）、马丁·费尔德斯坦（Martin Feldstein）和罗素·朗（Russell Long）在由马丁·费尔德斯坦（Martin Feldstein）编纂的 *American Economic Policy in the 1980s*（《20世纪80年代的美国经济政策》）（Chicago：University of Chicago，1994）中的"Tax Policy, Summary of Discussion"（"税收政策，讨论总结"）里的"Comments"（"评论"）一节，228。有关里根的计划，见罗纳德·里根在由基隆·K.斯金纳（Kiron K. Skinner）、安妮莉丝·安德森（Annelise Anderson）和马丁·安德森（Martin Anderson）编纂的 *Reagan，In His Own Hand*（《里根：自己掌握》）（New York：Free Press，2001）中的"有关税收的更多信息"（"More about Taxes"），1977年1月19日和"指数化"（"Indexing"），1977年6月15日，273—274。

修改,但卡特威胁要行使自己的否决权,迫使国会放弃了这个方案。① 那年晚些时候,卡特签署了《1978年收入法案》,但很不情愿。它只提供了一点个人的税收减负和简单化,但将企业所得和资本利得的税负大幅削减,包括将最高资本利得税率从39%降低至28%。

税收改革的势头在两党的共同支持下逐渐偏向了复古自由主义派的坎普和里根项目。然而,一些有影响力的自由派民主党议员试图寻找一种既能保护或扩大税收收入,又能同意共和党的减少资本成本、鼓励投资的方法,以获得两党在税收改革方面的支持。这些民主党议员提出了一个新的税收种类的概念,即用于替代或至少减轻所得税(以及社会保障税)的一种商品增值税。这种税收将在生产链上的每个交易环节对增值的部分征收小额税款,即货物或服务的卖出价格与生产成本的差价。这一概念早在1949年由肖普提出,并在后来得到了法国的采纳,随后在1967—1973年期间,所有欧洲经济共同体国家(包括大英帝国)都将增值税作为其本国销售税制的标准形式。由于增值税以及越来越高的汽油税,相对于美国和日本,欧洲国家更加依赖对商品或服务征税。这也解释了为什么美国的税收收入占国民生产总值比例相对较低(具体见附录表A.5)。

1978年,财政委员会(Senate Finance Committee)主席罗素·朗(Russell Long)提出了一项大胆的税收系统改革方案,旨在全面改变税收体系。接着,众议院筹款委员会主席阿尔·乌尔曼(Al Ullman)(来自俄勒冈州的民主党议员)引入了一个具体的计划,以推进这一方向的改革。这是自1940年以来,国会首次认真考虑对商品全面征税的方式。当时,乌尔曼提出的《1980年税收重构法案》(Tax Reconstruction Act of 1980)可能是国会考虑的最激进的税收改革计划。然而,包括总统卡特在内的自由主义者担心它可能会对低收入人群不利,并且众多商界领袖担心新税收体系会刺激政府规模的增长。最终,他们阻止了该法案的表决。与此同时,俄勒冈州的选民显然反感任何新的

---

① 有关坎普—罗斯项目是如何在国会中占共和党经济政策的主导地位,甚至在1978年后赢得民主党支持的,见迈克尔·B.伯克曼(Michael B. Berkman)的 *The State Roots of National Politics: Congress and the Tax Agenda*,1978—1986(《国家政治的根源:议会和税收议程,1978—1986》)(Pittsburgh: University of Pittsburgh Press,1993),特别是53—56页。

税收方案，他们对商品征税的新提案不满，并最终结束了乌尔曼在国会的职业生涯。与之前一样，联邦政府再次考虑但又中止了采用广泛且复杂的商品税来替代所得税的实验。

卡特总统试图通过增加对美国富人的税收来改革税收体系，但这一努力以失败告终。同时，乌尔曼提出的引入新税种的运动也未能成功。这两者都未能充分利用当时聚集了真正社会力量的反政府运动，因为他们的理念不同，也没有完全理解这场运动。这场反政府运动汇聚了长期以来对新政自由主义的敌意，它凝聚了对通货膨胀和政府解决社会问题效率的担忧。此外，对税收的反感情绪使得这场运动的政策焦点集中在税收改革上。与此同时，罗纳德·里根抓住了卡特和乌尔曼错失的税收改革机遇。

第七章 "里根革命"

吉米·卡特总统试图通过减少税式支出来改革税制,但这一努力停滞不前。然后,总统候选人罗纳德·里根(Ronald Reagan)和共和党看中了"税收改革"这一议题。他们煽动人们对任何新税种的敌意,并激发公众对减税的兴趣。1981年,里根当选总统,并且共和党控制了参议院,他们开始实施他在竞选中提出的税收计划。然而,到了1986年,他们实施的税制改革与1981年时所预期的大相径庭。

改革契机:胜利与失败

在1980年总统选举期间,罗纳德·里根的税收政策核心是普惠大众的大规模减税。这一减税计划与个人所得税的指数化调整相结合,旨在减轻中产阶级和工薪阶层美国人的经济负担。里根特别强调,这些大幅减税措施将抵消通货膨胀对所有纳税人生活水平的负面影响。与1935年的富兰克林·罗斯福类似,里根试图通过税收问题来建立一个新的政治联盟,由工人和消费者构成。[1]

然而,在竞选活动期间,里根从未表现出要根本性改革联邦税收体系、大力推动减税或进行指数化调整的意图。早期的设想中也没有包括大规模改

---

[1] 关于大范围的减税会抵消通胀带来的负面影响,里根是对的,但他没有提到这样的减税会给富人带来比穷人更多的好处。在通胀前不交所得税的人,现在由于通胀可能会开始缴税,但27%的税率只会削减他税收增加幅度的四分之一。与此相反,对那些几乎所有收入都位于最高一级边际税率的人群来说,他们几乎没有收入处于"累进税率跳跃"(bracket creep)的影响之下,却仍可享受27%的减税。

革,对此,他曾经进行了大力批评。[①] 早在1975年,他就表达了对税式支出的怀疑。在1979年7月,他提出"税式支出"这一概念是"政府对我们能够持有的自己收入的那一部分的新名字。而我们自己,把它称作抵扣"。他进一步总结说:"总之,我们的富人……山姆大叔(一般指美国——译者注)盯上了我们认为是自己的1 700亿美元。"他对卡特总统和其他自由派支持的"税式支出"改革的政治动机产生了浓厚兴趣,因为他们试图通过堵塞税法中有利于富人的漏洞,实现更加累进的所得税,以保障税收收入。[②]

里根对税式支出的模糊态度为说客们提供了机会,他们成功地改进了他的总统选举大纲和税收改革计划,使其更符合20世纪20年代共和党的理念。这一转变发生在1980年夏天,而说客中的主要推动者是查尔斯·沃克(Charles Walker)。沃克代表的公司服务了许多工业企业客户,这些客户都属于传统的共和党精英阶层,他们在工厂和设备投资方面投入了大量资金。沃克成功说服共和党委员会提出了一个大幅增加企业和个人有形资产折旧限额的提案。这项提案后来被称为"10—5—3",因为它引入了三个新的折旧年限:建筑(十年)、设备(五年)和轻型交通工具(三年)。为了支持这一提案,里根的纲领委员会完全抛弃了所得税的指数化改革提案,尽管后者能够为劳动阶层和中产阶级取得很大的利益。[③]

[①] 里根另一个毫无希望的想法是一项类似于增值税的联邦消费税种。里根可能理解并对消费税的经济效应表示赞同,但他也很可能同时意识到一些民主党人士已经开始对以增值税的形式出现的消费税表示微笑的态度,因为它是一种扩大福利国家的无痛方式。同时,里根也知道,共和党的一个重要的支持者来源——小企业群体——对增值税的敌意。第三个毫无希望的想法是人头税。供给侧的经济学在逻辑上对其是支持的,但它从殖民时代开始就是最不受欢迎的税种,同时会给人带来一种外来的感觉。我们也不确定玛格丽特·撒切尔(Margaret Thatcher)是否曾经与里根讨论过人头税。她之后曾经提议过一个小规模的人头税,这也导致了她政治生涯的坠落。有关供给侧的对人头税的逻辑讨论,见尤金·斯图尔勒(Eugene Steuerle)的著作 *The Tax Decade*:*How Taxes Came to Dominate the Public Agenda*(《税收十年:税收如何主导公共议程》)(Washington, D. C.:Urban Institute Press, 1992),40。

[②] 罗纳德里根在他自己写的 *Reagan*,*In His Own Hand*,268—270页中的"税收漏洞,1975年5月"以及283—284页中的"税式支出,1979年7月27日"。

[③] 有关查尔斯·沃克(Charls Walker)的角色,见杰弗里·伯恩鲍姆(Jeffrey H. Birnbaum)和艾伦·默里(Alan S. Murray)的 *Showdown at Gucci Gulch*:*Lawmakers*,*Lobbyists*,*and the Unlikely Triumph of Tax Reform*(《政治游说者的表演:立法者、说客和不太可能成功的税收改革》)(New York:Random House,1987),16—18;蒂莫西·康兰(Timothy J. Conlan)等人的 *Taxing Choices*:*The Politics of Tax Reform*(《税收改革的政治选择》)(Washington D. C.;Congressional Quarterly Press,1990),96;以及马丁(Martin)的 *Shifting the Burden*(《转移负担》),47。

这个挑战凸显了里根竞选活动中实用主义政治考虑的首要地位，而对于进行连贯系统的经济改革则被放在次要位置。然而，在里根的竞选活动中，他和他政治团队将公众关注点集中在大规模减税上。这一策略在政治上非常成功，税收改革帮助里根在1980年大选中取得了压倒性的胜利，税收议题成为展示里根政策影响力的主要方式。

里根的个人观点对政府如何将他的选举纲领转化为具体的政策提案起到了很大的影响作用。在他发表就职演说几周后，他的经济顾问，包括阿兰·格林斯潘（Alan Greenspan）和查尔斯·沃克（Charls Walker），与他会面并建议里根在减税计划上采取更温和的步骤。他们担心激进的减税可能会增加财政赤字。顾问们对赤字规模的估计存在差异，但大多数认同赤字的存在，以及如果不加以控制，赤字可能会对资本市场造成压力，导致利率上升，并降低公众对里根接下来计划的信心。因此，他们建议里根将"10—10—10减税"计划从原来的3年延长到5年，每年减税10%。

当里根的经济顾问警告他有关赤字风险时，里根的回应是"我不在乎"。沃克回忆说，他们几乎都吃惊得差点从椅子上跌下来。里根后来被认为是房间里最平民主义（populist）的人。总统希望给每个人减税，而不论是否有经济学理论支持，也不管减税是否会加大赤字。最终，总统坚持了他的观点，坚守10—10—10计划。与顾问们的观点相比，总统更倾向于全面大幅度减少所得税，而不是局限于企业和高收入人群的减税。他的目标是争取广泛的民众支持，以推动减税，并为其他政策方案铺平道路。①

里根和他的供给学派的顾问们，包括马丁·安德森（Martin Anderson）、保罗·克雷格·罗伯茨（Paul Craig Roberts）（后来成为经济政策部长助理）、诺曼·图尔（Norman Ture）（后来成为主管税务和经济事务的副部长），可能还有另一个支持大幅度减税的理由。他们希望初始赤字水平更高，以控制政府支出，这正是民主党参议员丹尼尔·帕特里克·莫伊尼汉（Daniel Patrick Moynihan）（纽约州）曾建议的。里根的管理与预算办公室主任大卫·斯托克

---

① 由马丁·费尔德斯坦（Martin Feldstein）编著的 *American Economic Policy in the 1980s*（《20世纪80年代的美国经济政策》）(Chicago: University of Chicago, 1994)中查尔斯·沃克（Charls Walker）的"讨论稿摘要"，224—225。

曼(David Stockman)否认了这一点，他对自己在政府委员会会议上的发言回忆应该是准确的。① 但斯托克曼可能没有充分理解里根的用意。此外，复古自由主义派和自由主义派在会上大致同意，与收入不足相比，当收入充裕时更容易控制支出。这一点显而易见。里根在1981年2月5日的全国讲话中也强调了这一点。他用他的教育方法为不限制支出而进行减税辩护："我们可以教育我们的孩子有关奢侈浪费，直到我们已经不能说话和呼吸。或者，我们可以简单地通过限制他们的零花钱来教导他们不要奢侈浪费。"②

在1980年的选举中，共和党赢得了参议院的控制权，并在众议院也取得了显著的胜利。尽管如此，里根仍然需要国会两党的共同支持才能实施大规模的减税计划。困难局面一直持续到了1981年3月，当时一个刺杀总统的计划差点成功。然后，大规模的减税计划因为获得了广泛的民众支持而最终摆脱了阻碍。民主党领袖抛弃了谨慎，开始了一场与共和党之间的竞争，他们将个人所得税的最高税率从70%降低到50%，并将资本利得税减至20%。两党合作采用一系列宏大的避税方法来装饰他们的"圣诞树"法案。在这一竞争中，国会还恢复了价格高昂的累进税制的指数化。里根的财政部长，唐纳德·里根(Donald Regan)，一个坦率易怒的人，告诉财政部工作人员："税收法案中我最喜欢的部分是指数化条款——它把沙从国会的沙盒里拿了出来(意思是指数化条款使税法更加可预测，因为考虑了通货膨胀，有助于稳定税收负担，减少税制的不确定性。'沙盒'通常指虚拟的实验环境，因此往往很混乱——译者注)。"③

为了承担巨额的减税开支，国会削减了一些减税幅度。最初的10—10—10

---

① 1986年和1994年，大卫·斯托克曼(David Stockman)都否认了赤字是刻意人为的。参见大卫·斯托克曼，*The Trimph of Politics：How the Reagan Revolution Failed*(《政治的胜利：里根革命是如何失败的》)(New York：Harper & Row，1986)，267—268，和由马丁·费尔德斯坦(Martin Feldstein)编著的 *American Economic Policy in the 1980s*(《20世纪80年代的美国经济政策》)中大卫·斯托克曼的评论"讨论稿摘要：税收政策"，287。

② 罗纳德·里根，"经济演讲——全国讲话，1981年2月5日"，节选自 *Reagan，In His Own Hand*，490。事实上，有证据表明在20世纪为福利国家融资的历史上有税收与开支之间存在"因果"(或至少相关联)的关系。然而，这一关系在70年代消失了。参见凯文·胡佛(Kevin D. Hoover)和史蒂文·谢弗林(Steven Sheffrin)的"Causation，Spending，and Taxes：Sand in the Sandbox or Tax Collector for the Welfare State?" *American Economic Review*("因果性、开支和税收：沙盒中的沙子还是福利国家的税收征管员?"载于《美国经济评论》)，March 1992，225—248。但这种消失可能仅仅是在70年代逐渐受重视的"税式支出"的一个反应。

③ 有关里根的原话，参见胡佛和谢弗林的"因果性，开支和税收"，225。

计划改成了 5—10—10,净税率减少的幅度也从 27% 降到了约 23%。① 同时,国会将指数化的执行日期推迟至 1985 年。《经济复苏税收法案》(The Economic Recovery Tax Act,ERTA)于 1981 年 8 月开始实施。②

连里根政府中最激进的供给学派的经济专家都认为,ERTA 将在短期内大幅削减税收收入,这一观点后来也被证实。此外,即将来临的经济衰退和通货膨胀将进一步减少税收收入。与此同时,里根政府大力增加了国防支出,这些增加也反映在 ERTA 之后赤字的上升上。实际上,赤字占 GDP 比例达到了历史和平时期的最高水平,经济学家赫伯特·斯坦(Herbert Stein)将这一现象称为"大型预算爆炸"(Big Budget Bang)。到 1984 财政年度时,赤字已经从 1980 年占 GDP 的 2.8% 上升至 5.0%。这一赤字问题也影响了国债。里根上任时,国债占 GDP 的比例是自 19 世纪 30 年代以来的最低点。但当他于 1989 年卸任时,国债占 GDP 的比例已经从他执政初期的 26% 急剧上升至 41%。这不仅是名义价值的上升,还有相对规模的增加,使得国债占 GDP 的比例达到了和平时期的最高水平,甚至超过了大萧条时期的水平(见附录,图 A.1)。③

---

① 总统的立法战略小组(legislative strategy group)支持 5—10—10 的这一变化,将其看成是"减少赤字和接受其他减税方案来达到政治上多数支持的必要"的手段。参见"立法战略小组会议",1981 年 5 月 12 日,经济/预算政策文件夹,5/81,OA10972,克雷格·富勒(Craig Fuller)文档,罗纳德里根图书馆(以后简称为 RRL)。

② 有关 1981 年的经济复苏税收法案的精彩解释,请见莫妮卡·普拉萨德(Monica Prasad)的 "The Popular Origins of Neoliberalism in the Reagan Tax Cut of 1981," *Journal of Policy History*("新自由主义在 1981 年里根减税中的起源",载于《政策历史杂志》),24(2012),351—383。普拉萨德在别处也重复强调我曾经说过的累进所得税和对抗政治在解释它的发生时间上的重要性。我会强调富人精英群体对税收政策修订的影响力。我将这种影响力视为 ERTA(及它发生的时间点)和"二战"以来整个减税流程的缘由。参见莫妮卡·普拉萨德的 *The Politics of Free Markets: The Rise of Neoliberal Economic Policies in Britain, France, Germany, and the United States*(《自由市场的政治:英国、法国、德国和美国新自由主义经济政策的崛起》)(Chicago: University of Chicago Press, 2006),3—4,43—61,280—283。

③ 由马丁·费尔德斯坦(Martin Feldstein)编著的 *American Economic Policy in the 1980s*(《20 世纪 80 年代的美国经济政策》)(Chicago: University of Chicago Press, 1994)中马丁·费尔德斯坦的 "American Economic Policy in the 1980s: A Personal View"("80 年代美国经济政策:个人视角"),47—48;由基因·帕克(Gene Park)和井景荣作(Eisaku Ide)编著的 *Shifting Fortune: Deficits and Debt in the Industrializing Democracies*(《转移财富:工业民主国家的赤字和债务》)(New York: Routledge, 2015)中斯坦(Stein)的 "The Fiscal Revolution in America, Part II"("美国财政革命,第二部分"),266;和 W. 艾略特·布朗利(W. Elliot Brownlee)的 "Long-Run Fiscal Consolidation in the United States: The History at the Federal Level"("美国长期财政巩固:联邦层面的历史")。

第七章 "里根革命"

　　赤字规模和国家债务引起了里根政府内外的广泛担忧。然而,那些关心赤字问题的政治家和经济学家在传达他们的担忧时遇到了一些困难,因为联邦政府早已废除了严格的财政政策,即规定联邦赤字规模的政策。在 20 世纪 60 年代初期,联邦政府曾达成了共识,即在实现充分就业时,税收和政府支出应该平衡预算。然而,这一共识在 60 年代后期被打破。1971 年,理查德·尼克松正式废除了这一规定,尽管他本来希望在实现充分就业时达到预算平衡,但竞争激烈的经济和政治环境迫使他放弃了这一目标。1974 年,当经济学家赫伯特·斯坦(Herbert Stein)召集总统杰拉尔德·福特(Gerald Ford)的经济顾问委员会时,他发现没有人能够提出"令人信服的财政政策"。直到 1981 年之前,只有少数当政者相信,如斯坦所言,存在一种精确的、已知的赤字规模与经济稳定相适应的情况。①

　　在 1981 年,虽然缺乏被广泛接受的预算规则,里根政府还是采取行动来解决赤字问题。政府认识到,必须应对赤字问题,因为在选举年(1982 年和 1984 年)预计将面临与赤字相关的政治尴尬局面,包括长期利率上升压力以及股市下行压力的问题。这种政治压力影响了两大团体,既有关注资本市场健康状况的共和党,也有那些希望通过减少支出来弥补减税带来的收入损失的复古自由主义派。②

---

①　在 1996 年出现的一篇文章中,斯坦继续了他在职业生涯中一贯的对财政政策评估的兴趣,他描述了联邦政府是如何从 1965 年起,放弃了一致的为了设定逆周期财政政策的"聚合规则"(aggregate rule)的,这其中包括了税收。斯坦总结到,他在 1969 年时还是不成熟的,当时他在 *The Fiscal Revolution in America*(《美国财政革命》)中宣称,"本土化的凯恩斯主义"(domesticated Keynesianism)在 1962—1964 年已经成功了。1996 年,斯坦发现在过去的三十年间,主要的用来平衡预算的方法没有一个获得成功。斯坦认为,政策制定者不愿意"将他们的欲望服从于特定的税收和开支项目,来完成一个聚合的目标"。连贯的财政政策遇到的一个简单的困难,他认为,是"人们——政客和居民——关心预算中的组成部分,不仅是因为关心它们对经济周期的影响,也有其他的原因"以及"几乎所有人都在大部分时间里反对增税"。见斯坦,"The Fiscal Revolution in America, Part II"("美国财政革命,第二部分"),195—287。

②　在 1981 年和 1982 年,保罗·沃尔克(Paul Volcker)为了金融缓和(monetary ease)而减少赤字在背后承担了重要的角色:他游说政府,主要是财政部长唐纳德·里根(Donald T. Regan);唐纳德·里根,*For the Record: From Wall Street to Washington*(《记录在案:从华尔街到华盛顿》)(San Diego: Harcourt Brace Jovanovich, 1988),178。在政府内部,Alan Greenspan(阿兰·格林斯潘)为美联储辩护,并称"我们的问题,从根本上说,在于市场相信联邦赤字会继续出血,包括美联储创造额外的货币供给增长和因此带来的通胀"。阿兰·格林斯帕,未命名的附件,1982 年 2 月 1 日,文件夹"长期计划会议的总结书,戴维营(Camp David),1982 年 2 月 5 日",第一盒文件,理查德·达尔曼(Richard G. Darman)文件,RRL。

在维持减税和国防建设的前提下,政府只有一种方式来减少或者控制受损的赤字。这种方式就是解决庞大且持续不断增长的强制福利支出(entitlement spending)。白宫内部有一些人理解这一点,并积极寻求通过福利改革来控制这一支出,但不是所有人都这么认为。无论如何,福利改革都是一个漫长的过程,参与其中并不容易,而且不会立即显著影响预算。[1] 国防建设是不能被动摇的,这是里根政府的首要政策。因此,在1981年9月,也就是ERTA通过后不到两个月,里根政府秘密地提出了增税措施,并将其描述为"税法的修正,以消除一些税收缺陷并增加税收收入"。

由于里根政府着手处理赤字问题,它与国会税务委员会的合作关系变得更加紧密,特别是与由来自堪萨斯州的共和党议员罗伯特·多尔(Robert Dole)领导的参议院财政委员会。与此同时,在里根的内部顾问圈中,办公厅主任詹姆斯·贝克(James A. Baker)的影响力逐渐增强,尤其是因为他对赤字问题特别关注。与此相反,司法部长埃德温·米斯(Edwin Meese)强烈反对增税。在1982年增税进程启动后,财政部内一些持极端供给学派观点的人,特别是诺曼·图尔(Norman True)和保罗·克雷格·罗伯茨(Paul Craig Roberts)离开了政府。[2]

里根总统在设计增税项目中扮演了关键角色。这部分是因为他是政府中最坚定的供给学派支持者,他反对了所有大规模的增税提案,也坚守着不废除ERTA中的个人所得税减税条款的立场。然而,他也愿意支持那些不太显而易见、不太通用的增税方式,例如减少税式支出,也就是减少那些涉及复杂的豁免、扣除和税收减免的规定。这类规定在税法中层出不穷。由于他积极倡导这些减税措施,他因此找到了适当的措辞来进行税收改革。1982年夏天,

---

[1] 有关白宫内对福利支出增长缺乏注意,见斯托克曼,*Triumph of Politics*(《政治的胜利》),161—162。

[2] 里根,*For the Record*(《记录在案》),176—184。另见斯托克曼,*Triumph of Politics*(《政治的胜利》),356;费尔德斯坦,*American Economic Policy in the 1980s*(《20世纪80年代的美国经济政策》);埃德温·米斯三世(Edwin Meese III),*With Reagan: The Inside Story*(《与里根在一起:内幕故事》)(Washington D.C.: Regnery Publishing, 1992),142—147。有关通过两党的对里根政府的支持,见唐纳德·里根给丹·罗斯滕科夫斯基在1982年7月12日写的资料,有关税收问题的文件夹(3),以及肯尼斯·杜伯斯坦(Kenneth M. Duberstein),"与参议员威廉·罗斯的会议"(Meeting with Senator William Roth),1982年8月10日,有关税收问题的文件夹(4),OA 14862,弗雷德里克·麦克卢尔(Frederick McClure)文件,RRL。

当国会中的保守派共和党人反对关闭税收漏洞时,里根发表了他有史以来最长的关于经济问题的演讲,强调了"关闭那些特殊利益的漏洞"会使"每位美国人,特别是低收入人群"受益,带来"简洁和公平"。①

里根的领导以及两党的合作在增税和结构性改革方面取得了成果,出现了三种措施的结合。第一种是《1982年税收平等与财政责任法案》(the Tax Equity and Fiscal Responsibility Act of 1982,TERFA),这是自1932年以来首次在和平年代的选举年引入显著的增税措施。TERFA减少了一些投资的税收优惠,从而开始逆转ERTA中针对有形资本收入实施零税率,甚至负税率的趋势。

第二种措施涉及社会保障体系融资的改革,因为当时这个体系无法再维持不断增长的福利标准。这个问题在20世纪70年代开始显现,当时福利标准的指数化增速远远快于工资和就业率的增长速度。到1983年,老年人和战争幸存者的信托基金已经缩水到1972年的一半水平。1981年12月,政府提出了一项减少支出的倡议,获得了政治上的支持,随后里根签署了一项行政命令,创立了社会保障改革全国委员会。1982年秋季,该委员会提交了推荐意见,在赤字不断上升的压力下,总统决定支持这些建议。1983年,一个由国会两党成员组成的小组,与社会保障支持者、财政部专家以及里根政府领导层进行了讨论,将这些建议转化为一份妥协方案。该方案包括永久削减社会保障福利、加速原计划中的社保税率提高,并通过对福利征税来扩大税基。

里根再次强调,联邦政府并没有增加税收,因为他接受的社会保障税的提高本就计划于1990年生效。因此,他认为之前的政府提出了社保税的增加,而他只是加速了执行时间表。同时,他指出通过对福利征税来扩大税基实际上相当于净福利的减少。这一妥协方案与1990年之前相对较少的退休人员(主要是大萧条时代的儿童)一起,迅速恢复了信托基金的健康状况。②

第三种措施是《1984年赤字减少法案》(the Deficit Reduction Act of

---

① "总统国家讲话的讲话稿",1982年8月16日,有关税收问题的文件夹(4),OA 14862,弗雷德里克·麦克卢尔(Frederick McClure)文件,RRL。有关政府强调TEFRA中扩大税基要素所做的努力,见"情况说明书,1982年平等和财政责任法案"(the Equity and Fiscal Responsibility Act of 1982),有关税收问题的文件夹(3),OA 14862,弗雷德里克·麦克卢尔(Frederick McClure)文件,RRL。

② 见斯图尔勒,*The Tax Decade*(《税收十年》),61—64。

1984，DEFRA，与 TEFRA 押韵）。这一法案的主要目的是关闭额外的所得税漏洞，以增加税收收入。以 1990 年的收入水平为参照，TEFRA 和 DEFRA 两者一起提高了 1 000 亿美元的年均税收收入。这一税收增收规模之大，除了战争时期，前所未有。这两种措施，加上社会保障改革，表明里根已经采取与他 1981 年大规模减税截然相反的政策道路。①

寻找改革的新方法

白宫官员开始研究和提出方法来扩大税基，这促使国会两党代表迫使里根政府考虑引入"单一税"的可能性。在最激进的版本中，这种税制将采用简单的低固定比例税率，以替代现有的累进税收结构。此外，它还可能对投资收入免税，将所得税转变为消费税。然而，其他一些方案的版本通过对前一部分税基提供减免或退款的方式保留了一定程度的累进性。②

在 1981 年中期至 1982 年中期期间，国会成员（包括民主党和共和党）提出了大约十种单一税方案。到 1982 年 5 月，财政部部长向众议院筹款委员会表示，他对单一税的概念很感兴趣。③ 5 月末，参议员多尔宣布将召开一次税收议案听证会，而媒体报道称，参议员比尔·布拉德利——他是参议院财政委员会的成员——计划与来自密苏里州的民主党国会议员理查德·格普哈特联手，共同提出一项法案。这项法案将采用更为平等的税率结构，同时对高收入者征收附加税，将之前 50% 的最高税率下调至 28%。

---

① 有关 DEFRA 中增税的综述，见斯图尔勒，*The Tax Decade*（《税收十年》），64—69。
② 这种也可被称为双税率税：第一种税率等于零。
③ 里根和国务卿乔治·舒尔茨（George Shultz）很可能已经读过了《华尔街日报》。对于许多 20 世纪 80 和 90 年代的共和党的"单一税"提案来说，影响最大的指南是由罗伯特·霍尔（Robert E. Hall）和阿尔文·拉布什卡（Alvin Rabushka）写的。1981 年，他们的书——*Low Tax，Simple Tax，Flat Tax*（《低税率、简易税制、单一税制》）（New York：McGraw-Hill，1983）——还没有上市，但 1981 年后期，两位作者（第一位是经济学家，第二位是政治学家，两人都在胡佛研究所工作）就通过《华尔街日报》上的文章"一个简化我们税收系统的提案"（1981 年 12 月 10 日）获得了全国性的影响力。两人的提案也包括了一个高额的个人减免额。二十多年前的 1962 年，米尔顿·弗里德曼也已经提议过一个针对收入的单一税，但他没有提供一些关键点上的细节，例如投资是否可以作为"严格定义的收入的花费"而可抵扣。参见米尔顿·弗里德曼，*Capitalism and Freedom：Fortieth Anniversary Edition*（《资本主义和自由：四十周年纪念版》）（Chicago：Chicago University Press，2002），174。

第七章 "里根革命"

布拉德利受到斯坦利·萨里(Stanley Surrey)早期改革项目的启发,积极推动扩大所得税税基的理念。他相信这一概念在经济学上具有合理性,而且民主党的这种改革将会赢得选民的支持。1982年,他充分利用专家的建议,如国会预算办公室的经济学家约瑟夫·米纳里克(Joseph Minarik)和税收联合委员会的顾问兰迪·韦斯(Randy Weiss),起草了扩大税基的法案草案。然而,在财政委员会中,民主党成员们不愿采纳复杂的措施来解决税式支出问题,导致布拉德利在委员会内部被孤立了。①

然而,在里根政府内部,有许多支持者认为将税基扩大与税收改革相结合是明智的。② 在1982年圣诞节期间的一次高尔夫球活动中,国务卿乔治·舒尔茨(George Shultz)向总统展示了这一想法。根据大卫·斯托克曼(David Stockman)的说法,总统当时看到了这一供给学派理念的巨大潜力。"在抵达第18洞之前,"斯托克曼写道,"总统对在不增加税收的情况下减少赤字深信不疑。"在斯托克曼的描述中,总统向唐纳德·里根(Donald Regan)和埃德温·米斯(Edwin Meese)展示了这一概念,将其作为一种能够既降低税率(或者看起来是降低税率),又能立刻减少赤字的方式。"很快,"斯托克曼回忆说,"白宫内外的每个人都在谈论单一税。"理查德·达尔曼(Richard Darman)——詹姆斯·贝克的副参谋长,同时也是关键的经济顾问——回忆称,在1983年1月之前,有"一部分人……更倾向于提出激进的税收改革方案,将累进所得税改为单一税,或以消费为基础的所得税,后者将减免储蓄和投资的税收负担。"

然而,斯托克曼、达尔曼以及1982年至1984年期间担任经济顾问委员会主席的哈佛经济学家马丁·费尔德斯坦(Martin Feldstein),都对迅速实施单一税表现出担忧。他们担心某些版本可能会加剧赤字问题。他们开始质疑供给学派理念的基础,即快速增加的收入是否足以支持总统的减税计划。费尔德斯坦在一次总统推进单一税政策的会议后询问斯托克曼:"难道他们真的相

---

① 有关1982年国会对单一税的兴趣,见"Flat-Rate Tax Advanced as Radical Cure for Problem of Existing Revenue System,"*Congressional Quarterly*("单一税是解决现有的收入系统问题的激进治疗方案",载于《国会季刊》)(June 5, 1982), 1331—1334。

② 接下来的在1982年后期和1983年有关白宫内审议的讨论依靠大卫·斯托克曼(David Stockman)和理查德·达尔曼(Richard Darman)的回忆。见斯托克曼的 *Triumph of Politics*(《政治的胜利》),355—365,和达尔曼的 *Who's in Control? Polar Politics and the Sensible Center*(《谁在掌控一切?极地政治与明智的中心》)(New York:: Simon & Schuster, 1996), 118—119。

信这些观点吗？"贝克和达尔曼在深思熟虑了这些激进的税制改革方案,如废除住房抵押贷款利息的税收减免,以及这些改革可能在政治上引发的副作用后,对税改政策持更加谨慎的态度。此外,总统担忧单一税可能会增加"贫穷纳税人"的税负,这正如部长唐纳德·里根所言。① 在 1983 年 1 月,正如斯托克曼所回忆的那样,舒尔茨的最初比例税构想被送往了"西伯利亚"(指被放置在遥远或边缘的地方,通常表示被冷落或忽视的状态——译者注),而财政部内部的关注点更多地集中在"扩大税基,简化和改革所得税"的方向上。

"西伯利亚"其实也没有那么远。在 1983 年的剩余时间里,部长唐纳德·里根及其工作人员讨论并分析了采用单一税或大幅扩大税基的可行性。部长对这种改革的兴趣不断增加。他欣赏将税制更加高效化的优点。多年来在华尔街做股票经纪人的经验使他倾向于支持取消那些让资本远离生产力更高的行业的税制改革。他回忆说,他曾因银行业和经纪公司无法享受相同的税收减免法案而感到愤怒,同时强调"当相同的概念被应用于整个行业时,结果是荒谬的"。他反对"产业之间的差异政策",无论是由于监管还是税收减免所引致。此外,他对进一步降低所得税边际税率感到着迷。他明白,在应对赤字问题时,扩大税基提供了唯一的解决途径。②

在 1983 年 12 月,总统与他的顾问们一起准备 1984 年国情咨文演讲(State of the Union address)。在这次会议中,唐纳德·里根抓住了机会。③他向总统介绍了一个事实:根据 1982 年的税收数据,总统的私人秘书交的联邦税比通用电气、波音、通用动力和 57 个"其他大公司"加起来还要多。这个事实令总统感到震惊。尽管开始时总统不太相信这个事实,但财政部部长坚定地认为,对税收系统进行根本性改变的时机已经到来。现行税制过于复杂、

---

① 唐纳德·里根的回忆指出了总统有关单一税丢失累进性的担忧;见里根,*For the Record*(《记录在案》),198。他的回忆与他在 1986 年 7 月 9 日的"华尔街日报的艾伦·默里(Alan Murray)、华盛顿邮报的安妮·斯沃森(Anne Swardson)和纽约时报的彼得·基尔伯恩(Peter Kilborn)对唐纳德·里根(Donald T. Regan)的采访"中的评论是一致的,税收改革文件夹 1985(4),OA14862,弗雷德里克·麦克卢尔(Frederick McClure)文件,RRL。在这段采访中,里根说政府曾对单一税持有疑虑,因为它"会给许多人加税"。

② 里根,*For the Record*(《记录在案》),207;"对唐纳德·里根(Donald T. Regan)的采访"。

③ 接下来的解释,包括引用语,都基于唐纳德·里根(Donald Regan)部长的回忆。见里根,*For the Record*(《记录在案》),196—203。

第七章 "里根革命"

不公平，还拖累了经济，因为它不鼓励竞争。最终，总统似乎妥协了，表示："我同意，唐纳德（唐纳德·里根）。我只是刚才没有意识到事情已经发展得如此严重。"唐纳德·里根相信他的计划已经"全力以赴，对整个联邦体系进行彻底检查，以消除不平等的因素，堵住现有的漏洞，并降低个人纳税人的税率"。

实际上，总统仍然没有完全被说服，而且他的其他亲密顾问也存在疑虑。贝克和达尔曼更倾向于将赤字减少到零，他们对扩大税基改革的政治前景提出了质疑。贝克担心，民主党总统候选人沃尔特·蒙代尔（Walter Mondale）可能会将选举重点放在税收问题上，尤其是如果里根和国会不得不再次提高税率的话。他认为，蒙代尔可能会在选举过程中抨击里根增税，特别是在与参议员比尔·布拉德利（Bill Bradley）合作重新提出了前总统卡特曾经搁置的税收改革的情况下。因此，贝克总结说，扮演税收改革倡导者的角色可能有助于防止民主党以富有吸引力的国内议题来击败里根。[①]

因此，里根总统再一次为税收改革做好了铺垫。在国情咨文演讲中，他表示他"向财政部部长唐纳德·里根（Donald Regan）询问一项计划……可以简化税收法规，从而使所有的纳税人，不管是大是小，都可以被更加公平对待"。然而，很少有人真正相信他的话。当他声称没有要求这份计划在选举后才提交给他时，民主党听众中传来了一阵阵笑声。

在1984年，扩大税基改革的复杂性迅速增加，而公众舆论也成为推动因素。国会关于DEFRA的辩论提高了公众对税法中滥用漏洞问题的关注。大量报纸报道揭示了税收规避的情况，引发了公众的愤怒。此外，一系列有影响力的研究显示，许多高收入的企业几乎没有纳税，甚至是零纳税。其中一份研究由公益律师罗伯特·麦金太尔（Robert McIntyre）进行，他是著名社会活动家拉尔夫·纳德（Ralph Nader）的追随者。麦金太尔为名为"公民税收正义"（Citizens for Tax Justice）的组织工作，他研究了250家美国规模最大的公司的年度财务报告，结果显示其中一半以上在1981至1983年期间没有缴纳联邦所得税。在20世纪60年代，公司所得税占联邦总收入的比例超过20%，

[①] 有关贝克的政治考量，见费尔德斯坦，"20世纪80年代的美国经济政策：个人视角"，以及罗素·朗（Russell Long）在 *American Economic Policy in the 1980s*（《20世纪80年代的美国经济政策》）中的"税收政策讨论总结"，20，226；康兰等人，*Taxing Choices*（《对选择征税》），48—49。

占国内生产总值(GDP)的比例超过 4%;但到 1983 年,公司所得税占联邦总收入的比例已经下降至 6%,占 GDP 的比例刚刚超过 1%。公众对联邦所得税体系的公平性产生了怀疑,这促使里根朝着扩大税基的方向迈出了步伐。①

然而,值得注意的是,1984 年的选举并未将税收改革放入关键议题之列。夏季时,总统的顾问们开始担心,蒙代尔可能会提出一项旨在减少赤字的议题。达尔曼将这项议题描述为"淹死富人、终结不公平的漏洞、打击大公司计划"。他们担心总统会受到蒙代尔的计划和共和党内那些坚决反对任何增税计划的供给学派支持者们的夹击。然而,蒙代尔决定不以税收改革者的身份参加大选,并且他从未详细说明具体的增税计划。这使得共和党人能够在税收政策上保持团结。②

与此同时,1984 年期间,财政部迅速加强了在税收改革方面的努力。财政部部长唐纳德·里根在媒体的密切关注下,坚决反对国会成员以及政府内部其他官员试图扩大或保护税式支出的呼声。③ 这使得项目的经济协调员尤金·斯图尔勒(C. Eugene Steuerle),税收政策助理部长约翰·E.(巴克)查波顿(John E. (Buck) Chapoton)和罗纳德·皮尔曼(Ronald Pearlman),以及财政部税收分析助理副部长查尔斯·麦克卢尔(Charles E. McLure)能够起草一份内部的并且在各个方面都具有一致性的改革纲要。

当项目组开始工作后,他们表现出了强烈的使命感:为国家设计一个合理

---

① 关于这些比例数字,见班克,*From Sword to Shield*(《从剑到盾》),249;和简·格拉维尔(Jane G. Gravelle),"The Corporate Tax: Where Has It Been and Where Is It Going?" *National Tax Journal*("企业税:它去哪儿了? 它的未来在哪里?"载于《国家税收杂志》),67 (December 2004),904。有关 1984 年对个人和企业的避税项目公众意识不断增加,见杰弗里·伯恩鲍姆(Jeffrey H. Birnbaum)和艾伦·默里(Alan S. Murray)的 *Showdown at Gucci Gulch: Lawmakers, Lobbyists, and the Unlikely Triumph of Tax Reform*(《政治说客的表演:立法者、说客和不太可能成功的税收改革》)(New York: Random House,1987),11—13。

② 关于贝克和达尔曼对蒙代尔的担忧,参见布朗利和斯图尔勒,"Taxation"("税收"),169—170。

③ 里根将经济顾问委员会(CEA)的成员排除在程序之外。在 1984 年 7 月成为委员会主席的威廉·尼斯卡宁(William Niskanen)回忆说,他"请求里根允许我参与这些评估过程中去"。里根"坦率地告诉他"没有任何财政部以外的人员能在选举前被告知这一正在研究的计划的任何信息"。尼斯卡宁注解说,财政部"在关于税收政策的制定上在政府内部有非常有效的垄断权"。威廉·尼斯卡宁(William Niskanen),*Reaganomics: An Insider's Account of the Policies and the People*(《里根经济学:政策和人民的内幕叙述》)(New York:Oxford University Press,1988),87。

的所得税体系,能够解除公众的担忧,恢复美国人民对税收制度和政府的信心。在1984年的选举前,他们完成了一系列具有深远影响的提案,这些提案后来被称为"财政部计划 1"(Treasury I)。这些提案秉承了亨利·西蒙斯(Henry Simons)和罗伯特·默里·黑格(Robert Murray Haig)的复杂所得税理论,批判了"税法社会主义"和"不同产业税法政策不平等",力图最大限度地指数化,恢复长期折旧计划,以实现公司和个人投资者的更低税率,符合卡尔·肖普(Carl Shoup)和斯坦利·萨里(Stanley Surrey)的传统。①

就在选举结束后,里根部长向总统介绍了"财政部计划 I"。部长再次引发了总统对公平的关注。他问里根在当总统之前缴纳了多少税。里根回答了一个相当大的数字。"傻瓜,"部长回答,然后开始解释:"只要你雇佣适当的律师、会计师和参与避税项目,即使你年薪超过 100 万美元,你也不需要交一分钱的税——这完全合法且常见。"里根部长接着陈述他的观点:"我们现行的税收系统被设计得让富人极易避税,但对依赖薪水收入的人来说,几乎不可能避税。"

然而,总统仍未下定决心。来自蒙代尔的威胁已经解除,但现在里根开始担忧大规模攻击税收漏洞可能引发的后果,特别是对那些曾从这些漏洞中受益的传统共和党精英。在会议结束后(会议持续了近 2 个小时,是财政部部长向总统汇报的最长会议),里根仍然没有明确表态。不过,他表示部长可以将这份报告公之于众。然而,此时已有媒体报道显示,这份报告早已泄露给了公众。②

在泄露后,这份报告引起了广泛的关注。起初,许多利益相关的团体都强烈抗议。甚至里根部长也表达了担忧,他认为这份报告就像电脑文字处理软件上的文字一样,容易被篡改。③ 然而,白宫工作人员开始注意到,财政部计划 I 已经引起了广泛的公众关注,并收到了积极的反响,包括来自两党的支持。在政界和媒体中,这份报告受到了赞扬性的评论,同时也得到了一些智库

---

① 有关起草财政部计划 I 的过程和它的相关条款细则,见布朗利和斯图尔勒,"税收",169—170;以及斯图尔勒,*Tax Decade*(《税收十年》),102—114。

② 有关汇报的描述,包括里根的引语,见卢·卡农(Lou Cannon),*President Reagan: The Role of a Lifetime*(《里根总统:一生的角色》)(New York: Simon & Schuster,1991),565—566。

③ 里根,*For the Record*(《记录在案》),283。

的支持,包括美国企业协会和布鲁金斯学会,前者收容了一些复古自由主义经济学家,后者的社会科学家经常在新政的框架下工作。[1] 与此同时,一些精明的顾问,如贝克和达尔曼,开始意识到,明显备受欢迎的税收改革可能填补总统工作计划中的一项空白。自 1981 年以来,大型国内政策提案一直没有取得多大进展,除了在 DEFRA、TEFRA 和社会保障改革方面的一些政治斗争。这些主要是由国会主导的,总统并未发挥重要作用。然后,在 1985 年 1 月,白宫办公室主任贝克和财政部部长里根交换了职务。

无论这个交换的动机是什么,它都将里根置于一个推动总统更努力进行税收改革的位置上。贝克和达尔曼(他与贝克一同来到财政部,担任副部长)希望在历史性的税收改革中留下他们的烙印。[2] 他们得出的结论是,扩大税基的税收改革与更低的税率相结合,有助于共和党适应当前产业结构调整(主要涉及金融、知识产权、技术、贸易和娱乐产业)。他们运用出色的政治技巧对财政部计划 I 进行了改造,将其打造成了财政部计划 II。新计划的性质不再像原计划那样尖锐,更容易实施。

于是,里根、贝克和达尔曼成功地说服总统签署了财政部计划 I 的核心内容,而总统也在 1985 年 1 月的国情咨文中宣布了这一决定。然后在 5 月份,总统与他的工作人员会面,亲自审阅了财政部计划 II 的每一条核心条款。尽管里根对许多技术细节并不十分了解,但这个计划确实有一个赢得他支持所必需的因素——进一步降低最高边际税率。此外,总统现在急于扮演税收改革者的角色。相较于保护传统企业集团和税收漏洞的其他受益者,里根及其政府更关注促进无补贴竞争和税收公平。[3]

---

[1] 有关来自经济学家的赞扬,见康兰等人,*Taxing Choices*(《对选择征税》),68—69。

[2] 1996 年,达尔曼回忆道,在离开白宫赴任财政部之前,他把税收改革放在"国内政策清单的第一位",这"使得财政部的岗位对我和 Baker 来说都是一份令人激动和引人入胜的机会"。见达尔曼,*Who's in Control?*(《谁在掌控?》),139—140。

[3] 财政部副部长理查德·达尔曼(Richard Darman)随后将支持取消税式支出的企业形容为"税收平民主义"(tax populism)。见达尔曼,"Populist Force behind Tax Reform Suggests Future Culture Shifts," *Financier*("税收改革背后的平民主义的力量暗示着未来文明的变动",载于《金融家》),10 (December 1986),23—32;和理查德·达尔曼(Richard Darman),"Beyond Tax Populism," *Society*("超越税收平民主义",载于《社会》),24 (September-October 1987),35—38。

第七章 "里根革命"

1986 年税收改革

1985年5月28日，里根总统在一次全国电视演讲中宣布了自己"公平，发展，简洁"的税收提案。这次演讲呼吁企业资本主义精神和税收公平，这里的税收公平不是根植于累进税的纵向公平，而是根植于为广大纳税人提供统一待遇的横向公平。里根表示，他的提案将"使我们摆脱某些特殊利益集团的掌控"，并通过简化复杂的税收系统，减少对某些人的特殊待遇。他提出了"不再以牺牲某些人的利益为代价"的减税方法。他还指出，"我们的税收系统中不应该再容忍那些没有负担应缴税款，甚至是没有负担任何税款的个人和企业。这是无法容忍的。从现在开始，每个人都将承担最低的税收责任，不再有人可以免税。"接着，总统向国会发表了一封公开信，信中强调了同样的问题。他告诉国会："我们正面临历史性的挑战：将我们现有的税收系统改革成一个公平、简单、高效和富有同情心的模式，以消除经济增长的障碍，打开通往无与伦比的创新和成就的未来之门。"[1]

第二天，里根在一次记者发布会上，以及在一次被白宫形容为"200名蓝领、商界、农业界、宗教团体、黑人、拉丁人等不同利益群体的代表"的会议上，再次强调了上述主题。他抨击了一些特殊税收减免项目，称它们只是"逃税行为，只是将一小撮受益者的额外收益，转嫁到其他人身上，让他们承担更高的税负"。里根现在能够具体识别这些税式支出，并将它们与早些时候自己与政府的争论联系起来。他表示，有些国会成员"在过去的日子里更加无忧无虑，他们可以在早饭前就挥霍数十亿纳税人的钱，而没有人出面制止他们"。里根认为税法是"令人愤怒的，充满了令人费解的特殊优惠和不公平现象，违反了美国最基本的价值观——公平"。他甚至将美国革命看作是对税收的一场抗议：

---

[1] "总统给国会的关于平等、增长和简洁的税收方案"，总结，1985年5月，税收改革文件夹1985(3)，OA14862，弗雷德里克·麦克卢尔（Frederick McClure）文件，RRL；"总统的国家演说"，1985年5月28日，税收改革文件夹(5)，OA17746，贝丽尔·斯普林克尔（Beryl Sprinkel）文件，OA17746，RRL。罗纳德·里根致美国国会，1985年5月29日，税收改革文件夹1985(3)，OA14862，弗雷德里克·麦克卢尔（Frederick McClure）文件，RRL。

我不认为,如果不尝试改变现状,美国人能够察觉到不公平的存在。这正是我们伟大国家的建立方式——我们的先辈们因为受到不公平的税收压迫而挺身而出。他们在乔治三世的专制统治下,建立了一个政府,由人民组成,为人民服务,创造了一个新的民主国家,旨在确保每个人都平等。今天,我们正迈出一项重要的和平革命的新步伐,充满着希望和机遇;这是第二次美国革命,我们首要的任务就是放弃陈腐的税法,建立一个新的税法。①

总统随后在全国范围内不断发表演讲,反复强调相同的主题。有时,他可能过于深陷于计划的某些细节之中。② 但他仍然坚守着税收公平的有利立场,用此激励他的听众。白宫对民意调查结果感到满意,总统也深感满足。里根回忆说,总统的演讲行程恢复了他本来的受欢迎程度。③ 这份计划似乎为里根的第二个任期提供了足够的保障,就像 ERTA 在他的第一个任期中所做的那样。而且,在总统看来,ERTA 和财政部计划Ⅱ,以及他一直追求的减税目标,都是相当一致的。

在税法进入立法程序的几个月内,总统持续通过广播讲话和演讲来提高公众对税收公平的支持。④ 要揭示财政部计划Ⅱ的问题,必须提出比总统演讲更引人注目的论点。国会税收委员会的领导者们也开始转变,支持横向公平,倡导通过扩大税基以换取更低税率和经济效率。

众议院筹款委员会主席、来自伊利诺伊州的民主党议员丹尼尔·罗斯滕科夫斯基(Daniel Rostenkowski),成为新改革方案的支持者。虽然他并没有像布拉德利那样热衷于税收改革,但他对税收联合委员会提出的扩大税基的

---

① 小弗雷德里克·瑞安(Frederick J. Ryan Jr.)致琳达·查韦斯(Linda Chavez),"税收改革联盟,1985 年 5 月 29 日",白宫,克里斯蒂娜·巴赫(Christena L. Bach)文件,RRL;"总统发言:税收改革简报,1985 年 5 月 23 日",RRL。

② 例如,在 6 月 19 日总统在印第安纳州穆尔斯维尔(Mooresville)市会见商业人士时,当被问及方案会如何简化税法时,里根犹豫了。他说"天哪",然后转向一旁的唐纳德·里根(Donald Regan)寻求帮助解答。大卫·霍夫曼(David Hoffman),"总统对税改犹豫了",《华盛顿邮报》,1985 年 7 月 4 日。

③ 里根,*For the Record*(《记录在案》),286。

④ 在接下来的有关国会考虑的讨论,我在很大程度上依赖了杰弗里·伯恩鲍姆(Jeffrey H. Birnbaum)和艾伦·默里(Alan S. Murray)的 *Showdown at Gucci Gulch: Lawmakers, Lobbyists, and the Unlikely Triumph of Tax Reform*(《政治游说者的表演:立法者、说客和不太可能成功的税收改革》)(New York: Random House, 1987),96,和康兰(Conlan)等人的 *Taxing Choices*(《对选择征税》),84。

建议表示尊重,并认为加入这项改革运动将带来好处。他坚信,民主党和总统都需要成为改革的坚定支持者。他表示:"我是民主党人。改革和公平一直是我们党的核心价值,我不会被罗纳德·里根左右,这就是我要强调的。"①

罗斯滕科夫斯基热情地担任了一个重要的公众角色,代表民主党在电视上发表讲话,回应总统在 1985 年 5 月呼吁税收改革的演讲。超过 75 000 人响应了他的号召,写信说"罗斯蒂(对罗斯滕科夫斯基的昵称——译者注),我们在华盛顿特区支持你,为了公平和更低的税率站出来"。随后,罗斯滕科夫斯基吹嘘:"我真的在'写信给罗斯蒂'的演讲中接管了(民主党)。"②

罗斯滕科夫斯基积极在幕后推动改革工作,与代表着那些可能因财政部计划 II 而受损的群体的说客进行斗争。他还寻求了布拉德利的帮助,尽管布拉德利只是参议院委员会中的一个边缘人物。布拉德利会见了白宫高级官员、众议院筹款委员会的几乎所有民主党成员,以及其他立法者,包括自由研究小组的民主党成员。在布拉德利争取自由派民主党支持的同时,罗斯滕科夫斯基则向说客提供保证,倾向于商业利益的参议员们会阻止任何过于激进的提案。与此同时,里根总统敦促共和党,如果没有任何共和党版本的提案能够得到众议院筹款委员会的支持,就要支持罗斯滕科夫斯基的改革方案。总统向他们保证,他将否决任何一个包含了比他最初提出的方案中更高的最高税率的法案。③

罗斯滕科夫斯基的坚定,众议院筹款委员会成员[尤其是税务律师罗伯特·伦纳德(Robert Leonard)]的支持,以及总统对共和党人积极游说最终取

---

① 这段话来自康兰(Conlan)等人的 *Taxing Choices*(《对选择征税》),89。
② 这段话来自杰弗里·伯恩鲍姆(Jeffrey H. Birnbaum)和艾伦·默里(Alan S. Murray)的 *Showdown at Gucci Gulch*:*Lawmakers*,*Lobbyists*,*and the Unlikely Triumph of Tax Reform*(《政治游说者的表演:立法者、说客和不太可能成功的税收改革》)(New York:Random House,1987),99—100。
③ 有关里根在 12 月早期游说共和党人的内容,见罗纳德·里根 1985 年 12 月 9 日给威廉·格拉迪森(William Gradison)写的信,贝丽尔·斯普林克尔(Beryl Sprinkel)文件,RRL;"总统给众议院成员写的信的内容",1985 年 12 月 9 日,新闻秘书办公室,白宫,弗雷德里克·麦克卢尔(Frederick McClure)文件,RRL;"总统在收音机里给全国的讲话",1985 年 12 月 14 日,新闻秘书办公室,白宫,弗雷德里克·麦克卢尔(Frederick McClure)文件,RRL;罗纳德·里根给罗伯特·米歇尔(Robert Michel)写的信,1985 年 12 月 16 日,和罗纳德·里根给杰克·德姆普(Jack Demp)写的信,1985 年 12 月 16 日,弗雷德里克·麦克卢尔(Frederick McClure)文件,罗纳德·里根总统档案文件。

得了成功:在1985年12月16日,两党达成足够多的票数通过了改革法案。这项法案提供了更多的税收优惠,包括第二套住房房贷利息抵免以及对州和地方所得税100%抵免。为了弥补这些减免可能导致的财政收入损失,法案提高了企业所得税和个人所得税的最高边际税率。然而,一些改革派担心由共和党控制的参议院财政委员会可能会破坏他们的计划。

但是,参议院财政委员会并没有阻拦改革进程。实际上,他们制定了一个更加激进的税收改革方案,并且获得了全体一致通过,其中来自俄勒冈州的共和党议员、委员会主席罗伯特·帕克伍德(Robert Packwood)起到了关键作用。

与罗斯滕科夫斯基相比,帕克伍德在税收改革的领导角色方面可能显得更加不同寻常。自从1984年担任主席以来,帕克伍德表现出了他坚定维护传统,以促进私营企业和社会项目发展的一面。在《1986年税收改革法案》通过前的18个月里,帕克伍德从政治行动委员会中获得了超过100万美元的资金,这比国会中的其他任何成员都多。然而,在总统的领导下,帕克伍德转变为了一个税收改革的支持者,放弃了本来计划参选连任的打算,因为他不愿为改革的失败负责。

然而,在税收改革似乎将要在参议院财政委员会内部濒临失败的时刻,帕克伍德采纳了一个由税收联合委员会成员提出的大胆替代方案。1986年4月,在华盛顿一家酒吧的午餐会上,帕克伍德和一位重要的政治幕僚总结出赢得财政委员会支持的唯一途径是将个人所得税最高税率削减至低于众议院提出的38%的水平,即尽可能降至25%。帕克伍德后来形容他当时的态度是"不成功,便成仁"。[1]

---

[1] 这段话来自杰弗里·伯恩鲍姆(Jeffrey H. Birnbaum)和艾伦·默里(Alan S. Murray)的 *Showdown at Gucci Gulch: Lawmakers, Lobbyists, and the Unlikely Triumph of Tax Reform*(《政治游说者的表演:立法者、说客和不太可能成功的税收改革》)(New York: Random House, 1987),208。有关帕克伍德(Packwood)向改革转变的思想语境的讨论,见康兰(Conlan)等人的 *Taxing Choices*(《对选择征税》),163—165,有关对帕克伍德的评价,见尤金·斯图尔勒(Eugene Steuerle)的 *The Tax Decade: How Taxes Came to Dominate the Public Agenda*(《税收十年:税收如何主导公共议程》)(Washington, D. C.: Urban Institute Press, 1992),115—116。帕克伍德可能早在1985年7月就选择了25%的最低税率。见白宫笔记有关"帕克伍德"的部分,1985年7月11日,贝丽尔·斯普林克尔(Beryl Sprinkel)文件,RRL。

与罗斯滕科夫斯基类似,帕克伍德发现布拉德利是一个非常有价值的盟友。帕克伍德赞成布拉德利最初的方案,并将其介绍给委员会内部成员。在布拉德利的帮助下,帕克伍德和他的助手起草了一份计划,将公司税率从众议院方案中的 36% 降低至 33%,并将个人所得税仅保留为两个档位:15% 和 25%。这份计划还提议废除所有按揭利息、消费者利息,以及慈善捐赠的抵扣。在委员会内部,支持之声不断壮大,参议院多数党领袖多尔(Dole)(一直担任参议院财政委员会主席,直到 1984 年)也表示支持。委员会只做了一些小的修改。它将个人所得税最高税率提高至 32%,公司所得税最高税率提高至 33%;恢复了一些石油和天然气资产的折旧减免,保护了银行抵扣坏账准备金的权利;同时,它还加入了一系列其他抵扣,如第一和第二套房屋的按揭贷款利息抵扣、慈善捐赠抵扣和州、地方所得税抵扣。

1986 年 5 月,帕克伍德的法案在委员会内获得了一致支持。里根总统立刻对委员会和帕克伍德主席表示高度赞扬。在 5 月 10 日的每周广播讲话中,他说:"我要感谢参议员鲍勃·帕克伍德、财政委员会的成员们,以及我们政府的出色工作。政治家们刚刚在目前的停滞中赢得了一场伟大的胜利。"他继续敦促"共和党和民主党联合起来,共同推动尽快通过国会立法——这将使美国成为 20 世纪 90 年代至 2000 年这一期间世界上的经济巨星"。5 月 14 日,他告诉税收改革行动联盟(the Tax Reform Action Coalition),帕克伍德的法案是"直接、一针见血的方案,足以恢复信心。这真的是一个由人民创造、为人民利益服务的体制"。再次,他警告说,一些人将面临更高的税率。但他表示,那些将支付更高税负的人也是那些"曾经大量使用避税方案和其他税收优惠、未承担应负税负义务的人"。[①]

帕克伍德和布拉德利一起促成了两党一致支持,使该法案在参议院得以快速通过,并于 1986 年 6 月 24 日正式生效。许多说客试图通过支持这一激进改革来争取帕克伍德的支持,希望能够协调众议院和参议院的方案,实现一致性。

[①] "总统广播讲话:税收",1986 年 5 月 10 日,"总统对税收改革行动联盟的评论",白宫,新闻秘书办公室,1986 年 5 月 14 日,以及"总统评论",1986 年 5 月 20 日,白宫,新闻秘书办公室,弗雷德里克·麦克卢尔(Frederick McClure)文件,RRL。

联邦税史

　　两个方案都包含了能够达成一致的几个关键元素。它们都通过增加个人免除额、标准扣除和所得税抵免(the Earned Income Tax Credit，EITC)的方式，为低收入群体提供了重要的福利。EITC创建于1975年，它允许低收入家庭将一部分收入(该比例随着收入增长而减少)用于抵销税款。

　　但两者也包含了一些显著的差别，这也是委员会需要解决的。众议院方案取消了许多企业可以利用的漏洞，但在取消涉及个人的税收优惠方面比较保守。与之相反，参议员方案在个人税法方面非常激进，但在企业减税的规定上留下了不少缺口。而且在参议院法案中，个人和公司的所得税最高税率更低，分别为32%和33%；而在众议院法案中，个人的所得税最高税率是38%，企业的所得税最高税率是36%。

　　罗斯滕科夫斯基和帕克伍德在私下里悄悄商议最终的提案，从而避免了来自各方面利益的直接压力。罗斯滕科夫斯基倾向于群众支持的低税率，同意接受非常接近参议院法案中的税率。在那个简化税收的鼎盛时期，这可能很容易成为最终的结果，两个政党都声称自己为实现大幅度减税而付出了巨大的努力。然而，此时还有一个重要场外因素在发挥影响，这个因素将使1986年的税改与之前的改革彻底不同。

　　这一新的因素是受限制的财政和经济环境。经济增长乏力、巨额赤字、ERTA(Economic Recovery Tax Act)以及《路德曼法案》(Gramm-Rudman)的实施，这些都意味着国会不能再依照其传统方式制定"改革"法案，即通过为特定群体提供显著的减税来降低总体税负水平。国会也无法再依赖通胀或经济增长来增加税收收入，以支持减税措施。因此，国会领导人们相信，他们必须通过在税法中其他地方减少漏洞的方式来为每一项税率降低和每一项增加的税收漏洞付费。①

　　在协商过程中，罗斯滕科夫斯基和帕克伍德引入了财政收入中性化的概念。他们意识到每次减税都需要牺牲其他税收方面的收入。罗斯滕科夫斯基

---

① 国会在1985年通过了《路德曼法案》，这可能增进财政纪律。法案要求当赤字超过预定的水平线时，自动削减开支。但它没有要求增税，国会也可以对要求进行灵活变通。它对开支的有效限制可能是比较温和的。关于财政环境变化影响的讨论，参见斯图尔勒的 *Tax Decade*(《税收十年》)，以及"Financing the American State at the Turn of the Century"("在世纪之交为美国政府提供资金")，410—445。

同意减少一些个体纳税人的福利，包括取消一些扣除项，例如消费者利息、州和地方销售税、拥有养老金计划的个人退休账户，以及没有作为扣除项逐条列出（itemized deduction）的慈善捐赠。帕克伍德则同意在企业税收方面减少更多的优惠项目。例如，最终法案废除了大银行对坏账准备金的扣除，减少了石油行业对无形钻井成本的冲销。由于帕克伍德强烈反对"税收社会主义"，1986年的主要受害者是众多的企业、行业和富裕阶层。他们失去了对投资的税收减免和长期资本收益的税收优惠（现在的税率与普通收入的税率相同，没有特殊待遇）。此外，失去的避税项目带来的损失要大于他们从税率下降（从48%降至34%）中获得的收益。

在9月，会议委员会通过了法案，里根总统再一次号召美国人民的帮助。在9月20日的一次广播讲话中，他请求美国人民"支持我们为打败特殊利益群体、为辛勤工作的纳税人取得这次胜利而所做的努力"。与此同时，他写信给众议院的重要共和党代表，敦促他们支持这项法案。他试图通过向他们保证"一旦法案付诸实施，我不会支持任何提高所得税率的法律"来减轻他们的担忧。[①] 这些众议院共和党代表同意了，国会也通过了会议的版本。总统在10月22日正式将法案签署成为法律。在白宫的草坪上，他宣称："当我正式签署法律后，美国将会拥有……在主要工业化国家中最现代化的税法。对大部分美国人来说，这是一部公平且简单的法律。它被设计来引领我们走向一个充满科技发明和经济成就的未来，在21世纪保持美国的竞争力和经济增长力。"他总结说："我认为我们刚刚参加了税收改革的全球比赛。而美国人民获得了胜利。"[②]

这项税收改革法案带来了多个重要变化。第一，广泛降低了个人税率，将最高边际税率从50%降低至28%。[③] 第二，提高了个人免除额和标准扣除额，从而让大约600万美国人不再需要缴纳个人所得税。第三，扩大了"所

---

① "总统对全国的广播讲话，"1986年9月2日，新闻秘书办公室，白宫，弗雷德里克·麦克卢尔（Frederick McClure）文件；罗纳德·里根写给杰克·坎普（Jack Kemp），1986年9月23日，弗雷德里克·麦克卢尔（Frederick McClure）文件，RRL。

② 罗纳德·里根，"总统在税收改革立法的签署仪式上的讲话，"1986年10月22日，税收改革文件1985（4），OA14862，弗雷德里克·麦克卢尔（Frederick McClure）文件，RRL。

③ 然而，曾经有一个33%的"泡沫"。这个33%的税率适用于高（但不是最高）收入阶层，直到个人的总平均税率达到28%。在此之后，28%的边际税率再次生效。

得税抵免"(Earned Income Tax Credit,EITC),这项改革显著提高了数百万贫困美国人的"负"所得税,实现了更公平的税收。第四,提高了最高收入阶层的资本利得税率,从之前的20%提高至28%。第五,将最高企业所得税率从48%下调至34%,与最高个人所得税率保持一致,这结束了长期以来公司税作为累进个人所得税的"庇护所"的情况。第六,该法案显著减少了各种税式支出,尤其是那些适用于商业或投资的抵免,例如,它废除了投资税收抵免。

自第二次世界大战以来,这是首次有一项主要税收立法不仅选出了赢家,而且选出了大量明确的输家(这与那些在其他纳税人得到优惠待遇时总是受损的纳税人不同),明确的输家是许多个人、企业和行业,他们由于取消税收优惠而蒙受的损失大于因降低最高边际税率而获得的收益。最大的输家是那些出售避税措施的企业和一些传统铁锈带产业["Rust Belt"(锈带)指美国东北部和中西部地区的一些州,这是曾经以制造业为主导的地区。在20世纪后半叶以前,曾是美国工业的中心。但随着制造业的凋零和工厂的关闭,这些地区经济衰退严重,工厂逐渐荒废,以至于铁锈般的氧化物渗透到城市的面貌中,因此被称作"Rust Belt"。锈带产业是指这些地区曾经主导的制造业行业,如汽车制造、钢铁生产等——译者注]。不过,石油工业的利益几乎没有受到太大影响,这在很大程度上要归功于时任国务卿贝克和副总统乔治·H.W.布什的干预。[1]

然而,事实上,那些一直依赖高额税收抵扣获益的公司也因低税率而遭受了损失,因为低税率使得抵扣的价值减少了。各行业中最大的受益者包括投资银行家、高科技行业、服务业和一些跨国公司。《1986年税收改革法案》通过在接下来的5年内对企业总计提高约1 200亿美元的税收,以资助个人所得税的减税。尽管如此,资本收入的净税率增加幅度相对较小,因为个人所得

---

[1] 在1985年5月21日的一次关键会议上,乔治·布什为石油工业辩护;杰弗里·伯恩鲍姆(Jeffrey H. Birnbaum)和艾伦·默里(Alan S. Murray)的 Showdown at Gucci Gulch: Lawmakers, Lobbyists, and the Unlikely Triumph of Tax Reform(《政治游说者的表演:立法者、说客和不太可能成功的税收改革》)(New York: Random House,1987),94。5月23日,总统同意了对石油工业有利的一些改动。詹姆斯·贝克三世(James A. Baker III)给总统的信,"根本的税收改革"(总统在5月21日的"指导意见"的大纲),1985年5月23日,ID 271493SS,FI010—02,沃姆主题文件,RRL。

税率有所下降。①

在回忆录中,里根宣称:"通过1981年的减税和1986年的税收改革法案,我实现了我来华盛顿时的许多初衷。"②总的来说,1986年,由里根总统和参议员布拉德利领导的两党政治企业家团体联合努力,成功说服实施了一种以前从未在主要政党内部取得成功的税收改革方法:侧重于扩大税基,改革所得税,并创造出一种更加统一、更具"横向"公平的税收体系,甚至不惜放弃了原本的累进结构。结果,《1986年税收改革法案》具有比ERTA更大的潜力,成为自"二战"以来最具重大意义的联邦税收政策变革。

里根政府和民主党内的自由派人士都对法案的扩大所得税基表示欢迎。他们认为这一法案至关重要,因为它朝着消除税收特权的目标迈出了重要的一步,这既提高了横向公平性,又促进了经济效率。不过,里根政府和民主党领导人在法案其他要素的重要性上持有不同的意见。罗纳德·里根和比尔·布拉德利都认为,在面对停滞的生产力增长时,降低边际税率以提高经济效率至关重要。但总体来看,这一经济效应对共和党更具吸引力。与之相反,民主党内的自由派人士,相较于共和党人,包括许多里根政府成员在内,更加关注将许多低收入人群从纳税名单上去除,以及提高"负"所得税的水平。

所有改革进程的参与者都不确定这一复杂的改革计划将如何最终影响财富分配。如果其他变量都不发生改变的话,降低最高边际税率会扩大不平等的程度。然而,实际上其他变量都在变化中。低税率提高了税法的遵从度,降低了1986年之后仍然存在的税收优惠对富人的价值。此外,从1982年到1986年期间关闭的税法漏洞、EITC项目的扩大,以及将数百万低收入人群从纳税人名单中剔除,都具有强烈的累进效应。事实上,所有这些措施都相当于对自"二战"以来所发生的所得税累进性逐渐下降的反击。

因此,里根政府的税收政策带来的总体效果,即使考虑了社会保障税的增

---

① 然而,公司税的上涨很容易产生误导。包括IBM和通用汽车在内的许多公司都欢迎税改,因为他们相信会从充满竞争的、低税率的环境中获利。更重要的是,对投资的有效税率取决于公司税和个人税的双重作用,这一有效税率仅轻微增加,主要通过财政部计划 I 后至正式实施道路上所做出的妥协来实现。

② 罗纳德·里根,*An American Life*:*The Autobiography*(《一个美国人的生活:自传》)(New York:Simon & Schuster, 1990),335。

第七章 "里根革命"

加,也没有改变1981年至1989年间整体所得税的累进性。在20世纪80年代,税制整体累进性只发生了几处微小变化,但其中一个关键变化发生在最富有的1%人群的税负上。对于这一精英阶层,包括所有联邦税和税收抵免在内的有效税率从1979年的超过35%下降到1989年的30%。而对于更加精英的前0.1%的人群,他们享受了更多的税收减免。经济学家托马斯·皮凯蒂(Thomas Piketty)和伊曼纽尔·赛兹(Emanuel Saez)发现,这一群体的有效税率从1980年的约50%下降到1990年的约30%。①

在20世纪80年代,所得税发生的变化比自40年代以来的任何其他时期都要多。对一些税收专家,特别是那些推动扩大税基改革的人来说,政治上的不稳定性以及1986年改革的实质性内容创造了许多新的机会。税收专家约瑟夫·佩奇曼(Joseph Pechman)强调了其中一个方面。在1989年,他估计,清除了合法避税项目后,即使税率只有轻微的上涨,例如上涨3%,也能为政府创造1 000亿美元的额外税收收入。对佩奇曼和其他人来说,1986年的税收改革似乎为国会敞开了重新审视大规模所得税的机会,这也会扩大自"二战"时期创建的现有税收体系。②

由里根政府改革后的所得税系统,即使没有进一步修改,仍然保持了筹集税收收入的能力。尽管在20世纪80年代初期,联邦税收收入出现下降,但到了1987年,个人所得税和公司利润税一起贡献的税收收入占国内生产总值(GDP)的比例与卡特政府早期相当。到1987年,公司利润税占GDP的比例已经从1983年的1.1%增长到1.8%。而在1996年,这一比例进一步增加至

---

① 见布朗利和斯图尔勒,"Taxation"("税收"),173—174和181;尤金·斯图尔勒(C. Eugene Steuerle),*Contemporary U. S. Tax Policy*(《当代美国税收政策》)(Washington, D. C. : Urban Institute Press, 2004),51;伦纳德·布尔曼(Leonard E. Burman),"Taxes and Inequality,"*Tax Law Review*("税收和不平等",载于《税法评论》),66(2013),571—572;卡斯滕(Kasten)等,"Trends in Federal Tax Progressivity, 1980—1993"("联邦税累进性的发展趋势"),9—50;以及托马斯·皮凯蒂和伊曼纽尔·赛斯(Emmanuel Saez),"How Progressive Is the U. S. Federal Tax System? A Historical and International Perspective,"*Journal of Economic Perspectives*("美国联邦税系统有多累进?一个历史的、国际化的视角",载于《经济展望杂志》),21(Winter 2007),16。

② 约瑟夫·佩奇曼(Jeseph Pechman),"More Tax Reform,"*Wilson Quarterly*("更多的税收改革",载于《威尔逊季刊》),13(1989 Summer),141—142。

2.2%,是1983年的水平的两倍多。① 在1987年,与其他主要发达国家(除了加拿大和日本)相比,美国更依赖个人所得税作为税收收入的来源,而这两个国家采用了较高的公司税体系(见附录,表A.4)。

联邦税收占GDP的比例在20世纪80年代期间保持相对稳定,但社会保障和医疗保险福利支出持续增加。这导致在其他联邦项目上的支出,如教育、基础设施、职业培训和福利等相对较自由的支出,占GDP的比例不断下降。

里根政府鼓励了这一趋势,利用机会削减了自新政以来不断扩张的众多政府支出项目的重要性。1981年,政府有机会真正减少这些项目的支出,减缓其年度增长率,并降低其占GDP的比例。截至1989财年结束,这些项目的支出占GDP的比例已从20世纪80年代的4.7%下降至3.1%。②

里根政府对税收系统的批评逐渐侵蚀了纳税人的税收意识和公众对税收系统的信心,导致支出项目规模增加减缓。在他的1981年减税政策之后,里根对庞大政府持负面态度,特别是对福利支出,他一再强调人们的所得税主要被用于各种挥霍的社会开支上。直到1982年,他仍然在重复自己于1976年开始谈论的种族主义"福利皇后"故事,这加剧了社会中的族裔分歧,削弱了联邦政府主导的大规模社会政策计划,这些计划从新政时代一直延续到林登·约翰逊(Lyndon Johnson)总统时期。③

然而,里根的措辞也让公众感到困惑,影响了健康的税收意识的建立和发展。当他谈及增税时,里根从未承认他实际上进行了增税。例如,他将社会保障税的增加描述为提前加速了已经计划好的未来增税日程,同时几乎没有提

---

① 有关自1916年以来所有税收占GDP比重的数据,见财政部经济分析局的国民收入和产品表,表1.1,3.2,3.3和3.6。同时,见格拉维尔(Gravelle),"The Corporate Tax"("公司税"),904。

② 有关里根对这些开支项目的预算的详尽分析,见丹尼斯·伊波利托(Dennis S. Ippolito),*Deficits, Debt, and the New Politics of Tax Policy*(《赤字、债务和税收政策的新政治》)(Cambridge: Cambridge University Press, 2012), 143—146。

③ 有关里根讲的故事,见卢·卡农(Lou Cannon),*President Reagan: The Role of a Lifetime*(《里根总统:一生的角色》)(New York: Simon & Schuster, 1991), 518。有关里根在种族问题上的态度和政策,见卢·卡农(Lou Cannon),*President Reagan: The Role of a Lifetime*(《里根总统:一生的角色》)(New York: Simon & Schuster, 1991), 516—525;凯尔·朗利(Kyle Longley)、杰里米·梅耶(Jeremy D. Mayer)、迈克尔·沙勒(Michael Schaller)和约翰·斯隆(John W. Sloan)的*Deconstructing Reagan: Conservative Mythology and America's Fortieth President*(《解构里根:保守神话和美国第四十任总统》)(Armonk, N.Y.: M.E. Sharpe, 2007), 70—89。

及福利的削减。此外，他将 TEFRA 和 DEFRA 描述为税收改革，而不是税收增加。通过强调减少赤字的目标而不是支持政府项目，里根进一步破坏了公众支持将税收用于社会开支的意愿。

  里根和里根政府反对社会开支的多种运动或许比里根的减税政策对社会产生了更明显的长期影响，后者主要体现在 1981 年的 ERTA。尽管从总体上看，20 世纪 80 年代的税收体系变化在收入和财富分配上呈现出中性效应，但里根政府的小政府运动明显导致了社会开支在那个十年内的增长停滞。其结果是贫困率上升和中产阶级财富减少，这些问题在 21 世纪初期升级增长为国家危机。

第八章　财政整顿与旧税收体制的复兴

在20世纪80年代中期,财政政策的调整表明美国可能拥有接受新税收体制的政治能力。具体而言,1982年和1984年的税收增加、1983年的社会保障改革以及1986年的《税收改革法案》(该法案确立了必须通过其他方面的增税来抵消减税的原则),都反映出实现重大财政改革所需的政治领导力和纪律性。

然而,在1986年税收改革法案通过后,重大改革陷入停滞。特别是,当时立法的两党"建筑师"在试图沿着扩大税基的道路继续前进时未能取得进展。这主要是因为公众对政府的不满情绪日益高涨。20世纪70年代末和80年代的反政府运动在90年代变得更加强大,最终导致共和党在1994年掌控了国会两院,这是自1952年以来的首次。这场运动以中产阶级为基础,使政治家们不敢提出取消税式支出,例如有利于社会大多数阶层的住房按揭利息减免。相反,他们提出的减税政策更倾向于或者看起来更有利于中产阶级。不断升温的反政府运动为那些希望进一步削减资本利得税的富人和企业利益集团代表提供了政治掩护。最活跃的反政府运动积极分子越来越多地倾向于引用复古自由主义的意识形态,并将里根在1981年的减税政策视为健全财政政策的典范。

然而,在乔治·H. W. 布什(George H. W. Bush)和比尔·克林顿(Bill Clinton)执政期间,反政府运动并没有导致像经济复苏税收法案(ERTA)那样规模庞大的减税措施。尽管这两届政府提议了一些大幅减税的计划,但其规模远远小于ERTA。其中一些减税方案强调对中产阶级纳税人的优惠,但大多数都未能获得通过。值得注意的是,布什政府和克林顿政府成功地实施了一些增税措施,尤其是对富人的增税,这正是他们赤字和债务控制计划(现在被称为财政整顿,fiscal consolidation)的核心要素。

这种反政府和反税收力量的减弱可以归因于三个相互密切关联的因素。

第一,布什和克林顿政府均坚信在经济上削减赤字是不可或缺的。布什实施了一种企业自由主义,坚决反对将赤字作为削减福利的借口。克林顿的自由主义更接近于"新政"的多样性,然而,与此同时,他也对向投资银行界展示在稳固财政方面的决心表达了浓厚兴趣。因此,布什和克林顿共同努力,继续推动了里根政府在1981年通过ERTA开始的减少预算赤字的工作。

第二,得益于国会的支持,布什和克林顿政府尊重并延长了联邦储备金管理小组(Federal Reserve Board)在管理反周期政策方面的权力。这意味着,尤其是在整个克林顿执政时期的经济扩张期间,财政政策制定者们不愿冒降低税收和增加赤字可能带来刺激通胀压力的风险。

第三,公众对一些昂贵的联邦政府开支项目,尤其是国防、社会保障和医疗保险的支持仍然非常坚定。整体而言,反政府运动也避免了对这两类支出以及为其提供资金的税制的强烈敌意。

在20世纪90年代,一些共和党领导人在反政府运动中采取了大胆的立场,对累进的个人所得税进行了自1932年以来,或者至少是自美国卷入第二次世界大战以来的首次重要抨击。然而,这场运动面临克林顿政府和国会民主党领导层的坚决反对。对于这场短暂的改革运动,美国公众似乎感到困惑,特别是在共和党以反政府运动的口号赢得国会多数席位的情况下。可以看出,大多数美国人仍然坚持着税收累进的原则。

也许具有讽刺意味的是,如果在里根时代的改革未能使所得税在经济上更为有效和公平(至少在横向上),那么在20世纪90年代,美国人可能已经准备好考虑激进的改革。因此,从"二战"时期继承而来并进入21世纪的财政体制,首先在70年代的经济逆行中受到削弱,但随后在里根政府、接下来的两届政府以及90年代的经济扩张中开始恢复活力。

进步资本主义与"没有新税"

在1986年税收改革法案通过后,里根政府放弃了进一步改革税法的努力。总统及其主要顾问们都不希望推动更深入的、涉及所得税和扩大税基的改革。①部分原因无疑来自对更朝向横向公平发展的改革的担忧。这可能威胁到强大的特殊利益集团,如石油行业(在 1986 年改革期间得到了保护),或者挑战到广大的中产阶级利益(通过抵扣房主的抵押贷款利息)。此外,财政部长詹姆斯·贝克(James Baker)担心,启动另一轮税法改革可能会使 1986 年改革取得的成果岌岌可危。例如带来一些减税措施的组合,这些措施将导致赤字增加,损害扩大税基的改革,并使富人再次面临更高的边际税率。② 里根政府内部对税收改革的惰性也是原因之一。政府逐渐将注意力转向"伊朗门"(the Iran-Contra)问题,同时白宫幕僚长唐纳德·里根(Donald Regan)和财政部副部长理查德·达尔曼(Richard Darman)相继离职,而这两人都曾是 1986 年税收改革法案的核心人物。③

副总统乔治·H. W. 布什在 1987 年和 1988 年竞选总统,却没有延续 1986 年两党达成的税收改革方向。实际上,布什可能在某种程度上阻碍了相关的努力。至少间接而言,他对里根政府在税收方面的成就没有作任何表态。此外,从 1987 年末开始——仅仅是 1986 年税改通过后的短短一年多时间内——布什提出了对税法的多项变更,每一项都是逆转扩大税基的改革中的重要成果。④

布什的第一个也是最重要的提议是大幅削减资本利得税,从 28% 降至 15%,这违反了公平对待所有类型收入的原则。这一提议引起了各行业对削减

---

① 然而,《1987 年预算综合调节法案》(the Omnibus Reconciliation Act of 1987)牵涉到了一些有限度的税基扩大(和税收收入提高)的商业税的改革。见尤金·斯图尔勒(Eugene Steuerle),*The Tax Decade: How Taxes Came to Dominate the Public Agenda*(《税收十年:税收如何主导公共议程》)(Washington, D. C.: Urban Institute Press, 1992),166—167。

② 有关部长贝克(Baker)的阐述,见尤金·斯图尔勒(Eugene Steuerle),*The Tax Decade*(《税收十年》),163。

③ 达尔曼,*Who's in Control*(《谁在掌控》),170—172。

④ 有关乔治·H. W. 布什政府期间的财政政策并没有详细的历史记录。我们手中所有的最好的分析是来自理查德·达尔曼(Richard Darman)的第一手资料,我在我的讨论中也大量参考了这份报告。见达尔曼,*Who's in Control*(《谁在掌控》),198—208。其他有用的报告是约翰·罗伯特·格林(John Robert Greene)的 *The Presidency of George Bush*(《乔治·布什的总统生涯》)(Lawrence: University Press of Kansas, 2000),79—88;乔恩·米查姆(Jon Meacham),*Destiny and Power: The American Odyssey of George Herbert Walker Bush*(《命运与权力:乔治·赫伯特·沃克·布什的美国史诗》)(New York: Random House, 2015),尤其是 339, 408—418, 443—449, 和 501—502;以及赫伯特·帕尔梅特(Herbert S. Parmet),*George Bush: The Life of a Lone Star Yankee*(《乔治·布什:洋基队孤独明星的一生》)(New York: A Lisa Drew Book/Scribner, 1997),428—436, 467—470。

资本成本的兴趣。此外,总统和他的密友尼古拉斯·布雷迪(Nicholas Brady)(即将成为财政部长)可能对这些削减有着特殊的个人热情。他们都是"传统大家族"的成员,资本都在高速增值的资产中。他们认为,降低资本利得税会鼓励这些资产再投资于更有生产力的活动中。此外,他们认为,至少在短期内减税将增加收入,因为纳税人会提取更多的资本利得。即将成为布什政府的预算办公室主任的达尔曼也是降低资本利得税率的支持者。他认为,减税将减少对纯粹由通胀导致的资本利得的征税,会激励更多的长期投资。他还相信,减税会吸引"大多数农民和中产阶级的住房拥有者们"。①

布什还设计了另外两项提案,旨在吸引选民。其一是进一步增加对石油和天然气行业提供的税收减免,以扩大他和詹姆斯·贝克(James Baker)在1986年税改中制定的特别保护措施。其二是对每个低收入家庭提供1 000美元的税收抵免。布什打算通过强调家庭利益来吸引那些文化保守的"新右翼"选民。

布什做出了明确的承诺,后来他认为这一承诺过于明确。1987年10月,当他宣布参选时,宣称:"我不会提高你们的税率,句号。"在他开始参选后,他可能已经全神贯注于新罕布什尔州的初选,而该州一直以其低税收的政策(没有州个人所得税)而自豪。根据记者伊丽莎白·德鲁(Elizabeth Drew)的说法,一些布什的选举助手认为,布什可以在当选总统后改变自己的立场,但其他人担心布什已经在自己的承诺中说了"句号"(指说出的话已经无法收回的意味——译者注)。②在迈克尔·杜卡基斯(Michael Dukakis)赢得民主党总统候选人提名后,布什的决心更加坚定。在接受共和党提名时,他采纳了讲稿撰写人佩吉·努南(Peggy Noonan)的建议,强调说:"读我的嘴唇,不会有新的税收。"③

强硬的形象在布什的成功当选中变得非常关键,有助于扭转他在民调中的颓势。总体而言,这种形象使他能够对抗强大、追求自身利益最大化的势力,尤其是那些寻求减轻个人税收负担或扩大政府规模的势力。具体而言,布

---

① 达尔曼,*Who's in Control*(《谁在掌控》),226。
② 伊丽莎白·德鲁(Elizabeth Drew),*Election Journal: Political Events of 1987—88*(《选举杂志:1987—1988年的政治事件》)(New York: William Morrow, 1989),48—49。
③ 历史学家乔恩·米查姆(Jon Meacham)的报告说,努南从布什的教练罗杰·艾尔斯(Roger Ailes)那儿学到了"看着我的嘴唇"这句话,而这也是罗杰为查克·格拉斯利(Chuck Grassley)在艾奥瓦州的选举中设计的。米查姆,*Destiny and Power*(《命运和权力》),339。

第八章　财政整顿与旧税收体制的复兴

什的政策意图并不是那么明确。他通过反对税收的信息来吸引哪些选民呢？他可能试图向那些由于1984年减少赤字法案、1982年税收公平和财政责任法案以及1986年税收改革法案扩大税基而感受到冲击的富裕群体传递同情的信号。他可能还试图告诉那些仍在税法中受益的人，他们的特权将会继续存在。此外，他可能一直在努力向中产阶级家庭保证，他们的社会保障税率将不会再提高，或者说，他们的福利不会再进一步降低。数百万美国中产阶级似乎已经得出了这样的结论：他做出了这样的承诺。

布什的"不会有新的税收"的承诺使他在解释如何处理长期存在的赤字问题上面临困境。尽管里根的增税减轻了赤字问题，但并未完全消除。到里根政府结束时，自1981年以来的增税和经济增长减缓了赤字的相对规模，但仍然相当高，约占国内生产总值的3%。如果经济增长放缓，赤字很可能会回升至5%的水平，这在20世纪80年代初引起了人们的关注。为了解决这个问题，布什采取了一种温和的供给学派财政策略。他提出通过"灵活冻结"（flexible freeze）手段来削减赤字。具体而言，他计划将公共支出的总体增长速度控制在通货膨胀率水平上。他相信，按照供给学派理论的逻辑，随着经济的扩张，收入将增加到足以消除赤字。他预计，这一程度的实现只需四年时间。与此同时，联邦政府将"灵活"地确定各种联邦项目的增长率。

布什的"灵活冻结"策略，在竞选期间至少在表面上似乎可以回避困扰经济的艰难现实。这一现实是由于中产阶级的特权，如医疗保险和社会保障的不断增加，将进一步推高赤字，除非联邦政府削减国防开支、增加税收，或者两者兼而有之。然而，一旦布什入主白宫，他将无法逃避这一现实。无论如何，他可能只是为了赢得选举而故作姿态。他可能一直希望解决赤字问题，尽管这可能破坏他"不增税"的承诺，进而引发政治灾难。毕竟，在1979年的总统初选中，布什一直批评里根的"巫毒（voodoo）经济学"，而在里根政府期间，布什一直支持平衡预算。此外，曾担任狄龙·里德（Dillon Read）投资银行公司主管的财政部长尼古拉斯·布雷迪（Nicholas Brady）可能坚定了布什削减赤字的决心。[①]

布什上台后立即面临来自政府外部的压力，要求解决赤字问题。前总统杰

---

① 有关布雷迪的角色，见帕尔梅特（Parmet），*George Bush*（《乔治·布什》），431。

拉尔德·福特(Gerald Ford)和吉米·卡特(Jimmy Carter)在布什提名达尔曼担任预算局长的当天就急忙赶来,共同会见了达尔曼。他们告诉达尔曼,要平衡预算就需要"大幅度增加收入",其中包括增税。[1] 一些共和党商业领袖,如美国铝业董事长保罗·奥尼尔(Paul O'Neill),也提出了相似的建议。美联储主席艾伦·格林斯潘邀请达尔曼共进午餐,并表达了他希望推动一个削减赤字的方案的意愿,其中可能包括增税。格林斯潘提到,如果不减少赤字,美联储可能不会鼓励经济扩张,因为他担心这可能会增加通胀风险。因此,布什政府必须考虑,如果不减少赤字,美联储在努力抵消通胀压力时,可能会引发经济衰退。

与国会就削减赤字进行合作的前景,无论怎样,都是一个艰巨的任务。1988年,民主党赢得了众议院和参议院的控制权,他们准备支持赤字削减,但同时也希望保护福利,并使布什因其曾经不增税的承诺而难堪。国会的政治问题变得更加复杂,因为杰克·坎普(Jack Kemp)和其他供给学派支持者对任何增税措施都表示强烈反对。他们不愿在布什的承诺上有任何妥协空间。达尔曼回忆说:"共和党人之间的分歧自1980年以来就一直存在。"[2]他可能会补充说,20世纪80年代中期的增税政策使供给学派的共和党人更加强烈地反对进一步背离ERTA和1981年里根政策的正统观念。

为了避免在政治上感到尴尬,并保持在其他领域的信誉,布什决定推进一项缓慢而慎重的赤字削减计划。他选择在政策上坚持"灵活冻结"。在他的执政的第一年,他提议适度限制开支,而不增加税收。第二年,他考虑增税,并试图通过将新增的税收收入放入信托基金(这样可以限制其被用来减少赤字)、限制福利项目开支增长以及削减资本利得税税率等方法来安抚国会中的共和党人。在整个过程中,他还致力于与国会的民主党领导人密切合作。1988年12月,众议院筹款委员会主席、来自伊利诺伊州的民主党议员丹尼尔·罗斯滕科夫斯基(Daniel Rostenkowski)对布什在第一年的做法作出了积极的回应。用达尔曼的话来说,他承诺避免"在新总统上任的第一年内,在税收问题上让其难堪,但只在第一年内,这是罗斯滕科夫斯基版本的保守主义。"[3]

---

[1] 达尔曼,*Who's in Control*(《谁在掌控》),200。
[2] 达尔曼,*Who's in Control*(《谁在掌控》),202。
[3] 达尔曼,*Who's in Control*(《谁在掌控》),209。

第八章　财政整顿与旧税收体制的复兴

1989年4月,布什政府与国会民主党领导人成功达成了修订1990年财政预算的一致。在修订过程中,布什团队和参议院多数党领袖、来自缅因州的民主党议员乔治·米切尔(George Mitchell)就削减资本利得税的可能性产生了分歧。资本利得税的问题起源于国会中的共和党人坚持要求将其包含在里根政府最后一份预算修改版中,而不是像布什政府所希望的那样,等到下一个预算周期。这些共和党人越来越受到复古自由主义意识形态和被《1986年税收改革法案》伤害到的人的不断抱怨的影响,他们决定恢复传统的税收计划,通过减少税收来降低资本成本。

在1989年初,布什政府改变了立场,决定与国会共和党人合作,试图立即推动减税措施。一项减税措施赢得了两党的支持,并在众议院获得通过。参议院财政委员会主席、来自得克萨斯州的民主党议员劳埃德·本特森(Lloyd Bentsen)也支持这一措施。但米切尔坚信布什政府违反了不进行税收改革的承诺,感到十分愤怒,并说服本特森否决了委员会的减税计划。参议院的共和党人坚持要推动削减法案,布什政府也同意提供帮助。达尔曼回忆说:"被迫在对抗右翼和对抗米切尔之间做出选择,"他表示,"我们选择了对抗米切尔。"①

米切尔在通过1989年预算综合调节法案的合作中,成功阻止了对削减资本利得税的投票,并暂停了两党关于1991年预算的谈判。面对此局面,布什政府恢复了原计划,试图在预算问题上达成两党妥协,其中总统和国会民主党人将分担增税和一些福利改革的责任。1990年1月,布什政府提出了"使用费"作为适度削减赤字方案的一部分,以表明愿意采取措施来增税。这种风险分担的机会鼓励罗斯滕科夫斯基提出了可能不受欢迎的措施,包括提高每加仑汽油税15美分,并冻结所有相关的生活成本增加,包括社会保障。政府内部达成了一种共识,即达尔曼所说的"财政收入的衡量……主要倚仗以增长为导向的投资、使用费,以及直接促进公共产品(例如能源消费、环境保护、酗酒减少)的财政收入衡量方式"。后者包括以消费为税基的税种。布什总统甚至提出了征收增值税的可能性,这吸引了布雷迪(Brady),而达尔曼和幕僚长约翰·苏农(John Sunun)则更喜欢"税基广泛的能源税"。②

---

① 达尔曼,*Who's in Control*(《谁在掌控》),227。
② 达尔曼,*Who's in Control*(《谁在掌控》),246—247。

当年5月，布什开始直接与民主党领导人进行谈判。米切尔希望布什公开表示愿意考虑增税，而总统也做到了。白宫迅速宣布"谈判没有前提条件"。然而，6月底，由于谈判进展缓慢，布什发表了另一项声明，他宣称："我很清楚，赤字问题的规模和制订全面计划的必要性，都需要以下几点：……"，然后列出了一系列广泛的需求。但媒体把注意力集中在一个问题上："税收增加了。"据米切尔说，罗斯滕科夫斯基表示，"读我的嘴唇"已经成为"历史"。①

谈判过程是在私下进行的，直到9月两党领导人才宣布结果。在他们提出的预算方案中，一个关键点是增加1 340亿美元的税收，主要是通过提高汽油税和家庭取暖油税。在这一计划中，并没有对资本利得税进行任何削减。布什解释说，他对汽油税的态度并不"积极"，但接着说，"这么做的好处不仅有助于减少赤字，而且随着时间的推移，能够减少美国对外国石油的依赖，这在伊拉克入侵科威特后愈发显得重要"。② 因此，布什总统试图将增税与对抗伊拉克的立场联系起来。两天后，在向全国发表讲话时，他宣布美国正坚定地站在"对抗萨达姆·侯赛因的压迫"的立场上，但同时指出赤字的"癌症"正在"侵蚀国家的经济健康"。③

国会中的一些共和党人抨击总统违背了他的诺言，放弃了削减资本利得税。总统后来回忆称，他们宣布这是"背叛——无论反税收的里根总统不得不多次增加收入。"反对派领导人是众议院共和党人纽特·金里奇（Newt Gingrich）——来自乔治亚州的他是共和党众议院党鞭——他参与了这一进程，但拒绝支持这一结果。布什后来回忆说，金里奇的倒戈"当然伤害了我"，他解释说："他（金里奇）的支持本可以消除在税收和个人信誉问题上对我的谴责。"④

---

① 乔治·H. W. 布什，"关于联邦预算谈判的声明"，1990年6月26日，乔治·H. W. 布什的公开论文，乔治·布什总统图书馆网站（http://bushlibrary.tamu.edu/papers/1990/90062600.html，最后访问日期：2003年8月29日）；达尔曼，*Who's in Control*（《谁在掌控》），264。

② 乔治·H. W. 布什，"宣布联邦预算协议的声明"，1990年9月30日，乔治·H. W. 布什的公开论文，乔治·布什总统图书馆网站（http://bushlibrary.tamu.edu/papers/1990/90093002.html，最后访问日期：2003年8月29日）。

③ 乔治·H. W. 布什，"向全国发表关于联邦预算协议的讲话"，1990年10月2日，乔治·H. W. 布什的公开论文，乔治·布什总统图书馆（http://bushlibrary.tamu.edu/papers/1990/90100206.html，最后访问日期：2003年8月29日）。

④ 乔治·布什和布伦特·斯考克罗夫特（Brent Scowcroft），*A World Transformed*（《一个被改变的世界》）（New York：Vintage Books，1999），380。

第八章　财政整顿与旧税收体制的复兴

也许最重要的是,金里奇为许多本来会犹豫反对的民主党人提供了政治掩护。这些民主党人不喜欢能源税的累退特质,也担心削减医疗保险和福利所产生的社会再分配效应,他们发现另一个能够羞辱总统的黄金机会。10月,在金里奇的推动下,他们与持不同政见的共和党人一起,在众议院否决了这项预算协议。

两周后,在一场激烈的党派争论之后,国会通过并由总统签署了《1990年预算综合调节法案》(OBRA 1990)。共和党人的叛变以及乔治·布什削减赤字的意愿意味着民主党人能够按照他们预先设想的方式重新调整1991年最终版预算,其中包括了一系列税收措施。OBRA 1990取消了对家庭取暖用油的征税,并将汽油税的增长幅度削减了一半。此外,OBRA 1990还大幅增加了所得税抵免(EITC),使其成为一项大规模的福利改革。增加抵免额可以鼓励依赖福利政策的家庭融入劳动力市场。[1] OBRA 1990通过将个人收入的最高边际税率从28%提高到31.5%,部分抵消了税收收入的减少。为了获得更为累进的税收体系,民主党同意在五年内进行大规模的预算削减。因此,OBRA 1990在五年内实现了5 000亿美元国家预算赤字的削减,相当于国民生产总值(GNP)的1%至2%。

预算协议虽然不是以一贯的原则为基础,但它加强了收入系统,增加了税收收入规模,同时提高了个人所得税的累进性。[2] 当布什准备同意OBRA时,他在日记中写道:"有时候,你必须和两党负责的领导人坐下来,为国家做一些事情。"[3]但在公开场合,总统一直在为自己辩解,而不是为自己的领导力感到自豪。一位记者问布什:"你现在用什么口号来代替你之前的'不会有新税'的承诺?"布什回答说:"让我明确一点:我不赞成征收新税。我一遍又一遍地重

---

[1] 在1990年,EITC第一次提供的抵免比例要高于雇员和雇主的社会保障税率之和。有关EITC的分析,见 *National Tax Journal*(《国家税收杂志》)1994年9月第47期上的三篇文章:安妮·奥尔斯托特(Anne L. Alstott),"The Earned Income Tax Credit and Some Fundamental Institutional Dilemmas of Tax-Transfer Integration"("所得税抵免和一些有关税收转移结合的基本制度困境"),609—619;史黛西·迪克特(Stacy Dickert)等人,"Taxes and the Poor: A Microsimulation Study of Implicit and Explicit Taxes"("税收与穷人:税收的间接和直接效应的一个微模拟研究"),621—638;以及珍妮特·霍尔茨布拉特(Janet Holtzblatt)等人,"Promoting Work through the ETIC"("通过EITC鼓励工作"),591—607。

[2] 有关1990年预算问题的妥协,特别是缺乏一致性原则的分析,见斯图尔勒(Steuerle),*Tax Decade*(《税收十年》),163—184。

[3] 米查姆(Meacham)引用布什的话,*Destiny and Power*(《命运和权力》),448。

205

复这句话,而这一次我们不得不勉强接受增加税收收入的妥协,是一次例外。这就是我要说的话。"①

无论达成协议所带来的财政状况如何,它对布什来说都是一场政治灾难。他疏远了一些共和党人,这些人认为减税是共和党最受欢迎的政策工具,也是刺激经济、限制政府规模增长的最有效手段。这些共和党人批评布什没有降低资本利得税。然而,布什的努力激怒了民主党领导人,限制了布什与他们达成两党一致协议的能力。布什背叛了他的"不会有新税!"的承诺——后来被他称为"有点夸张了"——使他在1990年和1992年的选举中都受到了限制,因为人们对他的公共品格产生了怀疑。这种怀疑让许多美国中产阶级,包括共和党和民主党,指责是布什导致了1990年开始的经济衰退。此外,布什从未试图发动一场公众运动来为OBRA 1990辩护。②

1990年预算协定的另一个牺牲品是按照《1986年税收改革法案》精神进行的税收改革。总统布什关于削减资本利得税的主张代表了一种更传统的、以阶级为导向的税收政治的回归。在预算过程中,这为国会领导层恢复更高累进性的所得税打开了大门。另外,资本利得税问题,以及总统布什的弱点一起为总统候选人比尔·克林顿强调对累进税的分配作用的需求扫清了道路。

克林顿对抗《与美国签约》

在阿肯色州的早期政治生涯中,比尔·克林顿敦促进行累进税改革。1974年,在竞选国会议员时(他首次竞选高级公职),他提议对企业收入征收最低税,削减海外投资公司的税收抵免,并对"在通胀中不正当获利的每个行

---

① 乔治·H. W. 布什,"有关联邦预算协议的评论和在夏威夷的火奴鲁鲁与记者的谈话",1990年10月27日,乔治·H. W. 布什的公开论文,乔治·布什总统图书馆网站(http://bushlibrary.tamu.edu/papers/1990/90102700.html;于2003年8月29日最后一次访问)。历史学家Jon Meacham总结道:"布什对他办公室的夸张要求感到不安,是他作为总统的主要弱点之一。"见米查姆,*Destiny and Power*(《命运和权力》),417。

② 布什自己的评价是"媒体拒绝承认(经济)复苏和我的政治对手们非常擅长提醒人民我违背了自己关于税收的承诺"。见布什和斯考克罗夫特(Scowcroft),*World Transformed*(《一个被改变的世界》),380。

第八章 财政整顿与旧税收体制的复兴

业"征收超额利润税。① 然而,作为州长候选人及后来的总统候选人,克林顿修改了他的税收改革方案。在1992年的总统竞选中,克林顿提出了"经济改革新公约"(New Covenant for Economic Change)和"美国未来计划"(Plan for America's Future)。在这个计划中,他拒绝了任何重大的税收改革或引入新的税种,如全国销售税。相反,他提议对中产阶级实行特别的所得税减免,并提高对最高收入人群的税收。然而,减税计划的细节仍然含糊不清,克林顿可能在预算赤字面前对削减中产阶级的税负心存疑虑。②

在1992年的总统竞选中,克林顿可以继续让自己的税收计划显得含糊不清,因为许多选民已经确信乔治·H. W. 布什并不理解他们所面临的经济问题的复杂程度。许多认为自己税负过高的中低收入人群已经同意酒店大亨和已经定罪的逃税者利昂娜·赫尔姆斯利(Leona Helmsley)的说法:"我们不纳税。只有小人物才交税。"③对他们来说,布什违背了他不增税的承诺,这证明了他无法理解日常经济生活的困难程度。

然而,在任职的第一年里,克林顿没有针对群众对税负的不满做出什么能解决问题的实际行动。他逐渐放弃了中产阶层减税,而集中注意力在削减赤字上。他的政府对削减赤字的兴趣很浓厚。政府内部的一些人士关心如何应对来自投资银行家群体的压力。另一些人则强调,削减赤字是为"二战"后婴儿潮一代的人们的退休提供所需资金储蓄的一种手段。克林顿本人也认识到贯彻民主党对里根总统和布什总统赤字开支的批评的政治重要性。更笼统地

---

① 斯坦利·格林伯格(Stanley B. Greenberg),*Middle-Class Dreams: The Politics and Power of the New American Majority*(《中产阶级的梦想:新美国多数派的政治和权力》)(New York: Random House, 1995),186—188。

② 在我对第一届克林顿政府的讨论中,我借鉴了鲍勃·伍德沃德(Bob Woodward)的 *The Agenda: Inside the Clinton White House*(《议程:克林顿白宫内部》)(New York: Simon & Schuster, 1994),这本书聚焦于经济政策的发展历程;伊丽莎白·德鲁(Elizabeth Drew),*On the Edge: The Clinton Presidency*(《边缘:克林顿总统任期》)(New York: Simon & Schuster, 1994)和 *Showdown: The Struggle between the Gingrich Congress and the Clinton White House*(《摊牌:金里奇国会与克林顿白宫之间的斗争》)(New York: Simon & Schuster, 1996);和西德尼·布卢门撒尔(Sidney Blumenthal),*The Clinton Wars*(《克林顿战争》)(New York: Farrar, Straus and Giroux, 2003)。有关克林顿和中产阶级减税,见伍德沃德(Woodward),*Agenda*(《议程》),31,42,和德鲁(Drew),*On the Edge*(《边缘》),59—60。

③ "新闻摘要",《纽约时报》,1989年7月12日。

说，克林顿希望建立他作为"新民主党人"的声誉——也就是致力于财政基础扎实和社会公正的人。

削减赤字和节约能源的动力促使克林顿政府主张大幅增税。第一项提议是通过一项税基广泛的能源税，这是副总统阿尔伯特·戈尔（Al Gore）所倡导的。能源税采取了全燃料的英国热量单位（British Thermal Unit，BTU）税的形式，这会将税负大部分都施加在中产阶级消费者身上。尽管众议院在1992年的选举中一直由共和党掌握，但还是以微弱优势通过了BTU税，但在一些耗能巨大的公司（如铝制造商和航空公司）不断游说的影响下，BTU税的形式发生了很大的改变。然而，参议院财政委员会（由参议院多数派民主党控制）内部的反对意见，包括一些共和党人和一些民主党人，如路易斯安那州的约翰·布罗（John Breaux）和俄克拉何马州的大卫·博伦（David Boren），导致了BTU税提案的失败。

最后的赤字削减行动（OBRA 1993）用克林顿政府支持的另外两项主要增税取代了BTU税。第一种是对汽油温和地征收每加仑4.3美分，第二种是提高最高个人收入的边际税率。在克林顿政府的建议下，OBRA 1993又一次大幅度增加了EITC。虽然这一增长规模没有乔治·H.W.布什批准的那么大，但两次增长的影响累加为后来《1996年个人责任和工作机会法案》（Personal Response And Work Opportunity Act）的福利改革实施奠定了基础。①

克林顿通过指出年收入超过20万美元的美国家庭将贡献新增税收收入的80%来强调OBRA 1993的累进性。尽管国会估计，由于税收的增加，OBRA 1993将在五年内减少大约5 000亿美元的赤字，这与OBRA 1990相当。

---

① 尤金·斯图尔勒（Eugene Steuerle）认为，"大幅增长的EITC的存在"（其价值超过了有孩家庭帮助项目，Aid to Families with Dependent Children，AFDC，和从1996年起取代它的对有需要家庭的临时帮助项目，Temporary Assistance for Needy Families，TANF）"使推动人们离开福利救济的名单去参加工作变得更加容易了"。见斯图尔勒（Steuerle），*Contemporary U. S. Tax Policy*（《当代美国税收政策》），184。也见亚当·卡拉索（Adam Carasso）和尤金·斯图尔勒（Eugene Steuerle），"工薪收入和儿童税收抵免的增长"，*Tax Notes*（《税务须知》）（2003年1月20日）。关于克林顿的福利改革的完整评估应当包括扩大规模的累进的EITC项目和1996年立法改革的效应。关于EITC从1977至1999年间的发展，见小文特里（Ventry Jr.），"The Collision of Tax and Welfare Politics"（"税收和福利政治的冲突"），996—1017。

然而,考虑到1993年的美元价值较1990年低,以及经济的持续增长,按真实价值和相对于GDP的比例来计算,OBRA 1993年的实际减少量低于1990年。①

克林顿政府以微弱的优势成功通过了OBRA 1993。共和党人采取了强硬的党派立场反对该方案。正如希拉里·罗德姆·克林顿(Hillary Rodham Clinton)回忆的那样:"一位共和党女议员给我打电话,解释说她同意总统想要控制赤字的目标,但她的领导命令她投反对票,而不管她自己的想法是怎样的。"②没有一位共和党人投票赞成调和法案,而且该法案在两院都只以一票之余获得通过。为了在参议院获得通过,副总统戈尔不得不投了打破僵局的一票。按照比尔·克林顿喜欢的累进性的方向,或者说任何方向,通过任何新税法的前景都是暗淡的。

尽管接下来实施增税的前景暗淡,但克林顿的OBRA(1993)以及之前的DEFRA(1982)、社会保障改革(1983)、TEFRA(1985)和OBRA(1990)所实施的增税措施,最终形成了美国历史上除新政时期外最大的一系列增税计划。这些增税计划得到了投资银行家们的主要支持,他们担心巨额赤字可能会挤占私人资本,威胁通胀,并产生可能引发经济衰退的高利率。在政府内部,联邦储备委员会的领导层与财政部和金融界一起,成为承担财政责任的主要力量。

克林顿政府的经济政策助理(1993—1995年)和财政部长(1995—1999年)罗伯特·鲁宾(Robert Rubin),在决定政府财政政策方面扮演了核心角色。他解释称,整顿政策的目的是避免人们担心"通过政治手段恢复财政纪律将带来过多的不良影响,同时我们的政治体系将试图通过通货膨胀来削减债务的实际价值"。他补充说,增税和减少赤字将产生更为重要的信心建设效应。他回忆说,整顿政策"已经成为政府无法有效管理自身事务的象征,以及证明了我们的社会无力应对更普遍的经济挑战,比如我们的全球竞争力,当时

---

① 有关OBRA 1990与OBRA 1993的比较,见斯图尔勒(Steuerle),*Contemporary U. S. Tax Policy*(《当代美国税收政策》),171。

② 希拉里·罗德姆·克林顿,*Living History*(《活生生的历史》)(New York:Simon & Schuster,2003),179。

这受到了很大的质疑"。①

与此同时,克林顿政府认为,进一步增税是次于削减赤字的另一个重要优先事项——这是全面医疗改革计划的一部分。这些额外的用于健康保障费用的增税大部分会落在中产阶级家庭身上,要么是因为征收新税而导致税收负担增加,要么是由于雇主提供的医疗保险福利被排除在免税之外。② 一开始,克林顿的健康保险政策顾问艾拉·马齐纳(Ira Magaziner)相信,在医疗改革的最初阶段,大幅度增加税收是必要的。然而,1993年2月,时任众议院筹款委员会主席的丹尼尔·罗斯滕科夫斯基(Daniel Rostenkowski)告诉马齐纳:"你们不明白,你们不能再提交另一种新税的提案了。"然而,1993年4月,马齐纳向总统提出的第一个正式提案是开征全国销售税,通过增值税的形式征收600亿至800亿美元。卫生和人力资源部部长唐娜·沙拉拉(Donna Shalala)公开透露,政府正在考虑这项提议。

事实上,政府内部对增值税有一些支持。财政部长劳埃德·本特森(Lloyd Bentsen)一直对BTU很感兴趣,部分是因为它为实施税基更广泛的增值税打开了道路。2月份,在俄亥俄州的一次小镇会议上,克林顿本人提议说,增值税"是我们未来可能必须考虑的一件事情"。但是在9月,希拉里·克林顿和马齐纳公布他们的健康保险计划时,一种潜在的针对增税的政治反抗意识开始出现。该计划的税收部分仅包括一项新的香烟税(每包75美分)和一项对不加入正在商议的保险计划的大企业征收1%的收入税。③

---

① 罗伯特·鲁宾(Robert E. Rubin)和雅各布·韦斯伯格(Jacob Weisberg),*In an Uncertain World*: *Tough Choices from Wall Street to Washington*(《在不确定的世界中:从华尔街到华盛顿的艰难抉择》)(New York: Random House,2003),120 和 122。

② 正如尤金·斯图尔勒(Eugene Steuerle)所指出的那样,"以丢失的税收收入来衡量,税法中最大的税收补贴是将雇主提供的医疗保险的相关福利从税基中去除"。斯图尔勒说,克林顿的医疗保险提案"会间接地将那些失去的税收收入用于为其寻求的一些其他改革提供资金"。政府在这方面的目标是既减少对医疗服务过度消费的鼓励,又减少对富人医疗保险的补贴。见斯图尔勒(Steuerle),*Contemporary U.S. Tax Policy*(《当代美国税收政策》),177—178。也见伦纳德·布尔曼(Leonard E. Burman),"Is the Tax Expenditure Concept Still Relevant?"*National Tax Journal* ("税式支出的概念仍然适用吗",载于《国家税收杂志》),56(September 2003),613—627。

③ 伍德沃德(Woodward),议事日程,147,168—169,294。在管理范围内支持增值税,见德鲁(Drew),*On the Edge*(《边缘》),71,85,194。在希拉里克林顿的回忆录中,她指出,"一些民主党人"不希望见到与"增税"一起出现的医疗健康方案;克林顿,*Living History*(《活生生的历史》),152。

第八章　财政整顿与旧税收体制的复兴

克林顿总统在评估了特定税收可能导致的收入增减而没有调查新的可能出现的税收改革路线的情况下，明显更倾向于采用传统政治策略，即为特定利益集团、群体和阶级提供税收优惠，而非面向大众的策略。与此同时，尽管作为美国财政界扩大税基领域专家的传统中心之一，克林顿的财政部对1986年式的改革兴趣不大。这是意料之中的，因为克林顿的第一任财政部长、前得克萨斯州参议员劳埃德·本特森，对修正所得税法中的漏洞，特别是有利于石油行业的漏洞没什么兴趣。本特森只是不情愿地支持1986年的税收改革，自从他在1991年成为参议院财政委员会主席后，就一直不鼓励扩大税基的种种努力。并且，克林顿的新国家经济委员会——克林顿希望其能对他的经济计划给予更大的支持——对扩大税基也毫无兴趣。

然而，克林顿总统在1993年或1994年未能为中产阶级提供任何重大的减税方案，更不用说实施了。加之他在制订一项雄心勃勃、全面的医疗健康计划上所付出的徒劳努力，使他在政治上陷入弱势。中产阶级选民认为政府的运营没有好转的迹象，未见明显减税措施，同时认为克林顿的赤字削减力度太小。一些人认为克林顿背叛了他对中产阶级减税的承诺，指责总统故意误导公众，声称增加香烟税足以支付医疗改革的费用。民意调查显示，尽管实际情况并非如此，但大多数美国人仍然认为1993年的立法增加了他们的税收。[①]

中产阶级在税收问题上的各种反对声音可能直接导致了1994年大选的压倒性胜利，使共和党自1952年以来首次掌控了参众两院。另一个因素是，克林顿在1993年的增税引发了一群复古自由主义智囊团的富人支持者们对所得税发起的有组织的攻击，例如格罗弗·诺奎斯特（Grover Norquist）领导的美国税制改革协会（Americans for Tax Reform）。这些智囊团有着极端的供给学派议程。从1986年开始，在企业的资助下，诺奎斯特一直在要求候选人签署"纳税人保护承诺"，其中承诺"反对一切旨在提高个人和/或企业边际所得税率的努力"和"反对任何扣除和抵免的减少或取消，除非有相对应的税率降低能够一对一匹配前者所带来的额外成本"。随着1994年共和党的全面胜利，这些被社会学家艾萨克·马丁（Isaac Martin）称为"富人运动"的元素在

---

① 迈克尔·金斯利（Michael Kinsley），"Money Talks，"*New Republic*（"金钱会说话"，载于《新共和主义》杂志），November 27，1994。

国会议程中获得了很大的影响。①

在1994年的胜利后,成为众议院议长的共和党众议员纽特·金里奇(Newt Gingrich)及其同事们在《与美国签约》(这是1994年美国共和党在国会选举时提出的一份政治纲领,包括降低税收、改革国家政府、限制联邦政府的权力、推动刑事司法改革等——译者注)的口号下规划了他们的议程。1995年1月,金里奇和众议院筹款委员会新任主席、共和党人威廉·阿切尔(William Archer)启动了他们的税收计划。这是自1980年罗纳德·里根竞选总统以来最为重要的一次复古自由主义派税收改革计划的展示。

《与美国签约》要求在财政政策制定方面进行重大程序变革:修改宪法以要求平衡预算。提议的修正案将迫使总统每年提交平衡预算,并且只有在战争期间或在国会获得五分之三选票的情况下才允许出现赤字。如果通过,政府希望这项修正案将迫使联邦政府在有限的税收收入下生存,并在相互竞争的项目中做出艰难的选择。

在《与美国签约》的引领下,金里奇和阿切尔提出了一系列有利于中产和高收入家庭的减税方案。金里奇将这些减税措施称为纲领的"主菜",旨在提醒选民克林顿所放弃的中产阶级减税政策。根据金里奇和阿切尔提出的"美国梦恢复法案"(American Dream Restoration Act),政府将向所有收入在20万美元以下的纳税家庭提供每个孩子500美元的税收抵免。这为双职工家庭提供了一种新的所得税抵免方式,并且还取消了"美国梦储蓄账户"(American Dream Savings Accounts)(类似于个人退休账户,或IRAs)的纳税义务。这个账户可以用于某些住房、教育、医疗费用和退休储蓄。

除此之外,金里奇和阿切尔还提出了一系列新的税收措施,通过降低资本

---

① 艾萨克·马丁(Isaac Martin)令人信服地将诺奎斯特(Norquist)等人、后来的茶党运动(the Tea Party Movement)与由早在20世纪20年代或更早就开始兴起的草根和反税收群体因政治学习而不断聚集起来的力量联系在一起。见艾萨克·马丁(Isaac Martin),*Rich People's Movements*:*Grassroots Campaigns to Untax the One Percent*(《富人运动:为收入前百分之一的人减税的来自基层的运动》)(Oxford:Oxford University Press,2013)。如果要理解这些社会运动可以参考金·菲利普斯—费恩(Kim Phillips-Fein),*Invisible Hands*:*The Businessmen's Crusade against the New Deal*(《看不见的手:商界反对新政的十字军东征》)(New York:W. W. Norton,2009);罗曼·胡雷特(Romain D. Huret),*American Tax Resisters*(《美国抗税者们》)(Cambridge,MA:Harvard University Press,2014),以及在第6章提到的大量关于新自由主义的学术研究。

税来使富人受益。根据提出的"创造就业和提高工资法案"(Job Creation and Wage Enhancement Act),他们建议将资本利得税率减半,把资本收益与通货膨胀挂钩,并允许在出售主要住宅时扣除损失。①

金里奇和阿切尔在对中产阶级和富人提供减税时,借鉴了里根政府在1980—1981年实施的减税方案。尽管如此,他们提出的减税规模虽然很大,但仍远小于在里根时期ERTA中所实施的减税规模。与1981年后里根政府的做法相反,金里奇和阿切尔没有提议扩大税基,也没有试图使税收收入在减税的情况下保持中性。这种做法让众议院的一些共和党人和参议院的许多人担心,减税将危及之前为削减赤字而做出的努力,而这些努力已经连续三年取得了成功。此外,这些共和党人十分信任一些经济学家的建议,他们告诉众议院预算委员会,大幅度减税可能会削弱之前成功控制通货膨胀而做出的努力。DRI/McGraw-Hill 的首席经济学家罗杰·布林纳(Roger E. Brinner)将儿童的税收抵免描述为"可能是平庸的政治决策,但肯定是糟糕的经济决策"。

1995年2月,克林顿通过提出自己的减税政策进行了反击。他建议为每个儿童提供500美元的税收抵免,并扩大了个人退休账户(IRAs)的使用范围,包括了《与美国签约》中定义的家庭开支,同时增加了与长期失业和照顾生病的父母相关的费用。此外,他为中等收入家庭提供每年最高10 000美元的税收扣除,声称政府可以通过在1996财政年度预算中进行开支削减来资助更大规模的减税,并削减大量赤字。②

政府内外的其他民主党领导人对纲领的减税计划提出了谴责。来自密苏里州的民主党国会议员理查德·格普哈特(Richard Gephardt)谴责该计划是对"基本公平和正义的侮辱",因为它"从儿童口中夺取食物,从老年人家中夺走暖气"。副总统阿尔伯特·戈尔(Al Gore)称众议院通过的税收法案是"罗宾汉的反面",因为太多的税收优惠将落在年收入超过35万美元的纳税人头上。财政部长罗伯特·鲁宾(Robert Rubin)及管理和预算办公室主任爱丽

---

① 众议院筹款委员会,美国众议院,第104届美国国会,第一项,"在众议院筹款委员会的管辖范围内的《与美国签约》条款的描述",1995年1月5日。

② "1995年中产阶级人权税款减免法案(Middle-Class Bill of Rights Tax Relief Act of 1995)——来自总统的消息—— PM 17",*Congressional Record*(《国会记录》)(参议院—1995年2月13日),S2566。

丝·里夫林(Alice Rivlin)谴责减税提案"在财政上极其不负责任",并敦促克林顿发出否决的威胁。①

然而,克林顿没有发出这样的威胁。总体而言,他的政府似乎同意新的共和党多数派的观点,即联邦政府至少应该采取一些中产阶级减税措施,这些减税所需的资金可以由未来联邦项目和联邦机构的规模缩减来支持。一位观察家形容克林顿总统领导下的民主党是"共和党的更友好、更温和的版本"。②

3月初,参议院多数党领袖罗伯特·多尔(Robert Dole)未能吸引足够多的民主党人来获得通过平衡预算修正案所需的三分之二多数票。③ 共和党人明确表示,他们将在1996年的大选中就预算平衡修正案的溃败大做文章。

修正案的失败增加了共和党人对未来赤字的担忧,也为温和派的共和党人提供了一个方便的借口来抵制纲领所带来的减税。参议院财政委员会的共和党人带头表达了他们的怀疑。参议院财政委员会主席、参议员罗伯特·帕克伍德(Robert Packwood)宣称:"削减赤字是最重要的事情。"来自罗德岛的共和党参议员约翰·查菲(John Chafee)是另一位财政委员会成员,他说:"基本上,我反对减税……就像我们喜欢把减税拆分成好几份一样。"来自纽约州的共和党参议员阿方斯·达马托(Alfonse D'Amato)也是财政委员会的成员,他警告说联邦政府必须"削减开支并控制住赤字,这是第一要务……否则,我们最终将成为下一个墨西哥"。众议院有足够多的共和党人担心财政收入中性化的缺失,从而减缓了阿切尔—金里奇减税法案的通过。在金里奇和阿切尔同意将他们的税收减免立法与未来赤字削减挂钩之前,他们在众议院一直阻拦着税收法案。然而,参议院中的许多共和党人对这一约定并不满意。1995年5月底,足够多的共和党人加入民主党人的行列,以至于参议院彻底

---

① 理查德·格普哈特(Richard Gephardt),"针对享有特权的少数人群的胜利聚会",*Congressional Record*(《国会记录》)(参议院—1995年3月10日),H2991;迈克尔·怀恩(Michael Wines),"金里奇(Gingrich)承诺将税款减免与赤字降低联系起来",《纽约时报》,1995年4月4日。

② 费利克斯·罗哈廷(Felix G. Rohatyn),"我的民主党会变成怎样?"《纽约时报》,1995年3月31日。

③ 如果没有参议员马克·哈特菲尔德(Mark Hatfield)(共和党—俄勒冈州)的背叛,多尔(Dole)将获得三分之二的多数票。关于哈特菲尔德的角色,见詹姆斯·麦格雷戈·伯恩斯(James MacGregor Burns)和乔治亚·索伦森(Georgia J. Sorenson),*Dead Center*:*Clinton-Core Leadership and the Perils of Moderation*(《死路:克林顿的核心领导和温和的危险》)(New York:Scribner,1999),217。

否决了《与美国签约》中的税收立法部分。①

同时,参众两院都通过了预算方案,制订了平衡联邦预算的计划。但在各自的方案中,两院在如何实现平衡问题上仍存在很大分歧,其中在税收方面的差距最大。众议院提议在未来 7 年内削减 3 530 亿美元的税收收入(按照纲领中的税改路线图),而参议院则提出了 1 700 亿美元的更温和的减税计划。参议院的削减只有在赤字的降低带来经济的增长并以增加税收收入的形式为联邦政府带来额外收入的情况下才能取得想要的效果。②

参议院在制订税收计划时面临着巨大的困难。共和党领导人认识到,他们必须赢得民主党足够的支持,才能将任何形式的税收措施付诸全院表决。财政委员会的共和党成员对过度减少税收和政府规模的政治和经济风险持怀疑态度。一些人倾向于通过更少的减税和更多的税收改革来回应草根阶层对税收的敌意,以提高横向公平和经济效率,降低政府成本。为了将重点从中产阶级减税转向税收改革,几位共和党领导人在一些民主党人的支持下,开始提议对联邦税制进行重大改革。

1995 年涌现的所有激进提案都有一个共同的目标,即在应对普遍的反税收情绪的同时,保护税收收入。这些提案旨在刺激投资,促进横向公平,正如《1986 年税收改革法案》所做的那样。它们还旨在简化纳税人的税收系统,减少执行官僚机构——美国国税局(IRS)的规模和权力。③

在参议院内部,出现了两项与之前财政动荡时期相似的提案。由来自乔治亚州的民主党参议员山姆·纳恩(Sam Nunn)和参议院预算委员会主席、来自新墨西哥州的共和党参议员彼得·多梅尼奇(Peter Domenici)提出的提案是两党唯一都认可的重大措施,也是唯一一项所有条款都完全通过的立法。他们将这个提案称为"无限储蓄津贴税"(the Unlimited Savings Allowance tax),通称"美国(USA)税"。这一提案结合了所得税和消费税。

---

① 埃里克·皮亚宁(Eric Pianin),"减税支持者们在参议院失去了动力;众议院特别小组将公布共和党的收入计划",《华盛顿邮报》,1995 年 5 月 26 日。
② 迈克尔·怀恩(Michael Wines),"斗争转变为党派内部的,并且战场是税收",《纽约时报》,1995 年 5 月 26 日。
③ 有关这些激进的改革措施的形成的介绍,见彼得·帕塞尔(Peter Passell),"税法进入操作阶段了"和"对于企业,赌注是很高的",《纽约时报》,1995 年 9 月 3 日。

对个人而言,美国税将继续保留所得税(包括累进税率),但取消了许多税式支出,作为对储蓄提供无限扣除、教育支出部分扣除以及对社会保障税提供税收抵免的交换。

对企业而言,美国税将引入 11% 的增值税。通过实行投资费用化(即在投资当年完全冲销投资),增值税将对资本密集型产业提供重要支持。此外,美国税还允许以 1:1 的比例抵免社会保障税。纳恩和多梅尼奇预计后一项措施将促进就业增长。

总体而言,美国税的提案有点让人联想到第一次世界大战后托马斯·亚当斯(Thomas S. Adams)提出的"支出税"(spendings tax),该提案在"二战"时期曾一度得到当时的财政部长小亨利·摩根索(Henry Morgenthau Jr.)的青睐。参议员纳恩解释说:"我们的基本理念是对人们在超出基本生活必需品的范围内从经济中获得的东西征税,而不是对他们通过工作和储蓄投入经济中的那部分征税。"①

用国家销售税取代所有所得税的更为激进的想法也重新浮出水面。这是由来自俄亥俄州的共和党参议员理查德·卢格(Richard Lugar)和威廉·阿切尔(William Archer)提出的。他们估计,除了食品和医疗服务外,针对所有商品的 16% 的单一税率将可以替代目前所有的所得税收入。卢格和阿切尔希望完全废除所得税和国税局(各州将为联邦政府征收销售税)。来自密歇根州的共和党众议院议员尼克·史密斯认为,这一点是该提案最吸引人的地方。他欢迎"废除第十六修正案和解散国税局",以便"特殊利益集团不再能够干预进来,并继续复杂化现行税法"。②

众议院共和党主要领导人迪克·阿米(Dick Armey)提出了一个鲜为人知的提案。6 月,他将关注点从《与美国签约》转移到了他所谓的"自由与公平恢复法案"(Freedom and Fairness Restoration Act,FFRA)中的"单一税"议

---

① 有关参议员纳恩和多梅尼奇对 S.722(1995 年美国税法案)的讨论(包括该法案三年来的发展历程的描述),见 *Congressional Record*(《国会记录》)(参议院—1995 年 4 月 25 日),S5664 ff.

② "这正是适合杰克·坎普(Jack Kemp)的工作",《经济学人》,1995 年 4 月 8 日;尼克·史密斯(Nick Smith),"我们现行的税收制度的另一种方案",*Congressional Record*(《国会记录》)(众议院—1995 年 6 月 8 日),H5704;卡罗琳·洛赫黑德(Carolyn Lochhead),"税法的消失带来的好处",*San Francisco Chronicle*(《旧金山纪事报》),1995 年 7 月 24 日。

第八章　财政整顿与旧税收体制的复兴

题上。

FFRA第一章中的单一税是经济学家罗伯特·霍尔（Robert Hall）和阿尔文·拉布什卡（Alvin Rabushka）20世纪80年代中期提出的建议，以取代现行的所得税制度。在阿米的版本中，个人和公司被要求支付一个统一的单一税率，该税率会从第一年的20％下降到第三年的17％。个人只对工资、薪金和养老金纳税，且不会有任何扣除。然而，他们将有一个普遍的个人免除额度，这将免除收入低于约3.7万美元的四口之家的税收。由于税收的简单性，一般个人可以轻松填写自己的纳税申报单，大约仅为10行、明信片大小。公司统一税包括所有其他类型的收入，例如利息和股息，但同时将允许公司在纳税前扣除其在资本设备、建筑、土地中的投资额（在投资当年）。企业将不再代扣个人纳税人所欠的税款，个人每月都会给国税局开支票缴税。

在描述单一税时，阿米强调该税制将消除在公司和个人所得税下对股息的二次征税。他声称，这种税制还将促进投资，损失相对较少的收入（据他估计，每年约为5％），同时取得广泛支持，因为"它结合了简单和公平"。来自宾夕法尼亚州的共和党议员乔恩·福克斯（Jon Fox）补充说，这项税收政策将"使个人和企业纳税人摆脱国税局和政府的负担，让我们所有人都能将注意力集中在更有生产力的活动上"。共和党总统候选人菲尔·格拉姆（Phil Gramm）、拉马尔·亚历山大（Lamar Alexander）和阿伦·斯佩克特（Arlen Specter）都支持对税收进行调整的提案。参议员斯佩克特的版本包括对最高10万美元的房屋按揭贷款利息和慈善捐赠（最高每年2 500美元）的扣除，并保留了工资的代扣。[①]

1995年4月初，金里奇和多尔宣布组建一个由杰克·坎普（Jack Kemp）担任主席的新委员会，该委员会旨在考虑彻底改革联邦税收制度，甚至可能废除所得税。他们的动机之一是希望在税收改革的方法上取得共和党内的共识。然而，多尔可能也有兴趣减轻自己在税收改革问题上所面临的压力，并阻

---

① 有关单一税提议的描述，见罗伯特·霍尔（Robert Hall）和阿尔文·拉布什卡（Alvin Rabushka），*The Flat-Tax*《单一税（第二版）》，2nd ed.（Stanford：Hoover Institution Press，1995），以及迪克·阿米（Dick Armey）写给编辑的信，《纽约时报》，1995年4月23日。有关支持性的评论，见，例如乔恩·福克斯（Jon Fox），"单一税"，*Congressional Record*《国会记录》（众议院—1995年5月10日），H4790。

止坎普支持另一位可能成为 1996 年共和党总统候选人的竞争对手。① 金里奇和多尔要求一个由 9 名成员组成的小组在 1995 年 10 月前提交推荐的人选。尽管坎普已经退出总统竞选,但他表示这次任命"将我拉回到了 1996 年竞选辩论的中心"。值得注意的是,坎普并不持中立立场,他主张实行单一税,并认为这将使美国成为"从海洋到闪耀的海洋的一个企业区域"[从海洋到闪耀的海洋(From sea to shining sea)是美国国歌中的一句歌词,描述了美国从东海岸到西海岸广阔的国土。这句歌词经常被用来强调美国的辽阔和宏伟,这里的意思是美国全境都变成很适合企业发展的一个区域了——译者注]。②

与此同时,各政治派别对税收改革的支持似乎越来越多。复古自由主义组织积极行动,通过在艾奥瓦州和新罕布什尔州提供有关单一税和销售税的相关资料来宣传他们的立场。与此同时,单一税的支持者们在互联网上建立了"单一税主页"。《纽约时报》发表社论,指出"现行税法极其复杂、昂贵且不公平",表达对坎普委员会的欢迎。编辑们呼吁制定一部"简单且公平有利于增长"的新税法。③

1995 年 7 月,众议院少数党领袖格普哈特提出了第一个民主党的替代方案,以取代共和党提出的改变税收体制的建议。格普哈特抨击单一税是"美国历史上最大规模的收入再分配",并认为应维持现有的所得税。然而,他与阿米一样,希望将贫困家庭从所得税纳税名单中剔除,大幅降低大多数人的税率,并通过取消扣除来弥补收入的损失。他认为,简化税收制度将使国税局"规模更小、成本更低"。对那些不再需要填写纳税申报表的美国人(根据格普哈特的说法,"这指的是绝大多数人")来说,"国税局将仅仅意味着一个邮寄的地址"。此外,这些变化将"大幅缩减当前价值为 3 000 亿美元的税务顾问和报税员业务,以及美国人每年用于报税所花费的 45 亿小时"(由于美国个人所得税十分复杂,每年春季报税季时,大量美国家庭聘请专业的税务顾问和报税员,帮助申报前一年的应缴所得税——译者注)。

---

① 关于这一建议,见德鲁,*Showdown*(《摊牌》),174。有关多尔发动的共和党党内初选的绝佳讨论(包括单一税问题的重要性),见伯恩斯和索伦森,*Dead Center*(《死路》),264—268。
② 《纽约时报》,1995 年 4 月 4 日;"这正是适合杰克·坎普的工作",《经济学人》,1995 年 4 月 8 日。
③ "我们那疯狂的税收系统",《纽约时报》,1995 年 4 月 16 日。

第八章　财政整顿与旧税收体制的复兴

格普哈特对待纳税人的方式在某些重要方面与阿米不同。他建议为大多数纳税人（据他估计为75%）提供更低的税率（10%），继续扣除住房按揭贷款利息，并为有工作的穷人继续提供EITC。他还将保留个人的资本利得税，并在个人所得税下保留利息和股息税，作为维持甚至增加联邦税制累进性的计划的一部分。与阿米形成更强烈对比的是，格普哈特建议，最高收入家庭的累进税率要更高，才能为中低收入纳税人支付这些福利。对超过3.2万美元的收入，累进税率将从20%上升到34%。最后，格普哈特考虑到了反政府运动，要求国会以"全民公决"的形式来增税。①

然而，克林顿总统选择不成为改革的倡导者。通过财政部官员的公开声明，政府赞扬了"制定累进的和税收收入中立的消费税提案所做出的努力"，并承诺"认真考虑"在不牺牲收入或公平的情况下简化税收制度并改善经济激励措施的提案。财政部对美国税持保留态度，担心这可能会使税收体系"更加复杂"，但它将美国税称为"一项解决与消费税有关的许多问题的谨慎而详细的建议"。然而，没有证据表明克林顿考虑接受美国税，也没有遵循罗纳德·里根在1986年得到两党认可的例子而将其一些重要元素包容在一系列扩大税基的提案中。也许这是一个错失的机会。克林顿政府也许能够与参议院领导层合作，设计并推出一个新的妥协后的税收体系，它建立在保持或增加累进性，加强横向公平，并消除损害经济效率的双重征税和税收漏洞的理念上。②

也许克林顿犹豫了，因为1996年将是选举年。历史上，只有一次在总统选举年中联邦政府开始采用新的税收制度。那是在1916年，一场严重的金融危机、战争的阴影、民主党总统与民主党国会之间的密切合作，以及民主党内部一场不可阻挡的动乱，共同启动了现代联邦所得税。

---

① 理查德·格普哈特（Richard A. Gephardt），"美国经济的一个民主党计划：走向更加公平、简单的税法"，1995年7月6日在国家政策中心的演讲；"格普哈特关于税收改革有他自己的计划"，*San Francisco Chronicle*（《旧金山纪事报》），1995年7月7日；威廉·韦尔奇（William M. Welch），"格普哈特的税收计划将民主党卷入争辩中"，*USA Today*（《今日美国报》），1995年7月7日。

② 有关财政部的声明，见"莱斯利·塞缪尔斯（Leslie B. Samuels），副部长（税收政策），财政部在众议院筹款委员会面前的声明，1995年6月7日"，以及税收分析办公室，"关于单一税的谈话要点"和"关于纳恩—多梅尼奇（Nunn-Domenici）的无限储蓄津贴税（USA）提案的谈话要点"，1995年4月29日，Clinton Digital Library（克林顿数字图书馆），于2015年6月11日访问，http:/clinton.presidential-libraries.us/items/show/31327。

几乎在 80 年后，金里奇、阿米和他们在众议院的"起义"盟友们要求进行改革，其力度几乎与克劳德·基钦（Claude Kitchin）及其支持者在 1916 年所要求的一样强烈。然而，至少有两个方面与 1916 年时大不相同。首先，1996 年，联邦政府在向新税制过渡时必须解决的经济问题比 1916 年时更加复杂。其次，党派之争导致立法部门与执行部门分道扬镳。与伍德罗·威尔逊（Woodrow Wilson）形成鲜明对比的是，比尔·克林顿对实质性改革没有任何意愿。在没有总统领导的情况下，实现向新税收制度的转变几乎不可能；"二战"期间开始实施的税收制度的基本要素依然存在。

克林顿没有推动两党一致同意的税制改革，而是继续专注于短期的预算问题。他经常听从他的政治顾问迪克·莫里斯（Dick Morris）的建议，并强调他与国会共和党人和民主党人之间的不同立场。一方面，为了与许多民主党人形成对比，他继续强调平衡预算的必要性，并表示将终止任何想要实施新大型联邦项目的努力。另一方面，为了强调他与共和党领导人意见的不同，他继续敦促对中产阶级实行具有增进累进效应的减税，并提议维持福利项目。

在 1996 年的预算问题上，克林顿和金里奇发生了冲突。1995 年 10 月，众议院和参议院达成了预算协议。在减税问题上，他们妥协并同意了 2 450 亿美元的减税规模，通过削减开支（包括削减 EITC 和医疗保险以及医疗补助）来筹集资金。此外，国会将医疗补助的性质转变为无限制固定拨款（block-grant）项目。然而，在这一关键时刻，克林顿拒绝了迪克·莫里斯关于与国会达成协议的建议。相反，克林顿采取了大多数国会民主党人喜欢的强硬立场。12 月 6 日，他使用林登·约翰逊（Lyndon Johnson）曾经用来签署医疗保险（Medicare）的笔否决了调和法案。由此导致的僵局延伸到是否让"非必要"的政府部门继续开放的问题上。由于缺乏资金，这些部门不得不关闭两次。

在政府陷入僵局期间，克林顿巧妙地掌控着分裂的政治局面，成功地削弱了公众对国会的信心。这种成功在很大程度上要归功于他试图塑造自己为理性领导者，并接受金里奇对政府的一些批评上。实际上，他在 1996 年 1 月的国情咨文演讲中，借用了莫里斯的措辞，宣布"大政府时代已经结束了"。然而，克林顿随即明确表示支持这一观点："但我们不能回到让我们的公民保护自己的时代"，并坚称"自力更生和团队合作不是相互对立的；我们必须两者兼而有之"。他接着提出了各种相对温和的建议,包括对大学费用的税收抵免和增加 EITC 的额度。①

1996 年 4 月,克林顿和国会最终就 1996 财政年度的预算达成一致。在这项协议中,克林顿和国会共和党领导人同意在七年内平衡收支,而不是最初提出的九年。尽管预算确实削减了 230 亿美元的可自由支配开支,但削减幅度相对较小,并且协议未对医疗保险和社会保障项目造成损害,符合克林顿和国会民主党人的期望。由于没有重大的削减计划,以及两党对平衡预算的重要性达成了共识,最终的协议版本未包含任何重大的减税措施,这也符合国会民主党人的意愿。

关于《与美国签约》中的条款的辩论未能帮助共和党人就如何推行根本性的税收改革达成任何共识。他们对格普哈特、纳恩等民主党领导人提出的改革方案缺乏热情回应。与此同时,克林顿总统已经证明,美国公众继续支持累进税制,因此可能不会支持共和党提出的累退提案。因此,在 1996 年的总统竞选中,共和党候选人多尔没因放弃金里奇的提案而付出代价。然而,多尔从未真正表现出对税收改革的浓厚兴趣。在初选中,他提到了单一税,但候选人史蒂夫·马尔科姆(Malcolm Forbes)认为这只是"蛇油"(一般指谎话——译者注)。② 同时,多尔选择将坎普纳入自己的竞选团队,后者是共和党内最积极的改革支持者之一。然而,多尔并未积极倡导相应的改革,反而批评克林顿在 OBRA1993 中的增税条款,并回到了类似里根时代的解决问题的方法上,主张 15% 的全面减税。然而,正如记者鲍勃·伍德沃德(Bob Woodward)所观察到的那样,多尔在这个问题上表现得犹豫不决,显示出对自己计划的疑虑。③

在与多尔的竞争中,克林顿并没有深入追求税收改革的可能性。他强调

---

① 有关描述演讲的起草等相关的第一手资料,见布卢门撒尔(Blunmenthal),*Clinton Wars*(《克林顿战争》),149—152;乔治·斯蒂芬诺普洛斯(George Stephanopoulos),*All Too Human: A Political Education*(《太人性化了:政治教育》)(Boston: Little, Brown, 1999),411—414;迈克尔·沃尔德曼(Michael Waldman),*Potus Speaks: Finding the Words that Defined the Clinton Presidency*(《美国总统说:寻找定义克林顿总统任期的词语》)(New York: Simon & Schuster, 2000),90—114。

② 有关多尔说的话,见伯恩斯和索伦森,*Dead Center*(《死路》),268。

③ 鲍勃·伍德沃德(Bob Woodward),*The Choice: How Clinton Won*(《选择:克林顿是如何赢的》)(New York: Simon & Schuster, 1996),438。

了自己在赤字削减方面的记录,这直接促成了当时的经济繁荣。同时,他强调了多尔的减税提案可能导致的大幅削减医疗保险、医疗补助和其他福利项目的风险。为此,克林顿提出了一系列中产阶级减税措施,其中包括学费的税收抵免和扣除、儿童照顾抵免、向大学以上学历者提供带有税收优惠的 IRA 账户、首次购房的税收激励措施,以及对中产阶级家庭的资本利得税减免。他声称,相较于共和党的减税方案,他的减税措施不会导致预算失衡,而且将是"亲家庭、亲教育、亲经济增长"的方案。这一系列提案旨在强调他对中产阶级和社会各阶层的关切,以争取选民的支持。① 克林顿提出,多尔可能难以兑现减税承诺,因为在里根政府期间,多尔作为参议院财政委员会主席,是 1982 年税收公平和财政责任法案(the Tax Equity and Fiscal Responsibility Act of 1982)和 1984 年赤字削减法案(the Deficit Reduction Act of 1984)所导致的增税的主要原因。②

克林顿在 1996 年竞选中获胜,国会的共和党人也保持了对立法部门的控制权。双方都计划进行一轮适度的减税,最终在 1997 年通过了《纳税人负担缓解法案》(the Taxpayer Relief Act of 1997)。这项法案基本上符合克林顿在竞选中提出的方针。

在 1997 年的法案中,最大的税收削减项是建立了一项新的儿童税收抵免,计划到 1999 年时达到每个儿童 500 美元。③ 它得到了两党的一致支持。共和党人将其视为《与美国签约》中亲家庭条款的一部分,而民主党的全国儿童委员会已经认可了它。因此,像来自西弗吉尼亚州的民主党议员杰伊·洛克菲勒(Jay Rockefeller)这样的民主党人自然欢迎它作为一项具有累进效果

---

① 威廉·克林顿(William J. Clinton),"Remarks Accepting the Presidential Nomination at the Democratic National Convention in Chicago"("在芝加哥的民主党全国代表大会上接受总统候选提名时的发言"),1996 年 8 月 29 日。由格哈德·彼得斯(Gerhard Peters)和约翰·伍利(John T. Woolley)在线提供,*The American Presidency Project*, http://www. presidency. ucsb. edu/ws/? pid=53153。

② 关于克林顿强调多尔对权利、教育项目以及环境项目的资金削减所带来的威胁,见伊丽莎白·德鲁(Elizabeth Drew),*Whatever It Takes: The Real Struggle for Political Power in America*(《不惜一切代价:美国争取政治权力的真正斗争》)(New York: Penguin Books, 1997),150—151。

③ 史蒂文·福尔摩斯(Steven A. Holmes),"一项慷慨但昂贵的减税优惠",《纽约时报》,1997 年 7 月 30 日。

的措施。①

在1997年法案中另一项主要的具有累进性的减税措施是针对高等教育的一套复杂的税收补贴政策。以联邦政府损失的收入来衡量的话相对不太重要的一系列复杂且累退的措施主要来自共和党,旨在促进储蓄并降低资本成本。这些措施包括取消曾经免税的不动产项目,设立了Roth IRAs(罗斯式的个人退休金账户),此项措施能够将IRAs的好处扩展到已经拥有由雇主提供的退休金项目的纳税人。同时,它还将最高一档的资本利得税税率从29.2%降低至21.20%。资本利得税的削减是最具争议的条款。然而,从谈判一开始,克林顿政府可能就准备同意它,并将其视为包含累进性改革在内的更大计划的一部分。②

1997年《纳税人负担缓解法案》提供了自1981年以来最大规模的减税。然而,考虑到税收收入损失,预计到2000年减税的成本将减少至仅占GDP的0.3%

---

① 曾是委员会首席顾问的经济学家尤金·斯图尔勒(Eugene Steuerle),以及经济学家杰森·朱弗拉斯(Jason Juffras)向委员会提议这项抵免要"更精准地"根据家庭人口数量衡量家庭的支付能力,并且对那些具有相同支付能力的家庭平等地征税。见尤金·斯图尔勒(Eugene Steuerle),"为什么我偏好儿童税收抵免或津贴:第一部分",*Tax Notes*(《税务须知》),1994年11月2日;杰森·朱弗拉斯(Jason Juffras)和尤金·斯图尔勒(Eugene Steuerle),*A $1,000 Tax Credit for Every Child*:*A Base of Reform for the Nation's Tax*,*Welfare*,*and Health Systems*(《为每个孩子提供1 000美元的税收抵免:国家税收、福利和卫生系统改革的基础》)(Washington, D. C.:Urban Institute Press,April 1991);以及国家儿童委员会编写的 *Beyond Rhetoric*:*A New American Agenda for Children and Families* — *Final Report of the National Commission on Children*(《美国儿童和家庭的新议程——全国儿童委员会的最终报告》)(Washington, D. C.:U. S Government Printing Office,1991)。

② 一些国会民主党议员不得不对资本利得税的降低持欢迎的态度,因为他们的很多选民最近在股市的一次大涨中收入颇丰。早在5月,财政部官员提议了一项计划,其中包括了将该税率降低至20%,这是共和党想要的税率。此外,官员还提议了针对小企业和风险投资企业适用更低的税率,而这是生物技术和计算机行业乐于看到的。同时,计划也包括了克林顿总统期望的从住宅销售中获利所适用的资本所得税率的降低。见代理助理部长(税收政策)唐纳德·卢比克(Donald C. Lubick)写给罗伯特·鲁宾(Robert E. Rubin)的"可能的一套税收计划",1997年5月22日。卢比克向鲁宾解释说:"这套计划应该会得到广泛的政治支持,然而它并不是设计来过度讨好高收入群体的。"另见吉恩·斯珀林(Gene Sperling)写给总统的"为预算而考虑的减税提议",1997年5月22日,国内政策委员会,布鲁斯·里德(Bruce Reed),以及主题文件"预算工作组",Clinton Digital Library(克林顿数字图书馆),http://clintonpresidentiallibray.us/items/show/31208,访问于2015年6月11日。有关协商的详细信息,见理查德·史蒂文森(Richard W. Stevenson),"洛特说他看到了资本利得税率全面降低的机会",《纽约时报》,1997年2月13日和"民主党人士在资本利得上显示了一定的协商余地",《纽约时报》,1997年2月22日;大卫·桑格(David E. Sanger),"克林顿税收计划支持了共和党的想法",《纽约时报》,1997年6月30日;以及理查德·史蒂文森(Richard W. Stevenson),"寻求三赢方案的税收协商",《纽约时报》,1997年7月6日。

左右。此外,国会和总统还削减了一些项目的支出,特别是在国防方面,以支付这些减税。与此同时,强有力的经济扩张使得克林顿总统在1998年1月后期提交了这一代人(大约三十年)中的第一份财政平衡预算。与里根总统一样,尽管他持有复古自由主义理念,实用主义使得布什和克林顿总统都取得了成功。

在克林顿总统任期的最后几年,两党领导层内部的分裂和弱点变得明显。在不同政党分别控制立法和执行部门的情况下,达成能够产生实质性政策提议的妥协变得十分困难。然而,1998年1月,克林顿面对公众的指控,称他与一名白宫实习生有不正当关系,并在宣誓下撒谎之后,这种妥协几乎就不可能发生了。丑闻和随之而来的弹劾危机削弱了总统的领导力,而共和党领导人更愿意充分利用总统当下的处境,而不是提议任何冒险的新政策举措。在这一时期,克林顿未能获得国会对提高香烟税以资助医疗保健计划的建议的支持。与此同时,共和党人在进一步减税的提议上也毫无进展。总统和国会都未能就任何新的支出或税收计划达成一致,这导致无法增加可自由支配的开支或通过减税来帮助恢复和增加政府预算盈余。① 与此同时,此前的增税,加上国家经济的强劲表现,已经开始产生收入,有助于减少公共债务的相对规模。债务占国内生产总值的比例从1995年的49%下降到2000年的34%(见附录,图A.1)。②

然而,尽管总统和国会在财政问题上陷入僵局,但这并没有妨碍他们通过一项旨在重建国税局的措施。这项法案是1998年的《国税局重组和改革法案》,是《与美国签约》及其对国税局批评的直接结果,也与金里奇有关。③ 这项法案为纳税人提供了一些保护,但其中最重要的变化是间接的。这项措施受到广泛欢迎,可能促使国税局进行一些行政改革,包括引入信息技术,并以功能单元取代地理位置单元[指将地理单位(如纽约州、新泽西州……)替换为功能单位(以功能或任务划分的单位)——译者注]。尽管在短期内,该法案使国税局在审计报税表方面更加谨慎,但从长远来看,这可能使国税局成为更有

---

① 有关总统与国会之间的僵局的解释(重点放在了领导力的丢失和分裂的政府上),见伯恩斯和索伦森,*Dead Center*(《死路》),286—287。
② 布朗利,"美国长期财政整顿",171—198。
③ 在对IRS的最后一波攻击中,一位曾在IRS工作过的历史学家可能助长了高涨的敌意。见雪莱·戴维斯(Shelley L. Davis),*Unbridled Power*:*Inside the Secret Culture of the IRS*(《肆无忌惮的权力:美国国税局的秘密文化内部》)(New York:HarperCollins,1987)。

效的执法机构。

在克林顿政权的末期,第二次世界大战后建立的税收体制仍然存在,试图从根本上改革它的努力都未能成功。自第二次世界大战以来,唯一一次进行的系统性改革是1986年的《税收改革法案》。然而,这一法案未能为乔治·H. W. 布什和比尔·克林顿两届政府期间进行的改革树立令人信服的榜样。双方再次陷入竞争状态,争夺在税法允许范围内提供更多特殊优惠的地位。尽管如此,1986年法案的影响被证明是相当持久的,主要体现在三个方面。

首先,所得税率一直维持在相对较低的水平。在克林顿政府时期,最高边际税率提高到约40%,但即使是这一数字也仍然远低于ERTA实施之前的70%。这种相对较低的税率很可能提高了人们在税法范围内的自愿税收遵从程度,同时也降低了在1986年仍然存在于税法中的特殊抵扣和豁免的吸引力。

其次,针对企业的税式支出一直保持在1986年税收改革法案所设定的相对较低的水平。这一法案扭转了从20世纪70年代一直到80年代早期不断增长的企业税式支出趋势。在1986年到1990年期间,企业税式支出占国内生产总值的比例从8%下降到不到6%,企业税负减少了三分之二。然而,在乔治·H. W. 布什和克林顿政府执政期间,个人税收负担(而非企业)却在悄然上升。[①]

最后,1986年的税基扩大增加了联邦所得税的收入潜力。这个潜力的增加在20世纪90年代持续不断的经济扩张中变得更加清晰。即便没有通货膨胀的刺激,扩大的税基也带来了税收收入的快速增长。

《1986年税收改革法案》在布什和克林顿政府期间也带来了重要的政治结果。具有讽刺意味的是,该法案加强了所得税制度的财政和政治基础,而这正是一开始"里根革命"的主要目标。最高税率和税式支出的减少增强了那些认为里根的税收改革减少了由极高税率导致的低效以及由对某种资本偏爱引起的经济扭曲的人对联邦税收制度的支持。

此外,联邦税制一直保持着累进性,这有助于维护中下阶层对它的支持。在美国,大多数人仍然倾向于将累进所得税作为联邦财政收入的主要来源。

---

① 埃里克·托德(Eric Toder),*The Changing Composition of Tax Incentives*,1980—1999(《税收优惠构成的变化:1980—1999》)(Washington, D. C. : Urban Institute Press, 1999),图表1。

因此,在20世纪最后二十年里,美国的税制仍然是大型资本主义国家中最具累进性的。① 克林顿和布什政府时期所得税的最高边际税率的增加,以及EITC规模的不断扩大(在1990年和1993年)一起导致了总体累进性的提升。在这一过程中,最富有的1%人群的有效税率增长的幅度最高,扭转了他们在里根政府期间获得的利益。前1%人群的平均有效税率从不到30%跃升至近35%。② 对于前0.1%的纳税人群,实际有效税率的相对增幅可能更大。经济学家托马斯·皮凯蒂(Thomas Piketty)和伊曼纽尔·赛斯(Emanuel Saez)发现,在最高0.1%的人群的税率下降(从1980年的大约50%降至1990年的大约30%)之后,到20世纪末时又上升至大约40%。这还是在1997年资本利得税的削减减轻了最高收入家庭的税负增加程度的情况下发生的。③ 然而,税法的某些变化,比如1997年资本利得税的削减,可能对经济行为产生了影响,反过来又导致了随后几十年间收入和财富不平等水平的增长。④

里根的税收政策以及1990年和1993年提高税收累进程度的举措加强了第二次世界大战后税收制度的民主基础。然而,与此同时,由于20世纪80年代税基扩大以及布什和克林顿总统任期内最高边际税率的提高,美国富人的税收负担加重,激发了游说活动,旨在创造有利于资本的税收漏洞,并为富裕选民中的反税收、反政府的复古自由主义运动注入了新的活力。⑤ 这使得美国税收政治再次动荡,将税收体制推向危险的边缘。

在里根、布什和克林顿政府期间,对第二次世界大战后税收体制风险的不断担忧削弱了对可自由支配的国内福利支出项目的支持。这一担忧的关键原

---

① 见第六章的相关内容。

② 布朗利和斯图尔勒,"税收",173—174和181;见斯图尔勒(Steuerle),*Contemporary U. S. Tax Policy*(《当代美国税收政策》),51;以及布尔曼,"税收与不平等",571—572。

③ 皮凯蒂和赛斯,"美国联邦税制有多累进?"16。

④ 托马斯·皮凯蒂最近建议道:"英语国家在1980年后最高边际所得税率的大幅降低……似乎完全改变了高管薪金的支付方式,因为高管们比过去寻求大幅加薪的动机要强多了。"然而,行为导致的因果关系链没有那么清晰。同时,金融行业的经营方式的变化可能在解释高管收入上更加重要。但皮凯蒂的发现帮助揭示了特殊的减税政策与纳税人顶端人群的行为之间的具体制度和行为连接关系需要更多的研究。托马斯·皮凯蒂,*Capital in the Twenty-First Century*(《21世纪资本论》)(Cambridge,MA:Harvard University Press,2013),335。

⑤ 关于这一点,参见安德里亚·路贝斯·坎贝尔,"What Americans Think of Faxes,"in *The New Fiscal Sociology:Taxation in Comparative and Historical Perspective*("美国人对税收的看法",载于《新财政社会学:比较和历史视角下的税收》)(剑桥:剑桥大学出版社,2009),65—66。

因之一是国内支出的结构以及支撑其的政治力量格局。人口变化和医疗保健相对成本的上升导致福利、社会保障和医疗保险支出的增长速度快于GDP增长速度。这些项目不断增加的受益者拥有更强大的政治权力，相对于那些具有自由支配支出的项目而言，提供了更多保护。与此同时，持续存在的种族主义和劳工运动的衰弱使得许多自由支配项目，尤其是解决结构性贫困问题的项目，更容易受到攻击。

分析这一长期脆弱性的另一种方法是将美国福利系统视为一个一直是破碎的、而不是在福利范围内综合全面的系统，并将最富有的群体包括在其服务对象内。传统福利职能的碎片化反映在一些项目上，比如为老龄、失业、残疾和贫困群体提供现金补助；提供教育和医疗等服务；以及向中产阶级和低收入纳税人提供无数税收优惠。这种碎片化为反政府力量创造了机会，让各种福利方案的受益人相互对立，尤其是在经济不景气的时期这种策略效果最为显著。①

反政府运动的成功以及美国中产阶级和富人阶级对政府的逐渐失去信心，使得包括自由派在内的政治领导人越来越不愿意将增税作为资助新项目的手段进行讨论。第二次世界大战后税收体制的主要论点之一，即提高财政收入的能力和灵活性，几乎在里根政府期间从政治上消失。布什和克林顿加强了这一趋势。两位总统都未通过增加国内项目支出的方式为增税提供正当性基础。里根、布什和克林顿共同将这一支出水平稳定在约15%左右。他们实行了财政紧缩政策（里根在1981年之后），致力于财政整顿。这一过程不仅通过增税，还通过扭转之前越来越多的资金投入民生项目的趋势来实现。在这个过程中，三位总统都接受了在联邦预算中削减教育、基础设施、职业培训和其他可自由支配项目的支出。②

所有这些可自由支配项目的收益都按比例或累进方式分配，而其中提供

---

① 有关传统福利服务的碎片化问题的分析综述，包括自由主义派对其进程的贡献，见米歇尔莫尔（Michelmore），*Tax and Spend*（《税收与开支》）。有关高累进性税收促使了这种碎片化，部分是由于对"私有福利系统的发展"的优待的论点，见普拉萨德（Prasad），*The Land of Too Much*（《太多的土地》），153—171。

② 然而，布什和克林顿在不加税的情况下，增加了不在预算内的贷款项目规模，作为扩大一些对低收入群体的补贴来源。例如，乔治·H. W. 布什政府通过了一项议案，赋予房利美和房地美加快为中低收入家庭提供经济适用房的责任。接着，克林顿政府鼓励房利美和房地美针对市中心的贫困区扩张它们的贷款项目。

了最重要的收入再分配的项目也是最容易受到攻击的。像乔治·H. W. 布什和里根一样,他们都致力于灌输福利领取者的负面形象。在自己的福利改革计划中,克林顿也从未挑战这些形象。从克林顿的立场来看,他可能坚信通过增税来控制赤字可以为随后扩大国内各种政府支出项目,甚至制定某种形式的国民健康保险计划铺平道路。然而,他并没有在 OBRA 1993 中向公众大声疾呼这一考虑。布什和克林顿政府扩大的唯一重要的现金再分配项目是 EITC。国会的共和党领导人大多接受了 EITC,因为它为有工作的穷人阶层提供了能摆脱传统福利援助的激励,同时由于它是在已有税收体系内获得资金(指它的资金来源不是来自专门的政府拨款——译者注),因此能够在公众的反政府雷达("公众的反政府雷达"一般指公众普遍持有的反对政府干预或扩大政府权力的态度或意识——译者注)不被注意到。EITC 能够存活下来并没有反映民众普遍的税收同意(tax consent)。

因此,尽管这三位总统对于结束"简易财政时期"的回应部分包括增加税收,但他们也因此削减了一些重要的社会项目支出。这些开支的削减抵消了税收制度的累进性。实际上,可自由支配的国内支出项目的资金减少可能比税法上的任何变化都更有助于 20 世纪最后 20 年内收入和财富的日益集中。至少可以说,可自由支配的项目支出的减少所带来的累退分配效应加强了偏向富人的税式支出的累退效应,而这些累退效应在 20 世纪 90 年代很可能在规模上持续扩大着。①

到了 20 世纪末,美国的税收体制变成了"争夺的对象"。被削弱的第二次世界大战时期的税收体制能够持续保留下来的唯一方式是通过显著的公众需求的复苏,这些需求包括一定程度的累进再分配以及社会服务、公共投资和国防的资金大幅增加。

---

① 伦纳德·伯曼(Leonard Burman)和他的同事们在 2008 年的一份研究中发现,"总的来说,税式支出对个人纳税人来说……不成比例地使那些高收入群体受益"。他们还发现,虽然非商业支出在 20 世纪 80 年代后期由于《1986 年税收改革法案》而减少了,但到 2001 年时,它们在国内生产总值中所占的比例已增加到与 1985 年时大致相同的水平。伦纳德·伯曼(Leonard Burman),克里斯托弗·盖斯勒(Christopher Geissler)和埃里克·托德(Eric J. Toder),"How Big Are Total Individual Income Tax Expenditures, and Who Benefits from Them?"*American Economic Review*:*Papers and Proceedings*("个人所得税的税式支出总额有多大? 谁从中受益?"载于《美国经济评论:论文和论文集》),98 (2008),79—80。

第九章　复古自由主义体制的胜利

2001年1月20日,乔治·W.布什宣誓就任总统,标志着政府分裂时期的终结。在2000年11月的选举中,共和党保持对国会两院的控制。尽管总统自己的选举过程颇为不寻常,他却开始牢牢掌握立法议程的主导权。布什总统明确将国内政策的首要任务定为利用20世纪90年代形成的预算盈余的一大部分来支持一项大规模减税计划。

在布什政府时期,有组织的反税收运动逐渐演变成国家政治的核心,而日益不平等的经济力量在塑造税收政策方面扮演着更为重要的角色。2001年,一种偏向于资本和复古自由主义相结合的政策开始实施,令人回想起20年前里根减税的情景。然而,布什政府并没有像里根在1982年那样倒退历史进程,也从未进行像里根在1986年那样试图扩大税基的改革。此外,布什政府对可自由支配的国内支出实施了更大幅度的削减,进一步强化了税收政策的累退效应。与此同时,为支持重大军事行动,布什没有选择增税,导致赤字规模空前,公共财政严重依赖对外借贷。这使得曾经强大的第二次世界大战时期的税收体制让位于一种应该被称为复古自由主义的新体制。

乔治·W.布什与2001年的减税政策

在竞选总统时,乔治·W.布什一直将减税视为其国内政策的核心。作为得克萨斯州州长,为了支持自己的总统竞选计划,他坚持抵制增加教育开支的呼吁,并将20亿美元的预算盈余转变为减税。这一举措使他成为共和党总统候选人中最积极的减税者。在共和党的党内初选中，他援引了自己在得克萨斯州的记录，成功击败了克里斯蒂·托德·惠特曼(Christie Todd Whitman)和史蒂夫·福布斯(Steve Forbes)。惠特曼作为新泽西州州长，其减税成就并不那么引人注目。而福布斯则一直主张用未被广泛理解的"单一税"替代累进所得税。①

布什在初选期间提出的具体提案包括三个基本组成部分，他计划在几年内逐步实施这些措施。据布什竞选团队估计，累计来看，这将为纳税人节省约1.3万亿美元。首先，他计划通过降低个人所得税的大部分税级的边际税率来实现这一目标。最低一级的边际税率将从15%下调至10%，而最高一级的边际税率将从39.6%降至33%。这些减税措施还包括降低夫妇所面对的税率，旨在削减所谓的婚姻惩罚(婚姻惩罚是国会在1969年制定的，作为家庭累进税体系的一部分，详见第6章，第160页)。据其竞选团队表示，总体而言，这部分减税将占据布什计划中一半以上的联邦收入损失。其次，占据布什减税计划成本10%左右的第二部分是将每个孩子的所得税抵免额翻倍，从500美元增加到1 000美元。最后，第三部分是彻底取消遗产税和赠与税。②

在提出如此大胆的减税计划时，布什试图重新振兴里根的政治魅力，就像他的父亲和鲍勃·多尔(Bob Dole)在竞选总统时曾尝试过的那样。与布什的父亲和多尔一样，布什自然而然地选择忽视了里根遗产中的增税方面。里根的成功以及乔治·H.W.布什因违背了他的"不会有新税"的承诺而受到的惩罚，使乔治·W.布什相信，在国内政策领域，大幅度减税是共和党人能够提出的最有效的竞选承诺。或许是感受到一种特殊的动力，想要弥补他父亲在政治上犯下的错误。不管怎样，布什和他的顾问们明白，新的预算盈余为他作为一个减税

---

① 有关布什在得克萨斯州的税收计划的发展历程，见詹姆斯·摩尔(James Moore)和韦恩·斯莱特(Wayne Slater)，*Bush's Brain*：*How Karl Rove Made George W. Bush Presidential*(《布什的大脑：卡尔·罗夫是如何让乔治·布什成为总统的》)(Hoboken.：John Wiley & Sons, 2003)，213－217，228－236，243－244。有关对布什的税收项目起源的解释，保罗·克鲁格曼强调了布什在1999年想要阻止来自史蒂夫·福布斯(Steve Forbes)的一个初期挑战的决心。见保罗·克鲁格曼，*The Great Unraveling：Losing Our Way in the New Century*(《大解体：在新世纪迷失方向》)(New York：W. W. Norton, 2003), 9, 78和92。摩尔和斯莱特同意，阻止福布斯对布什来说很重要，但他们同时也建议，布什早在1997年就有减税的兴趣，之后还与卡尔·罗夫(Karl Rove)和查尔斯·沃克(Charls Walker)就设计税收政策进行了咨询。

② 理查德·史蒂文森(Richard W. Stevenson)，"布什在艾奥瓦州的演讲中提议大范围的减税"，《纽约时报》，1999年12月1日。

者提供了机会,这是在面对巨额赤字时,即便是他的父亲和多尔都未曾拥有的。

在共和党初选期间,布什提出了减税的新论点,旨在将他所在政党的两个常常争论的派别联合起来:一个强调减税和放松管制,另一个更关注以反对堕胎为代表的文化议程。在他的联合呼吁中,他强调了减少婚姻惩罚、将儿童税收抵免额增加一倍以及废除遗产税等方面。他认为,这将增强美国家庭的力量。他坚持将遗产税描述为"死亡税",表示遗产税的渗透水平已经远超过美国最富有的2%的家庭的范围,从而威胁到大量小企业家将企业传给子女的能力。①

布什竞选团队在大选中将这些主题引入,但更加强调了里根时期的减税流行主义。尽管减税带来的大部分优惠将流向美国富人,但竞选策略家们期望通过强调税率的降低,唤起人们对里根全面减税提案的记忆,从而像里根当年一样赢得广泛的民众支持。在布什的首席媒体顾问凯伦·休斯(Karen Hughes)的指导下,布什沉着地表达他的减税计划是"减轻"而不是"削减"(这里"减轻"指布什将减税政策描述为一种减轻负担的措施,即通过减税来减轻美国人的税收负担。这样用词传达出了积极的政策效果,是一种宣传策略——译者注)。②

布什以里根为榜样,强调减税是一种有效的供给学派方法,可以刺激经济增长。在竞选期间,布什的首席经济顾问劳伦斯·林赛(Lawrence Lindsey)认为,里根的减税政策促使了工作努力程度的提升和收入的大幅增长,有助于维持20世纪80年代经济的扩张。③ 在2000年初,股市开始动荡,尤其是在

---

① 有关布什在选举中决定支持废除遗产税运动,见迈克尔·格雷茨(Michael J. Graetz)和伊恩·夏皮罗(Ian Shapiro),*Death by a Thousand Cuts*,*The Fight over Taxing Inherited Wealth*(《死后还要千刀万剐,关于遗产税的争辩与斗争》)(Princeton:Princeton University Press,2005),133—142。也见,艾萨克·马丁(Isaac Martin),*Rich People's Movements*:*Grassroots Campaigns to Untax the One Percent*(《富人运动:为收入前百分之一的人减税的来自基层的运动》)(Oxford:Oxford University Press,2013),182—194。

② 大卫·弗鲁姆(David Frum),*The Right Man*:*The Surprise Presidency of George W. Bush*(《合适的人选:乔治·布什出人意料地当选总统》)(New York:Random House,2003),38。

③ 有关林赛对这个问题的研究,见劳伦斯·林赛(Lawrence Lindsey),"Individual Taxpayer Response to Tax Cuts 1982—84,with Implications for the Revenue-Maximizing Tax Rate,"*Journal of Public Economics*("个体纳税人对1982—1984年间减税的回应,以及对最大化收入税率的启示",载于《公共经济学杂志》)。

经济增长在2000年下半年放缓之后,减税对供给学派的吸引力对布什来说变得更为显著。也许他是在汲取父亲当总统时的另一教训:不要过于依赖艾伦·格林斯潘和美联储在刺激经济方面有足够的活力。

然而,与里根形成鲜明对比的是,布什经常明确强调减税将迫使未来的国会减缓联邦政府规模的增长速度。布什的经济演讲稿作者大卫·弗鲁姆(David Frum)回忆说,在竞选期间,他经常引用祖母的话:"我知道,如果你把饼干拿出来放在盘子里,它们总是会被吃掉。"[①]布什认为,在接下来的几年里逐步实施减税是一种特别有吸引力的手段,可以迫使国会找到方法减缓甚至逆转社会保障和医疗这两大福利开支的不断增加。同时,布什提议通过为社会保障税建立个人账户来"私有化"社会保障。言下之意,他提议将该系统转变为一个养老金固定缴款项目(defined contribution program),而不是一个养老金固定收益计划(defined benefit program)(养老金固定收益计划指员工在退休时能获得的养老金由他的工龄、工资水平等因素来决定。但随着人口老龄化、生育水平下降等因素,这种方案难以持续。因此,养老金固定缴款计划指员工和/或雇主定期缴纳一定的金额至员工个人账户中,而具体退休后能领取的金额取决于缴款的总额以及这些金额的投资收益——译者注)。

对于布什减税计划的回应,民主党竞争者、副总统小阿尔伯特·戈尔(Albert Gore Jr.)尖锐地批评布什过于强调对富人的减税。戈尔抨击了布什的社会保障概念,挑战了将其私有化的想法。他认为,布什没有证明在私有化下,他将如何为"二战"后婴儿潮期间出生的美国人的退休提供资金保障。即使布什能够改革社会保障制度,"婴儿潮一代"的人们也会在21世纪的第一个十年开始大量退休,而他们没有在此之前在私人账户中积累足够的储蓄。从一开始,社会保障的目的就是用下一代人的税收来资助上一代人。戈尔认为,布什的改革将打破这一一直被遵守的社会契约。相反,戈尔提议将未来社会福利保障所需的部分盈余资金投入一个"锁盒"(lock-box)中。戈尔愿意考虑减税,但前提是确保社会保障体系的偿付能力。布什指责戈尔的数学"一塌糊涂",但民意调查显示

---

① 大卫·弗鲁姆(David Frum),*The Right Man*(《合适的人选》),33。

第九章 复古自由主义体制的胜利

戈尔在他们的第一次辩论中占了上风,而这次辩论的焦点正是财政议题。①

戈尔在11月的普选中获胜,因此,布什不能将他的最终当选解释为代表减税或改革社会保障制度的民意授权。此外,2001年年初的民意调查显示,美国人民并没有受到减税承诺的鼓舞。在盖洛普民意调查(Gallup Poll)中,大多数美国人将偿还政府债务和维持社会各项福利开支看作比减税更重要的优先事项。② 然而,布什政府也注意到民调显示,大多数美国人表示他们喜欢减税。政府认为,减税的受欢迎程度将远远超出共和党的坚定支持者们所预想的。无论如何,共和党保留了对众议院和参议院的控制权。布什总统就职后,政府将减税计划作为最高优先事项,并按照竞选提案的思路进行了部署。布什向国会提交了他的减税提案,其中写着凯伦·休斯(Karen Hughes)的话:"有人说我的税收计划太大了,其他人说它太小了。我对此尊敬地表示异议。计划刚刚好。"③

对于布什税收计划的批评主要聚焦在减税所带来的收益分配上。由于最富有的美国人负担了几乎全部的遗产税,有关减税利益分配的估算显示,绝大部分减税的好处将流向富裕阶层。微软创始人比尔·盖茨之父老威廉·H.盖茨(William H. Gates Sr.)谴责取消遗产税,称其是取消被进步人士视为"对大规模财富和权力集中的民主制约"的决策。他强烈指责称,"今天"废除遗产税将"进一步扩大在经济和政治影响方面富人与美国其他阶层之间不断拉大的鸿沟"。④

2001年3月,随着经济衰退的来临,布什迅速加快了他的竞选步伐。他

---

① 关于布什和戈尔的选举竞赛,见布卢门撒尔(Blumenthal),*Clinton Wars*(《克林顿战争》),700—772。关于戈尔在克林顿政府任职期间对社会保障制度的立场,见迈克尔·沃尔德曼(Michael Waldman),*Potus Speaks*:*Finding the Words that Defined the Clinton Presidency*(《美国总统说:寻找定义克林顿总统任期的词语》)(New York:Simon & Schuster,2000),192—193。

② "公众对减税有一种复杂的情感",盖洛普民意调查,2001年1月24日,www.gallup.com/subscription/? m=f&c_id=9891(最后访问日期:2003年9月15日)。

③ 大卫·弗鲁姆(David Frum),*The Right Man*(《合适的人选》),50。有关布什政府说服选民接受这一大小和利益分配都缺乏群众支持的减税方案的战术,见雅各布·哈克(Jacob S. Hacker)和保罗·皮尔森(Paul Pierson)的 *Off Center*:*The Republican Revolution and the Erosion of American Democracy*(《偏离中心:共和革命与美国民主的侵蚀》)(New Haven:Yale University Press,2006),尤其是45—70页的部分。

④ 威廉·盖茨(William H. Gates Sr.),"遗产税:危急关头",《华盛顿邮报》,2001年2月16日。

联邦税史

开始强调他的税收计划是财政刺激的"滴入式效应"的一个典型案例["滴入式效应"("trickle-down")指通过减税和其他政策来促进富人的财富增长和投资,从而最终使经济增长的效益"滴入"到更广泛的中低收入人群中去。该理论假设富人的财富增长将激励更多的投资和经济活动,创造更多就业岗位——译者注]。在蒙大拿州比林斯(Billings)市的一次演讲中,他向当地听众表示:"我们希望您有更多的现金流,以便在经济增长放缓时用于扩大业务。我们希望您口袋里有更多的钱,这样您就能在这片伟大的美国土地上继续雇佣更多辛勤工作的人。"①然而,一些民主党人对此提出了异议,认为减税对低迷的经济毫无作用。他们反对用供给学派的逻辑进行减税,而支持需求学派的凯恩斯主义观点,即贫困人口应该获得更大比例的减税。他们认为在经济衰退期间,贫困人群遭受的损失更大,更有可能花掉他们从减税中得到的钱,从而更直接地刺激对商品和服务的需求。

其他民主党人,甚至包括参议院预算委员会的一些关键成员在内的共和党人,都不愿意在支持布什有关大幅减税的理论依据上表态。他们担心减税可能导致国家在长期内无法获得稳定的收入来源。为了支持这一立场,他们动员了一些经济学家,其中包括保罗·克鲁格曼(Paul Krugman)。在克鲁格曼为《纽约时报》撰写的专栏文章中,他对税收计划提出了尖锐的批评。他对布什声称美国能够负担得起减税的说法提出了质疑。克鲁格曼指出,布什低估了政府可自由支配开支的未来增长幅度,没有详细透露他在竞选期间提议的如何为老年人可报销药物清单提供资金支持。此外,克鲁格曼认为,布什将不得不动用从社会保障税中积累起来的联邦医疗保险资金的盈余,来为婴儿潮一代的人们的退休福利提供资金。简而言之,根据布什的税收计划,美国只有放弃对即将退休的一代美国人的承诺,才能避免回到长期赤字、高利率和通胀压力的时代。②

在国会议员大部分为共和党人的情况下,民主党对布什的税收计划的批评在政坛中得到较少的支持。实际上,对经济衰退的担忧促使更多的民主党

---

① 大卫·弗鲁姆(David Frum),*The Right Man*(《合适的人选》),58。
② 有关克鲁格曼的批评,见保罗·克鲁格曼,*Fuzzy Math*:*The Essential Guide to the Bush Tax Plan*(《模糊数学:布什税收计划的基本指南》)(New York:W. W. Norton,2001)。

人支持该税收计划,尽管他们更希望为中产阶级和美国穷人提供更大幅度的减税。因此,在就职不到三个月后,布什得以在没有任何重大修改的情况下通过了他的减税计划。在6月,总统签署了与他在初选和大选中竞选政纲非常相似的条款,即《2001年经济增长和税收减免法案》(the Economic Growth and Tax Relief Reconciliation Act of 2001)。该法案分阶段实施了税率下降,将所得税最低一档税率下调至10%,最高一档税率下调至35%,并降低了婚姻惩罚(分五年)。该法案将对儿童的税收抵免增加了一倍,并增加了对儿童照顾费用的抵免额。它规定遗产税逐年降低,并在2010年完全取消。该法案还包括扩大对退休储蓄的激励、增加大学教育费用的税收抵免额等内容,这些都是布什在竞选中提出的政策。其中最引人注目的变化之一是来自参议院的预算规定,该规定旨在防止十年后税收收入的流失。由于这项规定,遗产税将从2011年起自动恢复至原来的水平。尽管布什政府更倾向于永久性的减税,但他们与民主党的批评者们一致认为,在2010年,或者更早的时候,国会就会感受到永久减税带来的巨大资金压力。[①]

  从第二次世界大战以来的减税历史来看,布什的减税规模似乎并不大。在2001年,经济学家尤金·斯图尔勒(Eugene Steuerle)估计,如果"全面实施"2001年通过的减税规定,每年的花费大约在国内生产总值(GDP)的1.5%左右。相比之下,斯图尔勒估计,里根的减税政策如果全面实施,每年将花费GDP的4%左右。因此,即使在2001年的减税措施的影响下,到2010年,联邦财政收入预计将接近国内生产总值的20%,远高于20世纪80年代末和90年代初的平均18%的水平。废除遗产税肯定会进一步加剧美国的收入和财产的集中度。然而,斯图尔勒认为,其余的减税政策不会改变收入分配的现状。虽然这项法案降低了最高边际税率,但降低后的税率仍高于1986年的水平。由于新创立的10%的边际税率,以及儿童税收抵免额的增加,许多低收入家庭实际上由于该法案而改善了他们的经济状况,降低了实际税负。一项研究估计,在全面实施减税措施后,每年可以为一户在贫困线或贫困线附近的

---

① 大卫·桑格(David E. Sanger),"总统的签字让大规模的减税和竞选时的承诺变成了法律",《纽约时报》,2001年6月8日。

家庭节省超过1 700美元。①

然而,尽管2001年的减税规模小于1981年,这并不意味着布什的野心比里根小。事实上,布什政府的减税和资本重组目标可能比里根政府更为激进。然而,也许是出于对1981年里根政府大规模减税后遭到迅速抵制和反对的担忧,布什政府采取了更为谨慎、渐进的政治策略。

税收、战争和权利

在2001年减税法案通过后,布什政府和国会共和党人期望进一步减税。他们计划削减资本利得税,并提供企业税收减免。与2001年的减税措施不同,当时没有包括任何类似于投资税收抵免(这是1981年里根政府经济复苏法案的核心要点)的条款,因此商界的游说人士希望在下一轮减税中能够获得更多优惠。②

除了为企业和富人提供好处,布什还计划加大2001年减税政策对可自由支配支出的压力,至少在潜在层面上对社会保障和医疗保险资金造成影响。在2001年8月,布什宣布,他认为财政盈余的消失是"令人难以置信的积极消息"。他期望通过为国会制定一项"财政紧身衣"来阻止政府规模的扩大。同时,他提议动用社会保障基金来刺激疲软的经济。"我已经说过,我们应该使用社会保障基金的唯一原因是在经济衰退或战争的情况下。"③

政府还在考虑另一个项目,即将减税纳入一个全面的税收改革计划中。如果能够实施这样的改革,可能是一种让企业和富裕美国人进一步减税,同时公众能够接受的有效手段。据《纽约时报》报道,截至2001年夏天,布什政府正在

---

① 尤金·斯图尔勒(Eugene Steuerle),"The 2001 Tax Legislation from a Long-Term Perspective," *National Tax Journal*("从长远角度分析2001年税收法案",载于《国家税收杂志》),44(September 2001),427—430。另见伦·伯曼(Len Burman)、伊莱恩·马格(Elaine Maag),和杰夫·罗哈利(Jeff Rohaly),"2001年减税法案对中低收入家庭和儿童的影响",城市研究所,2002年4月29日(www.urban.org./url.cfrm? ID=410465;最后访问日期是2003年9月12日)。

② 罗宾·透纳(Robin Toner),"权力的制衡:后果;布什的计划在国会中遇到困境",《纽约时报》,2001年5月25日。

③ 大卫·桑格(David E. Sanger),"总统认为,不断缩小的盈余可以抑制国会",《纽约时报》,2001年8月25日。

研究根据"更公平、更平滑、更简单"的原则进行税收改革的可能性。政府正在考虑的一种方式是对现有的累进税率进行简化,可能会按照1986年税收改革法案的蓝图进行。在简化的问题上,财政部长保罗·奥尼尔(Paul O'Neill)将税法条文描述为"9 500页的废话"。然而,他和布什团队的其他成员正在讨论征收单一税率或转向消费税的可能性。当然,这些都是替代累进所得税的几种选择。

抨击累进所得税的财政改革者们仍然分为两派:单一税率的所得税和消费税。7月,曾担任国家经济委员会主任和总统经济政策助理的劳伦斯·林赛(Lawrence Lindsey)承认,在弥合这一裂痕方面没有取得任何进展。在政府、国会、智囊团、学术界或媒体中,并没有形成任何关于改革基本方向的一致意见或共识。林赛承认:"事实是,在推进基本税收改革[基本税收改革(fundamental tax reform)指对税收体系进行根本性的改革——译者注]之前,需要达成广泛的共识。"这需要时间,他说,但"这并不意味着你不应该启动这个进程"。白宫认为,这一进程已经启动,但支持哪种改革方式还不明确。经济顾问委员会(Council of Economic Advisors)主席R. 格伦·哈伯德(R. Glenn Hubbard)说:"我们正在考虑每种改革选择的优点,每种方法都有很多优点。"① 与此同时,布什政府成立了一个社会保障委员会(Social Security Commission),该委员会正在研究"私有化"社保体系的方法。②

有四件令人惊讶甚至震惊的事件发生,使得布什政府为减税、税制改革和福利改革所制订的任何计划都变得复杂起来。第一,在2001年4月,佛蒙特州参议员詹姆斯·杰福兹(James Jeffords)从共和党阵营叛变,迫使参议院进行重组,导致民主党占参议院的多数席位。现在,布什将不得不赢得参议院民主党领导层对任何重大减税法案的支持。

第二,从3月份开始的经济衰退持续了大约一年,增加的赤字超出了2001年减税计划的预期。经济衰退减少了所有收入阶层的税收收入,同时,股票市场价格的崩溃减少了富人缴纳的税款,最重要的是对资本利得征收的税款。此外,股票市

---

① 理查德·史蒂文森(Richard W. Stevenson),"在获得减税政策通过后,布什瞄准了税法改革",《纽约时报》,2001年7月16日。
② 理查德·史蒂文森(Richard W. Stevenson),"总统将任命一个社会保障计划委员会",《纽约时报》,2001年5月2日。

场的崩溃使人们怀疑在社会保障体系内设立个人退休账户是否是明智的。①

第三,2001年9月11日的恐怖袭击引起了国家和政府对国际恐怖主义发动战争的关注。此时此刻,在政府内部寻找能量来制订一项税收改革计划,以及在政府之外就该计划的实施达成共识就更加困难了。更重要的是,对袭击做出反应的军事行动将进一步增加赤字,这将阻碍新的减税措施的实施。

第四,2001年12月,安然公司突然宣布破产。正如布什的演讲稿撰写人弗鲁姆(Frum)回忆的那样,这个消息"像一个家庭内部突然有人去世一样袭击了布什总统的白宫"。不仅"安然对于得克萨斯州就像微软对于华盛顿州一样",而且"大部分关于安然的报道都暗示布什团队参与了安然公司的破产,或者至少从安然公司的欺诈中获益"。② 无论事情的真相如何,由于安然公司的倒闭和其他公司的会计丑闻接连爆发,布什团队现在必须小心行事,谨慎提出新的为企业和富人提供特殊优惠的减税措施和税收改革。

尽管存在这些复杂因素,布什政府将社会保障改革放在了次要位置,而仍然把重点放在减税和税收改革上。一个很大的原因是经济疲软。一方面,他前面有他父亲的榜样。在海湾战争时期极高的总统支持率随着经济衰退的到来而消失了。小布什和他的经济顾问们很可能相信,减税可以在短期内促进经济复苏。另一方面,他可能在经济衰退的问题上看到了一个机会:在寻求财政刺激的掩护下为富人减税和进行相关的税收改革。

在10月,布什呼吁将减税作为经济刺激方案中的核心部分,这一方案既包括凯恩斯主义又包括供给学派的逻辑。在凯恩斯主义风格下,他试图加速2001年的所得税税率削减。在供给学派的风格下,他主张提高企业投资的折旧率,取消企业的替代性最低税(Alternative Minimum Tax, AMT)制度。

布什开始与参议院多数党领袖、来自北达科他州的民主党议员汤姆·达

---

① 2001年12月委员会报告了进展,但未能确定一个大家都同意的在社会保障系统内建立个人投资账户的计划。股票市场的崩溃可能导致了委员会内部意见的分裂。无论如何,正如白宫发言人阿里·弗莱舍(Ari Fleischer)所解释的那样,"鉴于我们现在面临经济衰退和战争这一事实",社会保障体系改革的优先程度较低。理查德·史蒂文森(Richard W. Stevenson),"布什小组针对社会保障体系改革提出了三套方案",《纽约时报》,2001年11月30日;和理查德·史蒂文森(Richard W. Stevenson),"社会保障小组提出了几个方案供选择,但没有达成一致意见",《纽约时报》,2001年12月11日。

② 大卫·弗鲁姆(David Frum),*The Right Man*(《合适的人选》),220。

施勒(Tom Daschle)进行协商,但两人很快就发生了冲突。达施勒建议国会取消2001年的减税政策,并且,在2002年1月初,他指责布什造成了"我们国家历史上最严重的财政状况恶化"。布什十分倔强;他非常激动,以至于在那个星期晚些时候,他在一次广播发言中脱离了演讲稿,做出了一番远远超过了他父亲的"请仔细看着我的嘴"的声明,表示:"除非我死了,不然不会增税。"这是布什在全国听众面前做出的承诺。他还进一步向达施勒挑战,声称自己在参议院有足够的票数可以使2001年的减税方案永久化。①

然而,最后布什还是决定妥协,以换取达施勒和其他民主党领导人在反恐和入侵阿富汗事宜上的合作。布什继续要求加速折旧和永久减税,但是在3月,他和参议院领导层就一项温和的经济刺激法案达成了协议,该法案包含了凯恩斯主义的需求侧经济学和资本青睐的供给学派元素。该法案延长了失业救济金,为曼哈顿下城的重建提供了税收激励,并为企业提供了新的折旧优惠。②

布什的退让被证明只是策略上的。在他签署刺激法案后的一周多一点,他呼吁进行第三批减税。其中包括两个关键条款:第一,增加小规模企业在计算应纳税所得额时可以扣除的投资额;第二,永久废除遗产税。布什对外宣传说,这两条都是用来帮助小规模企业的。在4月15日个人所得税报税截止日,他提高了筹码,在政府内要求通过一项将2001年减税永久化的法案。众议院的共和党人用通过永久废除遗产税的法案进行回应。然而,在参议院内,有6位当初投票支持2001年减税法案的民主党议员阻止了众议院提案的通过。参议院失利要归因于一些美国最富有的人[包括比尔·盖茨、沃伦·巴菲特、乔治·索罗斯(George Soros)和泰德·特纳(Ted Turner)等]的游说。他

---

① 理查德·史蒂文森(Richard W. Stevenson),"一项全国挑战:经济;布什想要更多的减税来帮助重振经济",《纽约时报》,2001年10月6日;以及理查德·史蒂文森(Richard W. Stevenson),"刺激计划的前景取决于布什对减税的需求大小",《纽约时报》,2001年12月13日。有关布什与达施勒(Daschle)之间的摩擦冲突,见大卫·弗鲁姆(David Frum),*The Right Man*(《合适的人选》),203—204,219,274。

② 理查德·史蒂文森(Richard W. Stevenson),"参议院同意了经济刺激法案",《纽约时报》,2002年3月9日。

们组成了一个称作"有责任心的富人"的组织来保护遗产税。①

与此同时，由经济顾问委员会（CEA）和财政部领导的政府启动了一项审查，审查了《与美国签约》支持者提出的改革选项。在2002年2月发布的报告中，CEA强调"我们必须调查税制改革的多个选项"。在随后的分析研究中，财政部长奥尼尔反复强调："我们当前的税法令人讨厌。"他向商业团体表示，税法"损害了我们的竞争力"。奥尼尔强烈批评企业所得税法，经常抱怨税法的"不可思议的复杂性"。然而，在公开场合，他对布什政府改革计划的可能形式仍含糊其词。到了2002年11月，他告诉英国《金融时报》，政府"在过去一年的大部分时间里一直在研究改革，分类整理了过去10年或20年来提出的所有有关如何重建税法体系的想法"。总统将"在适当的时候……决定他想要做什么"。奥尼尔补充称，税收简化是他认为最优先的事项，他认为最有可能的改革是那些"争议最少且成本不高"的改革。然而，《纽约时报》的记者们认为，一项更为震撼而宏大的改革可能正在酝酿之中：用某种税基广泛的消费税替代当前的累进制所得税。

作为税收改革研究的一环，布什政府考虑了允许个人将股息红利从应纳税额中扣除的构想，这引起了包括林赛（Lindsey）和哈伯德（Hubbard）在内的众多经济学家的关注。这一构想的吸引力在于，个人所得税下的股息红利税和公司所得税下的利润（股息红利的来源）税似乎存在双重征税。在乔治·H. W. 布什（George H. W. Bush）政府时期，林赛和哈伯德曾推动废除股息红利税，因为他们认为这种双重征税既不公平又效率低下，也是企业过度举债的诱因。尽管里根和布什政府都对废除股息红利税感兴趣，但却不愿为此削减开支。其他经济学家，包括股票经纪人查尔斯·施瓦布（Charles Schwab）和电视评论员劳伦斯·库德洛（Lawrence Kudlow）（据报道曾是里根政府的经济顾问，与副总统迪克·切尼（Dick Cheney）关系密切），将目光投向了华尔街。他们积极向资本家

---

① 大卫·桑格（David E. Sanger），"布什复兴了减税计划，为企业提供帮助"，《纽约时报》，2002年3月19日；大卫·桑格（David E. Sanger），"布什施压以求永久降低税率"，《纽约时报》，2002年4月16日；卡尔·赫尔斯（Carl Hulse），"为废除遗产税所做的努力以在参议院的惨败而结束"，《纽约时报》，2002年6月13日；以及卡尔·赫尔斯（Carl Hulse），"遗产税之战：两个规范组织的游说团体如何付诸实施"，《纽约时报》，2002年6月14日。

宣传削减股息红利税是刺激低迷股市的一种有效方式。①

快到总统颁布2004财年政府预算以及经济顾问委员会发布年报的时候,一些企业领导人和复古自由主义改革者们开始倡导,一方面为最富有的美国人提供额外的减税,另一方面则对相对较不富裕的人加税。11月,一篇题为"不纳税阶层"的社论在《华尔街日报》上发表,指出最富有的美国人负担了大部分个人所得税。该社论指出,2000年,最富有的5%纳税人贡献了所得税收入的56%(高于1986年的42%),而最富有的50%纳税人则贡献了所得税收入的96%(高于1986年的93%)。与此相比,底层50%纳税人仅贡献了所得税收入的4%(低于1986年的7%)。然而,该社论没有指出在过去几十年中,收入也更加集中在顶层人群。

社论同时警告不要对穷人增加税收优惠,例如那些被称为"幸运鸭"(用社论作者的说法)的1 650万人,他们受益于扩大了个人免税额和标准扣除额,并通过引入一系列针对某些选民群体的税收抵免政策,如儿童抚养和教育等。《华尔街日报》社论宣称:"这个复杂的累进系统和有针对性的奖励体系正在造就一个由两种不同的纳税阶层组成的国家;那些缴纳大量税款的人和那些几乎不缴税的人。"其结果是,"随着越来越少的人负责缴纳越来越多的税,减税(更不用说税收改革)的支持者会逐渐减少"。②

政府的报告很快就呼应了《华尔街日报》的分析。12月,财政部负责立法事务的助理副部长J. T. 杨(J. T. Young)在《华盛顿时报》上写道:"高收入者无法负担长期维持自由主义派人士日益昂贵的政府福利保障支出计划所需的税收收入水平。"他宣称,这是"阶级斗争的结果"。当月晚些时候,在美国企业研究所(American Enterprise Institute)的一个税务论坛上,哈伯德发出了同样的共鸣,尽管他的语气更为温和:"对高收入家庭征税的日益依赖,以及针对低收入人群的福利优惠

---

① 2002年总统经济报告,以及经济顾问委员会年度报告(华盛顿DC:美国政府出版办公室,2002),第一章;大卫·桑格(David E. Sanger),"布什施压以求永久降低税率",《纽约时报》,2002年4月16日;理查德·史蒂文森(Richard W. Stevenson),"重建税法的冲动",《纽约时报》,2002年11月24日;伊丽莎白·布米勒(Elisabeth Bumiller),"布什和经济:计划的起源;培育自从里根政府之后的减税想法",《纽约时报》,2003年1月7日。

② "新的不纳税阶级",《华尔街日报》,2002年11月20日,2003年1月20日再版。

政策,"他说,"阻碍我们达到一个更简单、更统一的税率体系。"①

在11月份的某个时候,布什政府决定推出第二轮重大减税措施。这一决定可能是在11月5日的中期选举之后做出的,这次选举的结果为新的减税方案的通过提供了有利条件。共和党在参议院重新获得多数席位,在众议院也增加了6个席位。唯一可能的障碍是入侵和占领伊拉克的潜在代价。10月初,参众两院通过了一项联合决议,授权使用武力"保卫美国的国家安全不受伊拉克带来的持续威胁",同时在政府内部积极推进入侵计划。

然而,在经济团队中,两位主要参与者,即经济顾问委员会主席林赛和财政部长奥尼尔,威胁要破坏减税计划,原因是他们对在伊拉克的费用表示担忧。在9月份,林赛曾公开表示,伊拉克战争的成本可能接近2 000亿美元。②管理和预算办公室(the Office of Management and Budget)主任米切尔·丹尼尔斯(Mitchell Daniels)立即发表言论,指出这一估计过高。他提出以海湾战争作为参考,称后者的花费约为800亿美元(以当前美元价格计算),而且80%的费用由美国的盟友承担。③政府对林赛的观点持反对态度。在接下来的几个月里,国防部长丹尼尔·拉姆斯菲尔德(Daniel Rumsfeld)及其助手保罗·沃尔福威茨(Paul Wolfowitz)表达了对米切尔·丹尼尔斯(Mitchell Daniels)观点的支持,认为石油收入和外国赞助能够支付大部分战争行动的经费。④然而,在同年9月,奥尼尔在一次与总统和其他主要经济顾问的会议中表示:"我们在伊拉克可能会付出惨重的代价。"他进一步表示:"如果你现在开始推动第二个大规模的经济刺激计划,你可能会把钱花光……现在是需要你防患于未然的时候了。"两个月后,即11月15日,在选举以及关于税收改革和

---

① J.T.杨(J. T. Young),"阶级斗争的界限",《华盛顿时报》,2002年12月3日;乔纳森·韦斯曼(Jonathan Weisman),"新的税收计划可能会转移税负",《华盛顿邮报》,2002年12月16日。
② 鲍勃·戴维斯(Bob Davis),"布什的经济助手称伊拉克战争最多花费1 000亿美元",《华尔街日报》2002年9月16日;以及伊丽莎白·布米勒(Elisabeth Bumiller),"在谈论战争开支的过程中,布什督促财政收紧",《纽约时报》,2002年9月17日。
③ 理查德·史蒂文森(Richard W. Stevenson)和大卫·莱昂哈特(David Leonhardt),"最大的障碍:不确定性",《纽约时报》,2002年9月22日。
④ 约瑟夫·斯蒂格利茨(Joseph E. Stiglitz)和琳达·比尔姆斯(Linda J. Bilmes),*The Three Trillion Dollar War*: *The True Cost of the Iraq Conflict*(《三万亿美元战争:伊拉克冲突的真正代价》)(New York:Norton,2008),7—9。

伊拉克事务的持续运动之后，奥尼尔在另一次与经济顾问团的会议上告诉副总统迪克·切尼(Dick Cheney)，他们正在走向"财政危机。"当奥尼尔谈到"不断增长的赤字对我们的经济和财政基础意味着什么"时，切尼打断他说："里根证明了赤字根本不足为虑。"在奥尼尔目瞪口呆的震惊中，切尼补充说："我们赢得了中期选举，这是我们应得的奖励。"三周后，他向奥尼尔宣布："总统已经决定在经济团队中做一些人员调整，包括你。"于是，2002年12月6日，奥尼尔和林赛共同提出了辞职。①

在12月底的一次采访中，管理和预算办公室(the Office of Management and Budget)主任米切尔·丹尼尔斯(Mitchell Daniels)认为，伊拉克战争的代价可能在500亿至600亿美元之间。他解释说："这只是谨慎严密的估计，"并补充说："目前战争还没有开始。"采访者报告说，丹尼尔斯"拒绝解释预算官员们是如何算出500亿美元到600亿美元的战争成本区间的，或者为什么（以当前美元计算）这个数字低于1991年持续了43天的海湾战争。"②

在2003年1月初，布什政府提出了一个具有轰动性的一揽子减税计划，其幅度超出了民主党人和共和党人的预期。布什再次要求国会加速实施2001年的减税计划。然而，不仅如此，他还敦促采取一系列带有供给学派观点的大幅减税措施。这些措施将使国家废除对投资收入和积累财富所征收的所有税收。这不仅包括永久废除遗产税，而且还允许个人将股息红利收入排除在应纳税所得之外，并给与每年价值6万美元的免税储蓄账户投资额度。所得税规模将保持不变，但它将主要适用于工资、薪金和租金。经过一些额外的调整，个人所得税可能在事实上将成为一种消费税。随着白宫推进这些建议，它表示仍然倾向于将私人投资账户作为社会保障体系的一个重要组成部分。政府推迟了对社会保障进行全面彻底的改革；它决定以渐进的方式进行

---

① 奥尼尔和切尼的语录来自罗恩·萨斯金德(Ron Suskind)，依据一次对奥尼尔的采访和他提供的其他资料。萨斯金德告诉读者，他让奥尼尔"通读一遍文稿以找出存在的所有错误"，以及奥尼尔找出并更正了那些错误。罗恩·萨斯金德(Ron Suskind)，*The Price of Loyalty: George W. Bush, the White House, and the Education of Paul O'Neill*（《忠诚的代价：乔治·W. 布什、白宫和保罗·奥尼尔的教育》）(纽约：Simon & Schuster, 2004), 278—317。语录选自页码：ix, 284, 291, 和 309。

② 伊丽莎白·布米勒(Elisabeth Bumiller)，"威胁和应对：成本；白宫对伊拉克战争花费的预算降低"，《纽约时报》，2002年12月31日。

社会保障改革,并以税收改革作为掩护。①

布什政府估计,新的减税措施将使联邦政府在未来十年内损失约7 260亿美元。一些复古自由主义者很快宣布,他们欢迎这一成本将产生的赤字。经济学家米尔顿·弗里德曼(Milton Friedman)在《华尔街日报》上写道,"有一条也是唯一一条"削减"政府规模"的方法。弗里德曼说,那就是"父母控制挥霍无度的孩子的方式,削减他们的零花钱"。他不知道削减补贴是否会在短期内刺激经济,但他相信,"大幅度减税将是朝着我相信大多数美国公民都希望的更小规模政府这一目标所迈出的关键一步"。②

在2月初,哈伯德采纳了弗里德曼的观点,声称赤字的目标是为了缩小政府规模。在2月颁布的总统年度经济报告中,哈伯德领导的经济顾问委员会明确了总统在进行税收改革时的相关背景。在评估各种所得税改革方案之前,委员会宣布:"财政政策的一个重要目标是通过限制联邦政府占国民生产总值的份额来促进经济增长。"然而,在报告中并未比较美国与世界其他地区的税负水平。如果进行比较,他们将发现,截至2000年,OECD的30个国家中,美国在税收收入占国内生产总值的比例这一指标上低于除了日本、韩国和墨西哥以外的任何其他国家。联邦、州和地方政府税收收入占美国GDP的比例为29.6%。日本和韩国的这一数字稍低(分别为27.1%和26.1%),而墨西哥的数据则低得多(18.5%)。OECD所有成员国的平均值(未加权)为37.4%,其中欧洲OECD成员国的平均数为39.5%。③

由众议院中大约70名最具有复古自由主义思想的众议院成员所组成的共和党研究委员会立即发声,表示他们同意弗里德曼和哈伯德的观点。该委

---

① 理查德·史蒂文森(Richard W. Stevenson),"政治与经济:总览;布什揭示减税和刺激经济的计划",《纽约时报》,2003年1月8日。

② 米尔顿·弗里德曼(Milton Friedman),"每一个美国人想要什么",《华尔街日报》,2003年1月19日。有可能"挥霍无度的孩子"(the spendthrift child)一开始是弗里德曼使用的比喻修辞,里根借用了它。

③ 总统经济报告及2003年经济顾问委员会年度报告(*The Economic Report of the President together with the Annual Report of the Council of Economic Advisers* 2003)(Washington D. C.: U. S. Government Printing Office, 2003),导言和第五章"蓬勃发展的经济体所适用的税收政策";以及OECD,"OECD报告指出,许多国家的税负水平正在下降",表格 A,2002年10月10日,www.oecd.org/documentprint/0,2774,en_2649_37427_1062312_1_1_1_37427,00.html(最后访问日期:2003年9月16日)。有关1987年跨国比较的相关内容,见附录,表 A.5。

员会主席、来自北卡罗来纳州的苏·迈里克(Sue Myrick)表示:"任何能帮助我们停止花钱的东西,我都赞成。"预算工作组主席、来自宾夕法尼亚州的帕特里克·图米(Patrick J. Toomey)否认了更高赤字可能推高利率的可能性,并宣称:"有更好的理由证明赤字将迫使公共支出减少。"①

按照这种逻辑,那些支持"饿死这只野兽"["饿死这只野兽"(starve-the-beast)是一个比喻,指通过减少税收收入,从而迫使政府支出更节俭。这可以导致政府规模的缩减——译者注]战略的人应该会在3月份感到高兴:3月时,国会预算办公室主任以及(截至2月底之前都担任)经济顾问委员会首席经济学家的道格拉斯·霍尔茨—埃金(Douglas J. Holtz-Eakin)估计,成本可能在2.7万亿美元左右。他还建议,为了在未来十年内为这些减税提供资金,联邦政府可能不得不将债务增加一倍。然而,与大多数众议院共和党人不同,他认识到这样做的风险,担心新债务可能挤出企业投资。一个由两党成员组成的特别小组,包括美联储前主席保罗·沃尔克(Paul Volcker)和前财政部长罗伯特·鲁宾(Robert Rubin)在内,发表了更尖锐的批评。他们指出,如果联邦政府不仅减税,还提供医保的处方药福利并调整AMT,联邦债务水平将进一步上升。他们警告称,由于社会保障和医疗保险的"毫无根据的福利承诺",这种情况将"在财政形势变得艰难之前"发生。他们还拒绝了供给侧分析,并呼吁"除了那些可能立即提供财政刺激的减税措施外,不要有新的减税措施了"。②

布什的方案很快在众议院获得通过,但在参议院陷入僵局。参议员中的民主党人普遍愿意接受一些减税措施,但他们希望通过减税将资金注入美国中产阶级,以凯恩斯主义的方式刺激经济复苏。在2002年的选举中,民主党以微弱劣势失去了对参议院的控制,但他们现在与少数共和党人结成盟友,其中包括曾在参议院财政委员会任职的、来自缅因州的奥林匹亚·斯诺(Olym-

---

① 大卫·费尔斯通(David Firestone),"华盛顿讲话:保守主义者现在将赤字视为反对开支的一项工具",《纽约时报》,2003年2月11日。
② 丹尼尔·奥特曼(Daniel Altman),"我们所熟知的税收的终结",《纽约时报》,2003年3月30日;鲍勃·克里(Bob Kerrey)、山姆·纳恩(Sam Nunn)、彼得·彼得森(Peter G. Peterson)、罗伯特·鲁宾(Robert E. Rubin)、沃伦·鲁德曼(Warren B. Rudman),以及保罗·沃尔克(Paul Volcker),"不再有新的减税",《纽约时报》,2003年4月9日。

pia J. Snowe)和来自俄亥俄州的乔治·沃伊诺维奇(George V. Voinovich)。这些共和党人很难接受国会预算办公室的估计数字,而且与民主党一样,他们确信,从3月份开始的伊拉克战争和重建将把赤字推得更高。这一两党联盟并不完全同意约翰·斯诺(John W. Snow)(他接替奥尼尔成为新的财政部长)的想法。斯诺告诉众议院筹款委员会(the House Ways and Means Committee):"我们负担得起这场战争,我们将把它抛在脑后。"这个两党联盟或许意识到,在美国历史上,政府第一次动员全国发动一场大规模战争,同时没有要求做出财政牺牲。在四分五裂的参议院中,民主党和他们的共和党盟友阻止参议院通过布什的全部改革方案,也阻止参议院通过任何花费超过3 500亿美元的减税方案。①

然而,布什在最终联邦立法方面取得了重大胜利。国会在5月份通过的2003年就业与增长税收减免协调法案(the Jobs and Growth Tax Relief Reconciliation Act of 2003)中纳入了总统最关心的那些减税措施,包括股息红利和资本利得税方面的大幅削减(降至16.1%)。2003年的法案还包括加速实施2001年通过的减税和儿童税收抵免,并大幅增加企业的折旧津贴(depreciation allowances)。根据预算管理办公室的估计,最后的削减总共将使财政部损失约3 200亿美元。共和党人同意对减税附加"日落条款"["日落条款"(sunset clauses)是指一种法律规定,规定某项法律或政策在特定日期之后自动失效——译者注],但大多数观察家怀疑未来的国会是否会允许减税失败。②

由于布什的减税政策,国会预算办公室预测2003财年(截至9月30日)的财政赤字将达到创纪录的4 010亿美元。这一数字是2002财年赤字的两

---

① 仅存的另一个例外是1991年的海湾战争。联邦政府那一年确实没有增加税收。但在1990年已经增加过了,并且总统乔治·H. W. 布什将石油税的上涨与伊拉克的冲突联系在一起。1990年税收政策的变动带来的效应首先就是1991年税收收入的增加。见第八章,大卫·罗森鲍姆(David E. Rosenbaum),"减税和战争经常被合在一起讨论",《纽约时报》,2003年3月9日;大卫·罗森鲍姆(David E. Rosenbaum),"讨论诸方就减税达成了初步共识",《纽约时报》,2003年4月10日。有关减税和伊拉克战争花费的重复讨论,见班克(Bank)等人的 War and Taxes《战争与税收》,153—158。

② 大卫·罗森鲍姆(David E. Rosenbaum)和大卫·费尔斯通(David Firestone),"国会就减税达成了3 180亿美元的共识",《纽约时报》,2003年5月22日;大卫·罗森鲍姆(David E. Rosenbaum),"没有尽头的减税",《纽约时报》,2003年5月23日;理查德·史蒂文森(Richard W. Stevenson),"布什签署减税法案,否定了所有批评意见",《纽约时报》,2003年5月29日。

倍,甚至2001财年仍有1 270亿美元的盈余。国会预算办公室相信,2003年开始实施的减税法案导致了4 010亿美元赤字中的530亿美元,以及2004财年预估的4 800亿美元赤字中的超过1 170亿美元。与经济规模相比,2003年的赤字仍小于里根时期,后者约占GDP的5%～6%。然而,国会预算办公室估计,到2004年,赤字将占到GDP的4.2%左右。而且,国会预算办公室还没有考虑到开支增加的可能性。在9月,布什总统要求国会追加870亿美元用于伊拉克重建。鉴于此,赤字似乎有可能超过里根时代的最高峰。三次减税、疲软的经济,以及阿富汗和伊拉克的战争和重建,这些都使上世纪90年代末的预算盈余变成了赤字。①

布什的额外资金要求激怒了国会的民主党议员们,尤其是来自特拉华州的参议员约瑟夫·拜登(Joseph Biden)。他们要求延缓计划中的对美国富人的减税法案,以此来为这额外的870亿美元提供资金保障。来自马萨诸塞州的参议员约翰·克里(John Kerry)宣称:"我们不应该放弃我们的使命,但我们也必须要求,我们在伊拉克的任何花费都应该由所有人来承担,而不是赤字。"民调数据显示,这一提议得到了大多数美国人的支持,但由共和党控制的参议院对拜登的提议表示反对。乔治·布什(George Bush)讥讽了这样的说法,他下结论说:"好吧,我们需要的是增加税负来支付这笔费用。这真是个荒谬的想法。当经济复苏时,你不需要加税。事实上,减税有助于促进经济复苏。"②

2003年11月,布什政府通过干预正在进行的关于医疗保险的讨论,进一步增加了对赤字的巨大上行压力,支持一个庞大的新的国内福利开支项目。为了2004年连任竞选,他正好借在医疗保险体系中加入药品保障这一契机,来争取

---

① 大卫·罗森鲍姆(David E. Rosenbaum),"没有尽头的减税";埃德蒙·安德鲁斯(Edmund L. Andrews),"新的赤字估计:4 010亿",《纽约时报》,2003年8月9日;埃德蒙·安德鲁斯(Edmund L. Andrews),"我们看见了美国的赤字大幅增加,而不是降低",《纽约时报》,2003年8月27日;国会预算办公室,"预算和经济展望:更新",2003年8月,www.cbo.gov/showdoc.cfm?index=4493&sequence=0(最后访问日期:2003年9月21日);大卫·费尔斯通(David Firestone),"赤字的眼花缭乱的变动让华盛顿做出了严酷的决定",《纽约时报》,2003年9月14日;大卫·费尔斯通(David Firestone),"阿富汗和伊拉克的870亿美元的账单寄出了",《纽约时报》,2003年9月18日。

② 有关布什和克里的语录,以及2003年9月辩论的讨论,见班克(Bank)等人的 War and Taxes《战争与税收》,158—161。

老年选民的支持。民主党人对这项措施意见不一：一些人支持，一些人倾向于更慷慨的福利水平，还有一些人，比如参议员爱德华·肯尼迪（Edward M. Kennedy），将其描述为利用"老年人对处方药的需求作为特洛伊木马来重塑医疗保险制度"。一个月后，国会通过了立法，布什总统签署了《医疗保险处方药、改进和现代化法案》(the Medicare Prescription Drug, Improvement, and Modernization Act)。国会预算办公室估计，新项目在头十年的成本将接近4 000亿美元，在接下来的十年中，成本又将上升到约1万亿美元。正如经济学家尤金·斯图尔勒(Eugene Steuerle)后来所写的，该项目"标志着美国历史上第一次在没有收入来源的情况下增加重要的福利项目"。因此，新项目将进一步推高赤字。从长远来看，该福利项目会提高老年选民的政治支持，并加剧已经十分紧张的可自由支配的国内开支的巨大压力。①

随着2003年底的临近，布什总统相信公众会支持他的财政计划，并鼓励他在第二个任期内更进一步。毕竟，对投资仍征收重税，废除遗产税也仅仅是暂时的，企业所得税仍然存在，并且最高法定边际税率已经达到了39%（在OECD国家中最高）。然而，由于他的减税措施，总统已经将个人所得税转变为更加依靠消费税的、降低了累进程度的形式。对个人资本所得（以股息红利所得和资本利得为形式）和继承财产的减税已经大幅度地削减了资本收入的税负。虽然企业所得税的法定税率仍然很高，但越来越多的税法漏洞降低了实际税率。企业所得税产生的收入也从布什任职时的占GDP的2.1%下降至2003年的1.2%（与1983年的水平相当）。② 截至2003年，基于第二次世界大战后不断减税的政府运营模式，布什的减税法案已经产生了深远的影响，将税收系统引入了一个全新的体系。将这个取代"二战"时期所得税的新体系称为"复古自由主义"税收体制是十分合适的。该体制专注于对工资和薪金征税，同时抑制了社会服务开支和社会投资的增长。当然，工资和薪金税的税率结构仍然呈现累进

---

① 罗伯特·皮尔(Robert Pear)，"国会的最终推动：总览；迅雷不及掩耳之势的医保改革在国会中赢得支持；总统宣布胜利"，《纽约时报》，2003年11月26日；尤金·斯图尔勒(C. Eugene Steuerle)，*Dead Men Rulings: How to Restore Fiscal Freedom and Rescue Our Future*《死人裁决：如何恢复财政自由并拯救我们的未来》)(New York: Century Foundation Press, 2014), 63—64。

② 格拉维尔(Gravelle)，"企业税"，904。国会预算办公室总结道，2003年美国企业的有效税率低于OECD19个国家的平均水平。国会预算办公室，"企业所得税率：国际比较"，2005年11月1日，www.cbo.gov/publication/17501（最后访问日期：2015年6月27日），21。

性。虽然过渡到新税收体制时旧体制的元素仍然存在,但布什的减税政策显著降低了整体税收系统及政府支出项目的总体累进性。这些财政变化是自20世纪20年代以来经济不平等加剧的最重要因素。它们在"二战"税收体制与复古自由主义税收体制之间勾勒出一条清晰的分界线。①

事实上,分界线变得更加清晰。这是因为,在这种复古自由主义的税收体制下,美国历史上首次有一届政府在没有要求任何经济刺激的情况下全面动员国家进行大规模战争。在20世纪两次世界大战期间,共和党人倾向于更多地依赖赤字和借贷。在那些战争中,他们害怕要求富人做出沉重的经济牺牲,并试图推迟支付战争费用直到战争结束。但是,在世界大战期间,共和党人缺乏终止或大幅缩减战时税收项目的权力。然而,在21世纪初的战争中,共和党人却有权力来阻止这些税收项目。其结果是,相较于第二次世界大战以来的任何时候,更加依赖借贷;相较于18世纪90年代以来的任何时候,更加依赖向国外借款,并且对国内可自由支配开支的压力比前三届政府更大。

税收改革停滞与经济衰退

在2004年的选举中,布什总统主要以战争总统的身份参选。在国内方面,他大力宣扬他在2001年和2003年推行的减税政策,并承诺将其永久化。然而,他并没有明确表达建立以消费税为基础的税收体制的愿望。由于他在2000年以微弱优势获胜,可能让他担心民主党会抨击他不断扩张的复古自由主义体制。实际上,他的对手、马萨诸塞州参议员约翰·克里(John Kerry)批评布什的减税政策,主张废除那些对富人(前2%的纳税人,年收入在20万美元以上)有利的条款。克里提议利用新增财政收入的一部分为所有儿童和大

---

① 对"二战"后税收体制的国际比较工作让我得出结论:在布什政府期间美国采用了一种新的财政体制。见W. 艾略特·布朗利(W. Elliot Brownlee),"The Fiscal Crisis in the United States and the History of Tax Consent: Summary," *Keio Economic Studies*("美国财政危机和税收遵从历史:总结",载于《庆应义塾经济学研究》),48(2012),101—103,以及由马克·布格恩(Marc Buggeln)、马丁·道顿(Martin Daunton),和亚历山大·努岑纳德尔(Alexander Nutzenadel)编著的书 *Questioning Leeviathan*(《质疑利维坦》)(Cambridge: Cambridge University Press, in press)中由W. 艾略特·布朗利(W. Elliot Brownlee)和井景荣作(Eisaku Ide)撰写的章节:"日本和美国自1973年以来的财政政策:经济危机、税收和税收弱遵从"。

多数成年人提供医疗保险。尽管克里在税收问题上可能缺乏民众的信任度，因为他有钱的妻子特蕾莎·海因茨·克里（Teresa Heinz Kerry）拒绝公布她的纳税申报表。然而，最终克里仅以大约300万票的微弱差距在选举中落败。[1]

根据历史上在任总统的标准，布什获胜的优势相对较小，但这比他在2000年普选中的失利已经大为改善。此外，共和党人扩大了他们在2002年获得的国会席位，将他们在参议院的多数席位增加到55席，并在众议院增加了3个新席位。竞选获胜两天之后，布什宣布："我在竞选中赚到了资本，政治资本，现在我打算把它花掉。"

布什决定继续推动社会保障改革，包括他的核心变革——个人账户的创建和向养老金固定缴款项目（defined-contribution program）的转变。在他获胜后不久，他发起了一场个人账户的公共运动。这一运动持续了一年多，但他从未提出过明确的计划，也从未在国会与坚决反对放弃个人账户的民主党人或持续认为社会保障是美国政治中"极具争议的问题"的共和党人进行过认真的商讨。布什不愿商讨有一个很好的理由。那就是他自己制造了一个问题。为了向个人账户过渡将打破与当代人签署的关于养老金的社会契约，因为布什必须找到一种方法，用当前的税收收入为上一代人（即将退休的"二战"后"婴儿潮一代"人）以及当代人同时提供福利保障。但是，减税政策和伊拉克战争的花费使得布什得不到所需要的资金。到2006年初，社会保障改革议题已从政府议程上消失了。

在第二任期开始时，布什考虑采取比第一任期更系统化、更公开的方式进行重大税收变革。在2003年减税的整个过程中，布什从未就他最初提出的向消费税转变的广泛计划向公众进行有力的解释。他从未阐明这一转变背后的原则，更没有讨论将税基变为消费所需的最具政治难度的调整。（例如，将借款或政治捐款纳入消费税税基将是一个挑战。）他从未效仿里根在1985年和1986年为税收改革而进行的有力、有效的竞选活动。2003年，布什选择了低

---

[1] 大卫·罗森鲍姆（David E. Rosenbaum），"国家；5亿美元的退税款"，《纽约时报》，2004年5月9日；大卫·罗森鲍姆（David E. Rosenbaum）和罗宾·透纳（Robin Toner），"在竞选人的国内计划背后，是一片理想的海湾"，《纽约时报》，2004年10月24日。

调进行改革的策略,由于他在国会中拥有大多数议员的支持,策略取得了成功。

2005年1月,布什组建了总统税收改革顾问小组(the President's Advisory Panel on Tax Reform),由两位前参议员[佛罗里达州共和党参议员康妮·麦克(Connie Mack)和路易斯安那州民主党参议员约翰·布鲁(John Breaux)]领导。这个小组的任务是更强有力、更公开地推动复古自由主义税收制度改革。布什要求他们提出关于税法改革方案的建议,以使其更简单、更公平、更有利于经济增长,从而造福于所有美国人。该小组组织了公共论坛,听取了广泛的证词,并提出了两种改革方法(每种方法都是小组分组讨论的产物)。这两种方法都包括显著扩大税基,但在税基的选择上有所区别,其中一种是将消费额作为税基。然而,由于总统施加的限制,两种方案的差异不大,小组假定他的减税政策将成为永久性的,且任何改革都将保持收入中性。到2005年11月,小组发表报告时,公众对改革方案中有争议的部分表现出了敌对情绪,比如修改个人所得税中关于住房抵押贷款利息税前扣除的规定。在那时,布什政府已经放弃了对推进新的重大税收立法的兴趣。

那时候,布什可能有机会进行更深入的复古自由主义税收和福利改革,但很快他陷入了伊拉克战争的泥潭。与此同时,赤字不断增加,使得财政改革变得更加复杂。在2006年中期选举中,战争的不受欢迎以及政府对卡特里娜飓风的错误反应等问题,导致民主党重新获得了国会两院的控制权。

布什政府失去了进一步推进减税的能力,但其财政遗产的影响很快在新一届国会中显现出来。民主党的多数席位并不足以推翻布什的任何减税法案。而且,民主党领导层不愿意通过争取增加税收来为正在进行的战争提供资金来试探公众舆论。

例如,2007年,民主党领导人否决了康涅狄格州独立派参议员约瑟夫·利伯曼(Joseph Lieberman)提出的"反恐战争税"提案,以及来自威斯康星州的民主党众议员大卫·奥贝(David Obey)、来自马萨诸塞州的民主党众议员詹姆斯·麦戈文(James McGovern)和来自宾夕法尼亚州的民主党众议员约翰·默萨(John Murtha)提出的累进的"战争附加税"提案。这三人指出:"当战争到来时,要求共同分担牺牲是毫无逻辑的。唯一被要求牺牲的家庭是军人家庭,他们被要求一次又一次地牺牲……年收入超过一百万美元的美国人,不仅不被要求牺牲,而是被要求接受每年超过五百亿美元的减税,就像战争本身一样,这些减税花费用借来的钱支付。"①即使面对战时开支的巨大扩张,民主党人也无力逆转布什的减税政策,这提供了一个深刻而明确的信号,即新的财政和税收体制已经确立。

在2007年至2008年冬天,经济再次陷入停滞。2007年11月,失业率上升,GDP开始小幅下降,并持续至2008年。回顾过去,我们知道经济已经积累了一些严重的隐患。这些问题包括房地产和债券市场的泡沫、整个经济的过度借贷,以及基于不良抵押贷款的不透明证券和衍生品的堆积,还有政府监管和私人银行业务的双双失败。

导致经济脆弱的另一个原因是不断积累的联邦赤字和债务。②(见附录,图A.1)在经济衰退的最终规模变得清晰之前的2008年1月,约瑟夫·斯蒂格利茨(Joseph Stiglitz)和琳达·比尔姆斯(Linda J. Bilmes)敏锐地指出,联邦政府适应巨额赤字的方法之一会加剧经济的不稳定性。他们指出,联邦储备委员会努力使"利率维持住尽可能低的水平",从而降低联邦借款的成本,并减轻伊拉克战争带来的其他一些负面经济影响。斯蒂格利茨和比尔姆斯观察

---

① 引语出自班克(Bank)等人的 War and Taxes(《战争与税收》),163—164。
② 依靠数据,我们现在关于最终导致"大衰退"的原因有了翔实可靠的分析。在我看来,分析得最好的是艾伦·布林德(Alan S. Blinder)的 After the Music Stopped: The Financial Crisis, the Response, and the Work Ahead(《当音乐停止后:金融危机、应对措施和未来的工作》)(New York: Penguin Press, 2013),并且我非常依仗他的结论,见3—86页。另见加里·戈顿(Gary Gorton)的 Slapped by the Invisible Hand: The Panic of 2007(《被看不见的手掌掴:2007年的恐慌》)(New York: Oxford University Press, 2010)以及 Misunderstanding Financial Crises: Why We Don't See Them Coming(《对金融危机的误解:为什么我们看不到它们的到来》)(New York: Oxford University Press, 2012)。有一些关键参与者贡献了十分重要的历史片段:本·伯南克(Ben S. Bernanke),The Federal Reserve and the Financial Crisis(《美联储与金融危机》)(Princeton: Princeton University Press, 2013)和 The Courage to Act: A Memoir of a Crisis and its Aftermath(《行动的勇气:危机及其后果的回忆录》)(New York: W. W. Norton, 2015);蒂莫西·盖特纳(Timothy F. Geithner),Stress Test: Reflections on Financial Crisis(《压力测试:对金融危机的反思》)(New York: Crown, 2014);以及亨利·保尔森(Henry M. Paulson Jr.)的 On the Brink: Inside the Race to Stop the Collapse of the Global Financial System(《濒临崩溃:阻止全球金融体系崩溃的竞赛》)(New York: Business Plus, 2010)。另见安德鲁·罗斯·索金(Andrew Ross Sorkin)的 Too Big to Fail: The Inside Story of How Wall Street and Washington Fought to Save the Financial System-and Themselves(《大而不能倒:华尔街和华盛顿如何为拯救金融体系和他们自己而战的内幕故事》)(New York: Viking, 2009)。

到,"较低的利率让家庭借超过自身房屋价值的钱,使美国的消费远远超出了它的能力范围"。经济学家们认为,低利率加上"宽松的贷款标准"导致了新出现的次贷危机,同时令政策制定者对经济潜在的结构性弱点视而不见。"如果贷款规模小一点的话,"他们理性地总结道,"美国经济本来可以更好地面对未来的挑战。"①

2008年,随着经济衰退势头的增强,国会中几乎没有人支持增加税收以资助伊拉克战争。相反,国会的民主领导人支持布什政府提出的临时减税方案,以提供经济刺激。在2月,国会批准了2008年经济刺激法案,该法案旨在为中低收入纳税人提供一次性退税,并适度鼓励商业投资。随后,金融危机进一步恶化,美联储和财政部加大了干预力度,逐步将纳税人置于危险境地,以防止金融体系崩溃。这些干预措施始于3月,从美联储向摩根大通(JP Morgan Chase)提供大笔贷款(以可疑的抵押贷款资产为担保)开始。这笔贷款用来减轻摩根大通收购贝尔斯登公司(Bear Stearns,原美国华尔街第五大投资银行——译者注)的压力,后者濒临破产,如果破产还会导致相互关联的其他金融机构的破产。财政干预在7月继续深化,国会授权财政部长亨利·保尔森(Henry M. Paulson)向联邦国民抵押贷款协会("房利美")和联邦住宅贷款抵押公司("房地美")注入约1 400亿美元资金(他希望未来能偿还)。然而,9月时,保尔森不愿动用纳税人的钱来拯救雷曼兄弟(Lehman Brothers)投资银行。这导致其在9月15日的破产将一次经济衰退变成了后来被称为"大衰退"的危机。

两周内,美联储在主席本·伯南克(Ben Bernanke)的领导下,将全球保险巨头美国国际集团(American International Group,AIG)国有化。它宣布高盛(Goldman Sachs)和摩根士丹利(Morgan Stanley)等投资机构是银行控股公司,因此有资格获得"最后贷款人"(指在金融危机期间,美联储向陷入困境的金融机构提供紧急资金支持的机制——译者注)保护(这本来可以同样提供给雷曼兄弟)。在10月初,美联储还协助美国财政部长保尔森说服国会批准

---

① 斯蒂格利茨和比尔姆斯,*The Three Trillion Dollar War*《三万亿美元战争》,125—127。2008年底前,他们重新确认了他们的分析,指出伊拉克战争"通过进一步增加流动性"将一切进一步恶化了,242。

联邦税史

一项规模为 7 000 亿美元的"救助"基金,即问题资产救助项目(the Troubled Asset Relief Program,简称 TARP)。最终,TARP 的支出达到了 4 300 亿美元,远低于国会批准的 7 000 亿美元。2012 年,国会预算办公室估计,财政部实际上将从 TARP 的注资中获得约 25 亿美元的利润。然而,在 2008 年秋季,新方案的费用规模似乎过于庞大,加剧了本已十分强烈的危机感。①

在危机的气氛中,民主党总统候选人巴拉克·奥巴马(Barack Obama)和共和党总统候选人、来自亚利桑那州的参议员约翰·麦凯恩(John McCain)之间的竞争达到了顶峰。在经济衰退或萧条时期,执政党总是面临巨大的挑战,往往导致政权逆转。麦凯恩让共和党的境地雪上加霜,经济学家艾伦·布林德(Alan Blinder)形容他的表现是"匆忙、反复无常",而不是"冷静、聪明和体贴"。② 奥巴马以自 1964 年林登·约翰逊(Lyndon Johnson)以来任何一位民主党候选人都难以置信的优势赢得了大选,并且民主党在国会两院的多数席位也进一步扩大。

在大选和奥巴马总统 1 月就职之间的近 3 个月内,经济衰退呈加速态势。失业人数从 10 月份的 489 000 人增加到 11 月份的 803 000 人,12 月份的 661 000 人,最终在 1 月份达到 818 000 人。③ 到 11 月中旬,雇佣近 10 万名工人的通用汽车公司宣布,它将在 2009 年年中左右耗尽所有现金。与此同时,"三大"美国汽车制造商都向联邦政府寻求援助。12 月 9 日,布什总统动用了 TARP 资金,提供了数十亿美元的贷款,以维持汽车公司的生存,直到即将上任的奥巴马政府能够制订下一步的行动计划。

截至 2009 年 1 月奥巴马总统上任时,美国已经面临着自 20 世纪 30 年代大萧条和"二战"时期以来最为严峻的财政状况。布什的减税政策、战争支出以及逐渐缩小的税基共同导致了惊人的赤字。在 2001 至 2008 年期间,联邦赤字占 GDP 的比例增加了近 5 个百分点(4.89%),创下了杜鲁门总统任期以来的最大增幅。而在布什政府的最后一个财政年度,这一比例更是又增加了

---

① 艾伦·布林德(Alan S. Blinder)的 *After the Music Stopped: The Financial Crisis, the Response, and the Work Ahead*(《当音乐停止后:金融危机、应对措施和未来的工作》)(New York: Penguin Press,2013),205—206。
② 同上,204。
③ 同上,212。

7个百分点(7.1%),达到12%以上(12.05%),成为20世纪历届总统任期内赤字规模增幅最大的一次。由于这些异常庞大的赤字,截至2009年,债务与国内生产总值的比例已急剧上升至近60%,达到朝鲜战争以来的最高水平(见附录,图A.1)。①

尽管债务累积,但利率仍然相对较低。中国对美国债务不断增长的需求显著帮助了联邦政府降低利息成本,从而巩固了复古自由主义的税收和财政体制。中国对美国的债务需求是由于中国努力维持其货币不升值并削弱其在美国市场的地位所驱动的。与前两届政府(克林顿和乔治·W.布什的政府)不同,乔治·W.布什政府并未认真努力减少来自日本或中国对联邦债务的投资。在某种程度上,布什政府似乎愿意惩罚那些依赖利息收入的美国出口商和储户,以奖励那些从异常低利率借款中受益的美国人,包括联邦政府。②

到2009年初,美国的税收和财政状况已经从乔治·W.布什政府成立之初起发生了巨大变化。原先不断增加的预算盈余和逐渐减少的国家债务已被赤字和债务的异常增加所取代。布什政府发起了一场低税收、小规模政府和供给学派的资本激励运动,这些措施创造了一个新的税收体制。然而,为了应对大衰退,布什政府向金融市场注入了空前规模的公共现金和信贷。在这一过程中,税收政策在国家议程中几乎消失了,除了可能进一步减税,旨在刺激经济从明显已成为自大萧条以来最严重的经济灾难中恢复过来。

---

① 有关战后各任总统时期的赤字比较数据,见尤金·斯图尔勒(C. Eugene Steuerle),*Dead Men Rulings: How to Restore Fiscal Freedom and Rescue Our Future*(《死人裁决:如何恢复财政自由并拯救我们的未来》)(New York: Century Foundation Press,2014),表A.1,161。斯图尔勒统计了"主要赤字",它"等于所有开支减去净利息以及所有收入"。

② 有关乔治·W.布什的政策起源,见格蕾塔·克里普纳(Greta R. Krippner),*Capitalizing on Crisis: The Political Origins of the Rise of Finance*(《利用危机:金融兴起的政治根源》)(Cambridge, MA: Harvard University Press,2011),97—105。

第十章　财政瘫痪

第二次世界大战税收制度中的一些要素在复古自由主义体制中得以存续,但在巴拉克·奥巴马执政期间进一步削弱。尽管奥巴马总统和国会在税法中引入了一些新的累进特征,但他们也选择永久化了布什政府颁布的主要累退型减税措施,加强了财政政策向复古自由主义的过渡。此外,战时支出的持续增加没有匹配相应的增税,给国内福利项目带来了额外的财政压力。尽管奥巴马政府提出增加教育、基础设施和环境保护支出,但面临来自复古自由主义势力的坚定而有效的反对。有组织的复古自由主义政治力量进一步加剧了当前经济不平等的程度。

"大衰退"与财政僵局

从2008年选举胜利到就职典礼期间,奥巴马及其行政团队将起草财政刺激方案置于首要位置,旨在补充2008年布什政府颁布的经济刺激法案。团队认为,美联储几乎已经耗尽了阻止和扭转消费需求、收入和就业持续下滑的能力。

在2008年的竞选中,奥巴马明确表示减税将在他的刺激计划中发挥关键作用。令人意外的是,在这一点上,奥巴马与他的共和党竞争对手约翰·麦凯恩(John McCain)达成了一致。实际上,麦凯恩提出的减税规模比奥巴马提出的还要大。无党派税收政策中心,一个由城市研究所(the Vrban Institute)和布鲁金斯学会(the Brookings Institution)共同组成的项目,预测麦凯恩的四年减税计划将导致1.5万亿美元的财政收入损失,而奥巴马的计划则会导致 1 万亿美元的损失。麦凯恩并未明确表示他的减税措施会比奥巴马的增加更多还是更少的赤字。两位候选人都承诺为中产阶级纳税人谋福利,但他们的竞选活动表明,他们对减税采取了不同的形式。

麦凯恩的税收计划强调延长布什政府在 2001 年和 2003 年实施的所得税减免,降低公司所得税,并加速新设备的税务扣除。然而,奥巴马更倾向于延长布什政府仅面向年收入低于 25 万美元的纳税人的减税政策,并提高对富裕家庭股息、红利和资本利得所得的税率。此外,他还计划主要通过对富人的税收进行改革来为他的医保计划提供资金。在竞选活动的最后一场辩论中,麦凯恩对奥巴马的税收提议做出回应,指责这可能会惩罚小企业。奥巴马回应称,98%的小企业年收入不到 25 万美元。麦凯恩的批评似乎并未引起广泛关注。在奥巴马当选后的第一次新闻发布会上,他承诺实施"净减税",提供"大幅的中产阶级减税"和"小企业资本利得减税",所有这些都旨在促进就业增长。①

奥巴马就职后,国会迅速通过了一项新的刺激法案,即《美国再投资与经济复苏法案》(the American Reinvestment and Recovery Act,ARRA)。根据预算管理办公室的估计,该法案的成本约为 8 000 亿美元,其中大约三分之一用于新的减税措施,三分之一用于增加公共福利支出,另外三分之一则用于增加对州和地方政府的转移支付。与布什政府的减税法案相比,这一法案更为累进,其中包括一项被称为"让工作有价值"(Make Work Pay)的税收抵免。该措施允许工人暂停两年的社保税缴纳义务。值得注意的是,社保税在 1970 年时仅占联邦税收收入的 23%,而现在已接近 40%。② 然而,总体而言,政策并未如奥巴马政府预期的那样累进。特别是,为了争取到足够的选票以防止参议院的阻挠(filibuster),共和党成功地在法案中插入了一些减轻企业税负的措施。这是为了换取他们的支持,以确保法案能够通过。

对于布什和奥巴马政府实施的刺激计划,立即迎来了激烈的批评。这些批评

---

① 拉里·罗特(Larry Rohter),"来自俄亥俄州的水管工进入了人们的焦点",《纽约时报》,2008年10月16日;伊丽莎白·布米勒(Elisabeth Bumiller)、杰夫·泽莱尼(Jeff Zeleny)和法哈娜·侯赛因(Farhana Hossain),"演讲:有关水管工和税收",《纽约时报》,2008年10月25日;杰基·卡姆斯(Jackie Calmes),"两个对手各自关于赤字的计划",《纽约时报》,2008年10月29日;史蒂文·格林豪斯(Steven Greenhouse),"对年收入十万美元的人来说,奥巴马的减税计划更好",《纽约时报》,2008年10月31日;以及"当选总统奥巴马的第一次新闻发布会",《纽约时报》,2008年11月7日。

② 这个比例包括雇主一半的税收份额。

的发起者们显然有不同的动机,其中包括对凯恩斯主义经济学的意识形态敌视。然而,对于共和党而言,从一开始最重要的就是给奥巴马政府添乱。在面对全国性的经济灾难时,没有人能够逃脱困境,但国会共和党人不愿提醒选民布什政府对TARP计划也负有责任。国会内部对ARRA的支持几乎完全来自民主党。在众议院内,没有共和党议员投票支持这项刺激法案,而在参议院,也只有三名共和党议员投了赞成票。国会内外的复古自由主义者都担心,面对经济危机、巨额赤字和联邦政府更大规模的积极干预,政府规模可能会永久扩张,同时布什的减税政策将被逆转,富人的税收也会增加。参议院共和党少数党领袖、肯塔基州的米奇·麦康奈尔(Mitch McConnell)抱怨说:"昨天,参议院投下了历史上最昂贵的一票。"他继续说:"美国人想知道我们将如何为这一切买单。"①

在2009年经济刺激方案获得通过后,奥巴马政府转而推出一项引人注目的新计划,将提高医保覆盖率作为最重要的国内优先事项。奥巴马政府认为,这是在经济大衰退期间扩大社会服务的一个重大举措,而且不会增加赤字或大面积增税。奥巴马渴望完成自哈里·杜鲁门(Harry S. Truman)以来每一位民主党总统都未能完成的医保项目。

在2009年12月,经过近一年的辩论后,参议院以60票的绝对优势通过了一项法案。随后,在2010年3月,众议院也终于同意,最终颁布了《平价医疗法案》(the Affordable Care Act)。再一次,没有一个共和党人投票赞成这项法案。共和党的敌意部分原因在于,该计划所需的资金来源包括对高收入者(年收入超过25万美元的家庭和年收入超过20万美元的个人)的增税,该增税计划将于2013年1月初生效。

通过向高收入者征税来支付平价医疗法案的费用标志着奥巴马政府首次朝着更为累进的方向修改复古自由主义的税收体制。其他一些修改在奥巴马在任第一年似乎也是可行的。这是因为金融界和国会对赤字上升带来的经济威胁,以及联邦财政长期维持福利支出的能力方面存在着长期的担忧。此外,

---

① 大卫·赫森霍恩(David M. Herszenhorn)和卡尔·赫尔斯(Carl Hulse),"国会关于7890亿美元的刺激计划达成协议",《纽约时报》,2009年2月12日;谢丽尔·盖伊·斯托尔伯格(Sheryl Gay Stolberg)和亚当·纳格尼(Adam Nagourney),"党派斗争在刺激法案签署后持续下去",《纽约时报》,2009年2月18日。

国会也面临着无法通过一项协调一致的计划来解决这两个相互关联的问题的挑战。在2009年末,参议院开始考虑一项法案,旨在建立一个蓝带委员会[蓝带委员会(blue-ribbon commission)指一个由专家、权威人士或具有高声望人士组成的委员会,负责研究和提供有关特定问题的专业建议——译者注]负责制订一个长期的财政计划。

参议院法案的关键内容包括一项条款,该条款将迫使国会对委员会提出的任何计划在不作任何修改的情况下进行投票表决。该措施旨在激励委员会提出一个反映艰难选择的计划,并确保该计划不受游说活动的侵蚀,以保护某些团体的特殊利益。然而,在参议院,最初支持该法案的六名共和党人改变了主意,直接导致了该法案在2010年1月的失败。后来,曾游说通过该法案的怀俄明州前共和党参议员艾伦·辛普森(Alan Simpson)批评说,他们这样做是"在总统背后捅刀"。①

尽管在参议院遭受失败,奥巴马仍在努力推动该法案。在2月,他签署了一项行政命令,成立了该委员会,指定艾伦·辛普森和厄斯金·鲍尔斯(Erskine Bowles)(克林顿政府时期的前幕僚长)作为联合主席。该委员会由18名成员组成,其中6名由总统任命,6名由参议院任命,6名由众议院任命,奥巴马需要获得14名或以上成员的支持才能批准一份报告。奥巴马总统呼吁制订一个旨在"改善中期财政状况"和"实现长期财政可持续性"的计划。具体来说,该计划应在"到2015年时平衡预算(不考虑债务利息支付)",并在"经济复苏后,将债务与国内生产总值的比率稳定在一个可以接受的水平上"。该委员会于2010年启动工作,举行了广受关注的听证会,引起了相当大的媒体关注。委员会成为评论员们经常提到的赤字和债务危机报道中的一个重要组成部分。在3月,格罗弗·诺奎斯特(Grover Norquist)评论说,辛普森"又老又暴躁,他不喜欢里根的共和党"。而辛普森回应说:"如果里根认为调整税收系统是为了美国人民的利益,他会把所有事情都放在台面上讨论。"②

在委员会听取意见和进行审议的同时,2010年国会的竞选活动也受到了

---

① 丹·巴尔兹(Dan Balz),"奥巴马的债务委员会警告财政'癌症'",《华盛顿邮报》,2010年7月12日。
② 杰基·坎梅斯(Jackie Canmes),"赤字又回来了,这导致他所在党派的灰心丧气",《纽约时报》,2010年3月17日。

广泛关注。共和党人加大了对奥巴马政府经济计划的批评力度。复古自由主义的候选人和专家们有几个优势。财政部和美联储的刺激力度是前所未有的。对于这些刺激措施和新的医疗保险计划,公众也缺乏足够的理解。尽管实施了刺激计划,失业率仍在继续上升。在2010年下半年,失业率接近10%,这使得奥巴马政府此前声称如果没有刺激计划,失业率将更高的说法显得乏力。此外,到2009年,赤字已经升至国内生产总值(GDP)的约10%,这创下了"二战"以来的最高纪录。

共和党人发现公众能够接受他们的指控,即不断增加的预算赤字威胁到国家经济,并在即使没有证据(可能根本无法证实)的情况下,接受他们的断言,即赤字破坏了投资者对未来的信心,从而削弱了创造新的就业机会的能力。共和党人坚决反对任何增税措施,他们常公开表示愿意遵循格罗弗·诺奎斯特的承诺(见上文,原书第209页),并主张进一步减税。在2010年11月的选举中,通常由复古自由主义的茶党狂热分子领导的共和党人在众议院赢得了足够多的新席位,形成了自1946年以来的最大多数派。[①]

在茶党运动的压力下,由艾伦·辛普森和厄斯金·鲍尔斯领导的委员会决定推迟报告发布到选举后。尽管面临压力,该委员会的五名共和党成员支持上一份报告,其中包括大幅度增税的建议。总共有11位委员支持该报告,但这一数字仍然低于奥巴马总统所要求的14名。值得注意的是,该委员会从未发表过正式的最终版本报告。

然而,到了2010年12月,委员会公布了最终的一套建议,其中包括一个复杂的一揽子削减开支和增加收入的计划。在特定情境下,这些计划承诺在25年内将联邦债务减少40%。该计划要求每增加1美元的收入就削减2美

---

① 关于茶党运动和它的源头,见罗曼·胡雷特(Romain D. Huret),*American Tax Resisters*(《美国抗税者们》)(Cambridge, MA: Harvard University Press, 2014), 241—273;吉尔·拉波尔(Jill Lapore),*The Whites of Their Eyes: The Tea Party's Revolution and the Battle over American History*(《茶党的革命和美国历史之战》)(Princeton: Princeton University Press, 2010);简·梅耶(Jane Mayer),*Dark Money: The Hidden History of the Billionaires behind the Rise of the Radical Right*(《黑钱:激进右翼崛起背后亿万富翁的隐藏历史》)(New York: Doubleday, 2016);以及希德·斯科科波尔(Theda Skocpol)和凡妮莎·威廉姆森(Vanessa Williamson),*The Tea Party and the Remaking of Republican Conservatism*(《茶党与共和保守主义的重塑》)(Oxford: Oxford University Press, 2012)。

元的支出。增加的收入主要来自取消的税式支出。为了使这些增税看起来不那么引人注目,该计划遵循了1986年税收改革法案的模式,要求降低税率。此外,该计划还提出增加财政收入、调整价格指数、提高联邦汽油税,并逐步提高社保税的上限缴纳额度。

艾伦·辛普森和厄斯金·鲍尔斯的提案并没有立即影响到国会。在新当选的茶党成员入座之前,民主党人和共和党人都没有采取行动,试图在国会会议上推动这些新想法。可能是因为支持艾伦·辛普森和厄斯金·鲍尔斯的观点的国会领导人知道格罗弗·诺奎斯特的"美国人支持税务改革"网站上的警告:"支持委员会主席计划将违反纳税人保护承诺,而已有超过235名国会议员和41名参议员向他们的选民做出了这样的承诺。"[1]

在2010年12月开始的会议上,民主党人的首要任务是延长暂停劳动者缴纳社会保障税的期限。共和党人反对这一暂停,但如果同时延长原定于2011年1月到期的布什减税法案,他们愿意妥协。尽管两党推迟了对减税计划的任何长期解决方案,但在《2010年税收减免、失业保险再延续和创造就业法案》(the Tax Relief, Unemployment Insurance Reauthorization, and Job Creation Act of 2010)中,他们将暂停征收社保税的时间延长了一年,并将布什减税法案延长了两年(至2013年1月初)。这项决议似乎更符合共和党的胃口,但民主党人对布什减税政策的厌恶情绪有所缓和,他们担心立即废除削减措施可能会减缓经济复苏。此外,2010年的法案还对下一个纳税年度(2011年)的替代性最低税(AMT)进行了调整。[2]

在2011年,由新的共和党多数成员组成的众议院向赤字宣战。这群人的核心是坚定的茶党支持者。大卫·科赫(David Koch)在2002年率先为茶党

---

[1] 杰基·卡姆斯(Jackie Calmes),"赤字削减计划遭到了左翼和右翼的共同嘲笑",《纽约时报》,2010年11月11日。

[2] 替代性最低税在1986年被引入,它被设计成高收入群体的抵扣上限。但国会一直对它根据通胀水平进行指数化调整。截至2003年,大约250万纳税人需要缴纳替代性最低税,这一数字还在不断增加,并包括了一些年收入在7.5万至10万美元之间的有两个孩子的家庭。经济学家伦纳德·伯曼(Leonard Burman)曾经将其恰当地形容为"一个人们不知道存在的问题"。见谢拉·默里(Shailagh Murray),"关于最低税的可怕之处正在逼近",《华尔街日报》,2003年7月1日,以及伦纳德·伯曼(Leonard Burman)等人,The Individual AMT: Problems and Potential Solutions,(《个人AMT:问题和解决方案》)税收政策中心讨论文章5(Washington D.C.: Urban Institute Press, 2002)。

运动建立了一个网站,预示着茶党运动将进入国会。他宣称:"在我看来,这可能是自 1776 年以来最好的一次基层起义。"①

在对抗赤字的战斗中,众议院共和党人几乎完全专注于进一步削减已经经历了 30 年各种削减的可自由支配的国内政府公共支出,同时试图废除奥巴马医保法案,尽管该法案的实施可能会减少赤字。为了达到目标,众议院共和党人采取了一种策略,即威胁不提高国家债务的法定上限,从而迫使发生政府破产和增加金融危机的风险。作为提高美国债务上限的回报,共和党人要求实施同等规模的预算削减。②

在参议院,一些共和党人表示愿意与民主党沟通协商,就采纳辛普森—鲍尔斯委员会工作报告中提出的一些建议展开两党合作。为了避免联邦政府违约,奥巴马总统允许副总统小约瑟夫·拜登(Joseph R. Biden Jr.)与众议院多数党领袖埃里克·康托尔(Eric Cantor)直接进行谈判,提出更短期的削减赤字提案。奥巴马总统曾对辛普森—鲍尔斯的一些想法表示惋惜,但由于担心可能疏远一些民主党人,他以弱化的形式描述它们,且没有透露这些想法的来源。这两组谈判在提出具体的结论之前都破裂了,主要是因为茶党运动成功地向温和派的共和党人施加了压力。

同时,奥巴马总统和众议院发言人约翰·博纳(John Boehner)开始了激烈但私下的对话,这些对话逐渐演变成了一项雄心勃勃的努力,其中包括他们的下属试图制订一项后来被称为"大交易"(grand bargain)的计划。然而,到了 7 月,这一努力宣告失败。双方的说法相互矛盾,使得人们很难确定两位领

---

① 引用自艾萨克·马丁(Isaac Martin),*Rich People's Movements*: *Grassroots Campaigns to Untax the One Percent*(《富人运动:为收入前百分之一的人减税的来自基层的运动》)(Oxford: Oxford University Press,2013),195。

② 当国会在 1917 年通过《第二次自由债券法案》(the Second Liberty Bond Act)时,它对财政部为资助第一次世界大战而发行的债务和债券的上限作出了规定。战后,它对不同类型的联邦债务分别规定了单独的限额,接着在 1939 年将它们替换为一个适用于所有政府账户或公众持有的联邦债务的总限额。国会曾多次调整 1939 年的上限,以使财政部能够灵活履行国会已经批准的支出项目。直到 2001 年(即使在第二次世界大战期间也是),最高限额也远高于联邦债务的水平。然而,随着 21 世纪初期经济增长放缓、布什减税、战争、2007—2009 年的"大衰退"和联邦刺激计划,政府账目不断逼近债务上限。从 2001 年到 2012 年底,国会为避免违约风险,将债务上限提高了 11 次。有关立法上的变动史,请参阅 D. 安德鲁·奥斯汀(D. Andrew Austin)和明迪·莱维特(Mindy R. Levit)的"债务限额:历史和最近的增长",国会研究部,2012 年 12 月 27 日,最后访问日期:2016 年 5 月 1 日,http:///fpc.state.gov/document/organization/202885.pdf。

导人离达成协议有多近,以及在谈判破裂中哪一方(如果有的话)负有更多责任。然而,到目前为止,对谈判进行的调查显示,在同意削减福利支出和通过关闭漏洞增加收入(而不是让布什税收减免到期)后,双方在金额上只相差"几千亿美元"。国会中的民主党领导人对这两项协议的内容都持谨慎态度,但埃里克·康托尔(Eric Cantor)和茶党势力对增税的坚决反对似乎是未能弥合这一差距的主要原因。[1]

2011年8月,为了缓解迫在眉睫的违约威胁,两党在国会领导人之间达成了一项协议,争取到了更多的时间。尽管奥巴马总统对这个协议不太满意,但还是签署了它,这就是《预算控制法案》(Budget Control Act, BCA)。该法案设立了一个减少赤字的联合特设委员会(the Joint Select Committee on Deficit Reduction),负责起草相关法案,旨在在十年内将赤字减少1.2万亿美元。BCA规定,如果所谓的"超级委员会"在2011年11月之前能够提出一项法案,该法案将被提交国会进行直接表决,从而防止少数派群体阻止行动。但如果委员会未能提出法案,那么在2013年1月初,国防和国内支出将面临一系列全面削减。这项法案的策略是让共和党人接受国防自动削减,让民主党人接受国内自动削减。这是一项两党合作的、自我施加的、旨在强化国家财政危机意识的疯狂协定,促使采取行动。然而,这一战略并不出人意料地于11月份失败了。当11月来临时,双方并不比8月时更愿意妥协,联合特设委员会最终未能提出任何法案。

在联合特设委员会垮台后,共和党人将注意力集中在他们的最高优先事项上,而这并非赤字控制。共和党人最希望的是永久延长布什政府的减税政策,它将于2013年1月1日自动到期。然而,由于民主党反对并保留对参议院的控制权,他们无法实现这一目标。对民主党来说,由于他们在众议院的软弱,推进自己的税收计划也变得困难。然而,在经济复苏乏力期间,他们提出进一步延长暂停征收社保税的提议受到了广泛欢迎。因此,国会的民主党人在2012年12月1日成功地将暂停征收社保税的期限延长了两个月,并在2012年2月再次延长了10个月。

然而,由于僵局,国会在其他税收问题上没有取得任何进展。在2012纳

---

[1] 杰基·卡姆斯(Jackie Calmes),"奥巴马的赤字僵局",《纽约时报》,2012年2月26日;以及马特·贝伊(Matt Bai),"这个游戏考验胆量",《纽约时代杂志》,2012年4月1日,引用自第47页。

税年度,国会未采取任何行动减轻替代性最低税(AMT)的负担。共和党人和民主党人,包括现任总统在内,都没有表现出对辛普森—鲍尔斯委员会多数成员提出的解决赤字削减问题的建议的浓厚兴趣。2012年3月,众议院进行了一次关于该提案的投票,但最终以38∶382的压倒性劣势失败。绝大多数众议院共和党人反对任何形式的增税。在众议院民主党人中,态度更为复杂。尽管大多数人愿意接受一些福利减少,但他们主张通过增税来解决赤字问题,与辛普森—鲍尔斯委员会的建议一致。此外,一些民主党人担心,削减赤字可能对经济复苏的可持续性构成威胁。

在2012年剩下的时间里,奥巴马政府和国会就财政政策进行了激烈辩论。他们明白,如果在2012年12月31日之前不采取任何行动,之前颁布的各项法案将迅速引发一系列增税。其中包括实施《平价医疗法案》对高收入者的增税、废除布什减税政策、恢复社保税的征收以及替代性最低税(AMT)的回归。与此同时,自动预算削减措施也将生效[自动预算削减措施(automatic sequestration)是一种机制,在特定条件下会自动触发。通常情况下,如果政府在预算或财政方面未能达成协议或实现特定的财政目标,自动预算削减将会生效,以确保国家的财政稳健性——译者注],由此而产生的潜在赤字削减远远低于增税可能带来的赤字减少。两党领导人,包括总统在内,都担心这一系列财政行动,尤其是增税,将削弱经济复苏,并可能引发另一场经济衰退。2012年初,美联储主席本杰明·S. 伯南克(Benjamin S. Bernanke)开始用"财政悬崖"一词来形容美国政府在2012年底可能面临的风险。在2012年2月,他在众议院金融服务委员会(House Committee on Financial Services)的证词中表示,希望国会能够"找到方法,实现相同的财政改善,但避免一切在同一天发生"。记者和专家迅速采纳了"财政悬崖"这个比喻,用来形容即将到来的财政危机的紧张气氛。①

---

① 本雅明·阿佩尔鲍姆(Binyamin Appelbaum),"美联储主席看到了适度的增长",《纽约时报》,2012年2月29日。"财政悬崖"一词的起源比较模糊。伯南克最近说,"之前就有人在其他场合用过了",但伯南克确实要对这一词在2012年的受人瞩目负责。在1957至2011年间,这个词在《纽约时报》上只出现了8次,但在2012年和2013年,它出现了超过1 000次。本·伯南克(Ben S. Bernanke),*The Courage to Act: A Memoir of a Crisis and its Aftermath*(《行动的勇气:危机及其后果的回忆录》)(New York: W. W. Norton,2015)537;以及玛格丽特·福克斯(Margalit Fox),"沃尔特·斯特恩(Walter H. Stern),那个创造出财政悬崖这个词的人,于88岁去世",《纽约时报》,2013年11月8日。

第十章 财政瘫痪

关于"财政悬崖"的争论在2012年吸引了总统和国会的注意,但未能产生伯南克所建议的逐步"改善财政状况"的具体行动。众议院内的茶党派系对任何短期或长期的增税都持坚决反对的立场,他们在这一僵局中扮演了重要角色。从长远来看,民主党人对大规模的增税可能愿意考虑,但由于担心需求下降和经济陷入衰退,他们在短期内不愿支持这一方案。尽管两党的一些领导人提到了结束税收减免的改革,但他们仍不愿具体指出这一过程中可能受到损失的群体,也不愿参与严肃的两党谈判。两党都不愿意考虑对长期福利政策进行改革,尽管这可能有助于减轻可自由支配的国内支出所造成的财政压力。

在2012年的总统和国会选举中,激烈的竞争没有缓解政策制定的瘫痪。两位总统候选人都小心翼翼地避免对美国中产阶级增税,事实上,他们还提出了有利于中产阶级的减税方案。奥巴马强调继续暂停征收社会保障税,并提议扩大对中产阶级家庭的所得税减免,例如大学费用的抵免。共和党候选人米特·罗姆尼支持降低每个人的所得税税率,并完全取消对年收入低于20万美元的家庭征收资本利得、股息红利和利息所得的税收。

两位候选人都提出了增税的建议。尽管罗姆尼为布什的减税政策辩护,但他建议通过横向改革为全面减税买单,这些改革将减少最富有的5%的家庭享受的税收减免。罗姆尼对他心目中的具体减税政策以及他的计算方法是否合理或正确都表达得含糊其词,但他确实讨论了如何限制富裕纳税人项目扣除的金额。

奥巴马在更清晰地概述他的增税计划的同时,却未提供更多详细信息。他在很大程度上忽略了辛普森—鲍尔斯委员会的建议,特别强调对高收入者的征税。具体措施包括提高个人所得税的最高边际税率、提高资本利得税税率,对年收入超过25万美元的家庭所得的股息红利按照普通税率而非优惠税率征税,以及限制这类纳税人项目扣除的金额。此外,他主张在征税时将基金经理的"附带利息"(carried interest)视为普通收入而非资本收益。值得一提的是,奥巴马还提出了一项受到沃伦·巴菲特启发的"巴菲特规则",即年收入超过100万美元的个人应确保其最低有效税率为30%。这一规定旨在防止高收入者,如巴菲特所言,其税率比他们的助手还低。巴菲特曾指出,他的税收仅占其应税收入的17.4%,实际上低于他的办公室其他20人中的任何一人。总体而言,奥巴马的税收提案集中在高收入者身上,通过多方面的措施增加他们的税负,以实现更公平的税收分配。

2012年4月,民主党在参议院提出了"巴菲特规则",然而只有一位共和党成员支持,导致民主党未能获得通过提案所需的60票。尽管如此,各项民意调查显示大多数人都支持这一措施。然而,少数党领袖麦康奈尔(McConnell)声称:"在这个时候,就连民主党都承认在政治噱头上浪费了这么多时间,这表明总统更感兴趣的是误导人民,而不是领导人民。"[1]

在2012年11月的选举中,总统在民众信任投票中脱颖而出,并成功扩大了民主党在国会两院的席位。这场选举结果似乎受到了一种普遍观点的影响,即罗姆尼似乎只关心最富有的1%。他承认自己的平均税率仅为14.1%,不到"巴菲特规则"规定的一半,这可能对他的竞选活动造成不利影响。在奥巴马的税收政策和选举结果的背景下,从"财政悬崖"带来的持续谈判中任何增税似乎都只可能集中在富人身上。

获得选民支持后,奥巴马总统可能已经考虑允许政府跌下"财政悬崖"。如果这种情况真的发生,并且所有自动增税措施都生效,他或许能够迫使国会共和党人做出重大让步,以提高税收和支出水平。或许扩大税基的改革可以成为妥协方案的一部分。然而,奥巴马并没有决定是采用累进税还是横向(即扩大税基)的税收改革的详细计划。此外,共和党在众议院的势力仍然强大,茶党派系依然顽固。从悬崖上摔下来之后的谈判可能会非常漫长,其结果可能是再次衰退和失业率上涨。奥巴马对失业的担忧导致他在2013年1月1日与国会合作通过了2012年《美国纳税人救济法案》(the American Taxpayer Relief Act,ATRA)。参议院以压倒性多数通过了该法案,但众议院存在分歧,民主党人提供了大部分支持票。众议院的民主党议员对它的态度是172:16,而共和党议员以151:85的票数反对它。

掉入"财政悬崖"所带来的政治和经济影响仍然只是猜测。回顾2015年,

---

[1] 沃伦・巴菲特(Warren E. Buffett),"停止对富人的宠溺",《纽约时报》,2011年8月14日;乔纳森・韦斯曼(Jonathan Weisman),"在参议院,关于巴菲特规则的辩论被共和党终止了",《纽约时报》,2012年4月16日。

本·伯南克认为:"从悬崖上摔下来会给经济复苏带来巨大打击。"尽管如此,他承认,《美国纳税人救济法案》(ATRA)并没有解决经济更深层次的问题。"尽管避免了最糟糕的情况,"他写道,"但面对经济复苏,所有关于预算的政策带来的净效应是,在面对经济复苏时,财政逆风的力量大大增强了。"①或许,"财政悬崖"带来的紧急政策的最重要结果是《美国纳税人救济法案》(ATRA)提供了一种得到两党批准的复古自由主义式的税收体制。该法案使得布什政府时期颁布的几乎所有的减税措施得以永久化,保持了较低水平的股息和资本利得税税率,延长了许多企业税的减免政策,废除了除了约前1%的美国家庭以外的所有家庭的遗产税,并允许社保税减免到期,从而大幅提高了年收入在110 000美元以下的纳税人的税收负担。

然而,投票反对《美国纳税人救助法案》(ATRA)的共和党人反对其中为赢得民主党选票所必需的部分。在支出方面,这些内容包括延长失业津贴和推迟对预算的冻结采取行动。在税收方面,国会通过了增加税收的措施,国会预算办公室预测,在十年内将筹集约6 000亿美元。

最关键的增税是对最富有的美国人的加税。这包括对年收入超过400 000美元的个人和年收入超过450 000美元的家庭所获得的一般收入和资本收益的边际税率增加。一般收入的最高边际税率从35%上升到39.6%。对收入额外征收0.9%的医疗保险附加费将最高税率进一步提高到40.5%。富人获得的长期资本利得和股息的税率从15%上升到20%。另一项联邦医疗保险附加费(对净投资收入的附加费)将富人获得的资本利得和股息的税率提高到23.8%,而他们的利息收入和短期资本利得的最高税率提高到43.4%。与此同时,该法案恢复了2001年减税措施取消的规定。此外,该法案将500万美元以上的遗产税税率从35%提高到40%。最后,该法案对AMT引入了通胀指数,减少了其对中产阶级纳税人的影响。然而,ATRA对最富有的美国人征收的累进税仍然相当温和。此外,个人和企业的巨额财富(其中大部分是海外财富)完全没有受到政策的波及,未受任何影响。最后,国会预算办公室估计,ATRA将筹集的6 000亿美元只相当于国会在2013年1

---

① 本·伯南克(Ben S. Bernanke),*The Courage to Act: A Memoir of a Crisis and its Aftermath*(《行动的勇气:危机及其后果的回忆录》)(New York: W. W. Norton, 2015), 537—538。

月1日什么都不做将会筹集到的税收收入的20%。

自ATRA通过以来的三年多时间里,共和党和民主党在其他财政议题上一直处于对峙状态,到2013年元旦时,两党之间从未达成过任何真正的合作,无论是多么微小的都没有。国会治理的一个低谷是共和党人对奥巴马医改进行攻击,威胁可能导致联邦政府违约。这直接导致了在2013年9月和10月,政府关闭了近三个星期。在两极分化、僵持和功能失调的政治进程中,两党在财政问题上取得进展几乎是不可能的。与此同时,从大衰退中缓慢但相对稳定地复苏降低了赤字和债务占GDP的比例,同时也降低了进行"大协商"的动机(见附录,图A.1)。

2014年的国会选举对共和党产生了积极的影响,扭转了他们在2012年的失利,使他们重新掌控了参议院,并在一定程度上增强了共和党在政治中的影响力,为在财政问题上达成妥协创造了可能。然而,众议院中的茶党派系仍然势力强大,有能力阻止关于政府支出的提案,例如大幅增加基础设施投资(可能导致税收上涨)。与此同时,总统的否决权与共和党在参议院中微弱的优势相比,意味着总统可以阻止对重要社会福利项目的威胁或实施大规模减税的措施。2016年1月,总统果断行动,否决了共和党多数通过的取消奥巴马医改的法案。在参议院,共和党人只有52票,远低于推翻该法案所需的67票,但他们仍一致投票支持废除《平价医疗法案》,目的是表明态度,来强调总统选举的重要性。选举已经开始,这进一步降低了打破立法僵局的可能性。

唯一可能达成两党一致同意的重大财政行动是进一步减税。例如,在2015年12月,国会通过了各种减税措施,预计十年内削减额将超过6.5亿美元。这些削减措施包括一些得到民主党欢迎的措施,如永久延长儿童税收抵免和扩大低收入家庭的EITC(收入所得税抵免政策)。作为回报,共和党获得了他们期望的削减开支的批准,例如加速折旧,以及针对《平价医疗法案》所带来的对高成本、由雇主赞助的医疗计划所征收的税款。[①]

这一僵局的持续带来了高昂的代价。随着需求增长的放缓、福利项目支出的不断增加,以及更多减税措施的推行,国内可自由支配的项目规模持续下

[①] 大卫·赫森霍恩(David M. Herszenhorn),"国会及时通过了减税的一揽子方案",《纽约时报》,2015年12月17日。

降,为经济带来了巨大的压力。这对中产阶级和贫困家庭的生活造成了更大的压力,特别是那些受到持续高失业率影响的家庭。与此同时,富裕家庭几乎垄断了经济复苏所带来的所有利益。对教育、基础设施修复和发展,以及环保项目的无情压力是复古自由主义税收和财政体制的核心特征。

复古自由主义体制的未来

美国税收的历史经常充满动荡,涉及国家利益与现代企业利益的对抗。这一历史的结果一直充满不确定性。是否存在可能导致危机的因素,这些危机可能与复古自由主义者的构想不同,并且它们的介入是否足以动摇复古自由主义体制,从而催生一个新的体制呢?

答案取决于复古自由主义体制内部有多少潜在弱点,取决于复古自由主义者是否能够成功解决这些长期的限制,以及取决于是否有政治和经济上可行的替代制度能够成功出现。

作为财政体制的一部分,复古自由主义的税收体制的弱点和局限性相当显著。这包括过度夸大供给侧对经济的好处,倡导大规模的资本税收减免政策以及整体财政收入的相对较小规模。新体制似乎缺乏"二战"时期体制的能力,后者通过凯恩斯主义机制在短期内刺激需求,并通过社会投资刺激长期生产率增长。实际上,复古自由主义的税收政策偏向于对依赖资本收入的人提供补贴,这可能会加剧收入和财富的不平等,减少对商品和服务的需求,增加发生重大金融危机的风险,从而提高经济的不稳定性。另一场类似于"大衰退"的危机几乎肯定会对复古自由主义体制造成致命打击。此外,如果美国公众要求大幅增加国防支出、公民权益,以及在教育、基础设施和环境保护方面进行公共投资,复古自由主义体制将缺乏满足这些需求的能力。最后,该体制缺乏一种结构,能够满足公众对横向或纵向财政公平的期望。这些挑战是巨大的,要解决它们几乎肯定需要一个新的税收体制。

也许由复古自由主义者所感知和定义的美国政府危机已经导致了不平等,或者说美国中产阶级正在经历一场危机。2016年5月,民粹运动的力量推选伯尼·桑德斯(Bernie Sanders)和唐纳德·特朗普(Donald Trump)为两大政党的总统候选人,无疑表明了这一点。如果是这样的话,这次选举可能标志着一个新的财政体制的出现(通过削弱有组织的复古自由主义运动的影响力,并为民主党候选人桑德斯和希拉里·克林顿在2016年竞选期间提出的那种税收改革打开大门),或者类似于"二战"时期体制的回归。截至5月初,桑德斯已提议通过一项特殊的全面所得税和新的雇主社保税来为扩大规模的医疗体系提供资金。此外,他的计划还包括提高最富有纳税人缴纳的所得税、社保税和遗产税;对金融交易征收新税;以及征收碳排放税。根据税收政策中心的分析,他的税收提案将在未来十年至少筹集15.3万亿美元。希拉里·克林顿的提议较为温和,但仍然规模显著。她主张提高对高收入者和跨国公司的税收,废除对化石燃料行业的激励措施,并提高遗产税。税收政策中心估计,她提出的增税方案有四分之三将落在社会前1%的纳税人头上,并将在未来十年内筹集到1.1万亿美元的收入。①

在2016年这个值得人们记住的选举年,总统的领导力一直对新税收体制的形成产生着重大影响。共和国早期、南北战争、第一次世界大战、大萧条和第二次世界大战时的税收体制的确立都分别得益于华盛顿总统、林肯总统、威尔逊总统和罗斯福总统的领导。复古自由主义体制在很大程度上要归功于里根建立的意识形态基础,但里根也通过他的1981年增税和1986年税收改革法案为延长第二次世界大战时的税收体制寿命做出了贡献。尽管代表复古自由主义的乔治·W.布什(George W. Bush)相对低调,但他在推翻"二战"时的体制方面也发挥了关键作用。

撇开2016年的政治环境,历史记录或许可以提供一些洞见,阐述总统和其他改革者将如何用一种在财政和社会上能够获得广泛支持、根基牢靠的新税收体制来取代过时的复古自由主义体制。

不管这些改革者的目的是什么——促进国内储蓄(公共的和私人的)、提

---

① 玛格特·桑格-卡茨(Margot Sanger-Katz),"就目前而言,伯尼·桑德斯的医疗改革方案更像是一个税收改革方案",《纽约时报》,2016年1月19日;弗兰克·萨马蒂诺(Frank Sammartino)、吉姆·纳恩斯(Jim Nunns)、约瑟夫·罗森伯格(Joseph Rosenberg),以及杰夫·罗哈利(Jeff Rohaly),"关于参议员伯尼·桑德斯的税改方案的分析",税收政策中心,2016年3月4日;以及理查德·奥西尔(Richard Auxier)、伦·伯曼(Len Burman)、吉姆·纳恩斯(Jim Nunns),和杰夫·罗哈利(Jeff Rohaly),"关于希拉里·克林顿的税改方案的分析",税收政策中心,2016年3月3日。税收政策中心报告来自 http://election2016.taxpolicycenter.org/(最后一次访问于2016年4月21日)。

高经济生产力、促进分配公平、增加人力资本、建设国家基础设施、增加就业或保护环境——改革者必须以足够的连贯性、内部鲜明的优先次序和对公众足够的感染性和戏剧性来阐明他们的目标,从而能在短期和长期都取得成功。如果要税收能可持续地增加,就必须明确和令人信服地说明增税的具体目的,并将其与政府的运营宗旨相联系,同时与民间社会中的相关团体建立联系和沟通机制。这样才能提供最大的成功潜力,将税率的任何变化纳入一个综合的财政项目——该项目能将所有联邦税收和支出模式系统有机地结合起来。

这一进程还需要进行根本性的税收改革。改革者必须论证,不仅新的社会投资和社会服务项目需要大量新的税收收入——这是"文明的代价"——而且更多的税收收入应该伴随着让税收系统变得更好(意味着更公平、更经济有效和更透明)的改革。因此,改革者可以将税收意识、税收遵从和稳定高效的政府联系起来。这种社会计划的结合,涵盖更广泛的范围、更公平的税负分配,以及更高水平的纳税认可,可能会产生一个具有高度韧性和持久性的税收制度。

附　录

表 A.1　　1902－1983 年,政府支出占国民生产总值(GNP)的比例

年份	联邦	州	地方政府	合计
1902	2.6%	0.9%	4.1%	7.6%
1913	2.4	1.0	4.6	8.0
1927	3.7	2.2	5.9	11.8
1932	7.4	4.9	9.2	21.5
1936	11.1	4.7	4.5	20.3
1940	10.1	5.2	5.0	20.3
1950	15.6	5.3	3.7	24.6
1960	19.2	6.2	4.4	29.8
1970	21.0	8.5	4.0	33.5
1980	23.5	9.8	3.1	36.4
1983	26.4	10.0	4.5	40.9
1989	24.4	7.7	7.1	39.1

资料来源:财政部、州和地方财政办公室,"联邦—州—地方关系"(1985 年 9 月),51,54;联邦储备系统理事会,《联邦储备公告》,77(1991 年 3 月),A53;以及政府间关系咨询委员会,《财政联邦制的重要特征,收支》,第 2 卷(1991 年 10 月),81。政府间转移被分配给捐助者一级。

表 A.2　　　　　　　　　　联邦政府按职能划分的支出

年份	国防	邮政	教育	高速公路	健康与福利	管理和利息
1902	28.8%	22.0%	0.7%	—	0.2%	47.6%
1913	25.8	27.8	1.9	0.5%	0.2	44.8
1927	17.4	20.1	0.5	2.6	1.2	58.1
1932	19.2	18.6	0.6	5.6	1.2	57.6
1936	10.2	8.2	3.6	8.8	5.8	63.4
1940	15.8	8.0	3.4	7.9	7.1	57.7
1950	41.0	5.0	5.5	1.1	12.7	33.9
1960	50.3	3.8	1.1	3.1	16.1	24.9
1970	40.5	3.8	1.9	2.4	24.8	24.4
1980	24.2	2.9	2.7	1.6	35.4	32.1
1983	26.2	2.7	2.9	0.3	35.6	31.6
1990	25.0	2.0	3.0	2.5	46.5	21.0

资料来源:财政部、州和地方财政办公室,"联邦—州—地方关系"(1985年9月),54;联邦储备系统理事会,《联邦储备公报》,77(1991年3月),A29。

表 A.3　　　　　　　　　　按税收类型划分的政府收入分配情况

年份	所得税	营业税	财产税和使用税	捐税和其他	合计
1902	—	37.5%	51.4%	11.1%	100%
1913	1.5%	29.5	58.7	10.3	100
1927	24.3	16.5	50.0	9.2	100
1932	14.5	18.6	56.2	10.7	100
1936	15.8	32.0	38.7	14.2	100
1940	19.4	32.4	34.9	13.3	100
1950	54.1	25.4	14.4	6.1	100
1960	58.2	21.6	14.5	5.7	100
1970	59.2	20.9	14.6	5.3	100
1980	63.4	19.5	11.9	5.2	100
1983	59.3	20.4	13.4	6.9	100
1990	56.7	21.1	11.6	10.6	100

资料来源:财政部、州和地方财政办公室,"联邦—州—地方关系"(1985年9月),47—49;商务部,"当前商业调查",72(1992年3月),10。

表 A.4　　　　　　　　1987 年各种税收对税收总收入的贡献

	个人所得税	企业所得税	商品和服务税
美国	36.2%	8.1%	16.7%
加拿大	38.7	8.0	29.8
法国	12.7	5.2	29.3
德国	29.0	5.0	25.4
日本	24.0	22.9	12.9
荷兰	19.7	7.7	26.0
瑞典	37.2	4.1	24.1
瑞士	34.0	6.2	19.1
英国	26.6	10.6	31.4

资料来源：OECD 国家数字统计，OECD 观察员补编第 164 号（1990 年 6/7 月，巴黎）。

表 A.5　　　　　　　　1987 年税收总额[a] 占国内生产总值的比例

美国	30.0%
加拿大	31.3
法国	44.8
德国	37.6
日本	30.2
荷兰	48.0
瑞典	56.7
瑞士	32.0
英国	37.5

注：a 包括了社会保障捐款。

资料来源：OECD 国家数字统计，OECD 观察员补编第 164 号。

附 录

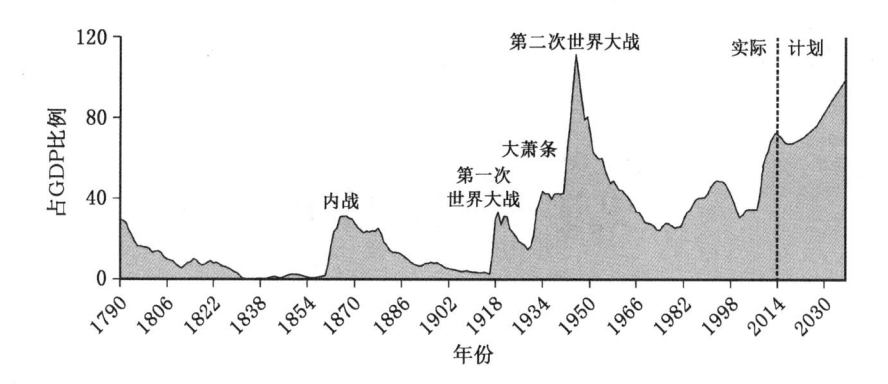

资料来源：国会预算办公室，"公众持有的联邦政府债务的历史数据"（2010年7月）（www.cbo.gov/publication/21718）。1929年以后的数据反映了经济分析局最近对过去几年GDP估计的修正，以及国会预算办公室对预计未来GDP修正的推断。

图 A.1　联邦政府债务占 GDP 的比例

275

史学和书目(后记)

在第一次世界大战即将结束的时候,奥地利社会学家鲁道夫·戈德沙伊德(Rudolf Goldscheid)提出了一项创新的研究方法——"财政社会学",用以深入探讨公共预算问题。他的理念是将预算剖析为一个"去除所有误导性意识形态的国家框架",以更为客观的方式进行分析。① 戈德沙伊德解释说:"任何社会和经济秩序在公共家庭(public household)中都能得到清晰体现,……国家一定与其财政系统有紧密联系,每个私人家庭(private household)都与国家家庭(state household)息息相关。"② 另一位奥地利学者、经济学家约瑟夫·熊彼特(Joseph Schumpeter)对戈德沙伊德的提议表示认同,并强调财政社会学应该具有历史基础。1918年,熊彼特宣称:

一个民族的精神、文化水平、社会结构以及政策所对应的行为,所有这些,甚至更多,都记录在其财政历史中。那些能够理解并消化这些信息的人,比其他任何人更能敏锐地感知世界历史的变迁。③

严重的战时财政危机和奥匈帝国的崩溃引发了大量有关现代国家意义的激烈辩论,这促使戈德沙伊德和熊彼特进一步深化了他们对财政社会学、财政

---

① 熊彼特(Schumpeter)翻译,原书作者鲁道夫·戈德沙伊德(Rudolf Goldscheid),*The Crisis of the Tax State*(《税收国家的危机》),5—38。

② 鲁道夫·戈德沙伊德(Rudolf Goldscheid),"A Sociological Approach to Problems of Public Finance"("一个用来解决财政学问题的社会学方法"),收录在理查德·马斯格雷夫(Richard A. Musgrave)和艾伦·皮科克(Alan T. Peacock)(London, Macmillan, 1962)主编的 *Classics in the Theory of Public Finance*(《财政学理论经典集》)一书中,202—213。

③ 熊彼特(Schumpeter)翻译,原书作者鲁道夫·戈德沙伊德(Rudolf Goldscheid),*The Crisis of the Tax State*(《税收国家的危机》),7。

史和税收史的兴趣。

类似的,美国经历的严重财政危机也引发了学术界对税收历史及其财政政策背景的浓厚兴趣。一次这样的兴趣高涨出现在19世纪70年代开始的经济衰退(即严重的经济萧条)及其延续到20世纪30年代的财政紧张和冲突时期,以及20世纪两次世界大战期间。第二次兴趣高涨在一代人之后的20世纪70年代,并一直延续至今。这与两个相互关联的过程密切相关:新政带来的"简易财政时代"(era of easy finance)引发的经济侵蚀,以及对20世纪在国家危机期间建立起来的财政机构的持续政治攻击。这两次浪潮都旨在研究税收历史,以更深刻地理解当下的政策选择,丰富对美国社会和政府的认识。

累进税制史

历史学家中很少有人像熊彼特那样,认同通过税收史来理解一个社会的潜力。即便其他学科近来对税收史的兴趣逐渐增加,但他们在美国税收史的学术研究方面贡献相对较少。可以确定的是,历史学家对税收演变的某些具体问题和历史阶段进行了专题研究,偶尔也会就更广泛或相关的话题对税收政策发表评论。然而,历史学家在很大程度上将总体解读和全面衡量的分析留给了政策学家,尤其是政治学家和经济学家。

许多关于美国税收的综合历史书籍都是由其他学科的专业人员所著,例如经济学家罗伊·布莱基(Roy G. Blakey)和格拉迪斯·布莱基(Gladys C. Blakey)、律师伦道夫·保罗(Randolph E. Paul)、经济学家埃德温·塞利格曼(Edwin R. A. Seligman)、经济学家弗兰克·陶西格(Frank W. Taussig)以及政治学家约翰·维特(John Witte)。由于历史学家的相对匮乏,这些著作在一定程度上仍然对当代学生具有重要价值。唯一一部由历史学家编写的全面叙述美国税收史的著作是西德尼·拉特纳(Sidney Ratner)的《美国税收史:作为推动民主社会力量的历史》(1942年),以及它的更新版本《税收和美国的民主》(1967年),以及我所著的两个版本的《美国联邦税简史》(1996年和

2004年)。① 在第二次世界大战期间,由于详尽地描述了当时引入的大规模个人所得税,我认为拉特纳的著作是关于联邦税收史最出色的一本书。

在拉特纳的研究之前,其他综合历史著作提供了有益的补充。陶西格多个版本的《美国关税史》使其成为研究关税制度的历史学家中的佼佼者。尽管已经过去了三代人,但他的地位至今无可撼动。他的普遍结论——即使在理论上可能令人反感,美国的关税对国内经济的影响仍然是有限的——在现今仍然是这一领域的广泛共识。② 埃德温·塞利格曼在税收史方面做出了许多贡献,但最值得人们铭记的是他的作品《所得税:国内外所得税的历史、理论和实践》(1914年)。这是关于美国所得税的最佳历史著作,涵盖了所得税的欧洲背景。③ 布莱基夫妇的《联邦所得税》(1940年)凸显了拉特纳在学术领域的贡献,特别是关于第一次世界大战和20世纪20年代所得税演变历程的部分。④ 关于20世纪40和50年代大众基础的所得税,伦道夫·保罗(Randolph E. Paul)所著的《美国税制》(1954年)提供了最翔实的阐述,尽管位列第二次世界大战时期税收立法的核心参与者中,但没有用脚注来记录历史(指保罗的书缺乏学术著作常见的详细引用和诠释——译者注)。⑤ 约翰·维特的《联邦所得税的政治与发展》(1985年)为20世纪60年代到80年代初期的联邦税收政策提供了最为详细的论述。⑥

除了约翰·维特和我的著作外,所有这些论著都是在有争议的国家危机时期(从19世纪70年代到20世纪40年代)产生的。这些学者除了陶西格

---

① 见拉特纳的 American Taxation and Taxation and Democracy in America(《税收和美国的民主》),以及布朗利的 Federal Taxation in America(《美国联邦税简史》),第一版(1996)和第二版(2004)。拉特纳在经济和历史学科中都有很高的专业造诣。1942年在哥伦比亚大学获得博士学位后,他在经济战争委员会(the Economic Board of Warfare)、外经贸局(the Foreign Economic Administration),以及国务院的规划部(the planning division of the State Department)都曾任职过。1946年,他加入了罗格斯大学(Rutgers University)的历史系。见里德·艾伯森(Reed Ableson)的"关于西德尼·拉特纳———位经济史专家——的讣告,87",《纽约时报》,1996年1月17日。

② 其中最新的一版是陶西格,*The Tariff History of the United States*(《美国关税史》)。

③ 见塞利格曼的 *The Income Tax*(《所得税:国内外所得税的历史、理论和实践》)。关于他对税收史其他方面的贡献(包括财产税和企业税),见塞利格曼的 *Essays in Taxation*(《税收领域的一些论文》)。

④ 布莱基夫妇,*The Federal Income Tax*(《联邦所得税》)。

⑤ 见保罗的 *Taxation in the United States*(《美国税制》)。

⑥ 见维特的 *The Politics and Development of the Federal Income Tax*(《联邦所得税的政治与发展》)。

278

外,都集中关注所得税的历史。并且除了约翰·维特和我之外,所有学者都是在一个"累进制"的知识框架下进行写作的。

西德尼·拉特纳清晰地阐释了这种方法。他认为20世纪财政与税收史的主题是在"对社会正义的渴望与私人利益的矛盾"之间的纠结。1942年,当拉特纳的书出版时,罗斯福新政由于确定了累进所得税的地位,而被认为是社会正义取得了明显胜利的标志。拉特纳将其称为"为实现和维护民主的经济目标而取得的卓越成就"。此外,所得税的采纳和规模扩大似乎为一个资金充足的福利国家和一个能够捍卫全球民主事业的联邦政府奠定了坚实基础。拉特纳对税收史的解释是在20世纪从一个更进步的视角看政府和改革的历史。这种观点认为,新政的改革运动是社会民主的一种表现,也是劳动人民——农民和工厂工人——的胜利。[1]

后进步主义的社会利益分析

近几十年来,研究联邦税制历史的政治学家、经济学家、社会学家和历史学家对所得税的"累进制历史"表现出浓厚兴趣。他们这样做是为了解决,用熊彼特的话说[2],"是谁或谁的利益使国家机器如此运转起来"这一问题。在这个过程中,他们提出了一系列能够改变税收政策的因素。在某些情况下,这已经超越了所得税的历史范畴。

---

[1] 拉特纳,*American Taxation and Taxation and Democracy*(《税收和美国的民主》),14和16页。在税收和税收政策上的史学专业加强了拉特纳关于进步的阐述。例如,在一篇具有影响力的文章中,历史学家埃尔默·埃利斯(Elmer Ellis)提供了证据,支持了西德尼·拉特纳关于农民在联邦所得税创立过程中所起的重要作用。埃利斯,"公众意见和所得税,1860—1900",225—242。然而,拉特纳和塞利格曼弱化了另一个民主力量的重要性:单一税制运动。一些学者已经就此给出了分析。例如,杨(Young)的 *The Single Tax Movement in the United States*(《美国的单一税制运动》);史蒂文·科德(Steven B. Cord)的 *Henry George:Dreamer or Realist?*(《亨利·乔治:梦想家还是现实主义者?》)(Philadelphia:University of Pennsylvania Press,1965);达登(Dudden)的 *Joseph Felsand the Single-Tax Movement*(《约瑟夫·费尔桑德:单一税制运动》);除此之外,理查德·林德霍尔姆(Richard Lindholm)和亚瑟·林恩(Arthur Lynn)主编的 *Land Value Taxation:The Progress and Poverty Centenary*(《土地增值税:进步与贫困百年纪念》)(Madison:University of Wisconsin Press,1982)一书中有许多有价值的文章和讨论,尤其是梅森·加夫尼(Mason Gaffney)的"Two Centuries of Economic Thought on Taxation of Land Rents"("地租税两个世纪以来的经济思考"),151—196。

[2] 熊彼特(译),"税收国家的危机",19。

一些学者对社会利益的进步解读提出了质疑,其中包括那些寻求"里根革命"及其对政府攻击的历史基础的保守派经济学家。最重要的是,他们认为历史的进程不是民主力量的胜利,而是从税收收入中大量获利的狭隘的利己主义集团对"国家"的占据。本·巴克(Ben Baack)和爱德华·雷(Edward J. Ray)在一篇重要的文章中指出,"当前特殊利益政治对我们国家福祉的影响问题,其根源在于上世纪初联邦可自由支配支出存在明显的自我偏好"以及联邦所得税的颁布实施。他们宣称,授权征收联邦所得税的宪法第十六号修正案的通过,是为了增加可观的政府额外收入,是特殊利益集团寻求大幅增加军事开支和社会福利计划资金的结果。① 对公共部门扩张的这种保守解读最全面的表述是经济学家兼经济史学家罗伯特·希格斯(Robert Higgs)所著的《危机与利维坦:美国政府扩张中的关键事件》(1987年)。希格斯认为,第十六条修正案的通过为那些特殊利益集团提供了一个契机,主要是为他们最喜欢的项目提供政府资金支持。②

尽管存在许多分歧,但进步和保守两种派系的观点都认为,联邦所得税大大加强了国家的权力。然而,最近许多税收史学家在追溯各群体和阶级的影响时,却从一个完全不同的角度提出了自己的观点。他们没有试图解释利维坦的崛起,而是强调并试图理解现代联邦政府的脆弱之处。

在此过程中,分析专家首先指出了三个看似相互关联的财政特征。第一个是相较于西欧国家而言,美国税收收入在国家总收入中所占比重较小。第二是高质量的累进所得税制,其特点在于优惠税率和税式支出。第三个特征是联邦政府巨大的预算赤字。自1980年以来的大多数年份里,赤字的绝对规模一直在增长。

在确定这些特点的过程中,一些分析人士撰写了关于包括美国公共财政机构在内的20世纪公共财政机构国际发展的创新史。两个例子是斯文·斯坦莫(Sven Steinmo)所著的《税收与民主:瑞典、英国和美国为现代国家融资

---

① 巴克(Baack)和雷(Ray),"The Political Economy of the Origin and Development of the Federal Income Tax"("联邦所得税的起源和发展:政治经济学的视角"),121—138。

② 见罗伯特·希格斯(Robert Higgs),*Crisis and Leviathan: Critical Episodes in the Growth of American Government*(《危机与利维坦:美国政府规模增长中的关键经历》)(New York: Oxford University Press,1987)。

的方法》(1993年)和卡罗琳·韦伯(Carolyn Webber)与亚伦·维尔达夫斯基(Aaron Wildavsky)所著的《西方世界税收和支出历史》(1986年)。①

研究美国税收制度弱点的学者们发展了两种截然不同的分析方法,但这两种方法都是基于对熊彼特所谓的"社会权力关系"的分析。

第一批关注政府弱点的学者在传统的财政分析框架下进行研究,这一框架可以追溯到鲁道夫·戈德沙伊德。他的核心观点是阶级政治导致国家陷入贫困。他认为,资本主义削弱了封建国家的势力,而封建国家通常因为政府拥有巨量的资产而具有强大的财政权力。他认为,"新兴的资产阶级阶层期望一个贫困的国家,一个依靠个体努力和贡献来获取收入的国家,因为这些阶级明白他们的权力取决于国家是否富有"。于是,资本家们通过剥夺国家原有的资产的方式征服了这个国家,建立了一个"税收国家"。这种国家依赖于向掌握国家控制权的资本家征税或乞讨。资本家只在必要时才利用财政手段"增加利润和扩大权力"。②

现代"资本主义国家"理论家在戈德沙伊德的解释的基础上,试图理解为何美国政府未能采取重大的社会投资计划或累进式的财富再分配计划。这些学者,主要是政治学家,强调企业部门领导的影响,并认为在19世纪,大公司和最富有的美国人掌握了联邦财政政策的制定权,以保护投资体系和他们自己的权力。这些学者因而认为,联邦政府放弃了以累进的方式重新分配财富,而是加强了资本积累。他们认为,在这样做的同时,美国政府必须与由民主政

---

① 斯文·斯坦莫(Sven Steinmo),*Taxation and Democracy: Swedish, British and American Approaches to Financing the Modern State*(《税收与民主:瑞典、英国和美国为现代国家融资的方法》)(New Haven: Yale University Press, 1993),以及卡罗琳·韦伯(Carolyn Webber)和亚伦·维尔达夫斯基(Aaron Wildavsky),*A History of Taxation and Expenditure in the Western World*(《西方世界税收和支出历史》)(New York: Simon & Schuster Press, 1986)。两份杰出的国际比较史研究没有包括美国,而是针对从现代早期至工业革命的欧洲大陆。见收录在查尔斯·蒂利(Charles Tilly)主编的 *The Formation of National States in Western Europe*(《西欧民族国家的形成》)(Princeton: Princeton University Press, 1975)一书中加布里埃尔·阿丹特(Gabriel Ardant)撰写的章节,"Financial Policy and Economic Infrastructure of Modern States and Nations"("现代国家的财政政策和经济基础设施"),164—242;以及收录在彼得·马蒂亚斯(Peter Mathias)和西德尼·波拉德(Sidney Pollard)主编的 *The Cambridge Economic History of Europe*(《剑桥欧洲经济史》),第8卷,*The Industrial Economics: The Development of Economics and Social Policies*(《产业经济学:经济和社会政策的发展》)(Cambridge: Cambridge University Press, 1989)一书中由 D. E. 施雷默(D. E. Schremmer)撰写的"Taxation and Public Finance: Britain, France, and Germany"("税收和财政:英国,法国和德国"),315—494 这部分。

② 戈德沙伊德,"社会学的方法",203,205,209 和 211。

治制度造成的两难困境作斗争：它如何在最大限度地增加资本积累的同时，应对要求再分配公平的民主压力？

在关注财政问题的资本主义国家理论家中，最著名的是历史学家和政治学家罗伯特·斯坦利(Robert Stanley)。他在《为秩序服务的法律维度：联邦政府所得税的起源，1861—1913》(1993年)一书中描述了联邦所得税从南北战争至1913年间的早期历史。他认为，南北战争法的通过、第十六修正案的颁布，以及1913年联邦所得税的重新制定颁布，都表达了资本主义的愿望，即"借助强化现有的状态来对抗政治上左翼或右翼的激进势力的攻击，从而保持现有的财富和机遇的不平等结构，而不是改善或消除它"。[1] 与斯坦利所著的税收史一致的是一部关于新政税改的所得税史书——《象征性改革的界限：新政与税收》(1984年)，由历史学家马克·莱夫(Mark Leff)撰写。在这本书中，他认为富兰克林·罗斯福在税收改革中只寻求象征性的胜利，不愿意通过实施有实质影响的收入和财富再分配计划，或者通过大幅增加对美国中上收入阶层的税收来对抗资本主义力量。因此，斯坦利和莱夫认为，第二次世界大战前的所得税提案是空洞的，主要是为了表面安抚民主力量而做出的象征性努力。[2]

政治学家罗纳德·金(Ronald King)在他的著作《金钱、时间和政治：投资税减免和美国民主》(1993年)中提出了自己的观点。金延续了斯坦利和莱夫叙述的故事，并将其推进到"二战"后的时代，这个时代所得税收入主要来自工资和薪金，而不是像早期那样主要来自利润、股息和租金。他并不强调象征性地采用累进制来平息民主力量。相反，他强调了"霸权主义税收逻辑"的作用，这一逻辑基于美国资本主义的需求。尽管这种理论最初出现于20世纪20年代，但直到第二次世界大战之后才开始盛行。金认为，这一逻辑要求联邦政府采取促进资本积累的税收政策，同时强调这些政策是提高生产力、工资水平和就业率的手段。他认为"二战"后的所有总统在设计他们的税收政策时都援引了这一逻辑。然而，他发现，约翰·F.肯尼迪政府在利用投资税收补贴以适应企业家与劳动者之间的潜在冲突方面表现得最具创造性。因此，根据金的观点，肯尼迪是"战后美国政权的典型总统"。所以，金认为联邦税法的漏洞不

---

[1] 见斯坦利，*Dimensions of Law in the Science of Order*(《为秩序服务的法律维度》)，8—9。
[2] 见莱夫，*The Limits of Symbolic Reform*(《象征性改革的界限》)。

仅仅是"为了迎合某一特定派系的自私需求而偶然产生的漏洞"。金认为,这些漏洞"反映了与系统政策目标相一致的更有意识的意图"。①

解释美国现代国家财政弱点的第二种方法来自自称"多元主义者"的学者们,他们强调税收政策受到各种竞争利益集团的多重影响。他们详细说明了美国政治制度如何鼓励将政治体系分裂成局部利益和特殊利益。与理论主义的资本主义国家学者不同,多元主义者强调联邦税收政策的经济失灵特征,特别是优惠税率和税式支出的复杂影响机制。在这一观点下,联邦税法常常扭曲经济决策,削弱联邦政府所得税收入的税基。政治学家约翰·维特(John Witte)在他的著作《政治与联邦所得税的发展》中描绘了最全面的多元主义视角下的所得税历史。他将税收制度描述为"极其复杂,可能已经达到了合法性、满足税收收入需求的能力和改革能力的极限"。经济学家查尔斯·吉尔伯特(Charles Gilbert)在他的著作《第一次世界大战的美国融资》中对第一次世界大战期间美国的税收政策也做出了类似的判断。②

需要强调的是,这种对多元主义学术产生对政治进程的负面评价的描述,仅适用于那些在财政历史领域做出了大量贡献的多元主义学者。其他多元主义学者虽然将政治描述为多元主义,但提供了更为正面的评价。然而,几乎没有一个在规范性评价方面表现出色的多元主义学者对财政历史做出了重大贡献。③

多元主义学者对"社会权力关系"的分析与资本主义国家理论家形成了鲜明对比。多元主义者强调了中产阶级群体在政治进程中占主导地位的程度。因此,政治科学家卡罗琳·韦伯(Carolyn Webber)和艾伦·维尔达夫斯基(Alan Wildavsky)在《西方世界税收和支出史》(1986年)一书中写道:"正如波戈(Pogo)可能会说的那样,我们——广大中下层阶级——已经满足了特殊

---

① 见金,*Money, Time and Politics*(《金钱,时间和政治》),37,316,以及他的论文,"From Redistributive to Hegemonic Logic"("从再分配到霸权的逻辑"),1—52。

② 维特,*The Politics and Development of the Federal Income Tax*(《政治与联邦所得税的发展》),23;吉尔伯特,*American Financing of World War I*(《第一次世界大战的美国融资》)。

③ 罗伯特·达尔(Robert A. Dahl)和塞缪尔·海斯(Samuel P. Hays)是乐观的多元主义学者中最典型的两位代表。见罗伯特·达尔(Robert A. Dahl)的 *Democracy and Its Critics*(《民主及其批评者》)(New Haven: Yale University Press,1969),和塞缪尔·海斯(Samuel P. Hays)的 *The Response to Industrialism*,1885—1914(《对工业主义的回应,1885—1914》)(Chicago: University of Chicago Press,1957)。

利益,他们就是我们。"其结果,用约翰·维特的话来说,是一种"实质上对穷人免税、以非常稳定的税率向广大中产阶级征税,以及根据政治和意识形态的不断变化对富人征收不同税率"的系统。有影响力的政治科学家在分析了美国社会保障制度的历史,包括其融资情况后得出了类似的关于权力分配的结论。一些例子包括玛莎·德西克(Martha Derthick)的《社会保障政策制定》(1979年)和卡罗琳·韦弗(Carolyn L. Weaver)的《社会保障危机：经济和政治根源》(1982年)。①

在过去,中产阶级利益集团之间的相互摩擦削弱了税收国家的权力,这一多元主义视角的解释影响了"衰落论"学者在公共场合的发言。这些学者包括历史学家保罗·肯尼迪(Paul Kennedy),他在《大国的兴衰:1500到2000年间的经济和军事冲突》(1988年)中探讨了国家的崛起和衰落;政治学家大卫·卡利奥(David Calleo),他在《超越美国霸权:西方联盟的未来》(1987年)和《美国的破产:联邦政府预算如何让国家贫穷》(1992年)中表达了对美国公民文化衰落的担忧。这些学者将庞大的联邦预算赤字视为衰落的征兆,并将其归咎于未能取得足够的税收收入。他们尤其指责中产阶级对低税率的偏好,包括迎合中产阶级消费模式的税收优惠,而这些钱本可以用于公共社会投资。卡利奥指出,美国的经济问题在很大程度上是由于民主党的税收政治而付出的代价。他提出,只有通过首先改革税收政治进程,将税收制度与民主政治隔离开来,才能实现对公共部门的重大改革。这种观点凸显了税收政策与国家繁荣和文化衰落之间的复杂关系。②

---

① 韦伯和维尔达夫斯基,*A History of Taxation and Expenditure in the Western World*(《西方世界税收和支出史》)(New York：Simon & Schuster Press,1986),531;维特,*The Politics and Development of the Federal Income Tax*(《政治与联邦所得税的发展》),21;玛莎·德西克(Martha Derthick),*Policymaking for Social Security*(《社会保障政策制定》)(Washington, D. C.：Brookings Institution Press,1979);以及韦弗(Weaver),*The Crisis in Social Security*(《社会保障危机》)。

② 见保罗·肯尼迪(Paul Kennedy),*The Rise and Fall of the Great Powers：Economic and Military Conflict from 1500 to 2000*(《大国的兴衰：1500到2000年间的经济和军事冲突》)(New York：Random House,1988),434,527,以及534－535;以及大卫·卡利奥(David Calleo),*Beyond American Hegemony：The Future of the Western Alliance*(《超越美国霸权:西方联盟的未来》)(New York：Basic Books,1987),109－113和126,和 *The Bankrupting of America：How the Federal Budget Is Impoverishing the Nation*(《美国的破产:联邦政府预算如何让国家贫穷》)(New York：Morrow,1992)。

因此,政治科学家和经济学家戏剧性地强调了西德尼·拉特纳(Sidney Ratner)所称赞的民主力量。在新的税收历史中,民主的力量似乎被狭隘的利益集团颠覆(这是保守观点的解释),或者被资本家或其代理人占据(这是资本主义国家的观点),又或者被互相竞争的利益集团间的过度摩擦所改变(这是多元主义分析的观点)。

对国家所扮演的角色的后进步主义观点

这些关于美国税收的主要后进步主义解释都借助"以社会为中心"而不是"以国家为中心"的方式展开。换句话说,在解释联邦政府的发展和财政政策时,每种解释更加关注政府外部利益的影响,而非政府内部利益的影响。

然而,与此同时,保守主义、国家资本主义和多元主义的解释都在方法论上密切关注着国家所扮演的角色。每种解释都比进步主义的历史学派更清楚地阐明了国家的作用。即使是关注于国家弱点的多元主义视角的解释在理论上也定义了国家的作用。保守派和国家资本主义的论点都认为机构有一定程度的自治权。

保守的财政故事几乎没有提供对联邦政府机构的详细分析,但在故事中,联邦政府在20世纪获得了相当大的自治权。保守派学者特别强调了联邦政府在操纵政治以削弱美国传统的纳税抵抗方面的成功,尤其是在新政和第一次世界大战期间。保守派学者的特点是,各州的代理人掌握了国家交流的工具,操纵联邦权力来阻止或抑制基层对该州的挑战,并培养了一批能够设计出难以察觉其对自身日常生活产生影响的税收专家。例如,历史学家大卫·贝托(David Beito)在《起义的纳税人:大萧条时期的税收抵制》(1989年)一书中强调了抗税文化的力量。他声称,这种文化可以追溯到约翰·卡尔霍恩(John C. Calhoun)。贝托认为,这种文化最晚在上世纪30年代开始在州和地方两级都发挥了至关重要的作用。

保守派辩称,这个结果是政府规模的增长损害了生产率的增长,而这种增长既受到了利益集团政治的影响,也受到了国内一些利己主义、相对自主的代理人的影响。在某种意义上,这些保守派呼应了熊彼特关于社会福利项目规模扩大的警告:"如果通过扩大的财政规模已经创造出并部分形成了现代国家,那么国家就会接着反过来进一步提高财政规模,并侵蚀私有经济的利益。"保守派学者强调,为了恢复共和国的健康,有必要限制国家自治的权力,并提供历史证据支持施行新的宪法修正条款以发挥限制作用,例如平衡预算修正案和针对税率的第十三号修正案。①

他们认为,国家资本主义的财政政策理论家深刻理解政治领导人与资本家之间关系的复杂性,并认为前者在很大程度上能够获得自主权并在制定政策时发挥主动性。例如,罗伯特·斯坦利(Robert Stanley)指出,"政治官员"绝非仅仅是资本家的工具。相反,他们通过灵活运用多维度的法律条款,成为相对自主的托管人。因此,斯坦利深入研究了早期所得税的历史,将其视为"无所不在的法律环境",并探索了"立法机构与社会其他结构相互依存、相互共生的完整网络"。他指出,立法机构和法院认识到税法可能带来的"重大后果"以及其对财富分配的影响。通过行使自治权,他们通过法律塑造了民众的价值观和信仰。他将南北战争期间、1894年和1913年所得税的颁布与变革主要归因于资本家"受托人"的主动性。他认为关于所得税是否符合宪法的争论并非阶级之间的对抗,而是政府内部争夺分配机制控制权的争论。②

罗纳德·金(Ronald King)还揭示了国家在相当大程度上具有自治权的现象,这基于政治领导人负有调和各种竞争团体和阶级利益的责任。金认为,正是在有效履行这一责任的过程中,"二战"后税收制度的设计者们才开始考虑到劳动阶层的利益以及他们自身在资本积累方面的投入。这种转变体现为采用了"非零和生产率政治"(the politics of non-zero-sum productivity)和致力于促进经济增长的税收政策,代替了以前的"零和再分配博弈"(zero-sum redistribution game)。通过巧妙地调整税收政策,国家管理人员引导劳动力减轻对短期经济和财政收益的压力,从而有助于在"整个资本主义霸权范围内"实现长期利益。这种策略的核心在于在促进经济发展的同时平衡不同利

---

① 贝托,*Tax Payers in Revolt*(《起义的纳税人》);和熊彼特,"税收国家的危机",19。
② 斯坦利,*Dimensions of Law in the Science of Order*(《秩序科学中法律的维度》),3—14,136—175。

益,为整个社会创造非零和的生产力格局。①

相反,在多元主义的历史观中,联邦政府被视为一个弱点。多元主义者强调了他们对中产阶级力量的看重,他们认为美国这个国家如此脆弱,以至于不能承受利益集团之间相互竞争的考验。税务史学家中的多元主义者列举了一系列政治结构的薄弱点,包括政党四分五裂、"二战"后党派性的减弱、强化地方利益的体制以及官僚机构陷入多个决策节点的瘫痪状态。多元主义者认为,这些结构上的弱点,再加上高度民主的政府准入,以及几乎涵盖所有家庭和企业的税收制度,必然导致一种效率低下的税收政策:它是一种不连贯的、烦琐的政策,且无法产生足够的财政收入。由于这些结构上的弱点,那些希望进行公共财政改革的人们注定要经历一个缓慢而令人沮丧的过程。②

对于国家在税收政策中作用的多元主义理解的重要表达来自政治学家斯文·斯坦莫(Sven Steinmo)。他在《税收与民主:瑞典、英国和美国为现代国家资助的方法》(1993年)一书中指出,"政治权威的碎片化"——在预算约束和美国联邦制的鼓励下,地方主义蓬勃发展——导致了特殊利益集团的受益,但代价是政党利益的牺牲,同时也挫败了那些试图通过增加所得税基或转向征收消费税来扩大社会项目的改革者。这种分裂状况促使各个团体对任何增加其税收负担的行为表现出特别强烈的敌意。斯坦莫运用比较分析和政治科学中的"新制度主义"框架,深化了对美国税收发展的多元主义分析。这种方法强调政治权威的碎片化是如何在美国上演的,从而影响了税收政策的演变。通过这个框架,斯坦莫的研究为理解美国的税收体系提供了独特而深入的视角。③

---

① 有关金的核心论点,见金,*Money, Time and Politics*(《金钱、时间和政治》),47—85。
② 有关美国财政与美国国家结构的关系的多元主义者的历史论述,见巴拉德·坎贝尔(Ballard C. Campbell)主编的 *The Growth of American Government: Governance from the Cleveland Era to the Present*(《美国政府的发展:从克利夫兰时代到现在的治理》)(Bloomington: Indiana University Press,1995)一书中的"Paying for Modern Government"("为现代政府而支付的代价")一章,172—200。
③ 见斯文·斯坦莫(Sven Steinmo),*Taxation and Democracy*(《税收与民主》)。有关"新制度主义"的描述(它试图吸收在公共部门发展过程这一复杂的模型中各方面的影响因素),见詹姆斯·马奇(James G. March)和约翰·奥尔森(Johan P. Olsen)的 *Rediscovering Institutions: The Organizational Basis of Politics*(《重新发现制度:政治的组织基础》)(New York: Free Press,1989)。

民主制度主义(Democratic Institutionalism)

《美国联邦税简史》的最初两版以及与之配套的第一版《为现代美国融资，1941—1995：简易财政时代的兴衰》(1995年)，代表了一种明显不同于税收历史上多元主义、国家资本主义和保守主义方法的新观点。这一新的解释被称为"民主制度主义者"(democratic-institutionalist)。[①]

在"民主"方面，这一方法承认了除联邦政府之外的其他民主力量的权威性。例如，这些力量推动了20世纪税收制度的逐渐累进化，进而提高了再分配水平。在某种程度上，这也促成了我所谓的在21世纪初建立的"复古自由主义"制度在接下来30年内的发展。同时，这种解释强调了思想作为独立的、具有创造性潜力的力量。因此，累进制度的公平概念经常以"支付能力"作为税负标准来表达。这一理念在19世纪末至第一次世界大战期间通过联邦税收政策逐渐塑造和影响了民主力量的发展方向。总的来说，这一方法在承认民主力量和公平理念方面与过去的进步主义历史有很多共同之处。通过强调民主参与的力量，它为理解税收政策演变提供了新的视角。

然而，民主制度主义有三个关键方面与进步主义历史区别开来。首先，这一解释的"制度主义"层面强调了政府机构的作用，其中包括总统和国会领导、政府内的专家、政党体系以及宪法结构，它们在政策制定中发挥着关键作用。在这些政府机构中，思想是通过社会不断学习的过程逐渐形成的。总统和其他政策制定者，包括专家，运用各种理念来解释社会的变化。此外，他们通过激发这些理念，与其他感兴趣的群体在政府之外建立联盟。而这种联盟的建立往往鼓励了相关的政策社群的发展。

其次是强调历史的偶然性，而非民主制度的自然演变。最关键的是，这一方法指出国家面临的紧急状况严重影响了思想、民主力量和政策相互作用的具体方式，从而对财政体制产生了深远影响。例如，在每一次大型的现代战争中，总统都实施了税收改革，激发了与当时紧急状况相关的税收的民主理念，以活跃经济，为

[①] 见布朗利主编的 Funding the Modern American State, 1941—1995《为现代美国融资》）。

执政政府赢得支持,并将国家团结在战争的旗帜下。

该方法还强调了不同财政体制之间的过渡在很大程度上是"路径依赖"的。换句话说,每次在紧急情况下实施的税收制度改革都改变了经济和政治条件,使得联邦政府难以甚至不可能回归到紧急状态前实施的税收制度。因此,今天的税制呈现出一种层次性。每一层税收机构几乎就像地壳的一层,代表着早期时代或财政制度的遗产。①

最后一点强调经济发展是如何影响税收政策设计者的选择的。民主制度方法试图评估随着时间的推移,国家经济结构和组织状况的变化如何影响了民主理想的表述。例如,该解释承认在经济发展为有效率的所得税征管创造了适应条件之前,联邦政府不能实现"按能力纳税"的理想。一般而言,经济发展不仅指经济增长,还包括现代技术和组织结构的出现和完善,这决定了决策者可以选择的公共政策。②

关于税收历史的学术专著中,有一大部分可以被描述为"民主制度主义"范畴,尽管作者们并不一定使用这个术语。这类专著几乎涵盖了整个美国财政史。

对欧洲国家历史的重要比较研究不仅加深了对公共财政的理解,同时也

---

① 虽然民主制度主义对国家和社会的解释与保守主义的分析有显著的不同,但一位采用后一种方法的学者也强调国家危机的重要性和机构发展的路径依赖特征。见罗伯特·希格斯(Robert Higgs),*Crisis and Leviathan*(《危机与利维坦》),尤其是3—74。第一本,也是最重要的一本由历史学者撰写的讲述战争对公共支出影响的著作是艾伦·皮科克(Alan T. Peacock)和杰克·怀斯曼(Jack Wiseman)的 *The Growth of Public Expenditure in the United Kingdom*(《英国公共支出的增长》)(Princeton:Princeton University Press,1961)。有关路径依赖对历史演变影响的前沿理论学家是经济史学家保罗·大卫(Paul David)。例如,由多米尼克·福雷(Dominique Foray)和克里斯托弗·弗里曼(Christoper Freeman)主编的 *Technology and the Wealth of Nations*(《科技与国富论》)(New York:St. Martin's Press,1993)一书中收录的由保罗·大卫撰写"Path-Dependence and Predictability in Stochastic Systems with Network Externalities:A Paradigm for Historical Economics"("带有网络外部性的动态系统中的路径依赖和可预测性:给经济史研究的一个范例")一章。

② 经济学家理查德·马斯格雷夫(Richard Musgrave)所擅长的领域是思考经济结构变化与财政体制两者的关系。他提出了一个比这里讨论的更强的二者之间的关系。他强调,事实上,经济发达国家的结构变化给税收结构带来了巨大的影响,他认为这种影响就算没有战争的出现也会发生。见理查德·马斯格雷夫(Richard A. Musgrave),*Fiscal Systems*(《财政系统》)(New Haven:Yale University Press,1969),125—206。然而,马斯格雷夫在税收对经济发展的作用这一问题上不认为二者是互惠互利的关系。更普遍来说,经济学家和历史学家都没有对上述影响进行持续的分析。然而,有关南北战争之前的税收系统对经济发展的影响,见西拉(Sylla)的"Experimental Federalism"("实验性的联邦主义"),483—541。

深化了我们对美国在17世纪和18世纪税收制度发展的背景的认识。其中一些主要的著作包括理查德·邦尼(Richard Bonney)、帕特里克·奥布莱恩(Patrick K. O'Brien)和马克·奥姆罗德(W. Mark Ormrod)在理查德·邦尼(Richard Bonney)等人主编的《经济制度与国家财政》(1995年)和理查德·邦尼(Richard Bonney)等人主编的《欧洲财政国家的兴起,C. 1200—1815》(1999年)中的相关文章。这些研究提出了一个思考现代财政国家和权力意义的一般模型。此外,约翰·布鲁尔(John Brewer)所著的《战争、金钱和英国,1688—1783》(1989年)是描述"大英帝国财政—军事国家"崛起的经典著作。①

两部重要著作着重分析了北美殖民地税制形成的复杂历史。经济学家阿尔文·拉布什卡(Alvin Rabushka)的《美洲殖民地税收》(2008年)首次全面总结了殖民时期各级政府的税收。这本书的覆盖范围和详细描述媲美百科全书,为早期美国财政历史提供了丰富的多角度解释素材。罗宾·艾因霍恩(Robin L. Einhorn)在她的《美国税收,美国奴隶制》(2006年)中,大部分篇幅用于详细分析殖民地税收发展中的地区差异水平。在这个过程中,她既探讨了奴隶制与南方殖民地财政疲软之间的关系,又研究了在美国革命之前,北方已经出现了强有力的税收同意(tax consent)和财政创新。②

许多历史学家都深入探讨了美国独立战争时期和共和国早期联邦税收体系的起源。他们一致强调了民主力量、公平概念以及历史偶然性在联邦政府税收制度1775至18世纪90年代发展中发挥的影响。其中最主要的著作包括詹姆斯·弗格森(E. James Ferguson)的《钱币的力量:美国公共财政的历史,1776—1790》(1961年),罗伯特·贝克尔(Robert A. Becker)的《革命、改革和美国税收政治,1763—1783》(1980年),罗杰·布朗(Roger H. Brown)

---

① 邦尼(Bonney), *Economic Systems and State Finance*, *The Rise of the Fiscal State in Europe*, *c.* 1200—1815(《经济制度与国家财政,欧洲财政国家的兴起》);布鲁尔(Brewer), *The Sinews of Power*(《力量的筋骨》)。

② 拉布什卡(Rabushka), *Taxation in Colonial America*(《美洲殖民地税收》)。艾因霍恩(Einhorn), *American Taxation, American Slavery*(《美国税收,美国奴隶制》)。相比艾因霍恩,拉布什卡将更多的重心放在北部殖民地的税收反抗中。有关我的关于拉布什卡的总结的分析,见W. 艾略特·布朗利(W. Elliot Brownlee), "Review Essay," *Business History Review*("评论论文",载于《商业历史评论》),83(Winter 2009), 831—834。

的《拯救共和国：联邦主义者、税收和宪法的起源》(1993年)，托马斯·斯劳特(Thomas P. Slaughter)的《威士忌叛乱：美国革命的前沿》(1986年)，以及之前提到的罗宾·艾因霍恩(Robin Einhorn)的《美国税收，美国奴隶制》(2006年)。①

没有一部全面的税收史完整地描述了从美国独立战争到南北战争期间的历史。然而，最近的学术研究在这一领域取得了重要突破。马克斯·埃德林(Max M. Edling)在《摇篮中的大力神：战争、金钱和美国，1783—1867》(2014年)中突出了国家建设和战时紧急情况对税收演变的重要影响。在这段时期内，尽管没有历史学家对各州和地方税收进行过全面的研究，但罗宾·艾因霍恩(Robin Einhorn)的两部著作，即《美国税收，美国奴隶制》(2006年)和《财产规则：芝加哥的政治经济学：1833—1872》(2001年)，强调了地方税收历史对于理解南北战争前的美国政府和社会的重要性。②

近年来，学者们在前人工作的基础上进行了拓展，加深了我们对内战期间税收的理解。简·弗莱厄蒂(Jane Flaherty)在《收入要旨》(2009年)一书中对南北战争期间的完整财政体系进行了回顾和总结。法律史学家史蒂文·班克(Steven A. Bank)、柯克·史塔克(Kirk J. Stark)和约瑟夫·桑代克(Joseph J. Thorndike)合著的《战争与税收》(2008年)是唯一一本侧重于战时税收的著作。在讨论南北战争时，他们声称战时的税收"支持建立了现代财政国家"。在整本书中，作者仔细研究了社会分工与战时财政模式之间的关系，从而对理解所有重大战争中的税收体系做出了重要贡献。③

---

① 弗格森(Ferguson)，*The Power of the Purse*(《钱币的力量》)；贝克尔(Becker)，*Revolution, Reform, and the Politics of American Taxation*，1763—1783(《革命、改革和美国税收政治》)；布朗(Brown)，*Redeeming the Republic*(《拯救共和国》)；斯洛特(Slaughter)，*The Whiskey Rebellion*(《威士忌叛乱》)；以及艾因霍恩(Einhorn)，*American Taxation, American Slavery*(《美国税收，美国奴隶制》)(尤其是44—55和75—78页)。

② 艾德林(Edling)，*A Hercules in the Cradle*(《摇篮中的大力神》)；艾因霍恩(Einhorn)，*American Taxation, American Slavery*(《美国税收，美国奴隶制》)；和艾因霍恩(Einhorn)，*Property Rules*(《财产规则》)。

③ 弗莱厄蒂(Flaherty)，*The Revenue Imperative*(《收入要旨》)；班克(Bank)等人的 *War and Taxes*(《战争与税收》)，23；史密斯(Smith,) *The United States Federal Internal Tax History from 1861 to 1871*(《1861年至1871年的美国联邦国内税史》)，这是一本很值得称赞但经常被人们忽略的著作，它提供了史上最全面的对复杂的国内税技术细节的完整分析。

联邦税史

20世纪70年代以来的大量专门研究强调了民主力量在后南北战争工业时代对税收改革的重要性,进一步深化了民主制度主义解释。这些文献主要关注联邦税收的历史。约翰·布恩克(John D. Buenker)的《所得税与累进制时代》(1985年)是对宪法第十六修正案批准的关键因素的重要研究。这本书发现,在全国各城市,人们广泛支持所得税,表现出明显的民主特征。我的许多文章强调了第一次世界大战期间税收中民主制度主义的各个方面。认识到政治突发事件的作用,并讲述了1916年至1921年国会的激进态度的另一本期著作是杰罗德·沃尔特曼(Jerold L. Waltman)的《美国所得税的政治渊源》(1985年)。最近,史蒂文·韦斯曼(Steven Weisman)撰写的关于第一次世界大战期间所得税发展史的著作也强调了民主力量的作用,尽管他发现这股力量在"两个基本的互相冲突的原则"上存在分歧,这两个原则被定义为"正义"和"美德"。①

最近,历史和法律领域的跨学科学者阿贾伊·梅赫罗特拉(Ajay K. Mehrotra)发表了一篇雄心勃勃的论文,对从重建时期结束到大萧条开始的累进税制历史进行了分析。他的解释包含了民主制度主义的许多关键要素:民主理想和思想的力量,政府内外政策团体在社会学习过程中的核心作用,律师和其他专家在这些团体中的重要性,以及经济和政治突发事件的影响。②

联邦税收的发展必须在各级政府税收史的具体内容中加以理解,而州和地方两级的税收历史往往支持民主制度主义的解释。一些研究显示了小产业业主,包括镇里的农民和中产阶级,是如何推动在州和地方两级采用新的、更累进的税收制度,并支持在联邦一级采用所得税的。我写的关于州一级政治的书《累进制和经济增长:威斯康星州所得税,1911—1929》(1974年)认为,威

---

① 布恩克(Buenker),*The Income Tax and the Progressive Era*(《所得税与累进制时代》);布朗利(Brownlee),*Wilson and Financing the Modern State*(《威尔逊与现代国家融资》),173—210;布朗利(Brownlee),*Economists and the Formation of the Modern Tax System in the United States*(《经济学家与美国现代税收体系的形成》);和布朗利(Brownlee),*Social Investigation and Political Learning in the Financing of World War I*(《第一次世界大战融资的社会调查与政治学习》),323—364;杰罗德·沃尔特曼(Jerold L. Waltman),*Origins of the Federal Income Tax*(《联邦所得税的起源》),147—180和*Political Origins of the U.S. Income Tax*(《美国所得税的政治渊源》);魏斯曼(Weisman),*The Great Tax Wars*(《伟大的税收战争》)。

② 梅赫罗特拉(Mehrotra),*Making the Modern American Fiscal State*(《铸造现代美国财政体制》)。

斯康星州通过州所得税的动力主要是农业。最近,菲尔·罗伯茨(Phil Roberts)在《给州长一美分,给山姆大叔一美元:华盛顿州的所得税》(2002年)一书中也对华盛顿州短命的所得税条款得出了类似的结论。大卫·塞伦(David P. Thelen)在《新公民:威斯康星州累进制的起源,1885—1900》(1972年)中提供了有说服力的证据:在19世纪90年代末,城市税收问题把威斯康星州的中立派(其中许多人是"保守主义的商人")转变成了"不满于企业傲慢的改革者"。对南北战争和"一战"期间州和地方税收改革最全面的描述是克利夫顿·伊尔利(Clifton K. Yearley)的《印钞机:北方政府和政党财政的崩溃与改革,1860—1920》(1970年)。与塞伦一样,伊尔利也强调城市有房一族对税收改革的支持。与其相反,约翰·布恩克(John D. Buenker)在《城市自由主义与累进制改革》(1973年)中强调民主党的"城市新工人阶级的代表"对税收改革的强烈支持。像布朗利、塞伦和伊尔利一样,他强调民主力量的作用。莫顿·凯勒(Morton Keller)在"调节新经济:美国的公共政策和经济变化,1900—1933"(1990年)一文中通过重申在这一阶段期间的城市和州内,"一些互相冲突的目标和利益共同决定了税收政策和具体操作",来再次强调了这一观点。①

一些学者强调了民主理想主义对第一次世界大战后联邦税收发展的重要性。本杰明·雷德(Benjamin Rader)在一篇重量级的文章中指出,即使在20世纪20年代的税收倡议中,累进制的概念已经被明确表达出来了。R. 奥尔顿·李(R. Alton Lee)讲述了直到20世纪20年代之前,累进制是如何激发联邦税收权力,而不是宪法中的商业条款来管理工业社会的。沃尔特·兰伯特(Walter Lambert)在1970年的一篇未发表的论文中对新政时期的税收政策进行了回顾,他发现罗斯福政府对"按支付能力纳税"这一原则有着很强的道德上的承诺。近期,约瑟夫·桑代克(Joseph J. Thorndike)出版了《公平份

---

① 布朗利(Brownlee),*Progressivism and Economic Growth*(《累进制和经济增长》);菲尔·罗伯茨(Phil Roberts),*A Penny for the Governor, A Dollar for Uncle Sam: Income Taxation in Washington*(《给州长一美分,给山姆大叔一美元:华盛顿州的所得税》)(Seattle: University of Washington Press, 2002);塞伦(Thelen),*The New Citizenship*(《新公民》),202—222;伊尔利(Yearley),*The Money Machines*(《印钞机》),193—250;布恩克(Buenker),*Urban Liberalism and Progressive Reform*(《城市自由主义与累进制改革》),103—117;以及凯勒(Keller),*Regulating a New Economy*(《调节新经济》),208—215。

额:罗斯福时代的对富人征税》(2013年)。这是关于新政时期税收政策的一份重要历史回顾研究。①

迄今为止,尚无学者对第二次世界大战期间的税收史进行全面总结,也没有专门考察战争期间建立的税收制度后续历史的著作。《1941—1995:简易财政时代的兴衰》(1996年)一书深刻探讨了自1941年以来美国税收历史的主题,填补了这一领域的研究空白。该著作伴随第一版问世,聚焦于解析大部分税收历史如何资助了现代美国。以明晰的民主理想主义观点为基础,作者生动地叙述了从1941年至1995年的简易财政时代的兴衰过程。

在《资助现代美国》这本书中,三位学者深入研究了1941年之后税收制度的演变以及联邦政府税收政策的核心目标,即资助战争、支持社会保障体系和促进经济稳定,以揭示这两者之间的密切关系。法律学者卡罗琳·琼斯(Carolyn C. Jones)专注于探讨第二次世界大战时期的资金筹措问题,包括大规模所得税的引入以及养成了大规模税收基础的纳税文化。历史学家爱德华·伯科维茨(Edward D. Berkowitz)致力于研究社会保障体系的融资发展,涵盖了从1935年的起源一直到1950年至1952年的急剧扩张,甚至延伸至当代的金融危机时期。经济学家赫伯特·斯坦(Herbert Stein)提出了他对财政政策历史的最新经典回顾著作——《美国财政革命》。他的研究为读者呈现了对财政政策演变的深刻理解,揭示了不同历史时期经济面临的挑战以及相应的应对策略。②

在《资助现代美国》这本书中,另外两位学者关注的是1941年后税制改革的政治问题。政治学家凯西·乔·马丁(Cathie Jo Martin)聚焦于总统职位,深入探讨了自"二战"以来商业利益、商界理念和总统领导之间的动态关系。历史学家朱利安·泽利泽(Julian Zelizer)则开始研究国会政治。他深入研究

---

① 本杰明·雷德(Benjamin G. Rader),"Federal Taxation in the 1920s: A Reexamination,"*The Historian*, May 1971("20世纪20年代的联邦税:一项重新审视的研究",载于《历史学家》);李(Lee),*A History of Regulatory Taxation*(《调节税收的历史》);朗伯(Lambert),"New Deal Revenue Acts"("新政收入法案");和桑代克(Thorndike),*Their Fair Share*(《公平份额》)。

② 琼斯(Jones),"Mass-Based Income Taxation"("大规模的所得税");伯科维茨(Berkowitz),"Social Security and the Financing of the American State"("社会保障与为美国政府融资");和斯坦因(Stein),"The Fiscal Revolution in America, Part II"("美国财政革命:第二部分"),另见斯坦因(Stein),*The Fiscal Revolution in America*(《美国财政革命》)。

了长期担任众议院筹款委员会主席(1958年至1975年)的威尔伯·米尔斯(Wilbur Mills)的职业生涯,并考察了米尔斯与财政委员会发展的关系。在20世纪50年代末期和60年代,财政委员会在税收政策形成中扮演了关键角色。在完成本书后不久,泽利泽发表了《对美国征税:威尔伯·米尔斯、国会和国家,1945—1975》(1998年)。该著作提供了对国会税收政策起草委员会的一位主要主席职业生涯最有说服力的分析。①

《资助现代美国》一书的最后一部分由经济学家尤金·斯图尔勒(C. Eugene Steuerle)撰写,他尝试通过历史来预测下一项可能实施的税收制度。在仔细观察经济变化如何既能限制新的税收制度,又能为其创造机会的基础上,他提出了这一观点。他的结论是,为了满足新的社会项目的需求,美国不仅仅需要考虑征收新的税收或转变为新的税收制度。根据他的看法,经济和政治条件决定了美国现在必须采用一种新的财政制度,至少在一定程度上通过重新分配现有的政府资源来支付已经变化的优先事项的费用。这种观点强调了在适应新需求的同时,必须考虑如何更有效地运用已有资源,为国家未来的经济和社会挑战做好准备。②

斯图尔勒撰写了"二战"时期税收制度最为重要的通史。除了他在《资助现代美国,1941—1995》中的一篇文章外,他还创作了《税收十年:税收是如何主导公共议程的》(1992年),并在《当代美国税收政策》的两版(2004年和2008年)中扩展了其研究范围。他的焦点之一是1941年后税收史上的一个重要事件——1986年的税收改革法案。在他的写作中,斯图尔勒紧密关注了两个在民主制度主义框架中扮演重要角色的因素。首先,他强调专家的作用,特别是财政部的律师和经济学家(他自己也是其中之一),在1986年税基扩大的改革中发挥了重要作用。他指出,他们具有一种连贯的改革愿景,这源自他们在财政部的前任的工作。其次,他强调了经济变化的形式——包括经济增长模式和通胀模式——对构建1941年后税收制度的影响。

---

① 马丁(Martin),"American Business and the Taxing State: Alliances for Growth in the Postwar Period"("美国企业和税收国家:战后发展联盟")和泽利泽(Zelizer),"Learning the Ways and Means"("学习众议院筹款委员会")。另见泽利泽(Zelizer)的 *Taxing America*(《对美国征税》)。

② 斯图尔勒(Steuerle),"Financing the American State at the Turn of the Century"("在世纪末为美国融资")。

政治科学家蒂莫西·康兰(Timothy J. Conlan)、玛格丽特·赖特森(Margaret T. Wrightson)和大卫·比姆(David R. Beam)合作撰写的《税收选择：税收改革的政治》(1990年)一书非常支持斯图尔勒的分析。除了总统和财政部专家在1986年的关键作用外，康兰等人还着眼于国会中企业家的角色，如在专家和更大政治舞台之间充当中间人的参议员比尔·布拉德利(Bill Bradley)，以及使得"政策企业家"能够在媒体中赢得公众支持的影响力。这些政治科学家甚至提出，1986年税收改革法案表明，"改革政治"已经开始取代利益集团的多元化。最后，杰弗里·伯恩鲍姆(Jeffrey H. Birnbaum)和艾伦·默里(Alan S. Murray)合作撰写的《政治游说者的表演：立法者、说客和不太可能成功的税收改革》(1987年)，详细记录了专家、税收公平概念、总统领导以及历史紧急状况等因素对1986年法案顺利通过的贡献。①

理解复古自由主义体制

1986年税收改革法案引起了众多学者的关注，因为它与第二次世界大战后的税收政治模式有明显的区别。这一突破为人们展现了一个新的、改进的税收制度可能的样子。然而，在过去的十年里，随着复古自由主义的影响日益增大，以及1986年改革的实现前景变得越来越渺茫，学术界的注意力已经转向对日益失灵的税收和财政制度的来源和性质进行分析。一些有影响力的相关历史研究也应运而生。

有两本书都指出了早在21世纪以前就出现的"二战"体制的重要弱点。其中之一是《战争与税收》(前文已讨论)：史蒂文·班克(Steven A. Bank)等人解释了乔治·布什政府在战争期间未提高税收的部分原因。他们指出，抵制税收是早期移民的一个特点，并强调了偶然和紧急因素在解释布什偏离早

---

① 斯图尔勒(Steuerle)，*The Tax Decade*(《税收十年》)，以及 *Contemporary U. S. Tax Policy* (《当代美国税收政策》)；康兰(Conlan)等人，*Taxing Choices*(《税收选择》)；以及杰弗里·伯恩鲍姆(Jeffrey H. Birnbaum)和艾伦·默里(Alan S. Murray)的 *Showdown at Gucci Gulch: Lawmakers, Lobbyists, and the Unlikely Triumph of Tax Reform*(《政治游说者的表演：立法者、说客和不太可能成功的税收改革》)(New York: Random House,1987)。"改革政治"分析的主要支持者是詹姆斯·威尔逊(James Q. Wilson)及他写的 *The Politics of Regulation*(《监管政治》)(New York: Basic Books, 1980)。

期执政模式时的重要性。另一本是《从剑到盾：企业所得税的转变，1861年至今》（2010年），同样由史蒂文·班克（Steven Bank）撰写，探讨了企业所得税的历史。在政治领域的众多改革者中，有很多人提议企业所得税亟须改革或直接废除。班克解释说，在1986年将公司所得税和个人所得税最高边际税率调整至相同之前，公司所得税实际上是一个强大的盾牌，可以免受个税高边际税率的威胁。[1]

大多数试图评估或解释当下财政体系功能失灵的近代历史研究强调了税收抵抗力量的历史。与分析税收抵制力量的保守历史不同，这些研究倾向于将税收抵抗力量看作代表民主失败的因素。与前文讨论的着重于财富在解释美国税收发展中的作用的公司与国家历史不同，最近的研究承认20世纪的累进税制对再分配效应的贡献，并将税收政策上的政治冲突理解为高度偶然的竞争，且这场竞争的赌注很大。

社会学家莫妮卡·普拉萨德（Monica Prasad）的《自由市场政治：英国、法国、德国和美国新自由主义经济政策的兴起》（2006年）是对美国税收政治重要性和不稳定性的最新研究之一。这一比较研究提供了斯文·斯坦莫（Sven Steinmo）的相对多元模型的另一种选择，强调"新自由主义"（我们也可称之为复古自由主义）政策"源于政治—经济结构对立的地方"。政治科学家雅各布·哈克（Jacob S. Hacker）和保罗·皮尔森（Paul Pierson）等强调了体制因素。在《远离中心：共和党革命和美国民主的侵蚀》（带有新的后记版本）（2006年）中，他们将注意力集中在国会，暗示要逆转累进税制的侵蚀需要对该税制进行重大的结构性改革。其他学者将20世纪70年代以来抵制税收举措的成功更多地归因于新自由主义（复古自由主义）思想的广泛吸引力。例如，历史学家罗曼·胡雷特（Romain D. Huret）在《美国税收抵制者》（2014年）中对美国南北战争以来的税收抵制运动进行了全面总结。他认为，当代税收抵制运动的成功是因为其思想为多样化的保守运动提供了凝聚力。其他学者更多地强调政治权力分配所反映的阶级利益。像哈克和皮尔森一样，历史学家金·菲利普斯—费恩（Kim Phillips-Fein）在《看不见

---

[1] 班克（Bank）等人的 *War and Taxes*（《战争与税收》）；班克（Bank），*From Sword to Shield*（《从剑到盾》）。

的手：商人对新政的改革运动》(2009年)中也将重点放在了共和党政治上，但更强调了美国资本主义内部的长期权力结构。她的结论是，累进的"战后年代的政治经济"是"美国历史上的一种反常现象，是在巨大的经济危机和不稳定的政治环境下产生的"。

所有这些学者普遍将抵制税收运动的成功归因于政治策略的有效性。法律学家迈克尔·格雷茨(Michael J. Graetz)和政治学家伊恩·夏皮罗(Ian Shapiro)在《遗产税的不断削减：对遗产征税的战斗》(撰写新后记的版本，2006年)提供了一个案例研究。他们解释这种成功的原因一方面是坚定而激进的战略，有组织地反对累进税制；另一方面，也要归因于民主党人缺乏统一的反对声音。社会学家艾萨克·威廉·马丁(Isaac William Martin)将对社会运动的严格研究作为理解复古自由主义成功的一种方法。在他的著作《富人运动：为了对前1%的人群不征税来开展的基层运动》(2013年)中，他探讨了"有社会运动经验的企业家"自一个多世纪前开始实行累进所得税以来所一直进行的抗争的作用。这些企业家并非有组织的抵制税收运动的资助者，而是在几代人的经验和学习中发现了为富人动员基层群众支持的最有效方法。其中一些人得出结论认为，累进制的税收"标志着人们熟悉的政治代表渠道未能保护他们的经济利益"。马丁对有组织的反累进制运动的作用和结构的研究为"激进的富人"如何在民主政治体系中成功并与"我们的伟大政党之一"形成"坚实的同盟"这一悖论提供了一种可能的解决方案。他得出的结论是，只要这种结盟继续下去，"就可以负责任地预测，富人的这些运动将继续影响公共政策的各个方面，从而能够维护——甚至可能增加——美国的极端不平等程度"。在转向更加累进的税收政策的问题上，所有这些学者都表现出比我更为悲观的态度，其中马丁可能是最悲观的。[①]

尽管当代政策问题确实应该成为财政历史学家研究的关注焦点，但重要

[①] 普拉萨德(Prasad)，*The Politics of Free Markets*(《自由市场的政治》)，38；雅各布·哈克(Jacob S. Hacker)和保罗·皮尔森(Paul Pierson)，*Off Center*(《偏离中心》)；罗曼·胡雷特(Romain D. Huret)，*American Tax Resisters*(《美国抗税者们》)；菲利普斯—费恩(Phillips-Fein)，*Invisible Hands*(《看不见的手》)，269；迈克尔·格雷茨(Michael J. Graetz)和伊恩·夏皮罗(Ian Shapiro)，*Death by a Thousand Cuts*(《死后还要千刀万剐》)；以及马丁(Martin)，*Rich People's Movements*(《富人运动》)，14，204。

的是,政策议程经常会发生变化,甚至有时以令人惊讶的方式发展。此外,深入研究税收和财政历史,可以加深我们对国家和社会的理解,而这种更深刻的理解会对政策的讨论和选择产生非常长期和间接的影响。

在过去的二十年里,税务史学家取得了令人瞩目的成就,但我们仍然面临着对美国现代历史的广泛研究不足的问题。一个显著的空缺是关于全球化时期中的美国税收历史。在这个领域中,一些具有重要意义但基本未被讨论的议题包括:国际信息流在美国及其他国家税收政策制定中的角色,以及自"二战"以来美国对全球税收政策的影响,还有关于离岸避税天堂的历史。另外,一些较为传统的议题,如关税和联邦消费税(它们在20世纪仍然是可观的收入来源)、汽油税、州和地方销售税、遗产和房产税,以及或许最重要的财产税,也缺乏充分的历史研究。我们仍然缺乏从南北战争一直延续到第一次世界大战时期的资本主义国家税收制度的全面历史。在这个时代,我们需要对州和地方税收有一个全面的历史了解,特别是在南北战争后重建期间,对前南部邦联各州的财政系统进行深入研究。尽管所得税的历史研究已经积累丰富,但我们仍然缺乏对其征管方面的历史研究。因此,我们对历史上可能揭示的纳税文化层面,以及税收同意和遵从的历史,仅有初步了解。我们需要一部全面的关于"简易财政时代"的历史研究。在联邦税收政策的形成和管理方面,我们也缺乏有关中央机构形成历史的分析,如财政部、国税局、众议院筹款委员会和参议院财政委员会。[①] 虽然学者们已经开始理解长期经济变化对税收和财政制度发展的一些影响,但最近对税收政策的后自由主义(或复古自由主义)变革历史的研究很少关注经济不稳定(尤其是通胀)、经济衰退和生产率变化趋势带来的影响,尤其是始于20世纪60年代末期的经济疲软。此外,关于经济与财政变化之间的相互关系的观点往往具有强烈的意识形态色彩。因此,我们还需要研究美国税收对经济增长、经济稳定以及收入和财富分配历史

---

① 然而,关于这两个机构,有学者已经撰写了高质量的研究作品。关于财政部,见杰弗里·康托尔(Jeffrey A. Cantor)和唐纳德·萨比勒(Donald R. Sabile)的 *A History of the Bureau of the Public Debt*(《公共债务部门的历史》)(Washington D.C.: U.S. Government Printing Office,1990)。关于财政部借款的一本较旧但有参考意义的总结是乐福(Love)写的 *Federal Financing*(《联邦融资》)。关于财政部的另一面,见戴维斯(Davis),*IRS Historical Fact Book*(《国税局历史概况》)。关于众议院筹款委员会,见肯农(Kennon)和罗杰斯(Rogers)的 *The Committee on Ways and Means*(《筹款委员会》)。

带来的影响。然而，经济学家托马斯·皮凯蒂（Thomas Piketty）、伊曼纽尔·赛斯（Emmanuel Saez）、安东尼·阿特金森（Anthony B. Atkinson）等人对最后一个主题的激动人心的研究似乎肯定会影响跨学科财政历史学家未来的研究方向。最后，我们需要对具有历史和国际层面的复古自由主义制度进行分析，从而能够探索当前制度及其20世纪的前任制度在经济和政治方面的比较优势和弱点。①

---

① 例如，见托马斯·皮凯蒂（Thomas Piketty）和伊曼纽尔·赛斯（Emmanuel Saez），"How Progressive is the U. S. Federal Tax System"（"美国联邦税系统有多累进"），3—24；安东尼·B. 阿特金森（Anthony B. Atkinson），托马斯·皮凯蒂（Thomas Piketty）和伊曼纽尔·赛斯（Emmanuel Saez），"Top Incomes in the Long Run of History,"*Journal of Economic Literature*（"历史长河中的高收入群体"，载于《经济学文献杂志》），49（2011），3—71；以及托马斯·皮凯蒂（Thomas Piketty），*Capital in the Twenty-First Century*（《二十一世纪资本论》）。有关2002年对富人征税的经济影响的讨论，见由约瑟夫·桑代克（Joseph J. Thorndike）和小丹尼斯·文特里（Dennis J. Ventry Jr）编著的 *Tax justice: The Ongoing Debate*（《税收正义：正在进行的辩论》）一书中收录的由 W. 艾略特·布朗利（W. Elliot Brownlee）撰写的"Economic History and the Analysis of 'Soaking the Rich' in 20th-Century America"（"经济史和在20世纪的美国'淹死那些富人'"）一章（Washington, D. C.：Urban Institute Press, 2002），71—93。

译丛主编后记

财政活动兼有经济和政治二重属性,因而从现代财政学诞生之日起,"财政学是介于经济学与政治学之间的学科"这样的说法就不绝于耳。正因为如此,财政研究至少有两种范式:一种是经济学研究范式,在这种范式下财政学向公共经济学发展;另一种是政治学研究范式,从政治学视角探讨国家与社会间的财政行为。这两种研究范式各有侧重,互为补充。但是检索国内相关文献可以发现,我国财政学者遵循政治学范式的研究并不多见,绝大多数财政研究仍自觉或不自觉地将自己界定在经济学学科内,而政治学者大多也不把研究财政现象视为分内行为。究其原因,可能主要源于在当前行政主导下的学科分界中,财政学被分到了应用经济学之下。本丛书主编之所以不揣浅陋地提出"财政政治学"这一名称,并将其作为译丛名,是想尝试着对当前这样的学科体系进行纠偏,将财政学的经济学研究范式和政治学研究范式结合起来,从而以"财政政治学"为名,倡导研究财政活动的政治属性。编者认为,这样做有以下几个方面的积极意义。

1. 寻求当前财政研究的理论基础

在我国学科体系中,财政学被归入应用经济学之下,学术上就自然产生了要以经济理论作为财政研究基础的要求。不过,由于当前经济学越来越把自己固化为形式特征明显的数学,若以经济理论为基础就容易导致财政学忽视那些难以数学化的研究领域,这样就会让目前大量的财政研究失去理论基础。在现实中已经出现并会反复出现的现象是,探讨财政行为的理论、制度与历史的论著,不断被人质疑是否属于经济学研究,一篇研究预算制度及其现实运行的博士论文,经常被答辩委员怀疑是否可授予经济学学位。因此,要解释当前的财政现象、推动财政研究,就不得不去寻找财政的政治理论基础。

2. 培养治国者

财政因国家治理需要而不断地变革,国家因财政治理而得以成长。中共十八届三中全会指出:"财政是国家治理的基础和重要支柱,科学的财税体制是优化资源配置、维护市场统一、促进社会公平、实现国家长治久安的制度保障。"财政在国家治理中的作用,被提到空前的高度。因此,财政专业培养的学生,不仅要学会财政领域中的经济知识,也必须学到相应的政治知识,方能成为合格的治国者。财政活动是一种极其重要的国务活动,涉及治国方略;从事财政活动的人有不少是重要的政治家,应该得到综合的培养。这一理由,也是当前众多财经类大学财政专业不能被合并到经济学院的原因之所在。

3. 促进政治发展

18—19 世纪,在普鲁士国家兴起及德国统一过程中,活跃的财政学派与良好的财政当局,曾经发挥了巨大的历史作用。而在当今中国,在大的制度构架稳定的前提下,通过财政改革推动政治发展,也一再为学者们所重视。财政专业的学者,自然也应该参与到这样的理论研究和实践活动中。事实上已有不少学者参与到诸如提高财政透明、促进财税法制改革等活动中,并事实上成为推动中国政治发展进程的力量。

因此,"财政政治学"作为学科提出,可以纠正当前财政研究局限于经济学路径造成的偏颇。包含"财政政治学"在内的财政学,将不仅是一门运用经济学方法理解现实财政活动的学科,也会是一门经邦济世的政策科学,更是推动财政学发展、为财政活动提供指引,并推动中国政治发展的重要学科。

"财政政治学"虽然尚不是我国学术界的正式名称,但在西方国家的教学和研究活动中却有广泛相似的内容。在这些国家中,有不少政治学者研究财政问题,同样有许多财政学者从政治视角分析财政现象,进而形成了内容非常丰富的文献。当然,由于这些国家并没有中国这样行政主导下的严格学科分界,因而不需要有相对独立的"财政政治学"的提法。相关研究,略显随意地分布在以"税收政治学"、"预算政治学""财政社会学"为名称的教材或论著中,当然"财政政治学"(Fiscal Politics)的说法也不少见。

中国近现代学术进步的历程表明,译介图书是广开风气、发展学术的不二法门。因此,要在中国构建财政政治学学科,就要在坚持以"我"为主研究中国财政政治问题的同时,大量地翻译西方学者在此领域的相关论著,以便为国内学者从政治维度研究财政问题提供借鉴。本译丛主编选择了这一领域内的68部英文和日文著作,陆续予以翻译和出版。在文本的选择上,大致分为理论基础、现实制度与历史研究等几个方面。

本译丛的译者,主要为上海财经大学的教师以及该校已毕业并在外校从事教学的财政学博士,另外还邀请了其他院校的部分教师参与。在翻译稿酬低廉、译作科研分值低下的今天,我们这样一批人只是凭借着对学术的热爱和略略纠偏财政研究取向的希望,投身到这一译丛中。希望我们的微薄努力,能够成为促进财政学和政治学学科发展、推动中国政治进步的涓涓细流。

在本译丛的出版过程中,胡怡建老师主持的上海财经大学公共政策与治理研究院、上海财经大学公共经济与管理学院的领导与教师都给予了大力的支持与热情的鼓励。上海财经大学出版社的总编黄磊、编辑刘兵在版权引进、图书编辑过程中也付出了辛勤的劳动。在此一并致谢!

刘守刚　上海财经大学公共经济与管理学院
2023 年 7 月

"财政政治学译丛"书目

1. 《财政理论史上的经典文献》
   理查德·A. 马斯格雷夫,艾伦·T. 皮考克 编 刘守刚,王晓丹 译
2. 《君主专制政体下的财政极限——17世纪上半叶法国的直接税制》
   詹姆斯·B. 柯林斯 著 沈国华 译
3. 《欧洲财政国家的兴起1200—1815》
   理查德·邦尼 编 沈国华 译
4. 《税收公正与民间正义》
   史蒂文·M. 谢福林 著 杨海燕 译
5. 《国家的财政危机》
   詹姆斯·奥康纳 著 沈国华 译
6. 《发展中国家的税收与国家构建》
   黛博拉·布罗蒂加姆,奥德黑格尔·菲耶尔斯塔德,米克·摩尔 编 卢军坪,毛道根 译
7. 《税收哲人——英美税收思想史二百年》(附录:税收国家的危机 熊彼特 著)
   哈罗德·格罗夫斯 著 唐纳德·柯伦 编 刘守刚,刘雪梅 译
8. 《经济系统与国家财政——现代欧洲财政国家的起源:13—18世纪》
   理查德·邦尼 编 沈国华 译
9. 《为自由国家而纳税:19世纪欧洲公共财政的兴起》
   何塞·路易斯·卡多佐,佩德罗·莱恩 编 徐静,黄文鑫,曹璐 译 王瑞民 校译
10. 《预算国家的危机》
    大岛通义 著 徐一睿 译
11. 《信任利维坦:英国的税收政治学(1799—1914)》
    马丁·唐顿 著 魏陆 译
12. 《英国百年财政挤压政治——财政紧缩·施政纲领·官僚政治》
    克里斯托夫·胡德,罗扎那·西玛兹 著 沈国华 译
13. 《财政学的本质》
    山田太门 著 宋健敏 译
14. 《危机、革命与自维持型增长——1130—1830年的欧洲财政史》
    W. M. 奥姆罗德,玛格丽特·邦尼,理查德·邦尼 编 沈国华 译
15. 《战争、收入与国家构建——为美国国家发展筹资》
    谢尔登·D. 波拉克 著 李婉 译
16. 《控制公共资金——发展中国家的财政机制》
    A. 普列姆昌德 著 王晓丹 译
17. 《市场与制度的政治经济学》
    金子胜 著 徐一睿 译
18. 《政治转型与公共财政——欧洲1650—1913年》
    马克·丁塞科 著 汪志杰,倪霓 译
19. 《赤字、债务与民主》
    理查德·E. 瓦格纳 著 刘志广 译
20. 《比较历史分析方法的进展》
    詹姆斯·马汉尼,凯瑟琳·瑟伦 编 秦传安 译
21. 《政治对市场》
    戈斯塔·埃斯平-安德森 著 沈国华 译
22. 《荷兰财政金融史》
    马基林·哈特,乔斯特·琼克,扬·卢滕·范赞登 编 郑海洋 译 王文剑 校译
23. 《税收的全球争论》
    霍尔格·内林,佛罗莱彼·舒伊 编 赵海益,任晓辉 译
24. 《福利国家的兴衰》
    阿斯乔恩·瓦尔 著 唐瑶 译 童光辉 校译
25. 《战争、葡萄酒与关税:1689—1900年间英法贸易的政治经济学》
    约翰 V. C. 奈 著 邱琳 译
26. 《汉密尔顿悖论》
    乔纳森·A. 罗登 著 何华武 译
27. 《公共经济学历史研究》
    吉尔伯特·法卡雷罗,理查德·斯特恩 编 沈国华 译
28. 《新财政社会学——比较与历史视野下的税收》
    艾萨克·威廉·马丁阿杰·K. 梅罗特拉 莫妮卡·普拉萨德 编,刘长喜 等译,刘守刚 校
29. 《公债的世界》
    尼古拉·贝瑞尔,尼古拉·德拉朗德 编 沈国华 译
30. 《西方世界的税收与支出史》
    卡洛琳·韦伯,阿伦·威尔达夫斯基 著 朱积慧,苟燕楠,任晓辉 译
31. 《西方社会中的财政(第三卷)——税收与支出的基础》
    理查德·A. 马斯格雷夫,王晓丹,王瑞民,刘雪梅 译 刘守刚 统校
32. 《社会科学中的比较历史分析》
    詹姆斯·马汉尼,迪特里希·鲁施迈耶 编 秦传安 译
33. 《来自地狱的债主——菲利普二世的债务、税收和财政赤字》
    莫里西奥·德莱希曼,汉斯—约阿希姆·沃思 著 李虹筱,齐晨阳 译 施诚,刘兵 校译

34.《金钱、政党与竞选财务改革》
　　雷蒙德·J.拉贾 著　李艳鹤译
35.《牛津福利国家手册》
　　弗兰西斯·G.卡斯尔斯,斯蒂芬·莱伯弗里德,简·刘易斯,赫伯特·奥宾格,克里斯多弗·皮尔森 编
　　杨翠迎译
36.《美国财政宪法——一部兴衰史》
　　比尔·怀特 著　马忠玲,张华译
37.《税收、国家与社会——干预型民主的财政社会学》
　　Marc Leroy 著　屈伯文译
38.《有益品文选》
　　威尔弗莱德·维尔·埃克 编　沈国华译
39.《政治、税收和法治——宪法视角下的征税权》
　　唐纳德·P.瑞切特,理查德·E.瓦格纳 著　王逸帅译
40.《联邦税史》
　　W.艾略特·布朗利 著　彭浪川,崔茂权译
41.《西方的税收与立法机构》
　　史科特·格尔巴赫 著　杨海燕译
42.《财政学手册》
　　于尔根·G.巴克豪斯,理查德·E.瓦格纳 编　何华武,刘志广译
43.《18世纪西班牙建立财政军事国家》
　　拉斐尔·托雷斯·桑切斯 著　施诚译
44.《美国现代财政国家的形成和发展——法律、政治和累进税的兴起,1877—1929》
　　阿贾耶·梅罗特 著　倪霓,童光辉译
45.《另类公共经济学手册》
　　弗朗西斯科·福特,拉姆·穆达姆比,彼得洛·玛丽亚·纳瓦拉 编　解洪涛译
46.《财政理论发展的民族要素》
　　奥汉·卡亚普 著　杨晓慧译
47.《旧制度法国绝对主义的限制》
　　理查德·邦尼 著　熊芳芳译
48.《债务与赤字:历史视角》
　　约翰·马洛尼 编　郭长林译
49.《布坎南与自由主义政治经济学:理性重构》
　　理查德·E.瓦格纳 著　马珺译
50.《财政政治学》
　　维特·加斯帕,桑吉·古普塔,卡洛斯·穆拉斯格拉纳多斯 编　程红梅,王雪蕊,叶行昆译
51.《英国财政革命——公共信用发展研究,1688—1756》
　　P.G.M.迪克森 著　张珉璐译
52.《财产税与税收争议》
　　亚瑟·奥沙利文,特里A.塞克斯顿,史蒂文·M.谢福林 著　倪霓译
53.《税收逃逸的伦理学——理论与实践观点》
　　罗伯特·W.麦基 编　陈国文,陈颖湄译
54.《税收幻觉——税收、民主与嵌入政治理论》
　　菲利普·汉森 著　倪霓,金赣婷译
55.《美国财政的起源》
　　唐纳德·斯塔比尔 著　王文剑译
56.《国家的兴与衰》
　　Martin van Creveld 著　沈国华译
57.《全球财政国家的兴起(1500—1914)》
　　Bartolomé Yun-Casalilla & Patrick K. O'Brien 编,匡小平译
58.《加拿大公共支出政治学》
　　Donald Savoie 著　匡小平译
59.《财政理论家》
　　Colin Read 著　王晓丹译
60.《如何理解英国的国家福利——是社会正义还是社会排斥》
　　Brain Lund 著　沈国华译
61.《债务与赤字:历史视角》
　　约翰·马洛尼 编　郭长林译
62.《英国财政的政治经济学》
　　堂目卓生 著　刘守刚译
63.《日本的财政危机》
　　莫里斯·赖特 著　孙世强译
64.《财政社会学与财政学理论》
　　理查德·瓦格纳 著　刘志广译
65.《作为体系的宏观经济学:超越微观—宏观二分法》
　　理查德·瓦格纳 著　刘志广译
66.《税收遵从与税收风气》
　　Benno Torgler 著　闫锐译
67.《保护士兵与母亲》
　　斯考切波 著　何华武译
68.《国家的理念》
　　Peter J. Steinberger 著　秦传安译